北京舞蹈学院「十四五」时期
科研成果出版资助计划项目
Publishing Funding Project of Academic Achievements
of Beijing Dance Academy's "14th Five-Year Plan"

甲子之叙

中国古典舞创建历程
代表性人物访谈录

满运喜　主编

文化艺术出版社
Culture and Art Publishing House

图书在版编目（CIP）数据

甲子之叙：中国古典舞创建历程代表性人物访谈录 /
满运喜主编. —北京：文化艺术出版社，2022.12
ISBN 978-7-5039-7352-9

Ⅰ.①甲… Ⅱ.①满… Ⅲ.①古典舞蹈—舞蹈家—访
问记—中国—现代 Ⅳ.①K825.76

中国版本图书馆CIP数据核字（2022）第229451号

甲子之叙——中国古典舞创建历程代表性人物访谈录

主　　编	满运喜
责任编辑	董　斌　江楚锐
责任校对	邓　运
书籍设计	马夕雯
出版发行	文化艺术出版社
地　　址	北京市东城区东四八条52号（100700）
网　　址	www.caaph.com
电子邮箱	s@caaph.com
电　　话	（010）84057666（总编室）　84057667（办公室） 　　　　　84057696—84057699（发行部）
传　　真	（010）84057660（总编室）　84057670（办公室） 　　　　　84057690（发行部）
经　　销	新华书店
印　　刷	国英印务有限公司
版　　次	2023年3月第1版
印　　次	2023年3月第1次印刷
印　　张	30
字　　数	445千字
开　　本	710毫米×1000毫米　1/16
书　　号	ISBN 978-7-5039-7352-9
定　　价	98.00元

编委会

主　　编：满运喜

副主编：庞　丹　宋海芳　李　馨

编　　委：满运喜　庞　丹　宋海芳

　　　　　李　馨　吴海清　覃　超

　　　　　苏　娅　杜　乐　赵　乔

　　　　　丁　琳　杨笑荷　陈佳娜

编　　务：李安蕾　贾　甜

《中国古典舞学科理论体系研究与实践》结项之一《中国古典舞创建历程代表性人物口述史》（全国艺术科学规划项目：批准号 13BE042）

前 言

本书是为纪念中国古典舞学科创建 60 周年及传承发展的需要而编写的，也是"中国古典舞学科理论体系研究与实践"国家级课题的重要研究内容。这本书以访谈形式，向我们讲述了"中国古典舞"是怎么创建起来的，从哪里来，又将向何处去。当时"中国古典舞"在"未知"的创建之始经历了哪些事？遭遇了哪些挫折？有过哪些收获……口述者们各自不同的成长故事、实践经历、观点意见，让本书成为一份具有独特价值的史料。它见证了"中国古典舞"在特定的历史条件下，从无到有，逐步发展成为一门代表国家形象的舞蹈艺术学科的历程。

一、访谈对象的情况介绍

根据中国古典舞创建路径与专业范畴，本书的采访对象由代表不同时期、不同学术领域的专家群体所组成。李正一先生、孙光言先生、王克芬先生、高金荣先生、章民新先生、张强先生，我们邀请到的这几位先生是中华人民共和国成立之初投身于民族舞蹈复兴运动的，他们有着共同的追求与梦想。在不同的条件下，在不同的研究领域（舞蹈教学、表演、理论、舞蹈史学）中都拥有重大的学术建树。他们是创建者与引领者的代表。

李正一先生作为中国古典舞的创建者与亲历者，经历了中国古典舞最初发生、锐意发展、改革完善的风雨历程。如今，年过九旬的李正一先生依然关心与思考着中国古典舞的发展和学科建设。深刻而缜密的学科建设理念、深厚而丰富的教学实践经验以及对中国古典舞深沉而真挚的热爱，奠定了她新中国舞蹈教育事业创建者与学术带头人的地位，具有无可替代的感召力与影响力。

20 世纪 50 年代初，高金荣先生、章民新先生与李正一先生同是崔承喜先生"舞蹈研究班"的同学。她们结业后都从事了舞蹈事业，各自书写了不同的艺术人生。高金荣先生在大西北的甘肃，先投身于舞蹈教育，后创立敦煌舞蹈学派。笔者赞叹高先生当年作为北京籍的十几岁的小姑娘所蕴含的能量竟会如此之大，竟敢只身闯荡大西北。笔者早在 1980 年（学生时代）就观摩过高先生的敦煌舞训练课；后到 21 世纪北京舞蹈学院中国古典舞系为发展敦煌舞蹈邀请她担任客座教授，观其亲身传授敦煌舞蹈代表性训练组合；后又学习了从传统壁画中汲取精华而创作出的代表作《千手观音》。在笔者的印象中，高先生个人的艺术实践印证了中国古典舞艺术的当代创建，是从传统壁画的历史遗存中继承与发展的成功实践。

章民新先生毕业后去了陕西。火热的年代、他乡的风土人情唤起了她的创作激情，由此踏上舞蹈创作、编导教学、培育新人多位一体的舞蹈探索之路。她对于中国古典舞建设发展进行了长期的实践与思考。作为编导专业的专家，她对中国古典舞在剧目创作上的观点和意见尤显弥足珍贵，对于今天古典舞的创作和研究也具有启发性。

孙光言先生是创建北京舞蹈学校的第一批优秀教师之一，也是中国舞考级教材的创建者与推动者。此次采访时，孙光言先生虽然年事已高、身患疾病，但仍然带病坚持。她选择以当时文化部"舞蹈教员训练班"的经历为访谈内容，当她谈起那些往昔岁月，恍如昨日一般记忆犹新、侃侃而谈。遗憾的是，采访结束一年后先生因病去世。时至今日，她的神采、谈吐、思路、见解一直深深地印记在我们的脑海里。

张强先生是将武术带入中国古典舞的第一人。早在 20 世纪 60 年代，他便被邀请到北京舞蹈学校的教师进修班传授武术技法，并于 80 年代亲自担任北京舞蹈学院首届教育系剑舞课的教师。在继承与借鉴传统武术技法、强化中国舞蹈的精神气质、丰富完善中国古典舞的动作语言等方面，张强先生形成了一套独有的教学理念，为中国古典舞艺术风格的形成增砖添瓦。张强先生回顾了第一次踏进舞蹈学校大门的情况，谈到与李正一先生等人探讨用舞蹈艺术的思维来吸收武术动作……如此种种，如数家珍。他对于参与提炼并整理中国古典舞剑舞、袖舞教材，中国古典舞创建的三次高峰，及如何更快发展等话题都一一发表了意见，如今回想起来依然引人深思。

王克芬先生是中华人民共和国成立后培养的著名舞蹈史学家。由于她参与并关注中国古典舞的发展建设，因而与中国古典舞的几辈人结下深厚的情谊。她对中国古代舞蹈做了深入细致的研究与整理，与诸多学者一起发现了至今仍然保留在日本、韩国的中国古代舞蹈"雅乐"，并将其带回中国，使后辈们看到了保留在异国他乡中国古代舞蹈的遗存。此次访谈，老人家不顾年老体弱，操着带有方言的语调谈兴大开。她随性而发，没有按预定的话题展开。虽然话题不断地在时间上、在空间中跳跃着，却逐渐地为我们勾勒出了一个小姑娘如何喜爱上舞蹈，如何参加革命，以至与舞蹈史结缘的一生。王克芬先生那饱受不同时代磨砺而仍奋勇向前的激情、钻研治学的精神、昂然的神态深深地镌刻在我们的记忆中。

另外，紧随着"创建者"们的是作为北京舞蹈学校建校时即入校的"学生"群体。他们是当年一年级至四年级不同班级的群体代表：陈铭琦、陈爱莲、熊家泰、朱清渊、曹友谅、沈元敏。六位老师先后考入学校，毕业后，相继在20世纪五六十年代留校任教。之后，熊家泰、朱清渊、曹友谅、沈元敏四位老师一生都在学校从事中国古典舞的教学、管理、科研等一线工作，亲身参与了古典舞教学体系的建设发展；陈铭琦、陈爱莲则先后离开学校、调到院团工作，更多地投入舞台表演与创作中。他们尽管已是中国古典舞学科享誉盛名的专家代表，但是却没有推诿，而是出于对中国古典舞的"放不下"，非常痛快地接受邀请，参与"口述史"的工作。他们虽然已年过花甲，但是说起自己的学生时代、教学实践、舞台表演与创作的亲身经历，依然是那么思路敏捷、富有朝气。从他们生动鲜活的叙说与真切的实践感悟，可清晰地看到这一代人在中国古典舞创建发展中发挥着承上启下的历史作用，在中国古典舞整体的持续发展方面做出的实践与贡献。

众所周知，中国古典舞的创建与传统戏曲具有特殊的渊源。戏曲出身后改行从事舞蹈的张宗英老师被我们邀请到系里给高班同学和老师传授戏曲身段技法。借此良机，我们请这位师从著名京剧教育家茹富兰先生以及著名京剧表演艺术家高盛麟、李少春两位先生加入访谈序列，再续中国古典舞与中国传统戏曲之缘。根据张先生的回忆，他正是在李正一先生的引导下，将自己所学编创成了具有长靠武生风格的中国古典舞身法组合。

二、访谈录文本的体例情况

访谈录文本采取对话的形式。专家们根据预先提供的采访范围，各自选择最关心的内容与话题进行访谈。如李正一先生重点选择了 20 世纪五六十年代的两届高班的教学经历，孙光言先生重点选择了为建立舞蹈学校参加"舞蹈教员训练班"的往事与对古典舞发展建设的意见，等等。这部以口述史方式所组成的访谈内容，既是规定的，又是随机的。因为所涉及的选题与内容的不同，因此在采访的体量上存在差别。编委会在充分保留各自用语习惯、采访实况的基础上，进行了相应的文字梳理调整与反复核对，才形成目前的文本。根据北京舞蹈学院"十四五"学术成果出版资助项目组评审专家的意见，我们查找、补充了各位专家的老照片，使其在内容上更加丰富，更加具有文献价值。然而，想起那些因为各种客观原因未能如期采访的专家，以及那些为中国古典舞呕心沥血、建立丰功却已离我们而去的前辈不由得扼腕叹息，深感遗憾。叶宁先生、彭松先生、王萍先生、唐满城先生、孙颖先生、郜大琨先生等，他们的名字永远镌刻在中国古典舞建设的丰碑之上。

三、访谈录的几点启示

（一）这部中国古典舞创建时期代表性人物群体性的访谈录，所涉及的内容着重在教学体系的建设，尽管大部分访谈篇幅较短，但是将其串联起来，可以看作继李正一、郜大琨、朱清渊所著《中国古典舞教学体系创建发展史》之后的续篇或生动解读。他们这些跨越时空的话语涵盖了中国古典舞教学、理念、方法、创作等诸多学术领域，为认识"中国古典舞"创建初期的时代背景、社会语境、理想观念、建构方法、实践路径、切身感悟等，提供了最为真实、生动的史料，可以说在艺术史学中都是难得一见的宝藏。如果以早期成果"大绿本"和《中国古典舞教学体系创建发展史》为参照，将他们各自叙述的内容、时间、事件串联起来，设身处地地回到 20 世纪五六十年代的语境中，那么，这部访谈录就具有了超越一般性叙述的意义。我们可以看到创建与发展状态下的，包括"中国古典舞"教学体系在内的新中国舞蹈艺术，在党和国家的指导关怀下，通过几代人的努力，一步步实现"自我"构建的路径与实践过程。我们可以强烈地感受到中国古典舞的精神价值与集体人格的力量！这些宝贵的、真实的、鲜活的、闪耀着人文光辉的讲述，凸显着舞蹈人自强自立的赤子情怀和上下求索的执着的奋斗精神，汇聚成中国古典舞创建过程中强大的、珍贵的精神谱系。这一"谱系"包括了他们成功后的自省、失败后的自信、不老的生命舞动……成为中国古典舞创建史中不能被忘记的历史记忆。他们是在国家崛起、文化复兴的背景下，自觉地成为攀越高山的开路先锋。我们完全有理由为中国舞蹈艺术的创建者们以及他们所做的历史贡献立碑、立传！

（二）在中国古典舞六十年的发展历程中，尤其是在舞蹈高等教育高速发展的四十年间，围绕着中国古典舞当代建构中的问题与争议从未间断。面对着"断裂与重构、古代与古典、传承与创新、传统与现代、风格与属性、课程与内容、教室与舞台、训练与创作、坚守与发展、西方文化的外来影响"等诸多问题，专家们在访谈中也从不同角度与立场发表了各自的意见，因此我们这部访谈录超越了一般性的口述史，它思想性与学术性较强，带给人反思的空间。从中国古典舞自身的特指性与现代性建构的客观角度，站在以弘扬传统优秀文化的立场上，不难发现这些问题的产生切实反映了"中国古典舞"当代建构的艰巨性与多元性。中国古典舞就是在"继承与发展"的探索中，获得持续发展的驱动力与阶段性成果。

自建构"中国古典舞"专业教育伊始，几代人不间断地在历史与现代的断裂处，为构建"无愧于我们这个伟大的民族、光辉时代的民族舞蹈艺术"而矢志不渝；为培养出"具有世界水平、国际影响的，具有中国气魄、中国风格，具有民族舞基本功、技术、风格、表演的全面素质的高质量的民族舞蹈演员"①而终身奋斗。从中专到大学再到研究生教育，中国古典舞教育体系的建构历程就是在对"问题"的回应与反思中蹚出了一条具有中国特色的舞蹈学科的曲折之路。"中国古典舞"从一堂训练课发展到一个艺术专业的完整教学体系，凸显出作为一个艺术学科所拥有的"学术领域""知识体系""服务社会"的深刻内涵。尽管中国古典舞已到枝散花开之时，但是正如李正一先生所言的那样，"中国古典舞的创建发展还在路上"，对于中国古典舞艺术本体的实质意义、对于我们这个伟大的民族舞蹈艺术来说，继续发扬中国古典舞一以贯之的精神，站在前辈的肩膀上"尽精微，致广大"，继续完善教学与创作、理论与实践、教室与舞台、传统与现代、形式与风格的整体化、体系化同构，可谓意义深远、激人奋进。

（三）推出访谈录，正是基于问题意识，力图在重要时间节点上展开回顾，使后来者们更加珍惜现在的创建成就，在艺术实践中懂得需要坚守的精神内核和努力方向，进而使之不断完善、不断强大、不断拓展传播，让更多的人真实地了解中国古典舞，认识和热爱这个属于中国人自己的舞蹈艺术。希冀古典舞事业的接班人在复兴中华民族舞蹈文化理念的驱动下勇于实践，在"继承与发展"的探索之路上，续写守正创新、继往开来的新篇章。

以史为镜、温故知新、承前启后，这就是我们几年来尽心尽力做好访谈录的初衷与启示吧。

---

① 李正一、郜大琨、朱清渊：《中国古典舞教学体系创建发展史》，上海音乐出版社 2004 年版，第 64 页。

四、口述史的组织与实施

访谈课题组成员：李正一、满运喜、庞丹、宋海芳、吴海清、覃超、杜乐、陈佳娜、赵乔、丁琳、杨笑荷等。

北京舞蹈学院中国古典舞系历届研究生：赵梓瑜、沙蕾、赵晶晶、田晴、蔡梦娜、范楷、熊捷森、李安蕾、贾甜等。

中国艺术研究院研究生：刘骏、杨宇静、苏仲霓、赵磊。

南开大学艺术研究院研究生：李天翼、朗静。

李正一访谈《求索之路》小组成员：满运喜、李馨、苏娅、彭阿兰、谭美莲。北京舞蹈学院中国古典舞系李正一教授研究生：何碧波、秦艺玮、黄馥君。

口述史的工作从启动到即将面世，前后历经近十年的时间。从选题策划、筛选对象、规划内容、采访方式、录像录音、文稿整理、文稿修改、回访求证、音像制作、文稿印刷、最终定稿、送交结题，可以说从始至终都是在摸索和反复斟酌中进行的，实属不易。笔者相信这部访谈录，一定会成为研究中国古典舞、发展中国古典舞、培养中国古典舞人、普及中国古典舞艺术与精神的珍贵读本。这些音像资料，将会永久保留下老专家们的神采风貌和思想理念。借出版之际，我谨代表全体编委会成员对接受课题访谈的专家们致谢！尤其是对已经故去的孙光言、王克芬、陈爱莲三位前辈遥拜致意！向既是设计者、口述者、采访者，又是中国古典舞的创建者代表——94 岁高龄的李正一先生致谢！向参加采访、录制、校稿的专家老师们、参与工作的老师和研究生们致谢！向支持我们专项课题研究并最终获得出版面世的中国古典舞系、学院科研处、教务处、学院领导、原文化部领导、课题评审专家组的成员们致谢！

满运喜

2022 年 12 月

目　录

李正一

求索之路：
中国古典舞创建历程

李正一

1929 年 2 月 28 日出生于辽宁省丹东市。中国著名舞蹈教育家，香港演艺学院荣誉院士，北京舞蹈学院中国古典舞学科奠基（创始）人、中国舞蹈艺术专业教育开拓者。历任北京舞蹈学校（北京舞蹈学院前身）教员、教研组长、科室主任，北京舞蹈学院副院长、院长，北京舞蹈学院学术委员会主任，兼任中国舞蹈家协会副主席、教学委员会主任，北京市舞蹈家协会副主席等职。

李正一在舞蹈教育、教学管理、学科建设、科研创作等方面卓有成效。为中国古典舞学科从无到有的建设、为北京舞蹈学校转制提升为学院立下了汗马功劳；培养了一代代学科带头人、骨干教师和优秀舞蹈表演人才；与唐满城教授一起开创的"身韵"以精深的学术造诣，使中国古典舞在建设与发展中确立了审美特征、语言特点和训练手段，在国内外舞蹈界产生了重要影响。曾多次赴新加坡等地讲学，为传播中国古典舞教学研究成果做出诸多努力。

李正一曾任《中国大百科全书·音乐舞蹈》撰稿人；主编或合编《中国古典舞教学法》《中国古典舞身韵》等教材，其中，《中国古典舞身韵》获国家教委"优秀教学成果国家级二等奖"、文化部高等艺术院校"优秀教材一等奖"。发表《在民族的沃土中生根》等学术论文，大多成为中国古典舞学科教学体系建设的指导性文献。李正一是最早享有国务院颁发的政府特殊津贴的学者之一，她的名字和事迹被收入《中国当代艺术界名人录》，2012 年被中国舞蹈家协会授予"终身荣誉奖"。

　　本次采访是李正一教授自 1949 年至 1966 年，作为中国古典舞创建发展历程上的创建者、亲历者的一次"朝花夕拾"。中国现代文学馆研究员傅光明先生将历史比喻成一个精美的瓷器，在它发生的那一刻，就已经被打碎成了很多片，每一个亲历者都拾取了其中的一片，而研究历史的人所做的工作就是努力收集这些碎片，尽可能地将那段历史复原。亲历者无疑是最具发言权的人，那些历史的碎片都存留在这些亲历者的记忆之中，犹如涓涓细流，当无数条涓涓细流汇聚在一起便指引出了历史这条长河奔流的方向。

　　在这篇采访之中，我们可以从李正一教授第一人称的视角之中，看到那些年他们在研究中国古典舞的道路上遇到的问题与困惑，做出的思考与选择，以及成功后的经验积累与偏颇后的分析调整——看到李正一教授这一特殊身份下的那段历史的发生。

　　李正一教授结合自身经历，从中华人民共和国成立为起点，以每一个重要事件为里程碑将 1949 年至 1966 年的这段经历分为了五个历史段落：第一个阶段"入门习得诸般艺"讲述了 1949 年至 1952 年间李正一教授的舞蹈学习经历，从中我们可以看到中国古典舞的孕育；第二个阶段"明志学科初建时"讲述了 1952 年至 1953 年间中国古典舞的萌芽；第三个阶段"筚路蓝缕勤求索"讲述了 1954 年至 1957 年间建校初期中国古典舞教学"摸着石头过河"逐渐生根发芽；第四个阶段"桃李初成展新颜"讲述了 1957 年至 1963 年间"分科"后中国古典舞教学取得的阶段性成就；第五个阶段"'三化'精神促反思"讲述了 1963 年至 1966 年间在"三化"精神指导下中国古典舞教学的进一步探索。

　　李正一教授说："初建时期共同奋斗的一代人至今已经所剩无几。在那段奋斗的岁月里，大家忙于实践，没有留下足够的回忆记录，而仅有的少数人留下的一些笔记与资料，如今可能也没有人整理，即便有人整理他们也未必看得懂，甚至也看不清那些潦草的笔记记录的是什么。对此我深感遗憾。因此，我便想谈一谈我个人亲历的事情，是作为'当事人'特有的话筒，也是我印象最深的，对人、对事的记忆和感想。这不是自传，不是评说，也绝非校史，只是一个亲历创建的老人最深的记忆和感想。我想以此纪念那段求索的岁月。"第一人称的回忆最能引起共鸣，在整理这些文字的时候，笔者也时常不自觉带入自己的情感与思考。李正一教授的讲述让我仿佛回到那个年代，唤起了我心中对于中国古典舞的信念与责任，使我陷入那悠长而深刻的思考之中。我们的前路还很长，路越长越易迷失方向，莫忘来时路，方知向何行。

口 述 人：李正一

采 访 人：满运喜、李馨、苏娅、何碧波、秦艺玮、黄馥君、彭阿兰、
　　　　　谭美莲

整 理 人：李　馨

采访地点：北京舞蹈学院

采访时间：2014 年 1 月 10 日

　　问：李老师，感谢您接受我们的采访。2014 年是值得纪念的年份，每一个舞院（北京舞蹈学院）人似乎都在匆忙的奔跑中缓下脚步，静下心来，开始回望一个甲子的历程。值此学校六十周年华诞之际，我们希望您能够谈谈您对母校建校六十周年纪念的寄语；同时，作为您的研究生，我们也特别希望您能够谈谈您所经历的学校创建的历史，使我们能够更全面而立体地了解创始人对学校建设的所思所想。

　　李正一（以下简称"李"）：首先，我觉得访谈这样的形式非常好。它可以让我产生与读者直接对话的感觉，让我可以以"当事人"特有的话语，把我印象最深刻的事情说出来。这种形式的确更亲切，更便于交流。

　　在舞院迎来建校六十周年纪念之际，我想表达我的祝贺和感念之情。

　　六十年在历史发展的长河中，只是短暂的一瞬，虽然我不知道是否能

用"永恒"来期许舞蹈学院的发展，但是我相信母校的建设，将会永远地继续下去。六十年从我们个人的角度而言，却又是一个不短的阶段，甚至几乎是我们的一生。像我从 20 多岁开始步入这个事业，到现在 80 多岁，这就几乎是一生了。

回顾这一生，我深感是舞院培育了我们，给我们发展的天地，鼓励我们努力实践，在实践当中学习，在实践当中提高认识、提高能力，不断成长。在工作中，我们找到了信心，找到了乐趣，产生了更自觉的要求。我们是幸运儿，能和舞院同生！舞院给予我们体现生命价值的机会，使我们毕生都能为中国舞蹈教育事业，为中国古典舞教学体系的建立、发展和人才培养奉献力量。是舞院赋予了我们参与、奉献和无止境的终身探索的机会，使我们生活得有理想、有追求、有活力，引导我们进行不断探索，边干边学，边学边用，给予我们最大的信任和最充分的条件，让我们摸索和前进。

我尝试着和你们聊聊我所经历的事，也许对你们进一步地了解中国古典舞一路走来的历程能够有些启发与帮助。

一、入门习得诸般艺（1949—1952）

（一）"入门"前的广采博收

问：一个人的人生选择，总是有许多机缘。看您的个人履历时，我们发现在您从事舞蹈事业之前，广泛涉猎了音乐、戏剧、舞蹈等艺术门类。您觉得这样的经历对您从事舞蹈事业有什么样的影响？

李：在进入中央戏剧学院舞蹈团学习之前，我有广泛涉猎相关知识与艺术门类的经历，并不是一开始就专攻一门。这个阶段我觉得对我至关重要，因为我在这个阶段所学到的东西，使我在进入了舞蹈行业后有了自身的特点。其中我觉得有不利的因素，也有有利的因素。

不利的是什么呢？舞蹈是需要从小进行科班训练的，对学生有很严格的选材条件：年龄要小，要具备从事舞蹈表演的身体条件。这些我全都没有，这是我的不利因素。

但是我也有两个有利的因素，一个就是我的文化层次比较高，因为那个时候我的年龄已经很大了，有较长的一段学习经历，不像有的人小学还没毕业就学习舞蹈。我认为文化学习是一个很重要的因素，是对一个人的思维和各方面修养的一种培养和锻炼。这个因素，我觉得和舞蹈专业训练是不一样的。另一个是，由于我有广泛接触艺术门类如戏剧和音乐的机会，虽然我并不能像那些进了音乐学院或是从小进科班的人专攻一门，但是我的知识面很宽。那个时候我们会学习乐理，比如对乐器的掌握、歌唱训练，甚至还学指挥。因为，我们是被作为文化普及干部来培养的，这就要求我们什么都拿得起来，把我们任何一个人分到任何一支部队上去，就得成为那里的唯一干事，什么都得懂。

在这种培养目标下，首先，我对音乐的知识有了一个广泛的了解，能掌握一般性的技能。那个时候我们都得学打秧歌鼓、拉二胡等，许多乐器都得会操作。所以我自己感觉我没有"死"学过音乐，这种"活"学的过程对我学习舞蹈很有用。其次，我那时候对戏剧很感兴趣。我觉得戏剧是一门很值得注意和观察的舞台表演艺术，是我学习如何进行舞台表演的一个很重要的知识来源。其实，不管你搞什么艺术，只要是舞台上呈现的，就有许多共性。我对戏剧的学习，让我有了一些戏剧方面的知识和技能，这是很有好处的。解放区的戏剧，不是从话剧，而是从秧歌剧开始形成的歌剧或歌舞剧，比如《白毛女》是歌剧，不是一般的话剧，它在形体和音乐方面的要求与话剧是不相同的。我们也学话剧表演，也有人给我们讲关于话剧表演的课，但是我们的实践并不脱离音乐，也始终有歌剧与形体表演的形式。比如小秧歌剧《夫妻识字》的表演中就得有形体的动作。这些学习与表演的经验在无形中成为我的"储备"。

我时常在想，许多人都问过我过去做过什么，但是他们对我所经历过的事情的受益之处并不了解。而我可是亲身体验到它们给我的成长带来的好处：当我学习舞蹈之后，之所以在专业上可以有所思考、有所作为，不是因为我年龄大，而是因为我从事舞蹈教育之前的经历、所接触的领域锻炼了我思考问题的能力。

（二）进入中央戏剧学院舞蹈团

问：1949 年至 1952 年是您步入舞蹈教育事业之前的孕育时期。应该说，舞蹈是新中国新兴的事业，每一步探索都包含着无数的未知，为什么您在涉猎了音乐、戏剧等艺术门类之后，偏偏选中了舞蹈，并以此作为一生的事业呢？

李：1949 年是我步入终身从事的舞蹈教育事业的初期准备阶段。虽然与舞蹈结缘的起点很低，但那是我扎扎实实迈出的人生第一步。在从这年起的三年学习时间里，我常常觉得我是幸运的。

那个时候，中华人民共和国刚刚成立，百废待兴，一切工作都要围绕着和平建设而进行。一方面，我幼年时期接受了《月明之夜》《小麻雀》《葡萄仙子》这一类歌舞作品的熏陶，使我对舞蹈艺术产生了兴趣；另一方面，在中华人民共和国成立初期，舞蹈是个新兴的事业，我坚定地认为自己遇到了一个能够从头学习的机会。因此，在 1949 年年底的时候，一个偶然的机会，从来没有与舞蹈专业有过任何接触的我进入了中央戏剧学院舞蹈团。

这件事对我而言是一个极大的意外，同时也使我承受着很大的压力。舞蹈是需要"童子功"的，对从事舞蹈专业的人有着严格的条件要求，而这些条件我都不具备。在那个时候，我已经 20 岁了，已经结婚，是一个孩子的母亲，这使我不能进学员班，而进了演员组。我本就是一个完全没有接触过舞蹈的人，在舞蹈表演方面只是一个"白丁"，于是就这样我成了演员组里唯一一个没有接触过舞蹈的人。无论是从年龄上还是身体上，我都不具备学习舞蹈的条件和优势。

1954 年，学员在"文化部舞蹈教员训练班"里练功（香饵胡同）

　　面对这样的情况，我感觉到压力非常大，但这也使得我下定决心，相信自己通过努力能克服困难，得到好的结果。我觉得自己有两个法宝。第一是"勤"。在"舞研班"的时候，我曾经几乎整整一个冬季的白天没有脱过练功鞋。除了上床睡觉的时候，其余的时间，我都是将穿着练功鞋的脚直接套入"大棉窝鞋"中，分秒必争地练功。因为我有一种深深的危机感，一种与理想中的目标仍然相去甚远的危机感。第二就是我愿意思考，从不盲目地学习。我总是要思考应该怎么学、学习中应该重点捕捉什么内容、如何通过有效的学习方法实现我心目中的要求等问题。虽然我还不知道将来的路在何方，但我坚持认为自己的文化基础、思维方式和知识结构将会给我的舞蹈学习带来帮助。在那种情况之下，我只能够相信我自己主动的生活态度和靠努力去争取的精神，从零开始，努力学习。

　　问：您在中央戏剧学院舞蹈团的学习都有什么内容？

　　李：想起那个时候，虽然我学习的起点低，但值得庆幸的是我有很好的学习条件。在那几年中我接触了古今中外全面的、丰富的舞蹈知识和技能，对舞蹈的认识、技能有了一定的了解。虽然那些学习只是初步的接触，但接触这些知识对我而言意义深远，对我后来进入舞蹈教育领域、进入中国古典舞的研究领域有重要的影响。

首先，我初次接触了多种舞蹈的训练方法。比如"芭蕾课"是我们每日训练的主课。这门课包括了由戴爱莲先生教授的英国学派芭蕾舞，以及由苏联专家托巴斯基教授的俄罗斯学派芭蕾舞。他们所带来的比较纯正的、严谨的芭蕾舞教学，使刚接触芭蕾的我，得到了一个较为正规的训练。不能不说，在日复一日的练习中，芭蕾训练给予我的影响是比较大的。

其次，我得到了一个开始学习戏曲的机会。欧阳予倩先生请了著名京剧演员刘玉芳老师等教我们"起霸""趟马"等戏曲程式，以及《霸王别姬》等折子戏。刘玉芳先生在"开法儿"的时候，从来不会教"花活儿"，而是在基本的"手、眼、身、法、步"上进行扎实的训练。教的过程中，刘玉芳先生非常耐心、细致，以他的经验扎扎实实地"抠"准每一个细节。另外，因为他不大会表达，无法将他心里捕捉到的东西用语言准确地告诉我们，所以他在教学中就想了个办法：面对着你站定，一手扶着你后自己跟着韵律一边往后退，一边带着你往前走，边走边示范身上应该怎么动，这个"味道"应该怎么找。我自然而然地就会跟着他的韵律去捕捉那种"味道"与感觉。他用一种最"原始"的戏曲教学方法，引我进入一种氛围中，引导我去感受，使我得到的不是机械的内容。他"抠"的是动作，但是通过动作，找的是"味道"。我觉得这个过程也给我打下了比较好的基础。

（三）在中央戏剧学院"崔承喜舞蹈研究班"的学习

问：1951 年，朝鲜著名舞蹈家崔承喜在北京开办了中央戏剧学院"崔承喜舞蹈研究班"（简称"舞研班"），能否谈一谈您在"舞研班"学习的情况？

李：1951 年，中央戏剧学院"崔承喜舞蹈研究班"成立，我随后进入了这个班学习，我认为能够在这个研究班中学习，是非常幸运的事。

在"舞研班"，我所学习的内容是系统而丰富的。在三年的学习中，崔承喜作为一位舞蹈创作者与表演艺术家，以其明确的指导思想、丰富的实践经验，以及在教学和教材整理方面所做的大量实践，深深地影响了我。

我接触到了更大范围的，以不同国家、不同舞种的技能、风格所构成的训练体系以及多种的训练方法。"舞研班"所开设的课程包括戏曲舞蹈的基本训练、朝鲜舞的基本训练。我还接触了"新兴舞"，也就是德国现代舞的基本功训练。在我看来，我并不是在学习现代舞，而是接受了一种形体训练。学习中，戴爱莲先生教给我们的不是现代舞理论、认识，而是一种在地面上如何掌握重心、如何开发全身包括各个关节的方法，例如"摔倒"或者"起来"这样的动作训练，又如拉班的训练、松弛的练习，等等。我记得那个时候，戴先生让我们躺在地面上，或者将身体搭靠在把杆上，在全身放松的状态下，感觉手、脚、头、眼的状态，等等。

在这个阶段，舞蹈训练在风格上也是多样的。从古典的朝鲜舞，民间的朝鲜舞，一直到"南方舞"，我接触了许多不同风格的舞蹈训练。所谓的"南方舞"，就是将东南亚国家的许多带有佛教风格的舞蹈，进行综合整理而形成的一种舞蹈形式。早在 20 世纪 50 年代，我们就已经看见了崔承喜如何对民族舞蹈进行整理。她像海绵一样广泛吸收知识，不会用一个

朝鲜著名舞蹈家崔承喜

很狭窄的观念来看事业。她来到中国以后，真是把中国戏曲这么好的一个传统艺术看在眼里了。她觉得戏曲艺术是东方乃至世界舞蹈宝库中非常重要、必须要有的内容。

问：听您说过，您曾经是不喜欢戏曲的，但是您在"舞研班"时对戏曲的情感却产生了变化，这是怎么回事呢？

李：在三年的学习中，我的收获之一就是对戏曲艺术的认识产生了翻天覆地的变化。在"舞研班"中，崔承喜与京剧昆曲界的表演艺术家韩世昌先生、白云生先生、马祥麟先生、刘玉芳先生共同合作，把京剧艺术中的青衣、花旦、武旦、小生、武生、花脸等不同角色的动作提炼出来，根据舞蹈的特性完成了舞蹈动作的组合，然后我国著名民族音乐家刘吉典先生等为其配上具有民族韵律的音乐，从而形成一套比较完整的教材并教授给我们。

我原来是不喜欢戏曲的，觉得总是无法理解它的审美。在学习中，我强迫自己去学、去看，可仍不知道该看什么、学什么、模仿什么。在"舞研班"学习了身法以后，我渐渐开始找到一些窍门，开始喜欢体验这种身法的美妙，我从被动地学习、模仿，开始转变为自觉地去找韵味、找美感，开始学会体现我的情和形的结合。

崔承喜整理的这套身法教材，我觉得对我来讲可以说是一生都有好处的东西，因为在这之前我对戏曲几乎是一无所知，除了刘玉芳先生教给我"起霸""趟马"的程式和《霸王别姬》片段这三段东西之外，再没有别的了。但是崔承喜与这么多老师一起整理的身法，就是把昆曲里边花旦、青衣和武旦三个行当进行整理，从戏曲中剥离出来。她的这个方法很好，让我有很大的感触。

我认为，崔承喜的方法有她自己的独到之处。第一，她撷取了典型的、优美的、有戏曲舞蹈独特性质的动作和舞姿，抓住了行当与程式，抓住了戏曲表演的经验以及表现形式，并从动作中加以分析和综合，从花旦、青衣、武旦三个行当中提炼了"优美、活泼、英武"三个类型，形成了女性角色表达的三个总体的性格。

第二，我觉得她在整理戏曲的过程中，捕捉规律的方法非常有效。她进行整理与提炼的前提，就是尽量保存传统艺术原有的特性，在此基础上稍加加工、提高。她的方法是在同一动作或动律的多次反复当中进行变化，比如说队形的变化、节奏的变化、局部的变化，等等。

那时，我跟马祥麟先生学习戏曲，整个过程我都全神贯注地集中思考一个关键问题：怎样才能够捕捉到规律，使我的动作能够和马先生做的一样？这是我当时的第一个目标。因此我就通过镜子观察我应该什么时候开始上步，上步的时候身体应该怎么配合。通过上步的节奏与身体的方位等运动的细节，观察我和马先生的区别。通过这样的观察，我揣摩清楚了全身配合的规律，我发现这个规律同时可以运用到其他动作中。

在和马祥麟先生学习戏曲的时候，我们曾问过他一个问题：学习身法的时候什么是最重要的？他说："百练走为先。"这个"百练走为先"的规律，在崔承喜整理教材的时候也得到了运用——因为马先生在帮助崔承喜整理戏曲的时候，就是从"走"开始的。比如，花旦走的规律是腰上体现出了所谓的"8"字圆。尽管当时提炼的动作就是进退来回五趟，但是每一趟手都有变化，比如单手、双手、指、左右弓手。动作无论快也好，慢也好，始终重复同样的动律，并始终强调身和腿的关系。我认为这是非常有效并便于把握的。

现在回想起来，我才明白那个时候崔承喜捕捉的就是"动律"。我记得在粉碎"四人帮"之后，开始要进行身韵整理的工作时，我成立了一个小组，成员有熊家泰和李惠敏。那个时候，我们三个人一起去找了王萍，我给王萍提的第一个要求就是要整理"动律"。当时"动律"这个概念，几乎是我第一次提。这是为什么呢？就是因为经过了那么多年的反复思考，我认为这种捕捉"规律"、把握"动律"的方法让我非常受益，备受启发。我认为动作可以千变万化，但是"动律"是不变的。记得1963年，我曾和王萍整理过一次身段，但是那次的着眼点还是动作，没有找到恰当、有效的训练方法，而那时候我自己也还没有认识到"动律"的重要性。经过不断的重新思考，我才明白崔承喜在整理戏曲艺术的时候，就已经在提炼"动律"了。我曾反复地思考过：为什么我只在"舞研班"学习了一年，就可以学到那么多身法，而且它们好像一辈子都长到我身上了似的？别人学很多戏，学得比我深入，花的时间还要多，为什么我依然觉得他们就不像我一样，能将所学的内容真变成了自己的东西？现在回想起来，我觉得崔承喜的那套教材整理方法非常好。

第三，在崔承喜这套身法教材中，她非常注重"内"与"外"的关系。实际上，在当时我并没有"内外相合"这样的认识，这是我后来逐步"悟"到的。

崔承喜的教材是从戏曲里提炼出来的，因此就不可能没有"内"，没有感情。戏曲中说的和唱的内容与动作是密切结合在一起的。比如，"哭"和"害羞"这两种情感，就形成了两个组合，这两个组合必然具有内在感情，而且除了动作之外，还有情感层层发展的过程。戏曲在这方面的表现手法特别好。它的"害羞"不是只有两个字，像弄个脸谱贴上去似的，这个"害羞"是有发展过程和层次的，比如要先看，看的时候开始带有羞涩感，然后才能往回走。

崔承喜这种整理的方法本身就是"内外结合"的。为什么我到现在总是对教学中表演能力培养不满意？因为我的想法跟"内"和"外"的关系有关。从表演的角度来思考，就应该考虑到我们在"身韵"课上能解决哪些问题，而课堂内容又应该通过什么样的方法与舞台的需要相结合，使课堂与舞台两者挂起钩来。课堂与舞台既是不同的训练阶段，又是联系在一起的。我觉得崔承喜的整理方法抓住了中国艺术表演形式"内外相合"的重要特点。

问：您认为她在教材中，具体运用了什么样的方法使"内"的感觉得以体现？

李：教材内容的"内"，包含了呼吸、劲儿、节奏。比如往前走的动作肯定是由慢到快这么一个过程。尽管程度是不同的，但动作绝对不是四平八稳的节奏。往后退的话，肯定是先"起法儿"，人的感觉往后了，但是眼睛还留在前面，节奏有轻重缓急。其实那个时候，我自己在观念上并没有分出来什么是轻，什么是重，什么是缓，什么是急，我是在模仿她动作的过程中，自然而然地学的。我自己感觉这种学习方法非常有效。第一，我不用学那么多戏，不用去了解每出戏里表演上、身法上都有些什么东西，而是用了一种最有效的方式学到了核心的内容。第二，她带给你的体验是你在学戏时费很大功夫才能体验的东西，而一般的学戏过程你先得学会唱，再学会动，最后才能到表演的程度。崔承喜的整理，让我感觉她可以单刀直入地切入戏曲表演的核心。当你分析动作的时候就会发现，教材中包含了许多方面的内容，除了动作之外，还有许多情感的发展过程。比如"哭"，那种心里面很委屈的、难过的哭和号啕大哭是有区别的。她真的很有经验，她知道戏曲的精髓在什么地方。

这些教材尽管看似是从戏曲当中摘的，但已经开始跟舞蹈和音乐相结合了，同时没有漏掉一点戏曲里的精髓。她给予我的这个方法是非常好的，因此，即便我从来没学过那么多的戏，甚至到现在没学过一出完整的戏，最多学戏里需要的一小段，但是不等于我不懂戏曲里有些什么东西。

另外，她还将传统的动作进行鲜明化、扩大化的处理，把小的、不太容易被发现的动作，或者太生活化的痕迹给予夸大。她认为这种做法对舞蹈性、对身体表情的鲜明体现是非常重要的，这样可以把身体的表情动作规律化、节奏化，使其成为真正的舞蹈动作。

她有整理朝鲜舞和南方舞等舞蹈的经验，又加上了京昆界前辈的帮助，所以在整理工作中，我觉得她对戏曲的认识是很明确的：她认为戏曲是丰富的、历史悠久的、精致优美的，同时认为戏曲是综合艺术，它也可以发展成为独立的舞蹈艺术。

她对传统戏曲艺术的提炼和加工，还采取了另外一种办法，就是把动作和表情相关联，给以鲜明的夸大。比如说青衣，她运用了水袖，并将其与如何用水袖表现喜怒哀乐的相关方法放在一起，给它以鲜明的夸大；像花旦，她就拿着手绢，把身体的表情规律化、节奏化，使之成为舞蹈艺术的动作。她要考虑如何根据舞蹈的需要对动作进行夸大化、舞蹈化，并要考虑如何对其进行精致的提炼，但是不可以"走样"，只是运用创新的形式，让它依旧具备民族特性和气质，并成为新内容、新形式的载体。她就是在这样的指导思想下对传统戏曲进行舞蹈化的整理的，但是她绝不搬用、乱用传统戏曲元素，而是经过长期的思考与努力，使得它在保持原来的风格的基础上，得到新的发展。这就是创新，只有创新才能够使舞蹈成为独立的艺术，并成为当代才有的艺术。

在中国舞的教材整理上，她很重视科学的训练方式，她要求教材内容由浅入深、由易而难、由简入繁，逐渐复杂化，并将其整理成为动作和组合，使它从动律进一步深入节奏的变化、情绪的发展、感情的表现中。

问：通过您的介绍，我们觉得受益匪浅！您能总结一下对学习戏曲艺术这段时光的感受吗？

李：现在回想起来，那段时间对戏曲的学习，为我全面掌握身法打下了基础。我虽然没有学过那么多的戏，但是能够通过整理教材全面地接触戏曲，从而体验戏曲的身法和表演。这种方法可以说既全面又便于深入掌握。通过学习，我也相信戏曲有传承传统文化的文化价值、丰厚的历史价值，而且它又精致、优美，具有很高的艺术价值。另外，戏曲是综合艺术，它本身就具有非常丰富的训练经验，只是需要研究者经过努力的提炼与整理，使来自戏曲艺术的训练内容适应舞蹈的要求。毫无疑问，戏曲具备了这样的基础，也具有这种发展的可能。因此，在如何提炼传统，如何训练舞蹈演员，如何在戏曲艺术的基础上整理中国古典舞教材等方面，崔承喜提供了宝贵的经验。虽然这些经验不是唯一的，也并不代表完成了全部的内容，但是整理传统艺术为建设舞蹈教材所用，她是第一人了，这也是当时建设中国古典舞教材多种做法的一种。

（四）初识舞蹈创作

问：在您走入舞蹈事业最初的那几年，舞蹈创作的情况是什么样的？您对舞蹈创作的认识是如何建立的？

李：从 1950 年开始，我在几个单位里都接触到了当时的舞蹈创作。一个是在舞蹈团的那一年，我接触了舞剧《和平鸽》的创作。这个舞剧以芭蕾为基础，吸收了现代舞的一些元素，也吸收了一些民族、民间的舞蹈元素。另外，就是王萍创作的《大头娃娃舞》——以民间的鞭炮舞、大头娃娃舞等一些生活内容为素材创作出来的作品。此外，还有高地安的作品，他的创造性非常强，他编创了一个叫《稻草人》的舞蹈，给我留下了非常深刻的印象。他把民间的童话故事创作成一部作品，作品所用的舞蹈语言不拘一格。虽然运用的是现代舞的语汇，但依然从生活的角度出发，能够比较鲜明地反映生活，所以对他那些东西我都是挺肯定的，我觉得从一个搞戏剧的人的眼光出发，我能接受，而且觉得非常好，舞蹈创作就应该是这样的。

除了舞蹈团之外，在崔承喜的"舞研班"中的学习与观摩给了我很大的视觉冲击。因为崔承喜才华横溢，她能集创、演、编、训于一身。她在中央戏剧学院办"舞研班"只有一年的时间，其间就举办了两次公开的演出。她非常重视舞台实践，在我们学习期间，第一个学期结束的暑假就组织我们到上海去演出。当时实际上我们并没有太多的节目，因此崔承喜就组织了半台晚会的训练介绍，比如介绍朝鲜舞的训练，介绍她整理的中国舞的训练，另外半台就是她的创作。在她创作的作品当中，我们突击排出来的作品是《志愿军》。这部作品是表现人民军跟中国人民志愿军会师，庆祝胜利的集体舞。在一年学习结束后的寒假，我们同样也有一次演出实践的机会。因为这样的艺术实践，我充分地接触了舞蹈作品和舞台实践，知道了什么是舞蹈。

那段时间，我学习了崔承喜在充分继承民族传统之后整理的古典舞，如《短剑》《鼓舞》《扇舞》等，这和民间的舞蹈完全是两种不同的风格。

另外，我也看到了她所编的一些民间色彩非常浓厚的、具有农家乐风格的舞蹈，以及用朝鲜舞来表现童心的这样一些节目。崔承喜的创作内容非常多样，她所创作的一些舞蹈小品、舞剧，例如《乘风破浪》《游击队的女儿》《春香传》等，都是用朝鲜舞的语汇来表现革命感情或新的生活。

崔承喜的创作内容、形式是非常多样的，她有整理、复兴、发展朝鲜舞方面的能力。比如她能够本着一种整理、复兴和发展的态度，把当时已经不存在了的宫廷舞蹈创作出来，形成像短剑舞、鼓舞、扇舞等那种与民间气氛完全不同的宫廷式的舞蹈。

在整理民俗的舞蹈方面，比如说她自己创作的《长鼓舞》和《假面舞》，是民间风格与特点非常浓厚、突出的作品。而她在创作新作品时，又能将新的人物与生活的形象结合在一起。

最令我感动的是《乘风破浪》和《游击队的女儿》这两部作品。《乘风破浪》表现了从韩国到朝鲜的路上，一个老人在过海时与风浪搏斗的精神。在这个作品中，她自己扮演老头，运用了"假面"这样一个非常巧妙的方式，使作品既具有民族性，又具有形象感。在她的表演中，让我印象深刻的是这样几个层次：第一段表现风平浪静，第二段表现与风浪搏斗的情景，第三段就是看见光明。在这三段中，她除了充分运用自己身体的表现之外，还运用了其他手段。比如说在音乐的选择方面，她运用了朝鲜的唱剧作为伴奏，伴随着大风大浪的冲击声，展现出我们听起来非常嘶哑的，像呐喊一样的唱调。而等到风平浪静的时候，演唱的声音又是那么潇洒，民族的味道那么浓厚，充满了对未来的遐想！我觉得她的创作非常完整，而且我认为她的创作是内容第一而不是形式第一，她重视形式，但是她更看重形式与感情的一致性。她善于运用传统的情感表达方式，重视从民族的遗产当中去挖掘创作的源泉，并使其以恰当的方式契合她舞蹈作品的表现。她非常重视追求独创和多样的探索，同时，她又非常重视质量的提高，给我留下了深刻的印象。

她能够从现实的生活当中取材，表现新人物、新感情、新事件、新生活，而且完全是用民族、民间的文化艺术来表现。她在所开设的几门课当中，以自己的创作为实例，让我们看到了作品，看到了她的创作经验，也让我们了解了她的作品是怎么产生的。她非常重视舞蹈的表现形式，更重视感情的渲染，每一个节目的出入场的处理，作品的主题与人物、感情的带入、带出都紧密地联系在一起。

在这个阶段，崔承喜通过介绍她原来创作的作品和新作，谈她创作的经验和体会，讲解创作的构思与意图。这个阶段的经历使我看到了多种多样的作品，同时参与到舞蹈作品的创作中，了解到了如何运用舞蹈素材来进行创作。一方面，我能够通过她的讲座式的创作课，了解到她的创作经验；另一方面，我从她的艺术实践中，也看到了一个舞蹈家的艺术造诣应该是什么样的。

崔承喜的创作课完全不是从理论出发的，不像有的人一讲起创作来，简直就是从理论到理论，好像创作多么神秘似的。这样等到你做练习的时候还是不知道怎么去做，完全莫名其妙，稀里糊涂，最后也还是没搞清楚究竟怎么提高创作能力。而她的创作课是经验的介绍，其中设了很多专题，根据这些专题实实在在地让我们摸到了创作的门道。

创作教学不在于给学生谈什么长篇大论，而在于能够通过题目的设定，营造创作的环境，通过教师自身的经验介绍，引导学生在回答问题的过程中，懂得怎样才能达到自己想要的艺术效果。崔承喜与我所接触的其他人谈创作的角度是不一样的，她不像有些人那样，讲了半天别人也不知道从何做起、从何想起。通过她的讲座我感受到，当学生需要寻求一个解答问题的方法时，多从我自身的亲身感受出发，提炼出一些方法给他们以启示，这样的方法可能不够系统，也没有太深奥的理论，但是通过这种实实在在的交流，学生就能够理解你的经验到底从哪里来，同时也便于接受、掌握其中的知识。

在讲座中，她会介绍她的节目都是怎么产生的，她是怎么处理细节的，为什么要这么去处理，对观众来讲效果如何。她甚至会讲到她的服装设计为什么会是这样的，颜色为什么选这个；会谈到调度的安排，为什么这个戏里这么上场，出场时怎么把人物带上来，怎么把戏带上来。例如她讲她跳长鼓舞就是背着长鼓出场，身体似动非动地，一转身就现出了身前的长鼓，让观众产生一种悬念，她还讲到她下场的时候又经过怎么样的处理给观众留下深刻的印象，等等。她的每一次讲解都非常实在。

同时，她讲授的内容都是有理论支撑的。所谓的理论，我觉得就是规律性的认识。每个人对规律性的认识都要通过自身的实践去总结，而不是给你一个别人总结出来的概念让你去套，那样你不会明白该怎么实践。崔承喜的创作教学，就是在自身实践的基础上将认识进行了理论性的提高，我觉得她用了一个很好的方法，看似不怎么起眼，但非常实在。我认为通过她的讲座，我建立起了古典的审美，知道了舞蹈艺术形象创作应该捕捉什么。虽然在"舞研班"学习的这段时间我所接触到的都是"起点"，但她给我的"起点"并不那么简单，给我的启迪是有用的。正好像现在我向你们介绍崔承喜一样，你们虽然没见过她，但是从我谈的内容中间接得到的东西，绝不仅仅是一两个动作的处理。因为她是舞蹈家，一个成功的舞蹈家，她有成功的经验。如果这些打动了你的话，她的启迪会是一个很强大的"力量"，远不仅仅是她直接给你的那点具体的东西。

问： 能否谈谈崔承喜对您的影响？

李： 崔承喜的艺术道路体现出她作为一位民族舞蹈家的造诣，并深深影响着我：她学西方的舞蹈，却志在发展民族舞蹈。她乐于广泛地吸收借鉴为发展所需的各种舞蹈元素，所以她在舞蹈训练中并不排斥外来的艺术形式——以芭蕾舞、现代舞做形体训练。她还能通过吸收外来形式丰富本民族的舞蹈形式，比如她在朝鲜舞的基训当中，因为受西班牙舞的脚下节奏"打点"形式的启发，丰富了朝鲜舞脚下的动作。这些动作既来自外国，又具有浓厚的民族风情。

我很感谢那个时代有这样的机遇。这一年的学习，崔承喜给我打下的基础不是可有可无、似是而非的东西。应该说崔承喜以及她的"舞研班"为中国古典舞学科的建设和发展留下了宝贵的整理经验。在"舞研班"所学习的教材、舞蹈作品、创作知识、表演风格等，潜移默化地影响了我们那一代人，为我们一生的舞蹈教育研究之路打下了基础。直到现在，每次我需要做出选择的时候，都会回想那一段时间学习的经历，想想崔承喜的研究思路，以之来确定我的判断。

二、明志学科初建时（1952—1953）

（一）从民间舞组调到了古典舞组

问：1952年10月前后，中央戏剧学院建立了"舞蹈教学研究组"。"舞蹈教学研究组"又分了两个组：一个是古典舞教学研究组，另一个是民间舞教学研究组。听说您一开始是民间舞研究小组的成员，您还参加过民间舞蹈的调研，这些经历给您留下了什么样的印象？您觉得学习民间舞对您之后从事古典舞教育有什么样的启发呢？

李：古典舞教学研究组组长是叶宁，成员有杨宗光、孙颖、陈春绿、翁美云、顾以庄等；民间舞教学研究组组长是盛婕，当时我跟着盛婕在民间舞组。我记得1953年春节之前，我生了孩子之后参加了为全国首届民间音乐舞蹈会演做准备所进行的一个活动，近距离地接触到了中国民间舞蹈，并对如何进行中国民间舞蹈调研与采风活动有了一个生动的了解。那时，我参加的是安徽花鼓灯组。盛婕带着我们去了安徽。我们不仅要了解民间艺人的舞蹈都有什么内容，还要根据当地艺人的舞蹈素材组织一个可以表演的剧目。我们把分散的艺人组织到一块进行研究，把当地的节目变成了一个可以到北京来演出的节目。因此，从安徽回来后，我们就举办了第一届全国民间音乐舞蹈会演，发动并组织当地的艺人来参加这次会演活动。

同年，我又去岫岩、海城、丹东等地学习东北秧歌。这个阶段的经历是我一生中唯一一次接触花鼓灯和东北秧歌，对我是一个非常好的机遇与锻炼，使我能够从当地的民间舞蹈发展史入手，探寻舞蹈史与生活的关系、了解艺人的派别、认识表演风格产生的原因、明了表演特点是怎么形成的等知识。我学的不是像现在这样已经分析好了的民间舞，我是亲自跟民间艺人去学。民间艺人并没有系统的教学方法，自己也根本不会分析，他们只是尽兴地舞蹈，让你自己去学习、去模仿、去捕捉。很多民间艺人的舞蹈都是在一种即兴状态中展现出来的。他们一时兴起进行表演，可能下一刻就不记得自己做过什么动作了。你要想学就在后头跟着，而且还得替他记着刚才做了什么动作，好让他再重新做一下。有些艺人自己记不得动作，你都得帮他记着，否则这动作就没了。我所掌握的民间舞就是这样跟在艺人后面，跟着他们的锣鼓点学出来的。所以，首先你得有很强的模仿能力，你得跳得像他，得学会在民间艺人的带动下"找范儿""找味儿"；其次你得有总结能力，能够从这个学到的动作中逐渐去总结、理解它。我记得我学习东北秧歌的时候正是春节前。那个时候在小学校里面学踩高跷，我们都得坐在小学校的窗户沿上把跷绑上才容易站起来，要是在平地上绑跷，站都站不起来。我们就这么身临其境地去体验，一切都要靠自己的眼睛、感觉去捕捉形象。民间采风很好地锻炼了我主动学习的能力。这些经历对我今后的学习方法有很大的启示与帮助。这种直观感受形象与风格的学习方法不同于我前期学习的那些训练性的教材，它让我们学会努力去看。你看见了什么，你的眼睛能捕捉到什么，然后你才能够进行分析，去进行体验，一直到体现。我觉得这对我来讲是个非常好的学习方法。

另外，民间舞的一种特性对我启发很大：所谓一方水土养一方人，每一个地方的民间舞都有不同的特点。我现在看民间舞作品不会去看花样，就得看它有没有抓住这个地区舞蹈本身的特点，而这个特点是跟它那个地方的人文背景、人们的生活习性息息相关的。我觉得挖掘民间舞蹈是一个很有意思的事情。它让我知道现在的民间舞从哪儿来，它的原始状态是什么样的，应该怎么去看待它。虽然我不搞民间舞，但这段经历建立了我对民间舞的看法，这都是身临其境的感受给我留下的最为重要的内容。

问：是什么样的机缘使您选择转到中国古典舞这个专业，从而确定一生的奋斗目标？

李：我之所以选择中国古典舞作为终身为之奋斗的事业，与一次出国的观摩有着很大的关系。

1953年，我参加了在波兰首都华沙举行的第四届世界青年与学生和平与友谊联欢节。在全国民间舞会演活动结束以后，我有幸能够第一次走出国门开阔眼界。当时我们并没有什么国外演出的录像带，从外国来中国演出的团体也非常少，出国亲历观摩的机会是非常难得的。这次的观摩开阔了我的视野，特别是苏联和东欧各个国家的民间舞，以及它们的芭蕾舞剧和歌剧，给我留下了很深的印象。

从这个活动中，我学到了许多以前不曾学到的知识，得到了全面的舞蹈知识的灌输，全面地接触了古今中外的舞蹈，也从中提高了自己学习舞蹈、了解舞蹈和掌握舞蹈的能力，对各种舞蹈的训练和创作的认识也得到了提高。应该说，这次的学习，奠定了我关于舞蹈种种认识的基础，形成了从事舞蹈事业的初步理想。我想这是我此行最主要的收获。

在此期间，由于一次偶然的机遇，我看到了最让我震撼的舞蹈艺术——苏联的芭蕾舞剧《天鹅湖》和《巴黎圣母院》，并被深深地打动了。

我在舞蹈团的时候，所看到的、所喜欢的是王萍编的《鞭炮舞》、高地安编的《稻草人》这一类的舞蹈。这样的节目来自民俗，非常生动、鲜活。因为艺术是给人看的，所以艺术作品一定要为观众所接受。同时，我认为舞蹈创作不能仅仅是从传统中直接"拿来"搬上舞台，这样的话谈不上任何"创作"，不是我理想的舞蹈。在第一届民间舞蹈会演中，我看到了《红绸舞》《荷花舞》《采茶扑蝶》这样的作品，我觉得它们是属于小品类的节目。因为我在进入舞蹈行业之前，接触较多的是戏剧表演艺术，所以，从"戏剧"的眼光来看这些节目，它们虽然赏心悦目，但是并没有让我感受到心灵的冲击。

在这种情况下，我在世界青年联欢节上看到了芭蕾舞剧《天鹅湖》和《巴黎圣母院》。我看到了《天鹅湖》的形式美，也看到了《巴黎圣母院》里面各种各样的人物形象的内心塑造与复杂感情的细腻表现。从这两个舞剧当中，我也发现苏联的舞剧在表演上吸收了话剧的表现方式，尤其是以舞剧的形式表现的《巴黎圣母院》，它的内容远远超出了用话剧或是其他形式来表现。它无声的感应是最强烈的。我认为比起舞蹈的小节目，舞剧实际上是舞蹈舞台表演最高级的艺术形式。因为受到了这样的震撼，所以我树立起了自己的理想，认为舞蹈值得我一辈子为之奋斗。

回想起那个时候，在从莫斯科到中国的火车上，七天七夜的时间，我无时无刻不在想着舞剧《巴黎圣母院》给我留下的感受。这不是偶然地看一眼，有一个灵感就完了，我的感触没有那么浅。《巴黎圣母院》留在脑海里的那个印象，让我感到特别兴奋。这跟我看芭蕾舞剧的角度有关系，我最喜欢的一点就是舞剧综合性所带来的魅力。它有那么动听的音乐，戏剧性、结构、人物塑造、情感是那么丰富，它的内容和形式之间的关系又是那么密切。这种情舞交融的感受，给了我极大的冲击。当然，我要是一个音盲的话，就不会对音乐有感受；我要是没有学过戏剧，就会对"剧"没那么敏感。因此，我欣赏舞剧后的反应，都与我的经历息息相关。如果我没有欣赏艺术的知识储备，我想我很难有这样的感触。这次舞剧欣赏让我真正地相信，舞剧是舞蹈最高的表现形式。

《巴黎圣母院》给我留下的印象是人物性格的塑造很到位。舞剧里的主人公本来是一个很天真的吉卜赛人，是一个无忧无虑的流浪人形象，所以她天真、善良，而且非常真诚地爱上了别人。可是当发现自己被欺骗了以后，主人公从形体到感情的表达完全变成了另外一个人。我记得一个特别难忘的画面，一个并没有舞蹈动作的画面，就是当她走向断头台的时候，她是那么不情愿，那么无奈。她这么漂亮，如同一朵还没有绽放的花骨朵儿，却要在无辜与无奈中夭折了。她往那个断头台上走的时候慢极了，然后她自己也承受不了就倒下了。后面的动作，是别人把她举上去的。就是这么一个简单的处理，非常触动心灵。如果这个情景下，动作设计还让演员不停地跳，就不会有如此动人的效果了。这次观摩让我看到了舞剧的魅力，让我觉得舞剧在艺术形式和表现力上是非常强的，是世界上最美的艺术。它让我看到了形体运用高超的技艺来塑造形象的能力和表达感情的冲击力，用舞蹈的语言动人地表达了那么多戏剧内容与人物的丰富感情，用舞蹈塑造了如此鲜活的人物性格与形象。一言不发却直指人心！当时苏联的舞剧当中大量地吸收运用话剧的三种表现方法，重感情的抒发，重内在和形式的冲击，所以使舞蹈表演达到了"妙"的境界，我真是感觉到了舞剧虽然只有形体的表演，不像别的剧种需要说话、需要唱，却达到了无声胜有声的高度。这是它所具有的特殊的艺术魅力。一部舞剧的容量非常大，具有极强的综合性，无论是古典舞、民间舞，还是音乐、舞蹈、戏剧的多种因素，都可以在舞剧的表演中得到运用，这使得我由衷地承认舞剧是舞蹈表演的最高表现形式，由此我相信建设中国民族舞剧这条路是走得通的，相信中国古典舞的发展将大有前途，相信中国古典舞的训练，可以承担完成古典舞剧表演所应该担负的任务，那就是我们所训练出来的演员，能够以舞蹈的语言，在舞剧当中塑造完整的、感情丰满的人物形象。

　　问：传统戏曲艺术宝库中舞台表演的启示，是否也是您决心整理中国古典舞的重要因素？是否也与您的"舞剧"情结有关系？

　　李：是的。从塑造人物的角度来看，我对戏曲的学习也是源于此：当我喜欢戏曲并开始对戏曲进行不断的钻研时，我不只是从戏曲里提炼动作、教材，更喜欢借鉴和吸收的是戏曲中对艺术形象的塑造、对生活的表现方式。在中央戏剧学院舞蹈团与"舞研班"里对各类舞蹈普遍地接触以后，我逐渐建立起了对戏曲的感情，由不懂、不爱、不知道怎么学，渐渐变为喜爱它。我跟随着戏曲老先生学习身段，不断揣摩我和老先生的动作究竟有什么不同之处，在这个过程中，我感受到了充满古典韵味的美感。我在感情上产生了变化，并且在这个过程中提高了认识。这是一种非常高贵典雅的美，我愿意为此进行更为深入的学习。

　　在1952年，全国戏曲会演的观摩对我产生了极大的影响。我原本对戏曲的了解大多是片断的，没有一个总体的认识和学习。这个戏曲会演历时差不多一个月，每天下午和晚上各演一场。我当时怀着孕，也不能做别的工作，所以我就借这个机会一天到晚看戏。全国从京昆到各个地方剧种的演出单位，都带来了他们最好的剧目、最好的演员。这次观摩使我对戏曲有了全貌的认识，这是一个多大的收获啊！另外，我的认识还与人艺的焦菊隐有关。当时我就住在人艺的宿舍，焦菊隐主张些什么，我都非常清楚。焦菊隐虽然是搞话剧这种外来的艺术形式的，但是他办过戏校，而且他在人艺排的《蔡文姬》等节目，就是把戏曲里的东西大量往话剧里放。他对演员台词节奏、表现方法的要求，吸收了不少戏曲的内容。因此，我就知道应该看什么、学什么。

我觉得在会演当中，除了昆曲之外，地方戏对我的影响挺大的。地方戏更生活，更接近当代人能够懂的生活。京剧程式化的内容比较多，生动的表演内容并不多见，而有些地方戏主要靠唱、靠生活化的表演来刻画人物，表演得很好。在运用形体、用舞蹈的形式来表现这方面，它们都不如川剧。比如河南戏，我看演员吃那个酥皮的点心，在舞台上吃的那个形象，那也是一种非常好的表演，但是这跟舞蹈表演还是两回事，因为舞蹈是用形体来表现。川剧则是介于二者之间，虽然有程式化，但是它的生活表现力比其他剧种更鲜明，生活气息更浓。观看戏曲会演的时候，我就认识到要学昆曲的身法以及性格塑造的方法。同时，我更喜欢川剧这种更生活化、更鲜明、更真实的表演，更贴近我们对真实的要求。川剧《别洞观景》《放裴》《打神告庙》《秋江》这几部戏，都是我在那次会演中所看到的。

古典舞基训

在戏曲里，任何一个东西都可以帮助表现人物。戏曲对人物性格的刻画和对人物的内心、情感的表达，手段非常丰富，除了形体之外，从一件衣服到一根头发都是表现感情、表现人物的手段，所以其艺术上是有独特的戏剧效果的。我觉得戏曲有独特的民族艺术特性，表现的是中国人的生活、中国人的感情、中国人的审美，而且运用的是中国人的表达方式。戏曲中的丰富内容是很难在别的艺术门类中得到的，所以它才能成为世界上一个很大的、独特的、站得住脚的表演流派。对于这样一个宝库，我认为它的经验还应该在舞剧当中加以发挥，用舞蹈的表现形式加以强化。戏曲不仅可以成为我们考虑问题的依据，而且对于古典舞而言，它完全可以为其深入研究提供极丰富的艺术财富。

基于这些考虑，我觉得搞古典舞很值得，所以我申请从民间舞组调到了古典舞组。我将观摩戏曲《巴黎圣母院》的思考与古典舞研究密切地联系在一起。用舞台艺术形象创造这样一种视角看这些问题，才使得我有动力去进行工作。因此，我也就接受了这样一种看法，那就是舞剧是舞蹈的最高艺术形式。我也就对中国古典和民间舞蹈的建设，以及在此基础上发展中国舞剧的前景表示乐观。我在朦胧中看到了奋斗的目标，我将为中国能够有这样的舞蹈、舞剧而奋斗。

（二）亲历"中国古典舞"的第一步：关于民族舞蹈基本功训练的论争

问：我们看到这里有一份材料，是中国的舞蹈教育刚刚起步时，关于民族舞蹈基本功训练的论争的资料。您能给我们介绍一下当时的情况吗？

李：1953 年，文化部下达了由中央戏剧学院筹办正规的舞蹈教学机构的任务，希望以之培养舞蹈专业所需要的人才。针对建立舞蹈学校的任务，中央戏剧学院决定组一个教学研究组，于是就在"中央戏剧学院舞蹈运动干部训练班"（简称"舞运班"）毕业以后，让"舞运班"的任课老师与个别毕业生组建了这个"教学研究组"，进行中国古典舞和中国民间舞的教学课程的准备。中国古典舞由叶宁负责，中国民间舞由盛婕负责。

那一年，全国民间音乐舞蹈会演结束之后，舞蹈工作者举行了座谈会，会上讨论了舞蹈创作及基本功训练的问题。吴晓邦、盛婕、叶宁、胡果刚等都参加了这次会议。

在这个会议上，大家对基本功训练的功能有不同的看法。有的人认为，基本功训练是纯技术性的，是纯粹的能力训练、技术训练，没有民族性、阶级性、时代性。所以各个舞种在基本功训练上来讲有它的共同性，就是人的形体上的一种共通能力的训练。持这种观点的人还认为，基本功训练和舞台表演、舞种的创作是没有直接关系的，它只是把你的身体训练得有能力，使你可以跳各种舞。所以持这种看法的人就认为芭蕾的训练是最好的，芭蕾能够开发演员全身的能力，全世界各个舞种都可以用芭蕾进行训练。主张学芭蕾能够解决一切问题的人认为：首先，实践证明芭蕾二百多年的经验确实是很宝贵的，作为舞蹈来讲，它是全世界公认的最好的训练方法，用这种方法训练出来的演员可以跳各种舞蹈，而且不妨碍风格的学习和接受。其次，芭蕾还可以提高演员的舞蹈能力，从而加深舞蹈演员的修养和舞蹈文化，这样对推动和帮助各个民族、民间舞蹈的发展是有好处的。

持另外一个看法的人则认为舞蹈是有民族特性的，因此训练也应该有民族特性，所以反对用芭蕾训练来代替一切训练。舞蹈都是有风格的，它和各个舞种的创作分不开，所以需要有民族形式。

在这种看法当中又有两种倾向，一种是对戏曲全盘接受，另外一种是主张以戏曲为基础，推陈出新。当时"推陈出新"主要指两方面的内容，一"新"指的就是舞蹈，因为由戏曲到舞蹈，需要推陈出新；另外一"新"就是指时代性，戏曲是过去那个时代里的艺术，因此在今天也应该出新。持这个观点的人自然就会觉得学好芭蕾不代表就能够跳好一切舞蹈。

在谈到舞蹈语言问题的时候，有的人认为训练应该具有中国的舞蹈语言，不能从芭蕾中产生中国的语言。要在基训中学会说中国话，训练本身不是一个纯技能的问题，它应该有审美的观点。反对用芭蕾训练的人认为，学了芭蕾，跳舞就容易有芭蕾味，就缺乏中国人的特点。特别是老先生，像白云生就坚决反对用芭蕾进行训练。另外，歌剧院的人，他们同样认为戏曲味是一点儿不能丢的，而且训练对创作肯定有影响，芭蕾的训练是为了创造芭蕾的舞蹈形式。因此中国舞蹈训练不应该提倡一味地学芭蕾，否则就会喧宾夺主。

另外，也有的人补充说，中外舞蹈不只在风格上有不同，在技法上也有不同，不能够让芭蕾代替基本功训练，不能够取消民族舞蹈与技能特殊的、带有民族特点与风格的因素。

当时，有专家刘勇武主张西方芭蕾和中国古典舞这两者在方法上可能有共同点，技术上也可以互相吸收，但是绝不能互为代替，而且我们也有优秀的艺术遗产和传统，不能够轻视自己的民族舞蹈。

在这个会议上，对戏曲的基本功能不能作为舞蹈基本功训练的问题也有所讨论。当时有人提出来，戏曲是一个好的遗产，但是它只能适合于歌舞剧，不适合舞蹈。它的基本功只能用于风格的学习，因为戏曲虽然是哑剧、杂技、唱的综合，有很高的技术和表现方法，但是它不是舞蹈艺术形式，它的训练不是身体全部的训练，而是偏重于风格训练。戴爱莲先生就认为不能用戏曲的训练来培养舞蹈演员。

当然也有人持相反的看法，比如刘海茹就认为戏曲的毯子功、把子功对舞蹈有很大的训练价值。他们认为舞和戏是分不开的，戏曲的技巧就是表现生活用的，它的身体训练动作的准确性、力度的控制和敏捷的反应、灵活的变化等，都是作为舞蹈演员所必须具备的。戏曲的动作连接、速度和能力训练，对呼吸和力量的控制以及应用的能力，都是适应舞蹈演员的空间变化的。张云溪在1958年的一次会上，主张应该从戏曲当中整理出一套新的方法，戏曲有它特有的基本功训练方法，比如对腰腿、手眼训练的认识。张云溪总结道：戏曲训练中腰是中枢，腿是根基，手善变，眼传神，这些对戏曲演员和舞蹈演员都是实用的。他希望根据戏曲所整理出来的训练方法能更系统、更全面，有着课堂训练的特点。这跟戏曲过去的训练是不一样的，有了一些新的要求。作为一名京剧演员，张云溪主张从多方面汲取经验，包括对芭蕾进行学习，他希望能创造一套新的训练方法，并且认为这是完全必要的。

翻阅过去的资料，整理了这些讨论的观点，我还是感触良多的。从这些谈话中，我们看到早在1953年，人们对于建立民族舞蹈训练体系的认识已经是全面而深刻的了，我们必须好好研究历史，才能够对今天的选择做出正确的判断。

问：作为教学研究组中国古典舞的负责人，叶宁先生对戏曲训练是如何认识的？是否可以为我们介绍一下叶宁先生的思路？她对"中国古典舞"这个称谓是如何阐释的？

李：关于戏曲训练，叶宁有她的认识。叶宁认为，戏曲训练的方法积累了很多年的经验，它在韵律、技巧的规格、风格等方面，都经过了高度的检验、集中而典型化了。我们必须建立在民族传统的基础上，汲取精华，剔除糟粕，运用先进的、科学的方法来整理研究。叶宁对中国古典舞训练的认识，我是接受的。

叶宁在教学研究组里的时候，对大家所争论的"古典舞"这个名称谈了一点看法。她说："我们传统的绘画，叫国画或者中国画，传统的音乐叫国乐或者民族音乐，传统的歌舞剧叫戏曲，那么传统的舞蹈，名字叫什么呢？"她认为在舞蹈的领域之内，古典舞是与民间舞区别而言的，它是指在民间舞的基础上，经过历代艺术家的提炼、集中和创造，逐渐形成的一套规范性的技术和表现方法，有它独立的风格和精湛的技术。古典舞这个名称不是咱们中国的，是世界各国通用的。我国历史上没有这个概念，所以容易将其和文学上的"古典主义""古典作品"等概念混淆。在欧洲，"古典文学"是指古代希腊、罗马的文学，"古典主义"是指17世纪至18世纪流行在欧洲的文艺思潮。"古典舞"这个名称的产生是和当时欧洲的文艺思潮有关的，但从后来舞蹈的发展来看，它的意义已经和古典主义不尽相同了。我们今天借用"古典"这个名称，就像中国画、民族音乐的名称含义一样，是广义的，是指民族传统的舞蹈艺术。我们称之为民族舞蹈也可以，不过又容易将其和我国各民族舞蹈在概念上相混淆，所以用"古典舞"来与之区别。我觉得这一点也算是我们的主张——我们的古典舞不是用时间来区分，不是欧洲 17 世纪至 18 世纪的古典艺术。这一理念的提出，实际上是叶宁把继承戏曲合理化了。

有人怀疑中国的舞蹈究竟有没有古典传统，这个问题要追溯我国舞蹈的发展历史进行分析。从历代文献的记载中可以看出，我们民族的表演艺术是基于歌舞的，戏曲是在歌舞表演的基础上形成的。古代歌舞的风貌，可以在汉魏六朝和隋唐后期的壁画形象中反映出来。戏曲形成之后，一般会对舞蹈的独立发展造成一定的限制，但我国的戏曲不但没有隔断舞蹈的传统，反而发展了舞蹈的传统。谁也不能抹杀戏曲舞台上的舞蹈，那是传统舞蹈的活的宝库。如果不承认这个事实，不从继承戏曲舞蹈的传统入手，那么就会对民族的舞蹈遗产产生虚无主义的态度。

整理研究古典舞，从戏曲舞蹈入手是一种实事求是的做法，但是，古典舞的概念并不等于戏曲舞蹈的概念，它是一种广义的概念。舞蹈作为一门独立的艺术，它的表现手段和戏曲不同，无法想象哪一个折子戏里面的唱词去掉了，它的艺术形象还能独立存在，所以，舞蹈和戏曲虽然在传统上有密切的联系，但它们是两朵花，不是一朵花。整理我国的古典舞，应该在戏曲舞蹈的基础上立足。但凡和传统舞蹈有联系的因素，如民间舞蹈、民间武术、傀儡戏以及古代的石刻、壁画、诗词歌赋等，为丰富舞蹈的表现力都应广泛地吸收。外国文化中的先进经验和进步的技术方法，如果能够用来整理和提高民族原有的技术，增强表现力，使民族风格得到更完满的表现，也应很好地借鉴和汲取。我们是从这个意义上来建立这个学科的，称之为古典舞，是因为它是在民族传统的技术和表现方法的基础上发展的一门独立艺术。

问：那么，在此认识的基础上，中国古典舞研究组是如何提炼并明确中国古典舞整理教材的指导思想的？又是采取什么样的方法进行中国古典舞教材的整理与研究的？

1998年，叶宁、李正一、孙颖（左起）在一起探讨问题

李： 1953年8月，以叶宁为组长的中央戏剧学院中国古典舞研究小组在充分调研的基础上，针对当时整理古典舞教材的不同看法和做法进行了总结，撰写了调研报告，明确了古典舞教材整理的指导思想。现在看来，这个研究报告的核心思想与研究方法为今天的学科建设奠定了非常重要的基础。调查研究的内容是：第一，调研组深入中国戏曲学校和中国京剧团等单位分组访问，找老先生和学员对戏曲的科班训练——从基本训练到舞台表演，进行了全面的调查；第二，调研组针对舞蹈训练的各种不同做法，对在京的各个歌舞团的专业编导和演员进行了调研、访问，询问了他们对舞蹈训练的看法和体会，对出现的问题也做了一些调研。调研对象中，有人认为中国舞训练应该以芭蕾训练为主，因为人的生理结构都是一样的，所以芭蕾的训练是舞剧表演所需能力的共性训练手段，也是最科学、有效的，符合舞蹈的共同需要。同时，可以借助戏曲的辅助来加强对民族的风格、审美特点的掌握，采取以芭蕾为主、以戏曲为辅的训练方式。有些人则主张以戏曲为主、以民间舞为辅的训练方式。他们认为戏曲有一套完整的训练体系和表演经验，所以只要对戏曲进行整理，就可以适

应舞蹈的要求。调研组在经过深入的调查研究访问以后，撰写了《戏曲科班训练》的调研报告。这个调研报告不仅对戏曲的训练内容做了详细的记录和分析，而且对当时舞蹈训练的不同方法与观点进行了分析，阐释了研究组的意见与看法，提出并建立了如何整理教材的指导思想和具体做法。

研究组第一次提出"中国古典舞"这个名称，在此之前没有人提过，戏曲舞就是戏曲舞蹈，没有"中国古典舞"这个名称。研究组明确地提出：整理教材的出发点，是培养民族舞蹈演员和满足正规的教学需要。研究组还提出了以"继承、借鉴、发展、创新"作为教材建设总的原则。"继承、借鉴、发展、创新"这几个词的顺序是不能变的。也就是说，"继承"的含义，指的是教材的整理要建立在继承传统的基础上，应对戏曲舞蹈进行正式的认同，确定以戏曲传统为基础，通过不断的研究实践，使中国古典舞从戏曲中独立出来；"借鉴"的含义，便是要借鉴外国教学的经验，以适应正规的舞蹈学校班级教学的需要；而"发展、创新"是目的，要在戏曲传统的基础上进行整理、发展、创新。舞蹈的训练虽然继承戏曲，但是有别于戏曲，应针对舞蹈专业部分要求的，要从审美技法、形体表现力等方面进行要求，这就是"继承、借鉴"最终的目的。"继承、借鉴"是为了"发展、创新"，最终形成舞蹈所需要的训练教材。

研究报告提出，中国古典舞的基本功训练，第一，必须具有鲜明的独特的民族风格特点；第二，必须使学生掌握舞剧演员必须掌握的技能、技巧；第三，在教学中应该贯穿身法的培养；第四，训练教材的整理应该符合科学性、系统性的要求。

研究报告中，让我印象最为深刻的内容，就是"在继承传统的基础上"，表明了继承戏曲舞的合理性，确定了戏曲在继承当中的地位。研究报告认为，戏曲舞蹈有八百年的历史，它保存、发展了中国舞蹈的优良传统，经过历代优秀艺人的整理、加工、创造，已经提炼成为具有典范性的舞台艺术以及完整的教学体系。这个教学体系是高水平的，是具有典范性的，无论风格、韵律、技巧都经过高度的凝练、集中，并成为典型化的程式。它的体系是完整的，内容是丰富的，系统是严密的。中国古典舞基训，在戏曲传统的基础上整理、发展，不但是可能的，而且是必要的。我们完全可以达到与戏曲有别、适应舞蹈专业特性的要求，能够建设一套从技法、审美到表现力自成体系的中国古典舞教材。

"继承"必须重新进行整理，以符合舞蹈演员的训练需要。戏曲舞蹈，是长期和戏曲的特殊表现形式——"唱、做、念、打"相结合而形成的艺术形式，其中舞蹈的技巧、身段都和戏、曲融为一体。如果要将戏曲中的舞蹈部分独立出来，就必须进行整理工作，进行取舍和增减，并且进一步丰富、发展，达到新的融合。

调研报告概括了各种不同的看法和做法，整理和确立了指导思想、方向和具体做法。也就是说，如何走出中国古典舞教材整理的第一步，我们是经过很认真的调查研究，在讨论的基础上产生的，不是随意的事情。

问：您认为整理中国古典舞教材的指导思想、原则、方法的制定有什么样的意义？

李：这次调研是在不同的看法和做法当中进行总结，进而提出学校的路应该怎么走的。叶宁以及研究组成员的指导思想是在广泛调研的基础上产生的，不是自己凭空想出来的。我觉得整理古典舞教材的指导思想、原则、方法的制定，是非常重要的。第一，它为古典舞教材的建设奠定了基础，它有明确的指导思想，追求一条继承、借鉴、发展、创新的科学系统的路。第二，古典舞教材整理的起步是非常谨慎的。虽然所做的工作就是将舞蹈元素从戏曲中剥离出来，但是这个剥离是谨慎的，而且是全面的，同时也慎重地选择了对舞蹈教学具有针对性的教材，并根据舞蹈的特性规范了要求。这是在全面继承的基础上向前发展的研究工作，中国古典舞学科建设的起步体现了这个指导思想的重要性。在秉承指导思想的基础上，成员们所做的每一步都是经过深思熟虑的。第三，在这种思想的指导下，舞校的古典舞训练迅速地在半年之内，形成了一套教材，形成了一门课。为适应正规教学走出来的这一步，虽然还存在各种问题，但是已经迈出艰难的第一步了。

（三）在"文化部舞蹈教员训练班"的学习与教学初探

问：您作为新中国第一批舞蹈教师，参加了1954年2月25日开始的"文化部舞蹈教员训练班"。您能为我们介绍那五个月的学习情况吗？

李：当时形势的发展非常快。由于苏联专家的到任，建校的任务需要提前上马，所以文化部就匆忙建立了筹建舞蹈学校的"筹委会"着手建校工作。筹委会经过研究，决定于1954年上半年，围绕培养教师队伍的任务开办"教员训练班"，重点解决教师队伍培养和教材建设的问题，同时筹办在9月正式建校的相关工作。

就这样，1954年2月25日，在匆忙当中，"文化部舞蹈教员训练班"在北京香饵胡同一个标准的四合院里开学了。那个时候训练班共设有四个组：芭蕾舞组、外国代表性民间舞班、古典舞组、民间舞组。这个四合院位于北京东城区的香饵胡同，训练班就是用这个四合院里头的四排房子建了四间教室：北屋是芭蕾舞和外国代表性民间舞，东屋是中国古典舞，西屋是民间舞，南屋是一个文化教室和其他课程的教室。四合院中间的

香饵胡同里的古典舞教学

1954 年，文化部舞蹈教员训练班古典舞组在香饵胡同与老师合影（前排左起：马祥麟、丁宁、叶宁、侯永奎、高连甲、粟承廉、刘世昌；后排左起：孙颖、唐满城、张佩苍、杨宗光、李正一、郭焕贞、孙光言）

院子就成为大家休息和练习的地方。我记得那个时候，民间舞班的同学利用休息的时间就在院子当中跳着。就是在这样简单的一个四合院里面，我们进行了新中国第一所舞蹈学校的建校筹备工作，以及第一批舞蹈教师的培养和教材的整理工作。

古典舞组的负责人叶宁先生开始组织教员，她请来了北昆和京剧院的老师担任教学工作。北昆的老师有马祥麟老师，京剧院的老师是李达连老师，毯子功是翟玉绅、侯永奎、白云生、韩世昌等老师。叶宁和这些老先生一起组织、整理教材的同时，一边教课。这便形成了中国古典舞教材研究的两个阵地，"研究组"及"教员训练班"。他们将"研究组"的教员们研究整理的教材教授给我们，并在研究过程中正式地组织了一堂古典舞课。我们在结业的时候正式汇报了这一堂课。

当时"研究组"教材整理有很多困难，其一就是戏曲老师不知道教材如何提炼，许多老先生也不会编教材。马祥麟先生还能编个组合，其他的老先生则不能，比如侯永奎先生，他只知道戏曲的《石榴花》该怎么做，他可以教你一段，但他自己编不了舞蹈的教材。整理遇到了许多困难，大家就这么摸索着，研究着。

问：在"教员训练班"中，作为教员的"研究组"采取了什么思路整理教材呢？

李：整理的第一步是剥离。从独立承担舞蹈演员训练的需要出发，从独立担任教学任务的需要出发，研究组做了全面的思考，最后确定分这样四个部分的教材内容：第一，基本能力训练（包括腰、腿功）；第二，技巧训练（包括转、翻身、跳）；第三，身法；第四，毯子功。最早提炼出的教材的每一堂课要进行的都是这四个部分的教学。这就是我们当时从戏曲当中谨慎地迈出的第一步，就是从戏曲当中剥离出来，进行一定的取舍之后的，舞蹈基本功训练最开始的内容。

第二步就是要考虑如何在学习传统的基础上进行取舍，这是研究整理中国古典舞教材始终要认真思考的问题。戏曲中的动作分为"戏剧动作"和"舞蹈动作"两种。戏剧动作往往体现了生活中的动态，比如照镜子、梳头、指天说天、指地说地等。在戏曲中，这是经过美化的生活动作，它直接说明生活当中的具体事物，更接近于戏剧表演，这样的动作在舞剧的舞台上可以看作哑剧的手段，它和唱、念融为一体，和戏曲的特殊表现手

方传芸老师为教师们上进修课

法结合在一起。我们在对传统进行学习时，需要对这一类动作进行识别。另一类动作也是从戏曲舞蹈中提炼的，如云手、探海、卧鱼等动作，它们虽然富有形象性，但是不直接说明生活中的某种事物。在表演的运用中这些动作需要被组织起来，才能形成舞蹈的语言，才能传达出人物的思想感情。因此，我们应该对这两类动作进行区别，根据舞蹈教学的需要进行选择、区别对待，从变化无穷的身段动作当中，寻找本质的、共同的规律，形成适合舞蹈教学的教材。

第三步，戏曲中的人物具有性格类型化的特点，各个行当都有它特定要求的身段作为基础训练，而古典舞的基训教材不应当局限于某一个具体行当，而应该找出行当表演中的共同规律，根据舞蹈的特性建立统一的规则。比如古典舞中的"手位组合"，不是老生的、花脸的手位，也不是旦角的手位，而是一个具有普遍性的训练性手位组合。这个"手位组合"主要要求"形圆、线圆"以及基本位置的规范，使学生能够在今后的舞台表演中具备再创造的可能。经过这样的取舍之后，中国古典舞教材研究便从戏曲中进一步整合，从不同的行当和千变万化的手的动作中，提炼了单山膀、双山膀、顺风旗、托按掌、双托掌、山膀按掌、冲掌、提襟八个位

方传芸老师给教师做动作示范

置，提炼了晃手、摇臂、云手、小五花、盘手等手的动作，整理了正步、丁字步、小八字步、大八字步、踏步、弓箭步、虚步等基本脚位，以及圆场、花梆步、慢步、云步等步法，并且从舞蹈典型性和训练目的的要求出发，制定了统一的规格和要求。

问： 古典舞教材建设是如何对芭蕾的教学进行借鉴的呢？

李： 古典舞基训的建设借鉴了芭蕾的教学组织方法与教学结构。

第一，教材的整理借鉴了芭蕾的教学组织方法，一方面将芭蕾教学结构进行提炼形成古典舞新的教学结构，以适应专业学校的由浅入深、由简到繁、由低到高的科学的系统的要求，形成既有严格的规范性，又循序渐进的教材；另一方面将古典舞的教材重新按照动作性质分类，形成基本手位、手臂的基本动作，基本脚位、脚的基本动作，腰腿功的训练方式（如控制、压、踢、弹等），转、翻、跳的技巧训练以及步法这样几个方面，进一步建立分类系统。

第二，教材整理创造性地从芭蕾中提炼了能力训练的方式。根据古典舞能力的需求，进行能力训练的铺垫练习，为其完成技巧、增长技术能力进行准备。这个过程就是从繁难的技巧中分析出来完成技术所需要的基本能力，并将基本能力的训练与繁难的技巧挂钩，使学生能够通过能力的铺垫练习，逐渐达到训练目标。这种创造不是个人随意的行为，而是有传统和科学依据的，它体现了中国古典舞基训在风格、韵律、技能等方面成为一个整体的建设目标。

第三，在这个分类系统的基础上，进一步建立各类动作的由浅入深的训练过程和训练步骤。

第四，在分析分类、步骤，教材纵线、横线的基础上，研究者搭建起了古典舞基本功训练的课堂框架。古典舞的课堂中有了从"扶把"到"中间"的训练内容。戏曲的训练内容并不是这样分类的，而中国古典舞基训的教学结构借鉴了芭蕾的方法，一方面分了扶把和中间的训练，另一方面通过教材的纵横交织来适应年级训练任务与训练目标。

　　第五，研究组提出了单一练习与组合练习相结合的方法。单一练习就是为完成组合打好单一动作的基础；"组合"并不是固定的套路，而是根据训练需要决定长度与难易程度，可长可短、可繁可简，并可以在教学运用当中巩固提高综合运用的一套动作。

　　另外，我们确定了在古典舞基训中使用音乐伴奏的形式，这在戏曲当中是没有的。舞蹈是艺术活动，与音乐密不可分，它不是机械的体力活动，因此在基本练习中也要给予韵律，灌输情感，应该以音乐充实内在感情，以音乐培养学生的民族感情和艺术想象力。我们开设了音乐课，并使用音乐伴奏配合舞蹈教学，这样音舞结合的训练方式一直延续至今。

　　在整理教材的时候，大家也提出了名称问题。当时很多动作没有名称，或者名称很怪异，起名字的方式也不统一，因此名称问题需要逐步解决。另外，在教学方法上，研究组也提出要集体教学，要制定统一的教学法，过去在戏曲当中多半是老先生凭个人经验的口传心授，而现在应在教学实践经验和科学研究中，逐渐地形成统一的教学法。

方传芸老师为教师们讲解动作

问：您在"教员训练班"的学习中，印象深刻的有哪些事呢？

李：在"教员训练班"里，我主要就做两件事。第一件事就是自己练，把所学的这些课程的内容掌握到自己身上。教员训练班的学习内容是我从来没有学过的，因此对我来讲挺困难的。在这之前，我虽然学过一些戏曲片段和崔承喜整理的教材，但是没有进行过这种古典舞的基本能力、基本技巧的训练，比如腰腿功、毯子功等。所以这一个阶段当中，我感觉最难的就是如何在短短的半年中掌握这些技巧。我前面说过，我和其他的人不一样，是一个舞蹈方面的白丁，所以我的全部精力就扑在学习上，我每天都在积极思考我该怎么学习，怎么能够使自己的形体得到能力的提升，又得能控制，又得能转，又得能跳。对于毯子功的学习，我是从零开始，从"滚毛"开始学，每次下课我都得琢磨一下"前桥""后桥"怎么才能过得去。

第二件重要的事情就是进行实习。"研究组"的老师们组织我们这些学员进行实习，轮流在本班内进行相互授课、互相讨论。例如今天由我作为老师给大家上课，明天轮到别人进行教学，这样可以使大家教学的实践能力得到培养。每个人实习一堂课之后，大家就要根据你的教学态度、教学思想、课堂组织等方面进行讨论，从而提高每个人的执行能力。

我记得当时，我好好地备了一堂课，但第一次上课看见"学生"的时候，紧张到谁都没注意：我把自己准备的课整个儿都教了一遍，但是谁站在什么位置，谁做的什么动作，我都不知道，就紧张到这种程度。我只按照我自己备的内容，按部就班地说了，让人家跟着做，但是我不知道他们做的是什么。这其实是我最不能容忍的，因为我认为一个教员最应该下的功夫，就是得把教学对象研究透了，根据需要执行教学。我最容不得的就是进教室之后，老师的眼睛里边没学生，不知道学生在干什么，也不知道学生的主要问题是什么、应该干什么。我觉得这是最可怕的。但是，我在第一次实习当老师的时候，这些思考根本不发挥作用了。我虽然进了教室，但感觉教学是个假象，只是按照自己备的课走了一遍，教学对象都是"木偶"。我们刚开始的时候都挺努力备课的，但是备完了以后，还是不清楚如何解决教学对象的问题。因为那个时候我也不知道怎么备课，只不过是一个自己的课堂安排。这个安排到底为了什么？我也不知道，只管教自己的，我觉得可笑的就在这儿。我教学的起步是从"教员训练班"开始的。

我当时学的效果还算不错。我虽然已经是两个孩子的妈妈，也没有什么基础，但是我在那个阶段还挺出成绩的，因为真下功夫了。"教员训练班"结束了以后，开学之前，我们利用暑假，分工记录下了所学习的教材。当时大家对教材的理解很空，不知道该如何写教材，就以自己的理解和感受来记录。比如给我留下比较深刻印象的是"踢腿"：我当时只是记录形象，并不是在谈"运用哪些肌肉，运用什么方法"，而是用"踢上去要快，然后慢慢地落下来，就好像棉花落到地上"，类似这样的一种形容。那时我对教材的理解主要依靠"形象感"，我总是琢磨教材应该是什么形象。编"踢腿"这个教材内容看着挺容易的，"踢前腿""踢旁腿""踢后腿"，这些写起来都容易，但是"踢腿"最根本的要领是什么？我该怎么去理解它？我就捕捉了"踢腿要轻"这个原则，把握"把腿练轻，以便运用自如"这个目的来描述。那个时候不是讲"脚放在哪儿""手搁在哪儿""衔接了一个什么动作"，而是记录动作的形象，捕捉动作的特色与要点。这样的记录方法，现在看起来依然有一个好处，那就是我可以清晰地理解教材中非常生动与鲜活的内容。我们最主要的第一批教材的记录就是这么开始的。

问：您在"教员训练班"中还学习了什么内容呢？

李：除了古典舞课之外，我们的课程还包括音乐、教育学、解剖学、文艺理论和各种艺术讲座等。

为什么要配上这些课呢？就因为这些是一个舞蹈教员必须具备的知识，是提高教员的教学素质必须了解的内容。对于这些课程应该怎么上，我觉得当时谁也没经验，学校就尽量找一个熟悉舞蹈艺术的人来实施教学。例如，音乐课教师是刘世新，当时他与舞蹈界合作，为舞蹈写音乐，算是对舞蹈比较了解的，但是他上的音乐课还是从乐理开始。因为这些内容都是基础的学科知识，所以我都可以拿 5 分，我过去的积累还是可以发挥作用的。

解剖学请的是美术学院雕塑系教师来执教，主要讲解人体关节的特征、位置，介绍身体各部分之间的关系以及在美术艺术中的运用。一上这门课，我就得背肌肉的分布。此外，教育心理学课也请了一位教育学专业的人，谈教育的一般规律方面知识。当时的讲座也办得非常好，请了一些文艺理论家、戏曲理论家，如阿甲等。这些艺术讲座让我很受益。虽然当时没有什么更好的思路，但是大家都在积极地想尽办法搭建舞蹈教育的框架。

问：您认为"教员训练班"值得记住的经验是什么？

李：我觉得"教员训练班"是一个很好的开始。经过这么多年，我仍然觉得其中有很好的指导思想。从工作的步骤上来讲，我觉得"教员训练班"的办学方向非常清楚，它既承认了自己应该建立在民族传统的基础上，同时又为舞蹈的继承、借鉴、发展指明了一个明确的目标。所以，"教员训练班"的研究、整理的方法，就同"一切以戏曲为准则"的做法区分开了。"教员训练班"教材整理的第一步是及时剥离，当时也必须剥离，努力从戏曲当中剥离出来最好的身法。这个身法的剥离，不是单方面的撷取，是对"手、眼、身、步"的全面剥离，并以此作为形体训练的基础。同时，教材编写与教学又借鉴了芭蕾的方法，因为芭蕾适合于舞蹈。中国古典舞要继续发展，就得有合适的方法，如果没有合适的方法，永远练崔承喜整理的那一套教材，就无法编出符合舞蹈身法的教学组合。在教员训练班中，我获得的是"提炼"的工作方法。

作为中国古典舞迈出戏曲的第一步，我认为叶宁跟戏曲界老先生做的这个事，是对的，就得这么做。古典舞教材的建设需要从传统中全面地剥离，同时又要适应学校的教学、适应舞蹈继续发展的需要。作为第一代人，我们得开辟出这条路。如果我们完全没有整理，那就永远走不出戏曲，所以必须得有这个方法。从一个舞蹈演员的训练出发，从学校的训练出发，教员训练班采取了这样的研究方法，我认为是非常好的。

三、筚路蓝缕勤求索（1954—1957）

（一）新中国第一所舞蹈学校成立

问：1954年9月6日，中国第一所专业舞蹈学校——北京舞蹈学校成立了。您能否为我们介绍北京舞蹈学校创建初期的盛况？

李：学校经过了半年的筹备，在1954年9月开学。虽然一切都是在仓促当中进行的，但却是一个生气勃勃的新起点。我们在期待、忙乱，且没有足够准备的情况下，匆忙地开始，同时踏上了对古典舞教学的求索之路。当时舞蹈学校的校舍是临时借来的一个不大的简易楼。楼虽然是简易楼，但麻雀虽小，五脏俱全。它包括了学校里的全部办公室，从校领导到各科室，甚至教师宿舍，全都在这里面。我们就在这个简单的校舍挂起了"北京舞蹈学校"的牌子，开始了一连串的求索之路。

当时的舞蹈教室就是在院子里面临时盖起来的三间大平房，在这几间大平房里，铺上了地板，安上了把杆和镜子，就是没有暖气，冬天的时候非常冷，是需要生炉子的。校园内没有礼堂，所以学校的典礼都是在对面借的礼堂开。这样的一个校舍，地处北京的东郊，在朝阳门外的白家庄。白家"庄"，顾名思义，它就是一个真正的农村，一条土路通向了朝阳门。这是一条真正的土路，正符合当时的说法——"无风身上土，有雨一街泥"。学校附近除了农田，没什么建筑，但是在校门口的右边，是冒着黑烟的火葬场。另外一边（左边），往东走不远有个水池子，大家戏称为"天鹅湖"，虽然可以供散步用，但是我们却没时间，无法经常去。好在学校对面的财经学院有一个小卖部，可以让大家买点日用品。一直到1956

年，我们才搬进陶然亭公园对面新盖的校舍。陶然亭公园与学校对门，中间只隔一条马路。后来，我们在这里足足待了有三十多年。

根据当时的情况，各个地方的歌舞团都不区分中国舞蹈或是外国舞蹈。在团里，演员跟教师也是没有分工的。所以学校在培养目标上，要求学生毕业以后，成为中国舞、外国舞都要会跳、会教，表演、教学都可以掌握的全方面人才。当时北京舞蹈学校的学制是六年，课程有芭蕾舞、外国代表性民间舞、中国古典舞、中国民间舞以及这四门课的教学法、排练和舞蹈演出实践。文化课是高中的文科，初中的理科。招生条件是只招收初中一年级的毕业生，必须读完初一后才能考入学校，具备初中一年级的文化水平，专业要求就与现在相似了。

令我们意外的是，学校虽然刚刚成立，但是一年级到六年级的班级建制都是齐全的，除了一年级是新招上来的，其他班都是插班生。插班生分为两类：一种是代培生，是指全国各个舞蹈团体在职的年轻舞蹈演员，这一类的学生编到了学校的四、五、六年级；另外一种就是各个舞蹈团自己办的学员班的学员，比如说中央实验歌剧院舞蹈队和辽宁人民艺术剧院儿艺的学员，他们按照年龄大小分别被编到二、三年级。在这种情况下，学校虽然刚建立，但是从 1955 年开始，就已经有毕业生被分到全国各个团去。当时学校的校长是戴爱莲，业务副校长是陈锦清，行政副校长兼书记是周加洛。古典舞教研组组长是叶宁，成员有杨宗光、张佩苍、唐满城、孙颖、孙光言、郭焕贞、顾以庄、我（李正一），还包括两位从戏曲界来的组员，一位是老先生高连甲，另一位是栗承廉。

（二）初建时的中国古典舞教学

问：当时中国古典舞教研组里的老师们是如何教学的？

李：在教研组，古典舞教师的基本分工是这样的：低年级女班是孙光言、顾以庄负责，男班是杨宗光；中年级男班是张佩苍、唐满城，女班是郭焕贞；高年级男班是孙颖，女班是我。我们每一个人都教两个班的课，各班上课用的教材都是在教员训练班时整理的教材。

我们每天早晨由栗承廉上基训进修课。说到栗承廉，这位老师脑子很活。他虽然是学戏曲武旦出身，但是他很愿意思考，不断从戏曲中提炼，同时，他对芭蕾也特别感兴趣。他本身对戏曲是很熟悉的，因此在理解的基础上，他可以提炼传统，并不断出新。他甚至让我们尝试"踹燕转"。后来我们有了"大荷叶转"，这是他在那个时候最早想象出来的。他可异想天开了，我们的基训进修就是不断在进行各种实验。

中午由苏联专家伊莲娜上芭蕾课，下午由戏曲老先生教戏曲片段。戏曲的学习又扩展到了学习京剧、昆曲等其他戏曲派别，比如南昆和南方的海派京剧，像盖叫天这一派的。与此同时，我们也开始接触武术。教研活动非常丰富，我们通过不断的实践，不断地得到提高。

京剧继续学《扈家庄》《金山寺》，都是由名家教授，一位是名武旦阎世善，另一位就是戏校有名的旦角李金鸿。我们也扩展了向南昆的学习，主要是两个途径，一个就是通过戏曲会演，对南昆的会演做更全面的了解，看看各个行当和名演员的名剧。另一个，在假期时，叶宁请来了南昆的"传"字辈老师，集中地为我们上进修课。比如说南昆的名武生汪传钤，名旦张传芳、丁一，名小生顾传玠，名丑华传浩，还有刘传蘅。叶宁从上海和武汉等地把他们几位都请来，给教员上进修课。除了教学以外，这三年等于是教员训练班的继续，教师们要边教学、边进修、边教研。

我们也在这一个阶段里初次接触了武术。1957年全国的第一次武术会演，让我们大开眼界。我们见到了各种派别。它们各有特色，形象各异。会后我们也进行了进修，学习"罗汉拳"等拳种。

除了两班课、教员进修和向传统学习以外，我们还要继续进行教研，同时还学习芭蕾，参加舞台实践，或者是创作、表演。总之，在这三年当中，我们的活动是异常丰富多彩的，从早到晚，除了夜间睡眠之外，全都在活动当中。当时我的日程就是这样的：早晨6点到7点是古典舞进修，上午教两个班的课，中午上芭蕾课，下午学习戏曲或者是排练，晚上是政治学习或者教研，有时候也跟学生在一起排练。我们每天的日程全是从早到晚，挺丰富的。当时我们都是住校，每周是 6 天，星期日的晚上还要回来活动，寒假要继续学习，因此我们虽然在兴奋当中自觉地进行各种活动，但也实在是应接不暇，常常晚上开会睁不开眼睛，勉强睁着眼清醒着，听对方在说些什么。

（三）我早期的古典舞教学实践

问：您能为我们介绍一下，1954 年您刚刚进行教学实践时的具体情况吗？

李：谈到 1954 年我的教学实践，我根据我所保留的资料，谈谈当时的情况。我现在找到了一个小本，这个小本是我教第一个六年级和五年级时的备课本，这个本子的第一页上面有班级同学的名字。那个时候我每天都要备课，要想一想上一次课出现了什么问题。现在看起来很有意思，你看这个本子上还记录了保加利亚的歌舞团来学校时的参观课内容。展示的内容就是在教研训练班整理教材的情况，我用暑期的时间把它整理成文字，然后再整理成为一年级至三年级的教学大纲，接着就根据这个进行教学。

通过这个小本子，我开始回忆起最早的古典舞基训课的教学内容，你看这上面记录着：课堂的开头和今天一样，也是扶着把杆的练习。这一篇记录的是五年级和六年级的教学内容，那时五年级与六年级的学生们其实全是从各个团里来的年轻演员。

课堂的第一部分是扶把训练，第一个动作就是悠腿，悠七个，回过身来变成跨腿，再悠七个，最后一个变成跨腿，这完全是戏曲动作。

第二个动作是跨蹁腿，多以半蹲作为连接，十二个八拍的动作，其中包括跨腿变旁腿，再变斜探海，前腿变旁腿，跨腿转半个圈等。

第三个动作是弹腿，正吸腿、旁吸腿接弹腿——当时只有正与旁两个方向，还没有后腿。

第四个动作是控制，搬旁朝天蹬，之后变前朝天蹬，"三起三落"用的是全蹲，然后再变旁收回。

第五个动作是耗腰。

第六个动作是耗压腿、正腿，八个八拍，踢腿、正腿，四个八拍。

当时的扶把训练就是这样，初步形成了练习的顺序。蹲有半蹲、全蹲，但是没有"擦地"，当时并没有如何起腿的训练，都是上来经过吸腿就直接出去的这种幅度较高的腿的练习。

这就是当时的课堂内容，现在看起来我觉得很有意思。虽然刚上课的动作幅度就那么大，一开头就是这些动作，但因为上古典舞基训课之前上的是"芭蕾课"，所以我那个阶段怎么开头都行，等到分科以后就不行了。分科以后，古典舞基训必须面临建立自身训练体系和如何循序渐进地进行训练的问题。

问：当时扶把练习已经有一个基本的雏形了，那么中间部分的练习有什么内容呢？

李：课堂的中间部分的训练，第一个动作是手的位置，配合脚位的变化。

第二个动作是抠脚的练习，与跨蹁腿直接相关，当时学生们都勾着抠脚，勾着抠脚是人的一种自然反应，没经过专业训练的时候就是这样，所

古典舞教学

以脚型不好看，因此我们在
脚的绷拔训练上费了比较大
的功夫。

　　第三个动作是弹腿。

　　第四个动作是控制。

　　第五个动作是耗腰。

　　第六个动作是下腰、滚
毛、拿顶，有好几种动作在
一起。我前面谈到过，教学

20 世纪 60 年代李正一给学生们上课

初期，毯子功是在基训的课堂中进行训练的，因此每堂课里都有一点毯子
功的教学内容。这部分内容是自分科以后才单独分出来训练的。毯子功的
训练方法跟基训课的训练方法完全不是一回事，基训课是讲究扶把练习怎
么过渡到中间的训练，而毯子功是从下腰一系列开始的，是另外一套训练
体系。

　　那时基训课中身段部分的内容，我就教在"教员训练班"学习的、马
祥麟老师编的《采花》组合。后来我教了两个班以后，就在第三个班（就
是在许淑芳那个班）开始编一些身段组合了；另外还有一部分内容就是
身段跟技巧相连接，如《风光好》的翻身组合等；接着就是"步法""圆
场"；在训练结束的时候，那时都有一个最后的敬礼。敬礼实际上就是呼
吸，因为你不管前面的训练内容多么激烈，最后课堂训练结束的时候，都
应该以呼吸来调整、恢复身体的状态，这是符合生理规律的科学训练要
求。那时候，古典舞基训课大致上就是这样一个情况。

　　那个时候，中国古典舞基训课的内容都是从八字步、丁字步开始训练
的，归结起来，扶把动作有这些类别：

　　第一类是蹲，包括全蹲、半蹲。

　　第二类是踢腿，吸腿、弹腿等（弹腿经过高吸腿的过程，因此把吸腿
和弹腿组合在一起训练）。

　　第三类是腰部的训练，有前腰、旁腰、后腰、耗腰、涮腰以及单腿重

1963 年，李正一给陈丽纹上课

心腰、跪下腰和快下腰等。

第四类就是控制类的训练，控制类多半都是跨腿、蹁腿、踹燕、探海、射燕等。

第五类就是悠腿、踢腿、耗压腿等。

中间部分的训练内容：

第一是踢腿，其中有踢紫金冠。当时的踢紫金冠的动作不是后来我们所看到的踢紫金冠，那个时候，我们还只是"踢后脑勺"，后腿没有那么大的幅度。

第二是手位。

第三是控制，有软踹燕等动作。其中，"卧鱼"这个教材需要我们进行单独练习，因为"卧鱼"需要的训练和哪一部分的教材都不能完全靠到一块，所以就得单独提出来进行训练。

第四是跳跃，包括跳双飞燕、跳卧鱼、跳斜探海、跳趱步、打趱步和串场蹦子。

第五是翻身，有踏步翻身、跳矮翻身、侧翻身、串翻身、悠后腿翻身等。当时翻身类的动作已经比较全面了，但还没有"吸腿翻身"，"吸腿翻

卧鱼

身"是 1959 年才有的，是后来的事了。

第六是步法训练，包括圆场、碎步、花梆步、碾步、弓步等。

第七是旋转，有跨腿转、碾转、平转、掖腿转等。

毯子功大概包括拿顶、滚毛、绞柱、前桥、后桥和甩腰。

问：李老师，通过您的讲述，我们发现虽然那个时候对基本功的训练只是雏形，但是已经形成了训练中国古典舞演员所需要的核心能力的基本框架了。那时候基训的内容是不是以单一练习为主？有没有在戏曲传统的基础上进行技术短句的发展？

李：当时已经有一些技术短句的发展了。我给你们举个"转"的例子吧。转包括旋转和碾转。碾转比较简单，它是单腿支撑的动作，这些动作戏曲里都有，但是在戏曲里并不集中出现，只是偶然在需要的时候用一下。我们把它从戏曲里头"剥离"出来，根据动作的类别进行分类。我们再根据芭蕾旋转训练的分类方式，将转分为"转"与"碾转"，并将二者进行了连接，比如掖腿转变探海，掖腿转是单腿转，之后变探海（主力腿变成"碾转"），成就了技术训练的连接。

李正一给学生抠动作

再举个例子，当时我的控制训练已经是组合练习了。控制是怎么做的呢？ 搬朝天蹬—变端燕再变探海—探海碾转—单腿下腰，这就是我当时的组合。这个时候，训练已经产生连接与组合，已不是单个从戏里"拿"出来的动作了，而是要求技术的组合了。

另外一个例子，就是跳卧鱼—矮翻身（一高一矮的处理）—跳斜探海翻身—翻身。还有一个连接：跳探海跳起来落探海，然后趔步跪下腰。类似这样的组合，是我自己试着连了几个动作组合的。

问：听您的介绍，最早的古典舞教材虽然是从戏曲中剥离出来的，但是还是具有很强的身法性，并且是顺势完成的，对吗？

李：那时古典舞刚刚从戏曲中剥离，有身法是非常自然的事。那个时候的技术连接肯定是找顺势，是在动作"起、行、止"的完整过程中，顺势而为，不是随意的、从半截开始的动作。如果打破了这种动势的完整性，所摘出来的动作就只是孤立的，这样保留下来的动作，也可能不是这个动势中最精华的部分。打破动作的顺势连接，留下来的也可能是精华，但也可能就是糟粕，总归是不完整的。总之，在教材的整理工作中，教材的训练性和与之相契合的风格性都应该得到很全面的考虑。如果随便从戏曲里头摘出一截动作就直接放到舞蹈训练的教学中，那么中国古典舞的风格性与训练性势必会丢失。

举个例子：现在你们在做"转"的时候经常会从中间直上直下地做，并没有考虑它起范儿时的顺势。而我当时在考虑连接的时候，一定是要"晃"到反面再起转，要连腰带身法一起运动，这样才能保持动作的身法完整性。

另外，你们在教学的时候，千万不能毫无目的地堆砌一大堆无关紧要的身法，而忽视了那个动作自身的运动规律。你们应该关注技巧自身从哪儿起，经过什么，到哪里结束，不要"断章取义"，要把握动作连接中身法的顺劲，才能组织出合理、顺势又具有风格性的教材。当时，我在进行教学实践的时候，是很重视"顺势"的。

问：您所谈的"顺势"，有没有什么具体的方法呢？

李：我认为要重视"起范儿"，无论是意识的"起范儿"，还是发力的"起范儿"都要重视。动作的顺势和"起范儿"很有关系，所以刚才我说不能"断章取义"嘛，动作没"前"没"后"，不考虑前面怎么连，也不考虑动作结束后怎么办，那何谈顺势呢？组织教材时，我很自然地总有个"起范儿"，比如做"翻身"的时候，我绝对不可能蹲到底下起，绝对是有一个"高"的预动，这样就有"高"也有"低"了，动作幅度大一点小一点都是可以的。

我们刚刚从戏曲中剥离出来的时候，是不可能没有身法的，不会有后来出现的"找不到身法、现找身法"的情况。那种没有身法的教材变成了一种规范，并代代相传，这是中国古典舞风格缺失的一大原因。

那个时候虽然我们也学习芭蕾，但"芭科"的人老觉得我们"民科"还挺有风格的。虽说我们学了那么多芭蕾的内容，但还是有很浓郁的民族风格。这就是因为我们在做动作的时候，一定会以民族性的"身法"为第一着眼点。有的同志后来遇见我的时候曾对我说：20 世纪 50 年代的时候，你们挺有风格的，为什么练了半天身韵，现在看着反而没有那么纯粹的风格了？我谈我原来的教学实践与组织教材的立足点，为的就是说清楚最初的古典舞教材中保存着剥离于戏曲后风格浓郁的中国古典舞。我希望谈清楚原来古典舞教材刚刚独立出来的时候是什么样，这对于后来人判断问题，能够提供一些启示。现在有些人认为，古典舞教材从诞生开始就不纯粹、风格杂乱，是没风格的结合课，事实并非如此。

问：您在组织教材的时候如何处理风格与技术的统一？

李：其实，当时我在认识中并没有将风格与技术分开。可能后来在你们看来是要特意去编创的内容，但是在当时的教材组织中，我认为"节奏、空间"的处理是自然形成的。我的备课本里记录了一个参观课，我给你们讲一讲。首先讲扶把的弹腿，我已开始有组合而不是单一的了：四个快的弹腿—控制慢落—四个撩弹。这就是我的组合，围绕着弹腿的教材，但是它在节奏上和运用方法上，哪一部分快，哪一部分慢，我都做了一个劲上的不同处理。

另外，再看"点步翻身组合"：跳斜探海—踏步翻身为过渡，顺势连接点步翻身。这个短句是从"跳"到"翻"，节奏由慢到快。这个组合从节奏到空间变化都是顺劲产生的，身法和技术都在其中。

当时的课是自己面对着镜子，自己跳着备出来的，从这个时期的课程一直到编创的作品《陕北风光》，这些成果都是在自己的体悟和揣摩中跳出来的。在编《陕北风光》的过程中，我一天恨不得有八个稿，按照音乐用多种方式去处理、去即兴，最后定稿。自己一遍遍地跳，就知道顺不顺，就知道哪个地方应该有什么样的处理。现在的老师备课，编组合都不动，坐着编出来的东西都是半成品。因为编的时候自己没做，也就不知道动作顺不顺，想当然地认为这个动作很自然地就过去了，到做的时候根本不是那么回事。

总之，古典舞教材从戏曲里剥离出来之后，进一步的整理、运用、发展都没有离开传统的动势，而教材的立意也始终没有离开空间对比、幅度对比与协作对比，这才最终形成了中国古典舞女班高班基训教材。我将对传统的理解突出地进行提炼，将我所思考的古典舞女班高班基训教材所应该有的内容，落实在每一个教材处理中。继承传统，把握核心，为我所用，我是这么想的，也是这么落实的。

（四）教材"科学化""系统化"大讨论

问：通过教员训练班五个月的整理，中国古典舞教材开始有了一个最初的框架。那么古典舞教材运用于古典舞教学的实践效果如何？

李：当时在古典舞教学上，各个班都同时推进教员训练班整理的课。由于这个时候只是搭起了一个课的架子，当真正面对不同年龄、不同基础、不同班级的学员，如何进行教学，难度是非常大的，特别是低班出现的问题非常尖锐。最难克服的困难就是如何从头开始，因为新招的一年级学生从来没接触过舞蹈。这个时候古典舞在学校的四门课当中，担负的是仅次于芭蕾的一个专业主课的任务，而这个任务又是非常重的。这个课程的要求非常高，要求掌握风格、基本能力素质、基本技术技巧，但是实际上因为没有一个很好的方法，所以任务和实际就存在巨大的落差。

教学实践当中所呈现出来的情况是，古典舞当时的风格还是比较鲜明的（因为刚刚从戏曲当中剥离开来，时间很近，印象较为深刻），但是其在科学系统性上，可明显地看出来还是很不成熟的。我们遇到了很多问题。

第一个问题就是教材的内容多又杂，有些内容还孤立。当时基本能力训练、技巧、身段、毯子功全在一堂课，容易顾此失彼。第二个问题就是教材有许多空白点，在能力和技术训练上不仅不全面，而且缺乏由浅入深的渐进式系统性学习，而这种空白在低中班表现得更为突出。因此，学校就提出要进行关于对教材进行"科学化""系统化"讨论的工作。当时的做法就是利用1956年3月至8月这6个月晚上的时间来进行讨论。我们一共开了大约28次会，其中15次是大组会，中国古典舞组和芭蕾舞组两个教研组的全部教员一起参加讨论，并且从戏校请了戏曲界老师的代表赵雅枫，另外还有三次是和医务室大夫进行解剖生理方面的研讨。研讨的内容包括芭蕾教学法结构的介绍，芭蕾教材科学系统性的介绍，并联系古典舞的教材、教学进行讨论。这是一个基本的方法。总之，就是借鉴芭蕾的经验，讨论古典舞教学中出现的问题，以加强训练的科学性系统性，并且在这个基础上发展民族的技巧，来适应舞蹈教学由简到繁的客观需要。这是一个总的目的。应当说这是大家当时在实践当中认为必要的，也非常认同的一种做法。最后大家根据讨论做了七个方面的决定：

第一，确定了基本的舞姿。大家深化了对基本舞姿的认识，明确基本舞姿包含舞姿身体的方向和部位、脚位和头手的配合，同时要求基本舞姿具有完整性、雕塑性。

第二，确定了基本舞姿要发展跳、转等技巧。当时基本舞姿像树干一样，要在这个基本舞姿的基础上再发展出技巧，所以最后确定的基本舞姿是这样几个：正腿、旁腿、后腿，民族特有的舞姿有斜探海、射燕、商羊腿、掀身探海。当时大家也曾经考虑过"踹燕"是不是应该加入基本舞姿，后来大家觉得它不能算，因为它不能转、跳，所以就没有将其归入基本舞姿。

第三，确定了跳跃动作的类型，按照芭蕾的方法分为五种跳，有双起双落、双起单落、单起双落、单起单落和单起双落换脚跳。我们按着这五种跳法重新整理和发展了民族舞姿跳，并且填补了训练的空白。因此，跳是按照腿部的起落方法来整理的。按照整理结果，双起双落的跳有正步跳、跳落踏步、后双飞燕；双起单落的跳有正步、落跨腿、落掖腿、落探海，还有擦地起的斜探海跳，跨腿的、软硬的"剁泥"；单起双落的跳有跳踏步、跳卧鱼；单起单落的跳有垫步跳、"过门槛"；单起单落换脚跳有趟步、蹦子等。

第四，确定了跳的连接动作、辅助动作，比如蹉步，正步上的单起双落。

第五，将腿的练习确定下来，按照由低到高的训练步骤，就是从25度到45度到90度，一直到90度以上，腿的练习都要经过这样一个训练步骤。

第六，确定扶把动作，增设了绷脚擦地、半蹲、全蹲和单腿蹲等动作。

第七，确定动作都要正面、反面练习，来适应舞台表演的需要。

问：通过这次关于科学化、系统化的教研讨论，您认为大家有哪些收获？

李：我感觉通过这次关于科学化、系统化的讨论，大家还是有很多收获的。

你们看我的笔记，这里解剖了"蹲"这个动作：从生理结构上进行分析，膝关节中间有半月板，当我们蹲的时候半月板会受压迫，如果它偏向一边，就是蹲位不正，受压过重。你们看这样的分析难道不应该吗？有的人认为，艺术的东西怎么能够科学化、系统化。他们认为芭蕾最科学，借鉴芭蕾就可以了，古典舞跟科学化、系统化不能画等号。我认为，芭蕾的教学虽然的确有它的科学性，但是其不能完全与"科学性、系统性"画等号。人体的生理结构是有共性的，为了达到更好的训练效果，我们应该运用解剖学的知识对教材进行剖析。这种对动作的剖析也是科学化的一部分，这是原来戏曲中没有的，我们为什么不借鉴？

上解剖课时，"正步蹲"之后，就进入"一位蹲"，我们讨论并分析"正步蹲"为什么不能像"一位蹲"蹲得那么低，是股四头肌的原因，等等。我们按照课堂内容的顺序，与杨喜平大夫一起讨论。我们提问，杨大夫解答。第一个谈"蹲"，第二个谈"勾绷"，第三个谈"小踢腿"……我们一起把很多教学中的现象从生理分析的角度进行研究。

这个笔记本记录了"腿形该如何保证""有人腿长，但是练习后腿变短，这是因为压腿使膝盖后伸……做探海是否应该'开'，是'开'着好还是'关'着好"等许多关于形体训练的问题。当时，奥列克赛娜也参加了这个讨论。她介绍：苏联的舞蹈训练曾出现一个现象，那就是女孩子的大腿都成了"马裤腿"（大粗腿）。究其原因，是由于一位教员总是让她们处理一些幅度较大的"蹲、起"动作。另外，扶把训练控制时间过长也会如此。扶把训练的分量、负担要均衡，控制动作多了不但不能练出力量，反而会让肌肉变短、变粗，而当芭蕾基训中控制训练时间减少后，学生的肌肉形态就改变了。在经过研究后，杨大夫认为"引起肌肉变成圆形的主要原因是肌肉猛力收缩负担过重"，因此我们把教学中类似"三起三落"等动作进行了调整，不将其作为基本训练来进行。

我举这些例子是想说明，对于教材训练性的分析是应该的事，关键看研究了以后怎么办。我们既不能研究过后，把基训全部改成芭蕾，也不能故步自封，不接受科学化的建议。

我觉得教材科学化、系统化的研讨是必要的。

第一，在教研训练班初步整理教材的时候，研讨是进一步的举措，研讨之后我们对动作的分类和纵横的结构方法都做了一些新的考虑和安排，这对教材的完善是非常有益处的。因此它不是一个孤立的事件，它是整个教材系统整理工作当中的一环。

第二，它系统地介绍了芭蕾的教学法，使大家在对科学性、系统性的认识上有了很大的收获，提升了教师对教材整理的认识。我们虽然过去也上过一些芭蕾课，但是对它认真地从科学性、系统性上来认识，这是首次。我们也就对芭蕾的科学的经验有了一个系统的了解，比如动作分类的规律，各类动作的训练作用，它实质上是为哪些技巧做准备，等等。这样就使大家在教学上能够主动地按照目的去组织教学，有计划地寻求一些教学的手段去填补空白，使得教材的发展处于更有目的的状态。借用芭蕾的某些手段和与芭蕾有共通性的部分，比如说直立重心要求，我们能够帮助学生更有效地掌握舞姿旋转跳的技能，提高学生的接受能力。

第三，通过研讨，我们认识了芭蕾发展技巧的规律，了解了它的技巧是怎么发展来的以及如何把地面的舞姿和动作搬到空中形成跳的技巧，从而认识到如何对古典舞的技巧进行更有效的运用和发展，以此适应中国古典舞训练的需要，而不是将训练仅停留在戏曲已有的几个技巧动作上。这样才能将继承、借鉴、发展、创新落到实处。

　　进行这样一次科学化、系统化的教研活动，从当时来讲是必要的。从指导思想上来看，继承、借鉴、发展、创新的目标，不是一次性就能完成的，更不是一个"教员训练班"能短期完成的。它需要长时间的实践和不断的努力。在长期的研究中，每一个阶段都应该根据教学中所遇到的具体问题进行专题的研究。这是一件需要长期坚持的事。

　　在"教员训练班"里，我们主要是解决"继承"问题，考虑"我们如何从戏曲中走出来"；接着运用了"剥离"的方法，虽然也有借鉴，但这不是主要的。这一次科学化、系统化的研讨，首先从指导思想上进一步接近了整体的要求，使得传统能够在当代生根发芽，更加接近发展这个总目的；其次从实践上看，如何提高训练的科学性，形成从低到高、循序渐进的教学的系统性，这是实践中面临的必须解决的问题，也是前进中必须解决的问题，所以这一步是跳不过去的；最后，芭蕾教材纵横的结构方法是值得借鉴的，对解决创新问题有积极意义。借鉴已有的结构方法并对其进行整体的梳理，使教员可以更加明确组织教学的目的、措施，采取有效的方法来达到目的，从而也使得演员的形体得到了更好、更全面的开发，帮助其更好地提高技巧和身体的表现力，也有利于建立更细而严的新规范，使得我们既具有风格的特点，又更接近舞台的需要。

　　后来的教学实践也证实了这次研讨在整个古典舞教学发展中的意义。它当然也存在不足。尤其是现在看来它也有许多值得思考的问题，并且在后来的实践当中也逐渐暴露出来，比如对芭蕾舞与中国古典舞共性和两者特性的认识问题。它有当时那个阶段的局限性，做法上也有局限，这些要在以后引起足够的重视，并要设法解决。虽然动作分类讲究科学性，但是有些动作，比如说"朝天蹬""劈叉""扫堂""旋子""吊腰""卧鱼"等重要的传统教材，都无类可归，还处在系统之外，这是第一个没有解决的问题。第二个问题是当时大家在观点上还是比较重技能训练，对身法的重要性认识不足。中国古典舞的身法绝对不是像芭蕾一样只有几个位置、几个基本动作就可以的。因为我们对全身身法的配合、韵律缺乏研究，所以身法训练未能纳入系统当中。第三个问题是对民族特有的技法没有足够的认识并采取相应的教学措施，导致其被孤立在教学系统之外而被忽视。第四个问题是对传统特有的、好的教学经验也未能给予足够的重视。例如过分地依赖软开度训练、强调能力准备，对为完成完整动作而有针对性地进行的单一性反复练习的必要性认识不足，或者训练过程采取的步骤过于烦琐、割裂，反而影响技巧的扎实巩固。这就是我的看法。

（五）建校初期舞台创作与演出情况

问：舞蹈学校初创时期，有什么样的剧目呢？ 您能否谈谈学校初建时期的创作与演出情况？

李：学校虽然是初建，但是非常重视课堂教学与实习、排练、演出相结合。我们充分认识到这样对人才培养的重要性，并将其体现在演员的基础训练上。那个时候课程设置特别多，尽管课表上都排不下，但是学生们仍然利用课余时间，每周用三到五个晚上进行排练。从 1955 年开始，学校就进行了实习演出，而且每年一定会有一台全新的节目，并要求全校学生都参加实习。这种实习演出一直坚持到 1957 年。

当时剧目创作还处于起步状态，真可谓"一穷二白"。学校选取了与芭蕾舞有区别的剧目方向，但是当时国内没有排练这种剧目，而中国舞又缺乏现成的剧目可排，更不用说适合不同年龄、不同班级、不同专业需要的剧目了。因此学校采取了措施——使用两条腿走路来组织创作力量。创作力量在哪儿？ 第一个是教员。学校发动和鼓励教师和学生一起，积极投入创作和表演中。因为教员最清楚应该为教学对象创作什么样的教学剧目，而且教员可以从所从事的专业的发展角度出发，在剧目中积极地进行尝试和实验，使课堂与舞台两者得以结合。因为这个原因，当时的教师（包括唐满城、张佩苍、孙颖、杨宗光等人）都能够积极地参与其中。教师们都想抓住机遇，通过舞台实践来提高自己的教学质量，尽可能地补这方面的不足。现在回想起来，这样一个发动教师的措施，是很有好处的。它不仅提高了教师的素质，更重要的是帮助教师摸索教学剧目的特点，适应不同年龄的心理、生理和年级、专业的需要，从而形成一个教学剧目的系统。学校的演出实践和团里的演出是不一样的，师生同台可以更好地推动这个专业的发展。

当时叶宁老师是非常重视古典舞的剧目创作的，她把剧目创作看成形成古典舞教学体系的重要环节，认为其有助于探索舞蹈艺术的语言和风格的模式，也可以对教学起到示范和促进作用，使得课堂教学和舞台实践相结合，使训练和表现思想感情相结合。在这样的思想基础上，这三年中国古典舞的创作进行了多种尝试。

叶宁老师把戏曲《牡丹亭》的"游园"和"惊梦"这样一个爱情故事，变成双人舞。现在回想起来，我认为它的风格应该说是接近戏曲的，是脱离戏曲的第一步。当时的《惊梦》剧目有两稿，第一稿是叶宁在1955年的时候创作的，这次创作，还是受青衣"行不动裙"的表演方式影响。演出以后，大家都认为该剧目在舞蹈语言上缺少突破。因此，在1956年或1957年（我记不清了），栗承廉也创作了一稿《惊梦》，那个时候他就利用了水袖，在舞蹈语言上有了较大的突破。

《牧笛》是栗承廉创作的双人舞作品，作品以古典舞来表现现代生活。在创作中，他更加充分地发挥舞蹈的特性，运用古典舞的手段，比如跳、翻等技巧表现情感，在慢板采用大幅度的抬腿和形体动作，塑造了一对现代的农村青年天真、活泼、质朴的形象。这是他用古典舞去表现当代青年人的尝试，探求了古典舞的双人舞应如何进行，怎么充分地利用肢体表现双人的关系、情感的问题。

栗承廉和莫斯科音乐剧院的导演霍尔芬合作创作了舞蹈小品《少年爱国者》，表现了少先队员抓特务的故事内容，这就有了一个可以给低班同学排的节目。节目运用了传统把子功的"三十二枪"和毯子功技巧，反派人物运用了"蹦子"技巧，都用得非常得体。

对这一台实习的公演，当时的观众给予了充分的肯定，教员们也受到了极大的鼓舞。它既验证了这个教材的可行性和有效性，也展露出古典舞的新面貌，鼓舞了大家的信心。

第二个创作力量的来源是学校请苏联专家进行专业的编导人才培养。在建校第二年的时候，学校就请苏联专家来办专业的编导人才训练班。学生都是全国的舞团的演员、业务骨干，都是代培生，学制两年，1955年入学，1957年毕业。

这位苏联专家很好。虽然他是芭蕾舞的教师，但是他学生的实习编创全部都是民族民间的节目。给我印象很深的是编导班里的学生都很重视实习。从小品到舞剧，整个创作过程，全部是学生们和专业老师一起合作进行的，从而形成了一个勇于探索的团队，勇于进行各专业的创新实验。

编导班在开班第一年的时候，编创的民族节目有《拔萝卜》《熊妈妈》《滑冰舞》等，这些都是适合于低班的剧目。除此之外，他们还有根据自己的专业编的节目，比如《游园惊梦》《东郭先生》《春江花月夜》《牧笛》等。另有一些是属于现实题材的舞蹈，如《炸碉堡》《白毛女》《少年爱国者》等。现在回想起来，这些虽然是建校初期创作的作品，但其中一些剧目，比如《春江花月夜》，到现在看起来还是有一定质量的。在那个历史时期里，学校对剧目创作是很重视的。

这个编导班在毕业的时候，不但排了《无益的谨慎》，还排了新的创作，像《张羽煮海》《宝莲灯》这样一些舞剧，同时还进行了多次实验，其中一些舞剧还是反映现实题材的。在古典舞的剧目上，学校除了发动教师结合着教学、教材的发展进行创作之外，对如何在戏曲和民间舞的基础上形成舞蹈语言方面，也做了很多的探索。

学校的创作在社会上也产生了影响。那时，中央的院团也进行了表演舞种的分工：中央歌舞团以表演民间舞的剧目为主；中国歌剧舞剧院就以表演民族舞剧、古典舞剧为主。1957年之后，学校的事业繁荣极了，各方面的事业都得到了推进，比如那个时候学校开设了"东方舞班"，继而以这个班的学员为基础，文化部组建了东方歌舞团，这是后话了。

问：对学校初建时期舞蹈创作所呈现的繁荣，您觉得有什么需要总结的吗？

李：我觉得这些创作有许多好的倾向值得总结。第一，这些创作的共同点是非常重视传统。不管表现什么题材、运用什么样的手法，无论是形式、舞蹈的动作的安排、语言、表达感性的方式，创作者都考虑到了民族特性，使之具有民族的特点。创新不离传统。第二，我觉得创作虽然是要解决语言问题，但不是搞形式主义，不能只讲技法、做简单的"动作搬家"。那个时候的创作都是紧紧围绕所要表达的内容来建设舞蹈语言的。第三，这些创作非常重视表现当代人的思想情感，多表现农村的青年、少先队员、战士等现实人物，比如说表现战士的《炸碉堡》等。舞蹈语言虽然都是不离传统的，但是也不搞形式主义，而是新颖、自然、流畅，追求在传统的基础上的创新。这时期的创作体现了古典舞从戏曲中脱胎的新面貌，也验证了在传统基础上进行创新的可行性，探求了古典舞新的语言和风格模式，探求了古典舞剧目教材建设的道路，为古典舞走出戏曲进行了各种新的探索，做出了可贵的贡献。

（六）学校初建时外界对中国古典舞教材的反馈

问：学校初建时，外界对中国古典舞训练的教材有什么样的反馈呢？

李：1954 年到 1957 年是学校的初建阶段，也是全面的起步阶段。所谓全面都包含着什么呢？学校的培养目标究竟是什么呢？实际上学校的培养目标始终与舞蹈界的要求分不开。人才培养目标的确定围绕舞蹈事业发展的需要，我们不是孤立地创建舞蹈学校，这个思想是十分明确的。

20 世纪 50 年代北京舞蹈学校初建时，全国各个地方的团体都面临着一些困难，他们对于如何训练演员都摸不着头脑，一会儿学点这个，一会儿学点那个。当舞蹈学校开始办学的时候，各个舞团都觉得这是一个很好的机会，各个地方都往学校送人。陕西省歌舞剧院就派来四个人参加舞蹈学校的考试，只考上了两个人，有一个没考上的人还因此大病一场。由此可见大家期望值都很高，十分渴望学习。

2007 年，古典舞身韵教学法课题组汇报后合影

陕西省歌舞剧院的两个人虽然在舞蹈学校只学习了短短两三年的时间，但回团以后发挥了很大的作用。他们学了四门舞蹈课（芭蕾、外国代表性民间舞、古典舞、民间舞），回去以后就把这四门舞蹈课的内容做了全面的介绍。团里的人都感觉到非常新颖。虽然他们不是搞芭蕾的，对芭蕾也没那么大兴趣，但是他们觉得芭蕾挺练功的。从这个角度看，他们是有感触的，不是一味地反对外来文化的。

另外，他们觉得古典舞这套教材非常新颖，比学戏曲好多了。这套教材更能结合舞蹈的需要，特别是跳和转的发展，而这两方面在戏曲里是特别弱的。这样一来，课堂的教学也有了全面的结构，建立起了教学的秩序。他们经过不断训练，逐步提高了对古典舞教材的认识。在这个基础上，团里的创作力量也就发展起来了，大家的积极性也都挺高的。在1957 年全国会演时陕西省歌舞剧院创作的《花儿与少年》等作品获得了较好的反响。随着社会的发展，大家越来越觉得通过学习挺受益的。此外，由于了解了舞蹈学校的研究思路，大家对是保持传统还是继续发展的问题，也没有异议了。通过陕西省歌舞剧院的反馈，我们获得了关于舞蹈学校初建所取得的成效的信息。

四、桃李初成展新颜（1957—1963）

（一）关于分科的背景以及呈现的问题

问：建校三年后，学校于 1957 年下半年开始分科，将专业方向进行了一次大的调整，分为中国民族舞剧科和欧洲芭蕾舞剧科。您能否为我们介绍一下当时的情况？

李：学校经过初建三年的摸索，虽然取得了非常可喜的成绩，但同时也出现了很多问题。为此学校实行了一个重大的举措，这一举措使得学校进入了一个新的发展阶段。这个举措就是分科。当时专业分设了欧洲芭蕾舞剧科和中国民族舞剧科，后来又增设了东方舞班。事实证明这是一个很关键、很重要的措施。下面我就讲讲分科的由来。

1956 年，在文化部领导的关心、重视下文化部教育司组织了一次规模很大的总结会。参加者除了学校领导和教师代表以外，还有舞蹈家协会的代表、文化部直属舞蹈团的领导以及学生家长的代表。经过多次座谈以后，与会人员从正反两个方面总结了学校两年来的实践经验。会议除了肯定两年来学校取得的成绩以外，还就人才培养目标、课程设置以及师生负担过重等问题，进行了较为深入的讨论。大家经过认真的研究，最后决定1957 年 9 月进行教学机构调整，分设中国民族舞剧科和欧洲芭蕾舞剧科。我认为这一次的调整意义重大：这次分科，调整了人才培养的目标，在舞蹈事业迅猛发展的形势下，大幅度提升了对专业化人才的需求，同时在人才培养方面也树立了更高的目标。分科从课程设置入手进行调整，极大地促进了两个专业的教学建设，在促进教学与创作水平迅速、全面发展的同时，也积累了大量的人才培养模式的探索经验，这为专业舞团，例如后来建设起来的中央芭蕾舞团、民族舞剧团的建立和发展起到了积极的作用。分科也减轻了师生的负担，改变了其穷于应付、难以集中精力的状态，使之转变为事半功倍的学习状态，教学质量也得到了大幅度的提高。

有些问题也随着分科显现了出来：分科后，中国古典舞独立承担了基本功训练的任务，也就是说独立承担了中国民族舞剧演员基础训练的教学任务。虽然整合教材、教学的指导思想没有变，但是许多新的问题，迫切地需要进行探索。

分科以前，古典舞的教学还处于从戏曲中剥离出来的第一步，但脱离戏曲不是最终目的，脱胎于戏曲并发展、创新才是最终目的。如何体现舞蹈的特性并满足古典舞训练的需要，这是第一个亟待解决的问题。我们应如何进行实践，如何寻求解决的办法和途径，满足这一新的要求？其中有几点是需要我们注意的，首先我们的训练应具有鲜明的民族特点。其次要能够提升舞蹈演员对形体运用的能力以及肢体表现力，特别是技巧运用和身法运用的语言性。我们的研究必须要走出茫然的状态，进入自觉探索、独立发展的阶段。

第二个问题是如何适应正规舞蹈教育的需要，如何达到由低到高、由简到繁的科学性、系统性的训练要求。不同的年级有不同的教学任务和教材，低、中、高年级不同教学阶段的相互衔接也是训练的关键。

第三个问题是原有基训课的教学内容杂乱而孤立，比如基本能力训练、技巧训练、身法训练杂糅在一起，学生难以集中精力学习并提高学习质量。即便后来将"毯子功"从基训课中分离出去了，这个问题也是存在的。

第四个问题是身段课的教材组织仍停留在基本手位、脚位等基本动作上，缺乏训练的难度，需要继续整理。当时女班的基训仍停留在《采花》这样的组合上，而男班则直接学戏曲的片段，比如《石榴花》中的戏曲片段。这样的教材难以适应教学要求，无法满足培养民族舞剧演员的需要。

第五个问题是如何确定中国古典舞的规范。舞蹈不能够局限于戏曲的标准，而是要以舞蹈为本体，从古典舞自身的角度入手制定符合舞蹈训练要求的规格与要领。

问：面对分科后出现的问题，你们采取了什么措施呢？

李：针对以上的问题，当时所采取的措施或可以采取的措施有这样几个方面：

举措一：教材建设，向传统学习

教材建设需深入向戏曲、武术传统学习，要在学习中找到创新的方法。我认为向传统学习是非常重要的。

创新不是个人随心的臆造，必须在深刻认识传统的基础上进行，这是前提条件。当时教研组中对戏曲、武术传统有深入了解的人甚少，不能满足进行实践研究的前提条件，所以我们必须带着问题向传统学习。这种做法拓宽了我们对传统艺术的认识。

首先，改变的是教材内容。在此之前我们处于一种孤陋寡闻的状态，只认识到戏曲中的动作，我们从京昆出发，还是多半都偏重于学习北方的剧种。为了解决实践中遇到的问题，在这个阶段我们着重地对南方的昆曲进行了学习。一方面是请南昆的老师教授戏曲片段，另一方面是通过观摩南昆的会演，广泛地了解南昆"三小"（小生、小旦、小丑）的精彩表演。在拓宽教材方面，过去我们学习京剧比较多，而遍布全国的地方戏都有值得我们学习的内容，因此我们对川剧等剧种也都进行了初步的接触。我们是在传统的基础上进行古典舞的创建，因此我们始终没有离开对传统的学习。

1958 年冬天，寒假的时候，我们成立了一个小组去学川剧，当时和我一起去学习的有许淑芳、王贺、陈铭琦等。我们先到四川，以成都为主，后来又到重庆集中学习。应该说当时带着问题进行学习的人是我，因为每个人的实践是不一样的。

我在那个时候看了几出好戏，并把戏里面让我印象深刻的内容都记在脑子里，一旦要用的时候，就会因为有了这个印象而知道上哪里去寻求答案。有了这个印象，虽然并不要求一定用在课堂上，但是一旦要用的时候，你会知道上哪儿去找传统。你就会了解传统中有些什么样的经验，明白你想做的事，不是打你这儿开始的，也不是完全靠你挖空心思去想的。传统就有这种好处，它给你一个底，让你在这个基础上，再去做你能做的事。我觉得我们学传统就应该这样做。

那次去学习的小组里,当然也有男老师,因为是去学"三小"(小生、小旦、小丑)。陈铭琦是教男班高班的教员。他挺有创作欲望的,学完回来之后就编创了《梁祝》。他就是从学习"小生"中得到了很多好处而进行创作的。有的教员非常喜欢川剧,在川剧的唱腔学习上下了不少功夫,一天到晚没完没了地唱,但是他没有把这些学习心得用在舞蹈的实践上,后来我让他去参加实习排练组的时候,我真是希望他能用得上所学的传统。因此,同样是学习传统,每个人的收获和运用是完全不同的。

那次我们去学习的时候,我觉得有一个极好的条件:那时正值川剧的旺盛时期,有一批有名的老演员和青年演员,而且他们都能在舞台上表演。这就是他们的黄金时代,有一大批观众,三个剧里三个团同时演出。他们安排得非常好。青年人不是被埋没的,青年人自己有一个青年团,老的演员又各自带自己具有特点的团。比方说这个团以哪几个老人为主,他们都搭配一个小生、一个小旦、一个小丑,这么三个配起来。这些团在不同的地方演出,每场演出的剧目都不同,统一规划,从不冲突。这样的演出每天有两场到三场,我们就跑场观摩,从这个剧场跑到那个剧场。每天下午和晚上都有演出可看,到了星期天早上还加一场。你想想看,我们这一个月看了多少剧目!这样就使得我们对川剧有了总体的认识。

李正一向戏曲水袖专家李德富先生学习水袖

李正一进行水袖教学

除了看演出，我们还访问戏校。当时他们的戏曲学校也是处于黄金时期。那一批年轻人除了在剧团里演出外，还在学校里兼课，因此他们非常"规范化"，规范就体现在他们又能做，又能说，又能教。他们跟老先生在一块搞教材，当时整理了一大批川剧身段教材，从 8 字韵，一直到扇、袖，徒手的，小生的、青衣的、花旦的，等等。他们不用旧的那一套训练方法，而是重新整理了较为集中的教材。他们的教材中也有与舞蹈有联系的内容，所以我们去学习，他们特别欢迎，他们觉得搞舞蹈的人来了，可以相互交流。那真的是一个极好的时期，我觉得一辈子都很难再碰上那样的黄金时代。

问：您曾谈到，您不止一次学习川剧，这是为什么呢？

李：我认为带着具体问题学习非常重要，应该说这个做法更为有效。因为目标明确，所以我们能够深入学习、消化并容易从中得到启示，找到实践的依据，取得新的认识，并进行新的探索。

我多次去看川剧，可是每次我只带一个问题，这个问题就是我在实践当中遇到的，需要深入去学习的那个东西。我要把它运用到我的教学中，上一次没有"拿来"是因为我的着眼点不在这儿，这一次再去学习就要把它放在我的教材建设当中。我学了就是要用的。在用的过程中我也可能成

2008年，李正一带领学生赴福建学习梨园戏

功，也可能失败，但这都没关系。我很幸运，关于戏曲有什么剧种、剧目，它的特点是什么，它的哪些剧目是有代表性的，从舞蹈角度来看，哪几个是我特别喜欢的，我都能知道。我这样的机会也许你们不会再遇到。我受益于此所以也希望你们按着这个途径去补一补课，提高自己对传统的认识能力。

我希望通过这个机会，讲一下我们那个时代的事情，让你们了解做这个事不是孤立的，这个事也不是谁都能做的。你们现在想做的一些事情，还是存在一些困难的，因此我觉得要补救。你们要再不补救的话，将来便会一穷二白。你们不是没有能力从戏曲中挖掘内容，而是你们不知道戏曲中究竟有什么好。你们虽然知道这是一个继承的方法和途径，但是不清楚接下去该如何做。我认为我们对戏曲的学习、对传统的学习还差得远，对传统的学习我认为还没有结束。很多东西都没做，你们有没有机会做，那是另一回事。但有的人说我们经过了初创的那个阶段，好不容易从戏曲里走出来了，干吗又让我们回到戏曲中？我反对这个观点，因为我知道我们没做完，我们做得很少。我在中专的教学一共就那么九年，我能做多少？我只能做这么多，还剩下那么多未完成的事情。我建议你们，凡是想做一个新事，一定到传统里去找：想想人家做过没有，经验是什么？你要是不具备这个能力的话，我觉得就不能踩在巨人的肩膀上，就谈不到继承传统的重要性。为什么这么说呢？因为不知道传统是什么，你就会认为传统与你做的事没关系，那就自己杜撰，想怎么做就怎么做，东看一眼西看一眼，觉得哪点对你有启发就这么去做了，也可能忽然碰对了，也可能歪了，但是唯独不知道传统有什么，这不是一个很有底蕴、很有根基的认识。我觉得对传统的认识决定了你成功的可能性。

问：除了戏曲传统艺术，我们还有武术这个宝库。您从什么时候开始关注武术？您认为武术提供给中国古典舞的启示是什么？

李：我们主要是通过观摩全国武术的会演和比赛，对武术的情况进行大致的了解，了解之后也都有一些学习，也和武术专家张强进行了大量的交流。这些活动拓宽了我们对武术的认识。

1957 年分科前，正是我彷徨的时候。在这个时候，我这双始终盯着戏曲的眼睛看到了武术。通过观摩全国武术会演，我看到了武术许多特别的地方。比如武术是对民间性的一种挖掘。它什么都不限制，各种地区，各种派别，各种年龄——从小孩儿一直到 100 岁的老人，有徒手的，有各种器械的，什么样式的武术都有。我记得那次比赛是在北海体育场举行的，比赛的时间持续了差不多一个月，看得我眼花缭乱。我发现了另外的一个宝库。在这之前很多人说过武术的艺术性，但我没有什么感性的理解。通过这次比赛，我看到武术的动作比戏曲更舒展大方、灵活机敏、英武潇洒，在武术中有很多我在戏曲那儿想得到但是没得到的内容。

第一，武术的流动性、动作幅度与对比性那么强，这都是我在戏曲当中没看到的。它这种基本的舞蹈性，也让我大开眼界。

第二，武术中的象形拳给

2008 年，古典舞系师生赴武当山学习太极拳

我的印象特别深刻，武术里有那么多来自自然的拳种，比如太极、长拳、醉拳、猴拳、蛇拳、鹰爪、鸭拳，等等。我觉得它在表演上、在象形上更加鲜明。戏曲表演很有性格，但是在舞蹈的体现上，形体的体现上，有其不足之处。在舞剧当中，演员就是要用他的动作形象来刻画性格，他不能用语言，人物的性格就得通过他的形体形象来体现。在戏曲舞台上，我们也看到了很多这种象形，比如《十五贯》里的"阿鼠"就是以"鼠"的形象来塑造小偷的形象。其实戏曲也从武术当中提炼了很多动作，但是戏曲终究受到"形"的影响（局限）。武术则不然，它可以充分调动形体并进行发展。通过观看武术，我觉得戏曲舞台上的形象和武术中的象形拳，有非常好的可结合的点。

第三，我觉得武术的节奏鲜明。它的动与静、快与慢、松与紧、高与低，动作所产生的轻重缓急，对比性特别强。

第四，我觉得武术表演者的能力特别强，比戏曲要求的能力性还要强，更接近古典舞的要求。他们的重心、弹跳、形体以及在各种对比当中展现的控制能力都达到了形体运用的极致。

当时给我感受最深的就是这四点。现在回忆起当时我看完之后，几乎天天都在激动。激动什么？我觉得我豁然开朗了，原来我们的传统当中

2010 年，古典舞系安排研究生向张宗英老师学习传统身韵组合

还有这么大的一个宝库，这是我们在此之前没有接触的。我在这之前没看过，也没接触过，我老以为武术就是对打。

当然这不等于说我对武术的认识就没有发展了，我对武术的感性认识是从这儿开始的，但是它不是我的全部。因为不同的历史时期，看传统的着眼点是不同的。在这个历史时期，我在思考舞剧，思考怎么形成舞剧演员的训练，思考需要向传统里找一些什么东西作为训练的基础，再在那个基础上去变化、去吸收、去发展。在寻找的过程中，我看到了这次武术比赛，所以有了特别强烈的感叹。这次观摩的着眼点跟我以后看武术不一样。我之后看武术，都会着重于一个主题，而不是在某一点上。

举措二：完善教学训练系统

问：分科之后，除了向传统学习之外，还采取了什么举措呢？

李：我们根据这个时期已有的舞剧、舞蹈创作、舞台实践经验，总结舞剧演员应该具有的基本能力与素质，从适应舞蹈表演的特点出发总结演员应该具备什么条件。经过总结后，我们认为演员应满足以下几点要求：首先，应具有表现独特民族风格的肢体表达能力。这个要求是舞种的特点决定的，民族风格的肢体表达能力绝不是直接搬用戏曲、武术的训练能够产生的，它需要演员在舞蹈的实践中逐渐形成对传统文化的整体认识。其次，应该具有较全面的身体能力，演员的形体应具有全身性开发和运用的能力及较高的技术水平，经过分科后基本功的训练培养出的演员应该满足这一点。最后，要突破原来戏曲的动作程式的运用方法，从音乐出发追求艺术表现力，达到身技合一，就是身法和技巧合一。

此外，我们要形成本民族独特的舞蹈语言训练体系，一方面要解决舞剧演员应具备的全面条件的训练内容的问题，另一方面要完善训练体系。在训练体系中，我们首先要明确低、中、高三个阶段的训练任务，以及各阶段之间相互分明又互为作用的关系。从低年级基础能力的开发与技术技巧的严格规范，到高班更全面深入的能力提高，并符合舞台的需要。这些要求需要我们进行新的探索以便更好地继承传统艺术的精华，并进行较大幅度的发展和创新。

出于自身建设的需要，我们既学习了芭蕾的教学经验，又在学习科学化、系统化的基础上，针对学校低、中、高三个年级的教学情况进行了新的摸索。我自己也带着高班的问题从《天鹅湖》《巴黎圣母院》和芭蕾的《滑冰》等剧目中学习与思考如何运用形体来塑造人物，这对我产生了很大的影响。

另外，为了使教学更有针对性与实效性，女班教学中采用了一种特别的教研方式：每个老师教授两个班的课。我们以低、中、高年级三个阶段来划分，按照教师个人的特点，然后分阶段让教师进行教授。这使得老师能有机会反复地深入实践教学，集中地思考自己的教学任务，深入探索，总结经验。经过多次反复，每位教师都积累了自己的教学经验。以我个人为例，九年中，我在高年级阶段的教学实践就进行了八个回合。

此外，我们还进行了对三个教学阶段之间过渡训练的探索。除了分段之外，我们也确定了建立起全面的古典舞训练系统的目标。分段后不可避免地要考虑低、中、高三个年级之间训练的关系，例如每一个年级向下或向上都存在什么样的训练关系等，我们要求教师从学生六年的整体学习上看待自己负责的阶段教学任务。这使得教师之间既有分工又有合作。这样做也提升了教学质量，使学生有机会学习到不同老师的长处，对当时缺乏教学经验的老师也起到了辅助作用。

带着这样的思路，经过一番探索实践，我们取得了一些成果。第一，毯子功从基训中独立出来，有了充分的课时和专职的老师。这些老师都是经验非常丰富的老师，教学质量得到了保证和迅速提高，向"高、精、尖"的方向发展。第二，基训教学有很大的进展。在短短三四年当中我们就初步建立了一个从低到高的全面训练系统。由于古典舞基训独立承担了古典舞演员的基本功训练，所以在进行系统的讨论后，我们就进入了具体实践的阶段。在教学过程中，教师们创造了许多体现科学训练过程的教材，也发展了舞蹈技巧以及技巧训练的步骤。这些具体工作丰富了古典舞基训课教材的内容，从能力训练到技巧训练，极大地提高了水平。

在训练中，男女班进行了关于形象的探索和思考，大家一致认为要树立舞种的基本形象。男生要英俊、潇洒，女生则要端庄、大方、典雅、舒展、温柔。原来的基本形象是男生是武生，女生是武旦。这一形象的转变使得训练风格、训练目的更加明确，学生也具有了更全面的身体能力和较高的技术水平。这一阶段古典舞教材初步形成了低、中、高年级的训练内容，同时从音乐出发培养学生的表现力，突破了原来戏曲的动作程式，形成了具有中国民族特色的舞蹈语言，将教学水平推向了一个新的层次。

（二）高班教材的探索与实践

问：那个时期，您担任中国古典舞女班高班的教员。当时高班教材属于起步阶段，一方面，由于中国的舞剧处于初创时期，很难从舞台表演的最高结果反馈于教学、解决高班教学的问题；另一方面，由于中国古典舞基训教材也同样处于初创阶段，教学中代表古典舞基训高级阶段的高班教材比较匮乏。那么，在担任高班教员的过程中您是如何在教学中思考训练与舞台表演的关系的？您又是如何在基训教学中探索并确立中国古典舞的风格的？

李：我有幸在1954年到1963年间一直担任古典舞女班五、六年级的教师。在九年当中，八个回合的教学过程使我在短期内获得了多次实践的机会，使我可以连续、集中地思考女班基训的教学问题，反复实践进行教材的摸索和建设。这也是我一生中唯一一次连续教基训的机会，所以回忆起来格外珍惜。虽然我的教学生涯是断断续续的，也从基训转变为身韵，但在教学过程里，我每次会面临着不同的问题，也不因为时间的间断而阻碍我对两门课的研究。下面我首先要讲的是如何认识女班高班的教学任务。

应当说，在分科后的前三年，我的认识状态是被动、模糊的。在这前三年中，由于我的教学对象是不同的年轻演员，而且古典舞的教材也在初建中，我对自己的要求就只停留在努力地认识与把握动作的规范和提高质量上，其他方面思考得很少。

分科以后培养目标明确了培养中国的民族舞剧演员，这就要求我们的训练必须独立承担起民族舞剧演员基本功训练的任务。这促使了我提升认识，也激发起了自己的责任心，我开始有意识地主动挑起这个担子进行探索。总的来讲，首先是要去探索高年级训练的阶段性任务。

高班是教学的最后阶段。对于这个阶段，我们要考虑如何在低、中班铺垫的扎实的能力与技术基础上继续提高，如何与中班的训练相联系，最后结束在哪里以及如何为舞台表演人才的需要做最后衔接，所以这个阶段的教学任务并不是孤立的。高班的教学不能靠个人空想和随意性的处理，我们必须要考虑如何给予学生完善的训练使其达到演员的标准。

当时古典舞的舞台创作也处于和基训一样的起步阶段，虽然出现了蓬勃发展的势头，但是还未达到为整理教材提供直接依据的要求。作品只能为我们提供一些设想，但在具体目标上我们还是要从舞剧的角度提出问题，认识问题，确立具体的实践目标。实践目标总的讲应该包括以下的几点：

李正一的"袖舞"教学

第一，演员应该具有比较全面的形体运用能力和比较高的技术水平，要最大限度地挖掘和扩大形体表现力。这是由舞蹈舞台表现形式特点决定的，这也就要求原来的技术训练必须有进一步的发展。

第二，从技能上讲，训练不能停留在对戏曲原来所特有的技巧和能力的训练方法的分析和提炼上，应该提高和发展，应该大大地超过前三年戏曲基本功的培训水平，还要增加训练，增强难度，提高运用能力。

第三，舞蹈演员应该全面发展，掌握中国古典舞的审美特性以及风格的鲜明性，掌握很强的控制、运用形体的能力，掌握完成高难技巧的能力，以及运用形体动作技巧的语言表现力。

实际上高班的教学应该从风格、技能、表现力方面进行三位一体的思考。风格不是要求有几个特有的古典舞动作的点缀，而是要贯穿于整个课堂中，贯穿于所有技巧和舞蹈语言的形体运用中。只有将三者融为一体并以之作为审美目标，才能使训练更加全面。

第四，我们要把实践和指导思想紧密地联系在一起，不能割裂地看待指导思想与实践，尤其是在解决实际的问题时必须将指导思想和实践紧密地联系在一起。

具体来讲，我在实践当中是这样做的：首先，对于民族特有的风格，古典舞要有自己的规范与标准。不拘泥于戏曲、武术特有的具体规范，我们要在古典舞的审美下建立一个新的规范。其次，形象基调的打造必须遵循传统艺术的运动规律并在此基础上发展，以适应舞蹈的需要。对于在女班遇到的风格问题，我不以行当为依据来划分，既不是武旦、青衣，也不是花旦，而是探求一个新的形象基调，是基于古典舞的形象基调，即典雅、大方、舒展、温柔、含蓄的东方女性形象。这之间存在细微的差别，既有戏曲和舞蹈之间的区别，也有新、旧时代审美之间的差别。

此外，我还要考虑如何使学生具备全面的形体运动能力的问题。我始终在思考，我们的演员应该具有哪些技术能力。我认为只有进行全身性的开发，对身体各部位：腿、腰、手臂、头、眼进行全面的训练，才能使我们的训练具有较高的技术水平；同时对跳、转、翻、控等教材也应全面地进行开发与训练，这样才能达到基本的肢体能力要求。在戏曲行当中，青衣的表演特点是"行不动裙"，演员主要靠唱，花旦靠做，武旦是靠毯子功表达情感，所以几乎没有腿部的教材。从舞蹈需要的角度来看，这些都不是我们古典舞要求的准则。如果完全借用戏曲的表演方式，对舞蹈而言具有一定的局限性。

为了解决形体运动能力的开发及舞蹈表演特点的问题，我们在最初进行女班形体训练时，借鉴了男班教材中灵活运用下肢的方法。经过三年的实践后，我觉得我们应该探索男女班教材之间不同的特点，更加细致深入地进行教材研究，以求既要进行训练与技术的开发，同时又要使其具备女性的特点。

问：您在编创高班教材时有哪些具体的方法？

李：我在进行高班教学的时候，曾分析过高班教学组合的特点，也写了一篇论文，可惜从来没有发表过。我现在在这里介绍一下我当时总结的内容：

第一，高班的教学不能够简单地说成是在中班的基础上加强身法性，而是必须在中班教学的基础上提升基本能力与技术技巧，进一步要求技术规格的准确性和它在难度、力度、速度、数量和多方面的连接运用上的提高。这是它的第一任务。

第二，在此基础上，高班教学要在动作的自我感觉、风格韵律、神态和表现力上给予学生相适应的训练。我觉得这种训练必须得是相适应的。我看到过高班的一些组合，组合里有很多身段动作，但是身法和技术常常是孤立的，我觉得这就脱离基训的任务了，是不对的。

第三，高班的任务决定了组合应该是多种多样的，有长有短，有单纯有复杂，有单一也有综合。有的组合就是为了突破某个技术难点，有的就是强调如何使技术得到多样的运用。它可以快慢结合，重心上双单腿都做，达到一种难度上的多样，从而增强艺术感染力。从整个课堂来讲，它的训练内容有的是解决舞姿的稳定，有的是解决快速的灵巧，不同的组合

李正一老师给第一届教育系古典舞专业学生上课

内容体现不同的具体训练目的，这有利于提高训练效果。

　　第四，教师应按学生的实际情况给予组合，使得训练更有效、更全面。如果因为是高班教学，就对所有组合强调综合性，这样会破坏对教学质量的严格要求，也会忽视学生能力的再提高。这几者之间要相适应地发展。

　　另外，编组合的时候应该考虑如下问题：

　　第一，每一个组合要有具体的、明确的训练目的，根据上面总结的几个原则，当具体编组合的时候，不能够随意地堆砌，必须首先想清楚组合的训练目的，也就是这个组合要解决什么问题，内容不能华而不实，也不能杂乱无章。比如，《探海转》组合的训练目的是从简单的连接中掌握技术。如果要编个单一的《探海转》组合，那组合中的连接动作一定要非常简单，这样才能让学生把注意力放在对这个技术的掌握上。这就是突破技术难点。我看现在的组合内容组织得挺多的，老师对组合里的每个动作都要慢慢抠，学生根本都不知道往哪儿想，他们又要想着这个要求又要想着那个要求，最后哪个都没顾上，那么这个组合就没有解决应该解决的问题。老师要知道通过这一个组合对应地解决学生身上的什么问题，让他的注意力集中在那个问题上，我觉得这是编组合时挺重要的一点。这样的组合里边所用的连接动作就不宜过多，不应该让注意力分散。正如刚才说的《探海转》组合，应该把《探海转》放在一个主要的位置上，让学生得到反复体验的机会，而不是折腾了半天连接动作最后做一个《探海转》，这种组合绝对是没用的。另外,组合的编创要便于增加学生体验动作的机会和教师纠正的机会,老师也得给自己留一点纠正学生毛病的机会。

第二,从学生的实际情况出发也是一个很重要的因素,否则就难以达到预期的效果。比如"控制",不是把几个需要练的动作连接起来就行的,而是要根据学生的不同情况对症下药。如果这个班里学生的重心控制不好,那么控制组合就应更多是移动重心的训练,让学生在组合当中去解决重心问题,而不是让学生完成一个接一个的动作,控完"前腿"控"后腿"。

第三,组合的内容要丰富多样,但是教材内容要精练,而且要注意系统性。这两者看起来好像是矛盾的,但实际上是统一的,也就是说训练中要避免偶然性的动作和烦琐的内容。组合的内容丰富多样,不是说花样多。丰富多样指的是内容丰富、训练全面。比如翻身,组合处理的多样不是说组合里又有翻又有转,丰富也不是指动作连接的丰富,它的要求实际是统一的东西。组合训练的目的只有一个,那么就要针对这个训练目的编排出动律轨迹统一但训练内容多样的教材,让学生更容易地把握训练核心。

第四,在组合当中要把训练性和艺术性结合起来考虑,这也是高班的特点。虽然在高班教材中能力训练和技术训练的部分要突出,但我们也要加强对艺术表现的训练。训练中的具体要点是不一样的。艺术性的要求是不能够孤立的,它必须贯穿在所有的技术训练当中,不能因为技术性强而不管艺术性要求,也不能因为加强艺术性而离开技术训练。技术要求也不是简单的特技,而是贯穿于技术性的动作中,使技术达到有感染力的效果。每一个动作都不是纯技术性的,而是与神态结合在一起的,每一个动作都是有形式美和内在美的,在高班训练中两者是一个完整体。

问:您在实践中,对于发展技术都做了哪些探索?

李:我想从我实际的教学实践出发谈谈具体的做法。在发展民族舞蹈的技巧上,一个舞剧演员不仅要掌握技巧所具有的风格,还要有一定的难度和质量。因此我在传统中已经有的和经过整理提炼的技巧的基础上加大了动作难度。比如翻身，由原来单一的上步翻身发展为连续的点步翻身，还发展了点步翻身后顺势接吸腿翻身。这在戏曲中是没有的，男班也没有。之后，我又发展了蹁腿翻身，就是在翻身的基础上放慢速度，放大幅度，加入蹁腿的翻身。

在戏曲舞台上，女孩子是没有转的。我们发展转是借鉴了芭蕾转的方式，把民族的舞姿都发展成为转。当然探海转是有的，这借鉴的是男班的教材。例如由地面的卧鱼舞姿发展的斜探海转，以及在空中展现舞姿的螺丝跳，这一系列的动作与技术，体现了高低起伏的幅度对比。在跳跃方面，我尝试将在地面的舞姿发展到空中，比如端腿跳、跳卧鱼，还有“倒踢紫金冠跳”这个动作，它是将把子功里面的“倒踢头”发展到空中形成的。除此之外，我借用了“飞天”的舞姿，拓展了“飞天跳”的内容，还试过“空转斜探海”这样的动作，丰富跳跃时腿部的运用。在教学实践中，我扩大上肢和下肢运动的幅度，提升身体运用的程度，也尝试着在传统动作的基础上加大手臂的运动。比如，我丰富了控制训练中常用的踝转的上身变化，在变身舞姿的运用上加大了训练的难度。再比如，我强化了主干教材的身法性，像放慢风火轮的速度，加大拧倾的幅度，使这个动作更加伸展。这些实践都成为我探索中国古典舞高班的基训教学内容的宝贵经验。

我还进行了一些关于加强身体表现力和语言性的实验。首先，要突破戏曲的动作程式，探索舞蹈语言的运用规律，改进不合规律的动作，使之变成具有表现力的舞蹈艺术语言。

其次，要认清基训课不是表演课、排练课，舞蹈技巧在训练中也不是一种纯技能的表演。基训课的任务就是把舞台上需要用到的高难技巧变成表达感情，刻画人物形象、性格的艺术语言，在教学中提高学生对技巧的运用能力，通过各种组合、各种风格不同的舞蹈增强学生的表现力。我们需要这样的教材，也需要与音乐共同完成教材的编创。它不是动作堆砌的单纯的训练组合，而是一种与组合相比更综合的训练形式。

李正一对第二届教育系古典舞专业学生进行水袖教学

最后，就是要总结归纳舞台的女性角色的性格。舞台上女性角色的性格和感情的表现是多种多样的，但大致上可以归纳为三种不同的类型：第一种是抒情、缓慢、柔美的，这种性格下的舞姿也是长线条的；第二种就是灵巧、活泼、轻快的；第三种是刚武、矫健、英姿飒爽的。在训练中提炼这三种性格，是为舞台上的多种运用打基础。总之，这所有的一切必须建立在传统的运动规律和审美特性的基础上，必须具有民族特有的身法特点、节奏特点和对比运用的特点。

在身法和技法相结合的实践当中，我做了这样一些尝试。第一次尝试我将重点放在了传统的翻身上。除了在技术上提高质量之外，我也在身法和技法的结合上做了一些尝试。我曾经编过一个慢翻身组合，在组合中运用了分合手，以呼吸带手、带腰、带头，配合旁移步，然后接慢翻身，除此之外还加上了在托按掌中的冲靠接翻身，以及慢翻身连三个快翻身接托按掌等。这个组合的基本动作是慢翻身，但放大了幅度，放慢了速度并与身法相结合。这就要求身法的慢快结合，以快衬慢，慢中有快。这样的训练方式和以身法带翻身的运用方法，使翻身技术的前和后都有身法连接和节奏处理，丰富了技巧的语言性。

第二个实验是在控制组合上的一些尝试。在舞蹈训练中，控制组合需要充分地运用形体来进行表演，所以我们必须突出这个特点。我从芭蕾舞剧《天鹅湖》第二幕以及其他的一些剧目之中得到了启发。古典舞的控制训练不仅仅是一个重心和腿部能力的练习，控制组合中的训练内容应该是技术、技巧能力和表现力结合的综合性训练，是表现情感的手段，是舞蹈语言的一部分。我在实践的过程中第一步做的是《长空》这个组合。在组合中我将腿部和手臂的伸展作为一个内容，打破原来训练的方式，着重处理动作的幅度和动作连接的流畅度的问题。在此之前我编排的组合多半是动作的相加，没有考虑到动作连接的顺势流畅。刘世新的《长空》钢琴曲的那种恬静的、连绵不断的柔美抒情之感给我很大的启发。我的脑海中浮现出鸟儿在空中展翅飞翔的形象，所以我就运用了一些民族舞的跨腿、蹁腿和大的环动动作为素材进行教材组织。这是我第一次赋予控制组合韵律。第二步探索是《三月三》组合。《三月三》也是音乐的名字，是海南的民歌。当时我听完就喜欢上了音乐的这种连绵不断之感，我便在组合中寻找并实现了这种顺势与流畅的感觉。第三步探索就是《陕北风光》组合。这个控制组合是在单一舞姿的基础上，给予空间高低上下的幅度和速度的变化，在快慢相间的处理中体现动作的形象性和表现力。

问：谈到这里，我想打断一下，您所编创的《陕北风光》和《岩口滴水》组合，使女班的基训在教材使用上有了突出的进展。能为我们介绍一下您编创的着眼点是什么吗？又是如何进行编创的？

李：如果谈这两个组合，我想从对控制的设想开始谈。我当时设想了控制的三种个性，第一种是具有古典风格的、抒情的控制；第二种是雄壮的、有气质的、刚韧的慢板；第三种就是像《陕北风光》这种跳动式的、灵动的控制。我并没有规定控制只能是抒情的，因为在舞台上这三种类型的控制都应该用得上，因此我对控制就做了这样的设想。但是，我这一次只编了《陕北风光》，另外两种类型的教材我都没去尝试。

我感觉我的学生不大了解控制还可以有，也应该有其他的做法，这是因为她们没有做过三个性格的组合，所以她们往往会认为控制只有"抒情"这一种，把"控制"与"抒情"画等号了。实际上我觉得到了高班，到了真正运用的时候，控制是一种能力，是一种控制身体的慢板的能力，而这种能力是要有各种形象的。只有这样，将来在舞台上，当学生接触到不同的形象时，才能知道如何根据形象去运用肢体处理性格。通过这样的训练，学生就在"控制"这一个教材上得到了多样的锻炼，从而成为能够由运用简单的、对腿部高度的肌肉控制能力，过渡到能够用控制身体的能力表达情感的演员。

我先谈谈《陕北风光》。为什么在控制的这三种性格中，我选择了《陕北风光》这个做法？ 因为我觉得前两种性格我都有案可循。

控制在总体是抒情的状态下细分有三种性格，但是我觉得"古典、抒情"类与"雄壮、刚韧"类的控制都比较好做，因为戏曲为其提供了依据，比如戏曲中青衣的抒情，武旦的刚韧。这些我觉得都提供给舞蹈教材"劲"和"形象"以依据。但是，肢体表达上更开放一点、更活跃一点的素材，戏曲中是没有的。我觉得那两种性格的控制将来做起来都相对容易些，但这种灵动的控制是一个难题，所以我要从这个角度入手。

另外，《陕北风光》这个教材的音乐对我帮助特别大。如果要加强技巧的语言性，音乐的选择是首要的一步。在《陕北风光》的音乐处理上，我觉得有几点需要谈谈。从音乐的选择上，要想突破形象，你就必须从两个方面加强：其一，要注意对比性的具体体现；其二，必须设计有助于学生产生想象力的内容。这两个点是动力。也就是说音乐的"意""气""力"，以及各种节奏的对比性要产生一种关系。从"意"的处理来讲，虽然没有具体人物、具体情节，但是教材的设计与音乐的选择都是有助于生发想象的，同时也要有与这种想象相对应的各种对比因素来体现这种想象。

于是我就从众多的音乐当中选符合这两点要求的曲子：第一，它能够激发学生的想象力；第二，它能够体现对比性。我所选择的曲子应该能够从音乐上解决这两个问题，使得学生能够在完成动作的过程中，产生对环境的假设，充实她的想象。我要求学生想象自己在一个特定的地方，例如在一个山区的早晨，想象刚从屋子里出来时的那个感觉，空气新鲜得很。我是希望学生通过对山区这个特别的环境的想象，体验呼吸的感觉。在这种环境下，学生可以环视，可以从下往上看，也可以从上往下看，这是这个想象的空间给予的留白。但是在具体的动作中，我就不再要求学生必须从这儿看到那儿，我觉得要给学生留有自己想象的空间，因为每个人都会根据生活经验产生自己的想象。

《陕北风光》的音乐选的是"信天游"。这个"信天游"也是我自己比较熟悉的。过去在解放区的时候，从陕北过来的人就教我们唱信天游。我们在唱的时候，就会有一些体会和假设，所以我很容易把动作和音乐联想起来。这是很重要的一件事。如果找一个我不熟悉的音乐，我自己觉得联系起来会很困难。而且它的对比性特别强，有长音，有短音，有跳跃的音，比如说音调猛地上去了，又猛地滑下来了，这就是对比性。

在具体的处理上，我比较强调出场，因为我觉得这是引入。整个组合的引入非常重要，要赋予它一个典型的环境，让它具体地去描述这个环境。《陕北风光》出场的时候呼吸就是用的幅度很大的收放处理，然后就接踢腿踹燕儿，往远迈这么一个动作。这一段我有意识地处理身体的收和放、呼吸和往远迈，这些动作都有一种情景感与生命感。这样一来学生出后腿的过程伴随着全身呼吸会很细腻。但是接下去我就要转换了，转换成一个碾转。碾转的时候要平稳，要有空间感，要强调过程中的身法。

这个动作的结束，要一再强调反复性。所以我借鉴了花鼓灯的"三点头"。因为我在学花鼓灯的时候，特别喜欢三点头，我觉得它的这种加强的手法不应是属于民间特有的，应该是舞台上的一种手法。戏曲多半都是靠亮相来强化，不大会用三点头这种东西。我并不反对从民间里吸收，比如在碾转的过程中，我运用了很多手臂的动作，这是从藏族舞中拿出来的东西。我觉得它的重点在于头、手跟腰之间的关系。由一个大的空间，然后转到我的身体收缩之后的局部来延伸，这是一个我有意要运用的手法。接下来，我想说说我在动作处理中对"风火轮"和"风火轮接扑步"的运用。在观摩武术的时候，我看到过一个小孩儿，他做了一个跳在空中的

"风火轮",然后接了扑步,是一个快速的动作。我就问那个小孩儿是谁教给他的。他说没人教。因为他弹跳比较好,所以他老师就告诉他跳起来做这个动作,他就这么跳起来做了。这个小孩儿学的拳叫"背腿连拳"。我要的就是这个"风火轮",但不是他的原始动作。我把它变成慢板,并强调了低空间,就是动作在往下连接的时候,必须经由从高到低的空间上的一个弧线。因此从高处瞬间到腿部滑叉的动作,就加大了它的幅度。我又增加了一个小的动作,就是用头的动作配合呼吸,然后将手和头推出去,与大的空间连接起来。通过我的处理,大家从来没觉得我这是风火轮扑步,但是我把这个动作用到了控制组合当中。

接下去,我就让她们(李正一的学生们)重点做了许多大的舞姿的拧倾,比如说商羊腿踹燕儿、拧身大蹁腿、掀身探海、探海翻身、旁腿躺身、踹燕儿加晃臂。因为我在这个组合里头用了两次踹燕儿,第一次就是跨出去,第二次就是踹燕儿加摇臂往后仰。

组合中的另外一些处理,就是各种拧倾舞姿上的碾转。这种大圈的碾转,结合了我认为控制当中属于形体能力控制训练上必不可缺的一种舞姿,就是古典舞舞姿中大的俯仰动势,以及开合、拧倾的转换,这样的舞姿转换通过碾转在空间的线性运动逐渐形成。当时我认为演员在技术能力上能够做到这点就可以了。我常常觉得中国古典舞的表演,若想形成空间感,就必须得有流动的碾转,而且那个时候我已经在实验做舞姿转了,我不希望学生只能原地训练控制,得让他们脚下运动起来,所以我挺重视控制当中的碾转的。我不知道它给人的感觉是什么样的,反正我是重视的。

《陕北风光》不仅是我在观摩武术和芭蕾双人舞时得到启发的结果,同时也是我受到话剧演员的表演和他们的诗朗诵的影响的结果。我开始思考"如何赋予动作语言性,将形体动作转变为表现手段"这个问题,我觉得有必要探索艺术语言的特点和运用的表现手段了。

看武术"绵拳"时,其动作舒缓、柔韧、伸展、连绵不断,而"背腿连拳"的高低起伏、快慢结合、进退相间所构成的韵律节奏给予我很大的冲击。我们应当借鉴这样的方法来突破原有的动作处理,但我们不能直接搬取动作，而是要吸收其中的韵律节奏，学习其运用下肢的丰富方法，以及各种拧倾的身法和身法对比因素，大、小、高、低、快、慢等动作结构特点，使我们的训练更加灵活、全面。为了更好地解决这一问题，首先需要在认识上明确，我们不是只追求技能上的提高，而是要更充分地扩展形体运用的全身性，增强训练的效果。《陕北风光》应该具有女性的特点，除此之外，也必须体现控制的特点，所以我要考虑从武术里提炼什么内容可以跟控制相结合，以便提高控制的内涵。在训练目的上，我强调提高重心的稳定性和舞姿的应用。这是我在《长空》《三月三》这两个组合的基础上进一步的发展和追求，追求身法与表现力和技能的统一，提升肢体的延伸性和流动性，培养学生自觉运用形体的表演意识。这些组合的产生，是我在镜子前跳出来的，是通过我自己的体验然后到学生的体现而产生的，不是编出来的。我希望在《陕北风光》里，在新的实践中，把戏曲、武术融为一体，让它们都为舞蹈服务。这样人们在了解《陕北风光》这个组合的时候，着眼点也就不会在动作上，而会思考一个实践的过程。

关于《岩口滴水》的编创思路在这里不得不联系到我对戏曲的认识。因为我觉得《陕北风光》和《岩口滴水》这两个组合是各有侧重的。我的训练目的是什么呢？ 就是手和脚的表现力。

《岩口滴水》是在继承传统的基础上，以戏曲的《别洞观景》这个素材为基础而编创的。这些训练不是表演课的内容，它有训练规范。那么怎么从规范到舞蹈语言？比如说戏曲的步法训练、手的训练，它们怎么形成舞蹈语言？所以在这个实验当中，它是在《小花鼓》和《喜洋洋》这两个比较单纯的组合的实验基础上形成的。

那个时候，我已经在组合的性格化训练方面进行实践了。对于这样一种探求，我在组合的基础上给了学生一定的、简单的情景方面的要求，我觉得舞蹈的语言性可以让学生表现得更充分一些，而并不是为了解决表演问题。我不承认这是表演组合，因为我不是从系统训练表演这个目的出发的，我是为了赋予组合训练一个简单的情节，让学生领会这个情景，考虑这个动作的生命力。这个语言是为了方便学生去掌握而给的。

问：您当时进行古典舞教学的时候，是如何选择音乐，如何与音乐老师合作的呢？您在编教材的时候，是如何对组合的节奏进行处理的呢？

李：音乐的选择我认为也非常重要。解决表现力问题，音乐也起了很大的作用。舞蹈和音乐对于节奏的处理具有先天的一致性，两者相互结合的话必定相得益彰。原来我所用的音乐是《朝天子》，这是戏曲中的音乐，之后选择了民族音乐《长空》和《三月三》。我认为音乐的选定是能否实现实验的关键。我认为要想提高教材的难度与学生的水平，就要突破原来的形式，打破音乐规整的四个八拍的局限。《长空》和《三月三》虽然规整，但是有意境，能够赋予动作想象的空间。例如，在实践控制组合时，我选择了《陕北风光》这首曲子，我选择"信天游"就是因为音乐中辽阔、开朗、自由清新的感觉吸引住了我，音乐独特的意境与我的设想一致。音乐情感的抒发性很强，节奏变化丰富，对比性很强，有虚实，有起伏，有长有短，仿佛形成了一片连绵不断的自然山脉。这为我的教材处理提供了形象性的启示，便于舞蹈语言性组合的展示。

我回想起最初中国古典舞基训用民乐作为伴奏的时期。传统音乐和民间音乐在风格上会给人很多启示，但是运用于跳跃组合之中就比较困难，因此分科后基训逐渐地改为钢琴伴奏。钢琴的表现力强，运用性强，解决了一些问题，但也不是每一个钢琴伴奏老师都可以在演奏上凸显出浓郁的民族风格并引导学生追寻这种风格的。王鼎藩是一位在艺术上不厌其烦地进行探索的老师。高班教学的各种要求，她都记在心里。她同舞蹈老师一起备课，共同进行教学。她除了和我一起确定音乐的难点，认真地担起伴奏老师的责任之外，还在教室里完成音乐老师对学生应该进行的音乐教育。在我教组合的过程当中，她给学生讲"信天游"的表现力，根据课堂教学的需要亲自给学生讲解音乐段落和表现特点、表现手段。她对学生的教育采取积极、有效的方式，她所做的不仅仅是选好音乐，在教学的过程中，她对学生进行音乐教育，同时也结合着舞蹈教学的进展从音乐的角度启发学生对表现力的感受和体现，使学生从音乐当中得到启示。为了更大幅度地提高教学质量，我们和乐队商量用钢琴和笛子合奏，以便共同构成富有表现力的语言，达到视听一体化的效果，共同表演音乐与舞蹈的《信天游》。

学生学舞蹈的过程也是学习如何将舞蹈与音乐相结合去进行表演的过程。"使音乐的表现力和舞蹈的表现力同步、一体"不是我实践的目标，而是我认识上的目标。我坚持认识上面应该追求的是音乐的表现力。在教学中，我们应该使学生从基训当中感受所有动作的特性和音乐特性之间的一种结合，体会组合中音乐结构和舞蹈结构两者在节奏、乐句和发展变化方面紧密结合的关系，使得学生能够明确自己不是音乐的欣赏者，而是共同的体现者。

我觉得还要从观众和舞台的角度上去考虑。因为在剧场里，视觉和听觉的一致才能打动观众，所以必须得做到这点。如果教员在备课、处理教材以及编组合的时候不管音乐，而只会一味要求学生自己去听音乐、表现音乐，这是不合理的。作为教师，首先要把自己这一部分做好。我认为必须在编教材的时候就追求舞蹈与音乐两者的一致，才能够具体地启发学生、要求学生，才能体现两者的一致性，所以教师从选音乐到理解音乐再到舞蹈处理上，要很好地运用音乐的表现力，将音乐贯穿在整个舞蹈的教材当中。

我那个时候跟王鼎藩一起备课，她可是认真极了。我不知道现在的老师备课都是如何，那时候我跟她讲我要做一个什么教材，我的训练目的是什么，她就根据这个为我选音乐，选完了之后让我听合适不合适，为什么不合适我得告诉她，然后她再去选，我们就这样翻来覆去地挑选音乐。

选音乐的时候，第一要考虑训练目的，你要编的是什么样的教材，是一个繁难的技巧组合，还是一个抒情的、柔和的、优美的组合，抑或是活泼的、轻快的、伶俐小巧的，或者沉闷的、有力的、有韧性的组合。组合的性质及表现力不同，音乐也就不同，即使是慢板的音乐也要变化多样。音乐本身必须具备训练目的所要求的条件。

第二，要进一步地分析、理解和感受音乐。比如音乐的结构，它发展变化的特点，力度的变化，音质的变化，等等。要思考音乐作为启发

"意、气、力"变化的手段，有些什么样的特点？我们只有对这些因素有细致的、具体的理解和感受，才能充分利用这些因素，在舞蹈上给予恰当的处理，以求两者在表现力上是一致的。

第三，如何处理舞蹈动作。由于选择的音乐已经确定了舞蹈的特性，我们只需要按照音乐把舞蹈特性具体地固定下来。比如《陕北风光》是抒情的慢板，我选择的不是古曲，而是一首民歌，是因为它生活气息很浓郁，而且它与平原比较平稳的感觉是不一样的。由于我要表现组合强烈的对比性，我就选了这样一个音乐。这个音乐的跳动性很大，虚音、实音、一带而过的滑音，还有无止境的蔓延的长音，这些都构成了我所需要的条件。

这次选择的音乐和过去不同。我过去编控制组合时的音乐是柔和的、连绵的、平静的、含蓄的、古典味浓的。《陕北风光》这个组合则根据音乐处理成对山区自然风光的歌颂，其中还有一定的激情的变化，当然这是在可能的容量之内。它的结构是三段，第一段和第三段都比较安静，是赞美式的，中间的一段是激情的。这个音乐好就好在它这三段并没有很严格的区分，是连成一气，顺势发展的，它节奏的处理给你提供了可以一滑而过或者无限延伸、延展的可能，以及忽高忽低的急剧变化。

同样一个动作在不同的组合、不同的音乐形象中间，不应该用同样的做法去做。比如花梆步，它在活泼的音乐当中强调的是脚的速度和步子的碎小，而在一个抒情的音乐里就需要慢而平稳，使上身的表情和音乐的形象在腿部动作上有不同的表现。另外，音乐处理不只是从动作的大小、轻重等一致性上去考虑，有的时候也会有紧打慢做或者是由轻见重、由缓见急这些表现，让学生有各种不同的形体感受。

第四，编排组合应有主次的安排与合理的处理。如果要使观众对舞蹈中最主要的部分能够有深刻的印象和感受，就要在组合的节奏处理上加强对主要动作的强调。比如舞者低头走到某个地方突然停顿，这个停顿就能突出下面将要做的主要动作。我不仅用这样一种手法来强调、突出主要动作，而且同时要让学生习惯于这样一种思维方式，而不是跟抽筋似的，在学生意识上根本毫无准备的情况下忽然强化出来。这样的处理，演员和观众都是无法接受的。

我们在编组合的时候不能平铺直叙，平均地对待所有的动作，要分清主次，并且把主要的地方进行突出的处理。方法可以多样，有时可以运用重复的方法，有时是简单的再现或者经过一定的发展变化的再现，使动作呈现出幅度不同、路线不同、位置角度不同、速度不同的变化。另外，我们也可以让学生改变他动作的一部分，或者在不同的连接中突出这个主要的地方，有的时候还要在主要的动作出现之前做适当的安排，等等。

第五，要积极地利用舞台调度。在舞台的表演中，无论你是否意识得到，导演其实都为演员安排了一些舞台调度，而演员的任务应该是积极地、自觉地掌握这些舞台调度。演员必须清楚这个调度不是走一条斜线就完了，要去思考如何为表演服务，怎么使自己的动作适应这条斜线，突出要表现的内容。通过舞台调度所呈现出来的动作，自然能让观众感受到演员想表达的内容。

现在的舞台调度花样变得挺多，可是它跟动作、跟它的表现以及训练演员的舞台感有什么关系？ 很多演员只是处理了路线，但是没有处理与这个路线相关的情感内容。例如，当观众只能看见演员后背的时候，最为重要的就是演员如何集中发挥后背的表现力，当舞蹈调度使演员往前的时候，就得让观众感受到一种迎面而来的压迫感。

教室里的训练要有舞台调度，就是希望所培养的学生能够通过一些基本动作运用的练习，掌握在舞台上运用调度来表演的经验，也就是同一个动作在不同的角度和不同的方向上的不同情感的表达。比如说动作是低空间，但是你看得要高，这时候就要看眼睛的表现力了。我常常觉得我们的学生虽然有高低的处理，但给观众的感觉只是蹲了一下，并没有表现出动作本身的质感，他在舞台上就不能够很好地展现情感。

问：您的教学实践主要是高班教学。您能介绍一下当时毕业班的教学都有什么内容吗？

李：我重点讲一下 1957 年的毕业班。因为我在 1955 年、1956 年、1957 年连着三年每年教一个毕业班。1957 年以后就分科了，那是另外一个阶段了。1957 年毕业班的毕业，考试内容一共有八个组合，都是离开把杆的，没有扶把的动作。为什么呢？我的看法是扶把训练是为中间服务的，它不是一个展览，没有必要用一个很长的音乐，让学生不停地围着那个把杆转，这并没有实质的作用，那不是应该作为毕业检验的东西。如果想展示风格和表现力，就要让学生到中间来看完整的东西。

第一个组合是踢腿，虽然只是单纯的踢腿组合，但是也会有一些手与踢腿的变化。

第二个组合是控制。组合使用了《三月三》这个少数民族的抒情音乐，动作反复的次数很多，没有太多变化。动作包括前、旁、后等基本舞姿以及发展了的舞姿，结合身法的运用，并开始添加旋转的技巧。

第三个是身段组合，一个纯花旦的身段组合。组合从花旦行当程式当中提取了一些诸如"手指头指月亮"这样的动作，主要体现了灵巧性格的训练内容。

第四个组合是翻身，即《风光好》。翻身组合强调动势，注重转之前起范儿的过程。组合的第一句是点步翻身，由两个八拍的横步动作来连接；第二句是横拧接慢翻身，衔接三个快的托按掌的点步翻身，处理了柔中带点的节奏；第三句是原地的冲靠动律，四拍的"晃动"动作，衔接四拍的柔的慢翻身；第四句，八个点步翻身加上步托按掌。整个翻身组合有慢翻身、快翻身、踏步翻身、点步翻身、舞姿等教材，同时有柔与脆的节奏变化。

第五个是《害羞》组合，运用表达"害羞"情感的动作，与斜探海舞姿相结合。主要处理的动作是在"害羞"的时候向后退，使用舞姿连接。

第六个是小跳练习，也就是小舞姿跳。这是属于创编的东西。我觉得古典舞的小跳自身就具备了表现力，它不是一个单纯为了训练"脚背推地能力"而存在的教材，所以毕业的时候选择了这个组合小跳。

第七个是跳的组合，是我运用跳卧鱼、跳射燕、串场蹦子等教材编成的组合。

第八个是圆场组合。圆场组合用的是 1956 年班的组合——圆场加花梆步，强调了舞台的调度。

问：您编这些组合的时候是如何构思的？在编组合的时候，就已经考虑了组合的"呼吸、高低、对比"等因素吗？

李：这个问题特别好，它推动了我的思考。我原来也没想过这些组合我是怎么编出来的，当时觉得组合的形成是很自然的。现在想想，我一方面是从自己所学到的东西里去找这些因素；另一方面，虽然当时的教材没有什么可以借鉴的内容，但我不会等着天上掉答案，我对舞剧是有探索的，因此着眼点绝不是就基训而谈基训，而一定是围绕着舞剧的舞台需要的。

我之所以能编，就是因为我在崔承喜的"舞研班"中学了很多身法。没有那时学习的基础，我就不可能会编，谁能够架空地胡思乱想编教材呢？我从崔承喜的教学里获得了启示，《害羞》组合也好，《风光好》也好，花旦的身段组合也好，这些都是我在"舞研班"学习时获得的内容。其中，《风光好》是比较柔的，同时我也需要一个像《花旦身段》那样比较灵巧的组合。我记得我在崔承喜的"舞研班"学过类似的内容，便自然地将它们沿用并发展了过来，用到了我的教学上。比如《害羞》组合，我发现"害羞"的状态和斜探海舞姿有一种天然的吻合，我就很自然地产生了联想，并将二者结合起来。编组合的同时，我还考虑着一个问题。我在想芭蕾的舞台上，为什么动作与动作相互连接之后就形成舞蹈语言了呢？于是我试着将动势与身法的顺势连接作为组织教材的一个元素。

我对组合编创的思考其实也可以理解为"我学过什么，我该如何继续发展"。我在已有的知识库里考虑怎么来解决我所面临的问题。我一方面眼睛盯着芭蕾，琢磨芭蕾是怎么动的，因为芭蕾艺术你是不得不看的，这是我们了解什么是舞蹈的重要依据。我们那时候根本就不知道什么是舞蹈的训练，舞蹈的语言跟其他艺术到底有什么区别。这些都没人给我们讲，得自己摸索。我从崔承喜那儿学的是戏曲的语言，同时我又看见了芭蕾课堂的组合方式，这两者如何与现在的训练内容相结合？这两者的碰撞在我身上怎么去解决？我觉得我那时候就是这样简单而直接地考虑的。另一方面，我也反复谈到，就是靠我自己去体验，我用我的体验去融合这两个内在因素，将它们结合在我的教材中。

比如说戏曲身段中的"靠"，我觉得昆曲里青衣用得特别多，它是很柔美的身法，非常好看。我就在思考，这样的身法怎么能够跟翻身相联系？从它的起势来考虑，组合一定要有一个大的晃手，经过靠的身法，再做慢翻身。我在崔承喜"舞研班"上练过这样的身法，因此我知道一定要经过"晃手"的这个过程，衔接翻身才会完整，才能体现韵味与美感。在慢翻身中要强调的就是这种柔美的身法。而快翻身，则吸取了戏曲中干脆的、敏捷的节奏。我就是这样把从戏曲中获得的身法规律和自己要训练的教材"凑"了起来，在揣摩的时候，觉得连得还挺顺的，符合我当时学习的规律，因此就这么形成组合了。

问：在一些老教师的印象中，那个时候女班的组合很漂亮，我比较疑惑您怎么能把组合编成又传统，又舞蹈化的？而男生的教材并没有那么丰富，这又是为什么？

李：男班基本功教材在舞蹈化的转变上不像女班教材考虑得那么多。我觉得他们的注意力都集中在练技巧上，考虑到舞蹈化的问题比较晚。另一个原因是戏曲给他们提供的现有的内容比女班要丰富多了。戏曲中女演员是"行不动裙"的，没有什么现成的语汇可以运用，所有的舞蹈化的处理（考虑肢体怎么运用）都得自己琢磨，所以压根就是逼着我不停地去思考，否则我寸步难行。从马祥麟老师开始，女班教材就是在提炼与创新中摸索，所以这也成了我的习惯。男班对戏曲的运用挺通畅的，身段组合把戏曲中的"石榴花"学过来就比较适用，越是有现成的东西，往往越会走不出戏曲。这就是当时男班教材没有女班教材丰富的原因。

（三）"59 班"与"63 班"的教学经验

问：建校短短几年之内，舞校就培养了许多优秀的人才，尤其是在分科之后，中国古典舞专业独立承担了人才培养的任务，更加集中地体现了人才培养的卓越成果。在舞校的初创历史上，"59 班"与"63 班"尤其著名，成绩斐然，他们中间的许多学生，今天都成了北京舞蹈学院的专家、教授，他们的成就见证着舞蹈学校中国舞建设的步伐。您能否为我们讲述一下这两个班的往事？

李：应该说，分科这一举措促进了各个专业的大踏步发展，尤其是 1959 年，在教材、人才、剧目三个方面，古典舞都形成了大发展、大丰收的局面。

在人才培养方面，"59 班"与"63 班"的培养经验的确值得好好总结。

1959 年毕业的这个班是分科以后的第一个毕业班。在这之前，学校

1956 年，李正一老师为第二届教育系古典舞专业学生上身韵课

曾经有三届毕业班，分别是在 1955 年、1956 年和 1957 年。这三个班的学生都是各个院团送来代培的年轻演员，因为并不是在学校里得到长时间培养的学生，所以不算是真正意义上的毕业生。学校从 1954 年开始招生，生源是普通学生，但是 1959 年这个班的学生在他们入学的时候就有不同的起点——他们入学前是各个舞蹈团体学员班的学生，都具有一定的舞蹈基础。这个班学生的特点是，他们在各个团体里的训练采用的都是戏曲的训练方法，形体的柔韧度非常好，也都有基本能力，特别是毯子功，也都经过了一定的开发。他们在演出团体里也接受了一定程度的舞台表演方面的熏陶。他们虽然是学员，但是整天看的是演员如何学戏曲片段、如何练功、如何排练演出。由于他们看得多，他们的思维就很活跃。

学校第一个班招的是普通中学初中一年级的学生，而"59 班"的学生是二年级、三年级的插班生，因此，到毕业的时候班里有一部分人学习了五年，有一部分人学习了六年。这两个班的插班生在分科的时候，是经过了合并重分，再进入专科学习的，那时他们已经在学校里经过了三年的学习。三年里他们获得了舞蹈知识普及的教育，进行了四门课的严格训练，分别是芭蕾、外国代表性民间舞、中国的古典舞和民间舞。他们也看到了那些高班的演员是如何学习和表演的。所以分科以后，他们进入高班，就表现出了扎实、全面的基础和可塑性。全班同学普遍具有比较全面的能力和比较高的技术水平，与其他班相比较，在学习上更加主动进取，刻苦钻研的态度也更为突出。这个班的教学成果大大地超过原来所有的毕业班的水平。他们对中、西方的审美有很强的认知能力，之所以如此，是因为他们接触过戏曲的身段的熏陶，知道什么是戏曲，也知道什么是芭蕾。由于对戏曲的身法比较喜欢，他们空闲时就跟着那些大演员学戏曲身段，自发跟着模仿，所以他们的认知能力很强。虽然要学好几样不同的东西，但他们不会乱掺在一起，有很强的审美上的能力。

分科以后，这个班的整体教学表现出来的水平很整齐，基础很全面，学习态度也是分外地主动进取，刻苦钻研。在教学上，教员们就感觉到在给他们训练技巧并进行技术发展的尝试时，能够起到事半功倍的效果，无论教学质量，还是技巧，他们都能够很快达到一个新的水平。而这个新的水平，已经体现了古典舞从戏曲成为舞蹈艺术的新要求。比如，男班的躺身飞脚，这是首创，而且他们可以连续在圆圈上做二十四个，同时女班的转、跳、翻技巧都是非常突出的。因此，待到他们毕业的时候，就展现了舞剧演员的一个新模式，并得到了大家一致的肯定。大家普遍认为他们有较全面的能力和较高的技术、技巧，并大大地超过了原来由戏曲基本功训练所培训的人才的水平。师生配合出现了一种新的审美风格和技巧水平，这一点是非常突出的。这个班的学生都是主动学习的人，像是跟老师一起合作的探索者。我教那么多东西，而且都是新发展的东西，之前都没有人做过，他们在接受这个实验的时候也是主动地探索，这就是他们在短时间内就能产生非常好的效果的原因。他们除了技术基础之外，在表演上也是相当成熟的。

学校新教材的正规训练非常好地提升和融合了原来那些训练上的精华、精粹，从而使他们具备了中国舞剧演员全面的能力和技术技巧。他们毕业的时候，就能够驾轻就熟地承担《鱼美人》这样难度很高的大型舞剧。在毕业以后，他们也承担了繁重的教学工作，成为专业舞蹈班的业务骨干，像熊家泰、王佩英都是这个班的。在中国舞蹈事业建设、发展的过程中，他们发挥了巨大的作用。

1963 年的毕业班是"文化大革命"以前另一个教学成果比较突出的毕业班。这个班是分科以后招进来的，学生入学年龄比较小，因此他们验证了分科以后教学和实习排练所能够产生的结果。在低年级的时候，老师要求得很严，给他们普遍打下了比较扎实的基础，尤其是狠抓了他们腰、腿的柔韧性训练，为后来中班、高班的技巧训练准备了很好的条件。他们本身虽然没有 1959 届学生入学前那些优越的条件与特点，但是因为他们是在分科以后连续在校学习了六年的学生，所以他们既继承了 1959 届的优点和长处，又在他们的基础上取得进步。在跳、转、翻的技巧水平上，在因材施教的教学效果上，他们都比 1959 届有更高的提升。

这个班的学生在教学剧目方面，从低年级开始就进行了新的创作，他们是实习排练教学进行得比较好的一个班。学生中比较有名的有潘志涛、沈元敏、蒋华轩等，其他人很多后来都在歌剧院里做主要演员。

（四）第一部《中国古典舞教学法》出版了

问：1960 年 3 月 18 日，第一部《中国古典舞教学法》出版了。因为它的封面是绿色的，人们亲切地称它为"大绿本"。当时，您担任民族舞剧科主任与中国古典舞教研组组长，您能为我们讲述一下"大绿本"产生的过程吗？

李：我不止一次地听到有人说："现在再翻一翻那个'大绿本'，仍惊叹于它在那个时候竟然就达到了这样高的水平。"那么他指的水平是什么？它达到了一个什么水平？这个水平是怎么来的？要我看这都是偶然为之。因为实践做到这儿了，所以大家没怎么费劲就这么把它写出来了。你没做到这儿，你能写得出来吗？敢想敢干就出来了？不可能的事情。所以"大绿本"是整个前一阶段实践经验的积累，从 1954 年到 1959 年，经过了北京舞蹈学校四个毕业班的教学实践与积累，仅仅五年的时间就问世了。它不仅是一个从无到有的飞跃，而且达到了一定的水平，所以它应该得到肯定。

到现在，"大绿本"里没做到的东西和已经做到的东西，是不是还存在？我看是不一定的。所以谈这种过去的东西有什么参考价值？从"大绿本"与指导思想和实践之间的关系的角度讲，我觉得它就是在那个年代的指导思想引领下，在实践当中得到检验的成果。是否按照指导思想去实践，实践的结果如何，里面的成功点在哪里，不同点在哪里，还存在什么问题，我觉得都可以从其中得到很清楚的检验，因为这不是某个人写出来的，而是大家做出来的。

"大绿本"是一个集体的产物，它的产生是古典舞从戏曲里剥离出来后，经过粗整理和科学化、系统化的讨论，一直到分科以后，独立地承担训练任务并迅速发展的结果。也就是说，在 1959 年的时候，整个训练体系的雏形就产生了，"大绿本"是全过程的一个记录，是形成的结果。

很多人都很惊奇，"大绿本"怎么会出现得这么早，建校才短短七年，就在最初的探索、整理的基础上建立了一个训练的雏形，很多人认为"大绿本"的产生是很偶然的。

但其实，"大绿本"的产生也是有一定的历史原因的。1958年，学校也像全国一样，出现了"大跃进"。虽然大家事先也没有计划编写这样一本中国古典舞的教材，但是，当1959年学校号召为国庆十周年献礼的时候，民科就以敢想敢干的精神决定了要编写教材。除此之外，民科还创作了一些剧目，比如《刘胡兰》《黄继光》《十三陵水库畅想曲》。实际上，这不同于"大跃进"，这本教材是建校六年以来，教师不断地调研，不断地进修、实践的结果，特别是在分科以后独立承担民科基训任务的三年，也是教员实践大发展的时期。到1959年，整个教学已经形成了一个训练体系的雏形。"大绿本"就是那个发展阶段的记录，同时也为教材继续的建设和发展打下了一定的基础。

"大绿本"之所以能够从无到有地产生，有以下三个原因：

第一，"大绿本"有明确的指导思想、方向和目标；第二，"大绿本"以戏曲和武术丰厚、传统的遗留作为继承基础；第三，"大绿本"是科学、系统地借鉴芭蕾的教材结构和教学经验，并结合中国古典舞自身的教学实践经验产生的成果。因此，那个时候人才培养的成果，是经过了这样一个稳定的研究、实践而产生的。实践验证了中国古典舞教学的可行性和有效性，并且使得它能够得到迅速的、全面的发展。因此，"大绿本"的产生不是偶然，而是这六年来的一个阶段成果。"大绿本"总结、形成的系统教材是在中国古典舞教材第一次进行整理的基础上的细化，也是古典舞从戏曲当中剥离出来建立了自身比较系统、完整的教材的标志。

回想"大绿本"的编写过程，应该是始于1959年。当时全组的教员都投入了"大绿本"的编写工作。大家一边进行正常的教学、进修和教研、排练工作，一边进行编写。学校当时采用了集体投入与专人负责相结合的工作方法来展开编写工作。专人负责就是科主任和组长郜大琨一起负责组织编写。1960 年的上半年"大绿本"就基本完稿了，其过程大致分为四个阶段。

第一阶段是编写教材的准备工作，包括内容、结构、写法的讨论，具体来说就是讨论如何编，如何写，以至于确定动作分类的纵线。这个教材是按照动作分类纵线进行解构的，全组讨论之后，编写了一个大纲。

第二阶段是全组分工，将教材分为五个部分，由孙光言、郜大琨、陈铭琦、杨宗光、顾以庄分头执笔，用两周的时间写出了初稿。

第三阶段是写完初稿以后，全组讨论，修改补充。这个过程差不多用了两个月的时间。

第四阶段是郜大琨统一执笔成文，并完成了两篇论文，一篇是《怎样组织课》，另一篇是《组合方法及其他》。"大绿本"于 1960 年 1 月完稿。

教材进入出版流程之前，唐满城回到了学校并协助完成了后期的一些校对和监制工作，并且撰写了前言。这个前言主要是唐满城、我和郜大琨组成小组一起研究的。由唐满城写出初稿，初稿在小组内反复讨论，多次修改，数易其稿，前后用了将近两个月的时间完成。教学法的插图由李克瑜、张静一、黄朝晖进行绘制。

在出版这个阶段，我们除了补写了前言以外，还增加了示例课的部分。这个工作是由唐满城组织的。示例课选择了低、中、高三个阶段的部分内容；大概内容就是课堂实践以及相关老师课堂教材的记录。每个阶段都由特定的老师执行教学。我那个时候好像前前后后教了很多班次，虽然时间不长，但 1954 年到 1963 年这十年当中，同一个年级的课我就有八次摸索高班教学的机会。我觉得其他的老师和我是一样的，都是分阶段进行教学的探索。因为每个人都有自己长期积累的教学感悟，所以"大绿本"非常容易就写出来了。大家只是整理整理自己的教学实践，拿出自己的初稿，然后统一地按照科学化、系统化的要求，以及建立教材的一些指导思想和做法进行调整就行了。这也是大家对指导思想认识的一种集中体现。另外，钢琴组决定了伴奏的音乐，并且写了伴奏经验的论文，其内容是一个纵线的教材。

　　"大绿本"已经初步地形成并明确了中国古典舞训练系统以及"低、中、高"三个阶段的任务和其间的衔接。低班的教学任务是建立正确的身体形态和重心意识，具备腰腿柔韧等基本能力，掌握动作的规范与正确的方法等教学要点，简单地归纳了要解决的基本问题。对中班则要求加强各个部位的力量、速度和耐力，要求准确的舞姿和正确的技巧方法，教材要有小型的训练性组合。高班的教学任务，我会另外结合我的教材来谈。

　　同时，"大绿本"已经包括了分类教材、分类动作的介绍，介绍了组织课、编组合的方法，甚至介绍了音乐伴奏的经验和教材，并推出了实例课。我觉得这是一个相当完整的，在继承传统的基础上建立的，适应舞蹈、舞剧演员需要的，科学训练系统的雏形。

　　因为大家在一起开了科学性、系统性的会议，达成了很多共识，所以大家对于如何使这个教材继续发展下去有了一个共同的认识。我深刻地体会到，共同的指导思想结合目标一致的实践，这是能做好事情的一个"底"。达成的共识并不只是在嘴上说说，而是落实在每天的教研活动中：我们每次互相看完课都会进行讨论，讨论的内容涉及风格的把握、执行教学的方法等诸多方面。统一的共识都是在不断的讨论中形成的，实际上我们在开教研会的时候，就会逐步统一思想上的认识与具体操作的方法，而这些不断积累的点滴最终汇成了统一的思想，落实到这本教材上。

　　问：通过整理"大绿本"，您对中国古典舞教材建设有些什么样的思考？

　　李："大绿本"是在实践中总结出来的，通过这个过程，我有这样几点深刻的体会：

　　第一，我觉得这套教材的实践进一步说明了中国古典舞建设从戏曲着手的必要性。因为戏曲是高水平的舞台艺术，是戏剧艺术，而我们的目标是要搞中国的舞剧，所以戏曲值得我们继承、学习、研究。这就要求我们在技巧、韵律、风格上，都要有非常鲜明的民族性及典型性。戏曲艺术的形体动作具有鲜明的形象性，有着提炼于生活的丰富技法，并且积累了一套行之有效的训练体系。另外，通过实践，我更深刻地感受到"从学习戏曲着手"是一个非常有效的途径：对舞剧演员所需要的技能、技巧，翻也好，转也好，跳也好，戏曲的舞台呈现都可以提供丰富的形体运动经验。对舞剧中所需要的表演，戏曲艺术同样可以提供许多从生活中提炼出来的、用以表现人物的形象与手段。总之，以继承、学习、研究戏曲艺术作为中国古典舞整个训练体系的一个途径，是可行的、可能的。

第二，就是要思考如何从戏曲中走出来并继续发展，这是我们建立这套教材所必须考虑的。在实践的过程中，舞蹈从戏曲中独立出来进行自身的完善与发展，有很大的余地和可能性，同时在建设自身训练体系的过程中，还能够更好地凸显自身的特性。这是一种新的探索，为建立完善的中国古典舞教学体系提供了条件。同时，我们也感觉到在发展过程中，科学性、系统性以及借鉴芭蕾教学经验的必要性，因为这些都是中国古典舞教学体系建设道路上必须解决的问题。若只有独立，没有独立出来后的再发展，那么就无法成为一套符合需要的教材。

此外，有一些问题我们也看得很清楚：在实践中从戏曲"拿过来"的教材，内容多、杂，而且孤立，比如说我们拿来的腰腿功、毯子功、身段等技能、技术，内容虽然十分丰富，但是很庞杂。这几个部分的训练内容又彼此孤立，练腰腿功、进行技术训练的时候，老师并不考虑学生学习的内容是哪个行当，那个行当有什么特点，但是练身段的时候，老师就开始讲行当、讲表演了。教学内容的几个方面不能构成一个系统。如何在实践中将多而杂的教材统一成为一个整体，困难与问题还是很大的。

其实这个问题在1954年整理教材的时候就是存在的，当时教员在教学中已经感觉到遇到了非常大的困难，教学中往往会顾此失彼。回想当时，大家更多地关注腰腿功和技能训练，毯子功的教材也比较简单，而身段教学除了几个手位、脚位之外就没有更多的内容了。大家虽然认识到身段应该更具有舞蹈表演的意义，以及美化舞蹈技巧的功能，但是对于如何培养学生在舞蹈中运用身体去表演并没有深刻的认识。这不是一种可有可无的技能。我认为只有基本技能训练与身法能力培养二者合一，才能有一个完整的技法，才能有完整的风格，孤立哪一个都是不行的。在整个教学过程当中，因为我们一直没有运用这样的思路整理身段，所以就出现了很大的问题：低班、中班、高班接不上茬，高班教员只能根据毕业班的特点，兼顾时间的需要来弥补，低、中班没有为高班的综合运用打下很好的身法基础。

　　实际上那个时候我对身段的整理也是有一种看法和认识的，我并不像有的人那样认为无论戏曲的什么都要拿来。我觉得如果要整理身段，首先必须对一个问题有明确的认识，即我们究竟需要从戏曲中拿什么？　我认为应该在戏曲的"唱""做"中拿。戏曲在"做"的方面有两种形式。一种就是生活化的、具象的动作，虽然它已经艺术化了，但它仍是一种特定的模拟生活而产生的动作。比如说开门关门、梳头，比如说到日就要指日，说到月亮就要比画出月亮，它是比拟性的动作。另外一种"做"也是从生活中提炼的，但它不是具象地表现一个具体的事物，而是像"云手""卧鱼"这样更富有艺术形象性的动作，这些动作需要经过严密的组织，新组织的语言的运用才能够表达一定思想感情，才能够有一定的艺术感染力，因为它们是高度抽象的艺术形象。我觉得在基训课上应该取的是后者，而不是前者，不是随便就可以从戏曲里往外拿的，必须得经过提炼。也就是说我对于戏曲表演中抽象动作的认识越来越清晰。这一点与我在崔承喜"舞研班"的学习体验是分不开的，但是在崔承喜的教材中，两种动作是不分开的，比如"哭"的表演是和韵律一起的。从这一点来考虑，我认为自己在认识上有了提升。

　　此外，还有一个关于戏曲行当的问题。我觉得"行当"是戏曲很宝贵的舞台表演实践经验。戏曲的行当把人物类型化，不断总结舞台实践中产生最好的表演效果的手段，舞台表演表现力的经验通过行当的程式化固定了下来。这其实不是一件坏事，而是一件非常好的事情，这是有长期舞蹈表演实践的古典艺术才会积累下来的东西，新建的东西没有这么成熟，也不会有这样一些经验。所以，我们不能一概地否定行当，对我们来说行当是一个值得借鉴的东西，一定要从戏曲当中看到并选取那些会对我们有益的东西。

　　虽然当时新中国的舞剧不是太多，但我们还是常常能从舞剧的人物塑造上得到一些反馈，从而认识到应在训练上给予演员一种性格化的处理，使演员能够掌握比较丰富的手段，得心应手地去表现、塑造舞台上的各种人物。因此，我们需要从这个角度给予演员相应的训练。我觉得戏曲对于组合性格化有很多可供借鉴之处，有时候继承与借鉴不是那么简单地直接拿来的，而是你看见了它什么地方好，对你有什么启示，你想通过学习建立起什么东西，你才会有针对性地借鉴和继承，我认为这是最重要的一点。对这一点，在崔承喜"舞研班"学习的时候，我并没有充分地了解，我觉得她对性格的看法也比较含混，就按着行当的分类这么整理下来了。她从戏曲中提炼精髓的第一步，我认为是非常正确的，这使我可以不用学行当里的那么多戏，就能够知道学习了以后如何将其转化为将来适应于舞台的多种角色、多种人物、多种感情的一种表现。但是，我们还应该从舞蹈的性格化处理的角度上去认知、接受戏曲的程式化表演，这样才能在教学中为学生创造出这个条件，让他们提高自己的适应能力。演员可以在学完了一个"云手"之后，知道"柔"的时候怎么做，"脆"的时候怎么做，"刚"的时候怎么做，这样在舞台上就可以适应各种需要，所以在教学中我们一定要重视性格化的处理。

　　戏曲中的几类行当来源于生活，因为生活中就存在这么几种性格类型的人。我觉得舞台的表现也是这样。我们访问关肃霜的时候，了解到她连"花脸"都学。一个演员掌握的表演程式越丰富，可借鉴的东西就越多。她在舞台上塑造人物的时候，不拘泥于哪一个行当，而是根据行当程式化表演的某个因素来刻画人物的某一面，这就使得她所塑造的人物性格非常丰富。当时，阿甲给我们讲的戏曲行当、形象塑造这些内容，对我们非常有启发。他讲了"活用"的问题，他认为行当是要活用的，活用了之后就会产生丰富的舞台表演效果。回到我对高班教学的思考上，我认为如果到了高年级还是"死用"的话，那么这个动作一辈子只能达到如此水平了，同时也不可能培养出表演的能力。

另外，通过舞剧表演的舞台呈现，我感觉到，高班的训练课一方面要强调基本功训练而不是表演，不负担表演课的教学任务；另一方面也要有必要的丰富的语汇和技巧训练。基本功能训练虽然并不能解决舞剧表演的全部问题，但是也应着重进行因为技巧和形体控制而产生的、适应舞台表演的、必要的语汇训练。

女班的训练的另一个问题，就是在戏曲中有服饰、审美和表现形式的局限。比如，青衣有"行不动裙"的形体规限，她的着装上是水袖下是裙，演员四肢都是不露的，要露也只露个末梢，同时因为怕头冠掉了，头的动作幅度也比较小，因此青衣的表演很受服饰等各个方面的限制。武旦形体的表现也比较少，主要以"把子功"为主，往往靠打出手、踢枪等手段推动高潮部分的表演，而不是运用形体的表达能力。另外，戏曲的审美受社会历史背景的影响，在许多方面都存有封建社会的色彩。如何冲破戏曲的各种限制，围绕舞蹈舞台表演空间特点的要求，挖掘、发挥形体语言最大限度的表现力，是我们必须积极去探索的。

我们的思路要开阔一些。比如我对脚型的要求就是可勾、可扛、可绷。这就是它多样性的体现。我们不能一看到绷脚的动作就认为是芭蕾的、外国的东西，而觉得我们的脚只能是勾着、扛着。这是对形体表现部位的一种丰富，且我们应该关注在整体审美的基础上怎么运用绷脚。

我认为经过科学化、系统化的教学研讨之后，通过借鉴芭蕾，我们取得了很大的成绩。首先，我们的民族技巧得到了很好的发展，例如在训练时，所有教材都进行了正面、反面练习，这也适应了舞台需要。再比如翻身类的教材是民族技巧中固有的内容。原来的民族技巧中有一点旋转教材的苗头，但是其还不能形成技巧。我们学习了芭蕾的方法以后，使它成为技巧了，不管转也好，跳也好，都得到了一定的发展。这一部分的成绩从"大绿本"中看得很清楚。其次，我们对动作的幅度要求也更清晰。比如在训练后腿的时候（现在的探海、紫金冠等动作都是原来戏曲当中没有的），通过借鉴芭蕾，我们增大了动作的幅度，加大探海腿部运用的幅度。许多舞姿做出来比原来在戏曲中的舞姿更舒展、更鲜明、更清晰。最后，由于借鉴芭蕾，我们的教材由浅入深、从低到高、从单一到组合的训练过程也更加清晰，在实践中也发展了一些围绕我们训练需要的新内容，比如小踢腿、小弹腿，这些教材原来都是没有的。

在"大绿本"中比较有争议的内容是什么呢？就是尝试性地用芭蕾的一位、二位的脚位代替丁字步、小八字步，以及吸收"擦地"这个动作。我的看法是：该肯定的就肯定，有争议的就有争议，能不要的就别要，别瞎折腾。总体上来讲学习芭蕾、借鉴芭蕾对我们的教材建设是有很大好处的，但是不能够生搬硬套。

问：您能为我们介绍"大绿本"的具体内容吗？

李："大绿本"除概述外一共分了五章。概述部分阐述了每一类的动作都有由浅入深、由简到繁的纵线的安排，谈到了教材的做法以及规范要求，应注意的要点和训练步骤。其他五章分别包含了以下五部分内容。

第一部分是腿的基本训练，包括脚的位置，蹲、踢腿、控腿、控制舞姿、跨腿、端腿、盘腿，以及腿部的软度训练。

第二部分是腰的训练，按照重心分了双腿的、单腿的和环动的。

第三部分是技巧的训练。其中转，包含原地的转、移动的转和空转；翻身，包含双腿重心和单腿移动；而在跳的部分，我们正式确定了五类跳的教材。其他的部分就很难归类，比如卧鱼、扫堂、旋子等，最后都被归到了技巧训练的类别中。

第四部分是手臂的训练，包括了基本形状、基本位置、基本姿态和基本动作。

第五部分是步法的训练，有圆场、花梆步、云步、蹉步、摇步、小跑步、垫步、踩步、矮步等步伐。

《怎样组织课》《组合方法及其他》和《钢琴伴奏经验的介绍》这三篇论文基本记录了这个阶段已经有的实践经验。示例课也是这样。

前言主要阐释了中国古典舞教材建设的指导思想，谈到了以戏曲为基础的原因，包括整理教材的思路，为什么要以戏曲为基础着手进行教材

李正一与第一届教育系古典舞专业学生合影

整理；阐述了继承传统的必要性，以及对戏曲艺术是"具有高度艺术性的舞台所需要的独立的艺术形式"的认识；同时也谈到了教员们积累的训练经验，包括如何借鉴的问题以及整理教材的过程中发展的做法与秉持的原则；等等。

"大绿本"的出版在当时无疑是一个创举，它意味着中国古典舞从戏曲中独立出来，形成了作为独立艺术手段的中国古典舞的动作语言。应该说"大绿本"的出版具有积极的意义。

第一，"大绿本"这个教材的出版，秉承的指导思想是在继承戏曲的基础上，经过分析、提炼、加工、发展，建立统一的规格和分类。"大绿本"的编写是借鉴了芭蕾的整理方法，进行了科学化、系统化、规范化的处理，是由浅入深、循序渐进地形成的，这是一个创举。"大绿本"的出版，验证了这一指导思想与研究方法的可行性，使中国古典舞有了一套初具规模并且比较系统的教材。

第二，"大绿本"是和舞蹈教育事业发展、剧目的发展以及人才的培养相适应的。

第三，"大绿本"对全国的舞蹈教学起到了积极的推动作用，同时也为舞蹈教学的继续发展奠定了基础。我们应全国的需要，举办了三届古典舞的教员训练班，接收了来自各个地方的舞蹈教师和演员进行集训，进一步传播了古典舞的指导思想和训练方法，产生了巨大的影响。这也证实了"大绿本"适用于全国的舞团，尤其是中国舞的团体和演员的基本训练。"大绿本"使古典舞的教学有了可遵循的蓝本，它既继承了戏曲的传统经验，又初步地走出了戏曲训练的模式，不但从中剥离，而且进一步发展成为独立的训练教材，形成了古典舞教学训练体系的雏形，使"低、中、高"教学系统得以建立起来，促进了教师的专业教学。它既总结了个别的实践经验，又提高了对整体的认识，通过对教材的总结，它也进一步地促进了教学水平的提高和发展。

"大绿本"是不断地学习传统、发展传统的产物，也是在借鉴芭蕾科学系统的经验以后，在新的培养目标下继承、借鉴、实践的结果。它是中国古典舞的第一本教材，是经过从戏曲当中剥离，按照一定的准则，同时为解决教学实践当中遇到的一些问题而逐渐形成的。

（五）全国高等学校文科和艺术院校教材编选计划会议

问：1961 年 4 月，在北京召开了"全国高等学校文科和艺术院校教材编选计划会议"（简称"文科教材会议"）。这个会议的召开为中国古典舞教学带来了哪些变化？又为接下来的发展奠定了什么样的基础？

李：文科教材会议是在 1961 年 4 月举行的，会议的内容是恢复高等学校文科和艺术院校教材编选，会议的全称是"全国高等学校文科和艺术院校教材编选计划会议"。当时参加会议的人有戴爱莲校长、陈锦清副校长，还有我和曲皓。

文科教材会议上的工作主要围绕两个方面的内容进行：第一，确定培养目标，其中也包括课程设置，重新制定教学方案。第二，推动教材建设的编写规划。会后古典舞组根据会议精神和内容制定了新的教学大纲，并且在"大绿本"纵线教材的基础上，写出了一年级到四年级的横线的教材和示例课。教研组先分工制定班级的教材（比如，陈铭琦负责四年级，郜大琨负责三年级，孙光言负责一、二年级），然后再召开教材审议会。

教材的审议会是在1961年的暑假举行的，由文化部教育司和舞蹈教材审议领导小组组织召开。参加会议的都是舞协和各地方的代表。我记得有广东舞蹈学校、上海舞蹈学校等舞蹈学校的负责人和在京的专家参会。北京舞蹈学校中国民族舞剧科展示了一年级到四年级的班级教材和示例课，向大会进行了汇报表演。

教材审议的意见主要有四种：第一，大多数与会的专家充分肯定了这部教材的系统性、训练性，认为这是一套行之有效的教材。第二，舞蹈演员的训练有共性，芭蕾训练是世界公认的最好的训练法，中国舞无须搞自己的训练。第三，这部教材是按照芭蕾的框架进行整理的，是一种"削足适履"的做法。第四，还有一拨人认为舞校的教材是适用的，整体的效果还是不错的，只是觉得风格特性训练不够，缺乏身法训练，特别是低、中班（这一次整理的主要是低、中班的教材，没有展示高班教材）。

在此次审议会后，我们又做了以下四项工作：第一，教研组继续进行教材建设。第二，根据大会的精神，我们成立了身段课的教材整理小组，以便能够将身段独立出来成为一门课程。这个小组的成员有我、唐满城、孙光言，还有我们请来的王萍。唐满城和王萍具体地去整理教材，之后我们四个人共同讨论。第三，继续提高教员继承戏曲、武术传统的水平。教材的风格特性不够的问题与教员对传统掌握的深度不够有很大关系。如果自身的水平不提高，教学仍然产生不了好的效果。第四，成立研究室。这个研究室是以建设教材为主要任务的，所以它是按照教材建设任务的需要来调人的，没有固定成员，有的时候是古典舞组的教员，有的时候是代表性、民间舞的教员。

那个时候对身段的整理是从舞蹈需要出发来进行的。整理原则主要有这样四条：第一，要从舞蹈的训练需要出发而不是去整理戏曲。第二，加强身段的基本能力训练和身体韵律。第三，不以戏曲的行当作为分类的方法，但是要分为刚武、文柔、灵巧三种性格。第四，从一年级到四年级的训练要由简到繁。一、二年级的任务是进行身体各部位单一的局部训练，三年级需要进行综合训练，四年级主要是进行完整的动作和组合。到了五、六年级就要和基训合成一个课，融合应用。

最后，我们完成了一年级到四年级的教学大纲，并将一、二年级的教材内容落成文字，且包含了概论和动作名称等内容。我这里有一份完整的教材。

问：如何评价文科教材会议对教材建设的作用呢？

李：第一，文科教材会议对中国古典舞的教材发展起到了促进作用。我们重新审视了教材和教学的指导思想，认识到在实践当中虽然基本能力、基本技术技巧和训练方法得到了应有的重视，但我们对风格韵律重视不够，教材民族性主题的重要性没有提到议事日程上，对戏曲身段的风格韵律等部分内容的继承，应该说在教材中还缺乏体现。

第二，这是在"大绿本"基础上的再次总结，将教材的建设又向前推进了一步。这次整理的横线教材就是各班级的教材，是由纵线的分类教材落实到各个班级进行实践的结果。在这个会议的基础上，我们又继续编写了一年级到六年级的教材大纲，多次成功地推进了此项工作，并进一步明确了基训课的性质、任务，各个班级的任务、具体的训练步骤、质量要求，以及各班级的教材分析与组合的内容，其中包括规定的组合和自编的组合，在期中、期末应该达到的个人水平，年级组合的水平，音乐节奏与速度处理，等等。此外，我们还对各年级间的关系做出了新的规划和要求，从而使得纵线、横线都能够有机地联系在一起，促进教学大纲进一步具体化，使教学得到具体的依据和最后检验的准则、标准。因为建立了研究室，这些工作都有专人负责并且集中了学科里有经验的教师，由他们制定专题研究的规划、分工、落实、研究教学当中的问题和经验，所以到1961年，这个重要的措施促进了教材的建设。

问：您认为文科教材会议对中国古典舞建设的重要影响主要体现在哪个方面？

李：文科教材会议的影响就是要向传统学习。在文科教材会议的推动下，我们认为提高教员继承传统戏曲、武术的水平是至关重要的。我们分析了当时教师和成员的情况，发现只有唐满城对戏曲的了解比较多，其他人也就是通过整理教材才对传统有了一个初步的接触。这就需要教员们不断地去学习，否则他们会很难理解很多东西。这种认识传统的能力不是通过规定教材内容就能够培养出来的。

因此，从 1961 年开始，在向传统学习的工作上，我们增添了这样一些新的内容：

第一，赴上海进行访问。从对京剧、昆曲的了解开始，除了原来所接触和学习的内容之外，我们又对各种派别进行了学习，比如通过上海的武生，学习并了解上海表演的特点，从研究个性开始，更全面地认识戏曲。另外，我们也访问了京剧旦角表演艺术家李金鸿先生，请他介绍旦角的表演；请臧岚光先生教授《拾玉镯》，刘砚芳先生教授《铁笼山》，赵雅枫先生教授《林冲夜奔》，侯永奎先生教授《挑滑车》，等等。除了京剧和昆曲以外，我们继续扩大学习范围，接触了河北梆子，比如裴艳玲的《宝莲灯》。这是她在京昆的基础上，对梆子的又一种创新。

第二，1963 年我们到福建学习莆仙戏、高甲戏、梨园戏这样一些古老的戏曲剧种，了解它们的发展脉络和独特的风格。另外，我们也到上海去学海派京剧和南昆的短剧等，掌握了不同派别的特点与技法。

第三，在武术的学习方面，我们采取的主要方法是不断地去看全国武术比赛。我们去了北京、上海、济南、福州等地，还与教练员、运动员交流，了解他们的训练方法和动作的审美要求。北京后海的武术学校也是我们经常去的，在那儿看他们如何训练武术运动员。我们开始具体地学武术，是在 1964 年以后。

问：文科教材会议后，你们是如何整理身段教材的？

李：我们不是通过文科教材会议形成一个结论，而是通过这个过程认识到中国古典舞的教材缺少了一大部分内容——身段。因为在这之前我们从来没有认真地整理过身段的训练核心，所以在教学进入高班阶段的时候，我便发现了教学中身段内容的缺失。我采取的办法就是通过自己的教学实践，按照自己的理解在教学中进行弥补。比如我在编高班组合的时候，就只是按自己的理解在教材和教学方法等方面去给学生补身段的内容，没有一个从低到高的、系统的教材对学生的身段进行铺垫训练。那个时候，各个班的老师也都是根据自己的认识，通过自己编的教材，教学生"手位组合"等，没有统一的教学大纲与教材内容。在文科教材会议以后，大概在 1962 年的时候，我就决定成立四人小组，由两个人专职地整理身段教材，王萍老师就是在那时候进入学校投入这项工作的。

可惜的是这本教材并没有来得及应用于实践。教材整理出来以后，学校就开始进行"三化"（关于"三化"的具体内容，我会在后面谈到）所要求的教学改革活动了，于是我们又有了一个"重打鼓另开张"的事情。因此，身段教学的实践便中断了。

这一次身段教材的整理虽然没有付诸实践但却是最早进行身段教材整理的一项工作。当时我也参加了这个小组的整理工作，因此我不认为"身韵"是从 20 世纪 80 年代才开始的。

概括起来，那个时候我们认为身段是中国古典舞训练中比较独立的一个部分，在课堂中并不要求身段和其他的能力训练相配合。对于身段这部分内容，王萍等老师都比较主张单独开设一门课，不大主张将其放在基训课教学中进行，他们认为基训课的教材容量太大了，它只能容纳身段当中与基础训练有关的那一小部分，而身段的其他内容在基训教学中没有体现的地方，因此他们比较主张将身段独立于基训教学之外，单独开课。这个课开设的年级比较低，是一年级到四年级，它给予学生的是一些基础的东西，等到学生进入五年级以后，身段的教材就在基训课中综合地得到运用。身段教材整理的目的和基训一样，都是从舞蹈演员的需要出发来进行的。

关于身段的整理，当时有这样几个方面的思考：

第一，中国古典舞训练的教材是在继承戏曲传统的基础上，按照舞蹈演员的需要加以整理发展而成的。戏曲中有四个部分的训练内容，即基本功、身段、毯子功和把子功。从辅助改善基本能力训练的角度来看，基本功和身段是更为重要的。毯子功和把子功在动作适用上有一定的特殊性。基本功是优秀的舞蹈演员所需要的形体动作的基础训练内容。通过基本功训练，演员可以改善基本形态，增强腰腿的力量，提高控制重心及完成基本舞姿的能力，进而能够完成跳、转、翻等技术技巧。身段是戏曲中的舞蹈，是戏曲表演经过长期的舞台实践所积累的、具有典型性的风格韵律与形体动作，它蕴藏的是极其丰富的古典舞动律，具有浓郁的民族风格和细腻、传神的艺术表现——应该说当时的认识是这样一种程度。

第二，我们认为基训、身段应该是互相依存、融会贯通，两者都得到全面的发展。当然，在训练中，我们是应该把身段独立出来，但是独立不是为了分离，而是为了使身段能够得到更全面的训练，使学生在进入高班以后能够更好地融会贯通。而在一堂课里解决提高这两个方面能力的问题是比较困难的，从当时教学实践的反馈上看，这也是存在问题的。从基训教材发展的角度考虑，基本功训练细致、严格、丰富，已经形成了一个严密的系统，而且基训课的任务很重。同样，身段也需要像基本功一样有比较全面、系统的教材，这样才能使它有一定的教学时间，能够细致地进行规格的要求与风格的熏陶。这种长期的熏陶是完全必要的。整理身段的目的是追求一个舞种的艺术风格，一种独特的、传统的、民族的艺术风格。身法（身段、身韵）是中国古典舞训练的一个很重要的方面。它应该具有鲜明的韵律、内在的神韵，也就是形神的统一。所以，我们在整理身段的时候就明确了，在中专教学阶段必须得有这样一些教学内容。

身段的教学目的是通过对手、眼、身、步，有层次、有规律的训练，掌握和运用形体动作并达到形神统一，而不是把戏曲的所有动作进行整理。身段中所要求的"形神"的关系虽然微妙、细腻，却不是不可捉摸的，它是有具体的内容和特定的规律的。比如体态上，动静求圆；动态上，强调以腰为轴带动全身的原则，对全身，包括胸、背、腹、腰的系列要求以及腰与身体各部分相结合的关系等；运动中从"反面做起"的规律；劲力上刚柔相济的控制；节奏上的抑扬顿挫，对比鲜明的特性；步态上丰富的形象性与表现力，比如行云流水的、如漩涡式的圆场运动形象等之类的内容与目标，都应该在身段教学中占有训练的时间。

第三，整理工作究竟应该如何进行是比较困扰我们的一个问题。因为整理身段的任务是非常复杂而细致的，而我们的知识还是比较浅薄的。王萍算是思考得比较多的，但是究竟要如何做的确需要一步步地摸索。这次的整理只是一个初步的工作。在戏曲中，演员是靠学戏去学身段的，戏曲是学用结合，它的身法学习之后是全面地、直接地运用到唱念与表演中的。戏曲的这样一个方法——通过表演进一步掌握身法规律，比较容易实现形神兼备的效果。如何从舞蹈的角度来吸收素材、提炼方法，并且形成由浅入深、由简到繁、循序渐进的教学步骤，这就是我们必须思考的第一个问题。

此外，我们还需要考虑的问题是：戏曲的身段千变万化，我们如何以精代繁、以少代多、以点代面地进行教材的甄选？所以，我们当时提出了两个方面的甄选原则，一是应选出舞蹈最需要的典型动作作为教材；二是训练目标应该着重于中国古典舞的基本风格、特点和动律训练。

整理工作的第一步，我们就要从身段所需要的基本能力出发。比如戏曲里的动作千千万万，仅梅兰芳表演的手的动作就有一百种，尽管其中也包括了一些不同角度的姿态，有一些重复的内容，但还是非常丰富的。基本的手型、位置，手腕的灵活、手臂三节的柔和连贯与它主要的连接动作是有规律的，是有基本要求的。比如眼睛是需要表情的，而手部动作则是要跟全身结合起来运用的。一些基础内容则需要单独进行训练。基于这种认识，所以整理的第一条原则就是身段要从所需要的基本内容出发，不能把戏曲里的所有动作都拿来学。

第二步，就是要提炼身段最典型的韵味和基本动律。身段的动律不是动作，不是选取几个戏曲的动作就可以的，而是要找其中最典型的动律。钱宝森老先生所说的"心一想，归于腰，奔于肋，行于肩，跟于臂"等口诀，给我们很大的启发。因为这些口诀是身段的起始，它说明了身段是心劲运用的起点，在此之后才能够"行于肩"以至"跟于臂"，同时也说明了身段是以腰为轴带动全身的。类似这样的规律在基本动律中必须得清晰。从戏曲千变万化的动作中，以这个角度整理出的是精练、典型、概括性强的教材。抓住了这个就能使基本动作"化"出来，能够发展，能够创造。

　　第三步，就是要探索教学由浅入深的系统性，确定班级任务安排、原则和方法。身段教学包括了局部练习和组合练习两个部分。教学起始阶段应该进行比较局部、单一的训练，打下一定的基础，但是不能够机械进行，我们的目的是通过反复训练达到统一的训练结果。比如在基本站姿与基本动律的训练中，可以从单一的手腕运动，到手眼配合的局部训练，再到全身配合的运动。这个训练可以从手的动作或脚的动作开始，但不等于说这个训练是不综合的，是孤立的。我们要求在这个基础上进行局部练习和整体组合练习的时候，都要贯穿"形神统一"的原则，也就是说"内外统一"从教学的开始就要贯穿至最后。

　　我看到这一点的时候就觉得感慨，为什么20世纪60年代人们就认识到这一点，现在反倒没做到。

　　戏曲中的教材、行当、表演之间是有密切关系的，因此我们认为整理的方法是很重要的，我们要从戏曲中一般的、共同的、典型的动律出发，结合舞蹈演员的需要加以整理，必须排除行当的模式。那么我们应该如何看待行当呢？戏曲里的有些动作可能是从某个行当里提炼出来的，动作与行当会有密切的关系，行当的动作又跟它的表演方法紧密联系在一起，若是离开了行当就什么内容都没有了。但是我们又不能从行当出发来进行选材，毕竟我们不是为了提炼训练行当的表演方法，各个类型角色的身段都有各自的特性，而我们并不是要提炼这些特性的内容。

　　戏曲行当的表演经验是非常丰富的，对创造角色有非常重要的参考价值，但我们要按舞蹈训练的需要去拿，不保留原来行当独有的完整性和独立性，以及各个剧种的特性。比如我从川剧中"拿"东西，我不会保留川剧的完整程式。个人的表演特点也是这样的。也许一个老师身上有非常好的、值得你学习的内容可以"拿来",但你应该清楚你学习的并不是这个老师个性化的、特有的东西,而是符合舞蹈训练的内容。

舞蹈训练并不局限于某一个行当,它是一种综合性的表演训练,但是古典舞又不能没有典型性格,不能男女不分,不能是"中性"的风格。因此,在整理身段教材的时候,我们要在戏曲行当的基础上提炼、综合成为三种典型的性格,即"刚武、温柔、灵巧"。这三种性格包含了中国古典舞表演的基本类型,我认为这就是我们所需要的。

这次身段整理结合了我们教学实践的需要,不断地进行了一些总结,虽然没有青衣、小生、花旦、小五等行当之分,但还是有个性与性格类型化的训练内容。我们认为身段要和一定的情绪表演相结合,通过具有一定表演性质的动作和组合,更好地达到身段训练的要求,这并不是为了训练表演,而是为了训练舞者身段的一种表现力,可以使学生做身段的时候更有感觉,形体和韵律能更有机地结合,便于形神统一。

还有就是要总结高班教学经验,提炼教材,也就是说一切都得同最后结果的要求相结合,要从高班教学的需要,也就是从舞剧表演实践需要的角度提炼教材。

问:那么,身段在老舞校的中专教学中的系统性是怎样体现的呢?

李:中专身段教学中,年级任务分低、中、高三个阶段,以年级阶段任务来体现它的系统性。

一、二年级是注重身段的基础训练。教材内容从单一训练到加强各类动作间横向关系的训练,这样可以达到全身协调的训练目标,为身段美奠定基本能力和韵律的基础。教学中应注意内外结合的训练,注意韵律、节奏、力气、劲头、性格和形的结合,从头开始贯穿,逐渐深入,形成初步的"全身合"的习惯。身段内在感觉的体现在一、二年级训练的时候还是比较单纯的。

三、四年级注重完整的小组合,就是短句的教学形式。三年级的时候应该有一部分强化情绪的组合训练,但是组合是很简短的,而且反复性强，有一点简单的意境在里面。它要有不同的节奏处理，有不同的性格，这样能使学生在原有的基础上有一点想象，体验情绪上的一种感觉。我觉得这个东西是可以实验的。这个阶段除了有些部分需要单一身体部位练习以外，应该逐步以上、下身的结合训练为主，突出表现舞姿塑形和步法训练的结合，在步法的动作中加上腰的动作运用，比如手边走边变，脚也在变，还有舞台调度图形的变化，使得上、下身跟图形的变化紧密结合起来。手臂的柔与塑形、舞台调度和不同的连接是有关系的，这个阶段要由属于单一练习的教材逐渐过渡到以上、下身结合为主的训练。四年级应该有表演性的组合，也就是说从内在的体验外化到形上来。"内外结合"的训练也是循序渐进的，即从"全身合"的培养到最后阶段所进行一些情绪性的表演。这个时候除了完成新的教材以外，应该加强综合性的、鲜明的性格和不同情绪、感觉的训练。组合应有性格的对比，同时眼睛、呼吸、神态的运用方法也应该在训练中得到强化。

五、六年级的教学任务则是技巧与基本功结合，互相渗透，使风格、技能、表现力统一。

问：这次整理身段形成的教材具体是什么内容呢？

李：年级任务在教材上是有体现的，下面我就说一点教材。

第一，一年级要学会"站"。虽然"站"可能体现的是脚位的训练，但是在训练中包括了对身体方位角度概念的培养，并不是让学生简单地对着哪个方向，而是培养一种空间占有的感觉。这个"站"应该包括两种性格类型，即一刚一柔。柔的站怎么站，刚的站怎么站都应该给予培养。因为很多性格都是从这开始的，由站开始就进入角色了，所以站的空间的感觉非常重要。

第二，手型手腕的训练，就是突出指、掌、腕这三节的训练。手的捏、按不是"死"形，而是在"活"的运用中成形态。比如"摊手"，这是个过程，手指头由捏着的曲，随着逐渐展开形成手的形态，要练的就是这么一个过程。它不是简单地一个个手指头伸出来，然后转腕这么一个呆

李正一给第一届教育系古典舞专业学生授课

板的东西。"摊手"这个动作也要有性格，亮相要有"刚"的节奏，也要有"灵活"的指、点，还要有"柔"的摊、推，应该进行这三种性格的训练。哪怕是最单一的练习，也都要有劲力的训练与性格的训练，教学一开始就应该全面要求。

第三，手臂、手位的训练，包括单手与双手的手的位置的练习。我觉得我们现在的手部训练单一到就剩一只手的动作了，两只手不会配合。教学要在双手配合的训练中明确两只手的运动关系，双手配合形成手位及连接动作，比如双晃手、小五花、后晃臂等；明确手与步的关系，同时与上步、退步、别步、蹉步、蹲起、碾、转身、弓箭步等进行配合。手位练习要注重手和头、眼的配合，要求通过亮相学会怎么"留"，怎么"看"（也就是准备"亮相"之前"留"的那个势态应该如何形成；亮相的时候手腕、眼睛的配合应该有什么样的规范，看不同的方位，如斜上、斜下、平视都有什么样的方位感）都应该得到很好的训练。我看到现在的学生在"亮相"的时候，"看"基本上就是看了一个方向，根本没有站在舞台上向外放射出去的方位感。

第四，为配合基训和腿部动作做准备的手的训练。这个内容更多的是从高年级的基训课中提炼出来的，比如下掏手、展翅的手、软踹燕的手、斜探海三转身的手、盖卧鱼的手、探海翻身卧鱼的手、平抹手，等等。这些手的动作不属于身法基础训练的范围，也不属于手的基本位置。总而言之，这个训练就是将与基训动作有关的一些手的动作，以及配合基训动作的运用方法提炼出来，教给学生。

第五，腰的训练。那个时候我们还没有提炼腰的元素，这是后来才有的。教材要求一年级的学生腰要活。通过"摇"的动作，"腰"能活起来。这是从昆曲中提炼的，属于灵活型的训练。还有温柔型的"摆、移、冲、靠"，这是原地的和手腕配合的练习。

第六，对"手眼相随"的要求是比较多的。一年级主要通过基本位置和基本动作来训练，训练要求手眼一定要相合，然后进一步进行塑形，包括动和静、刚和柔两种塑形。塑形就是指舞姿，比如那个时候我们的背手就有两种，一种是叉腰的，另一种是背的。叉腰多半都是"活"的、温柔的。我们那个时候要求学生从听准备音乐的时候开始就得进入状态，你就得想着接下去的动作是什么劲儿，就要为完成后面的动作的整个感觉做准备了。

二年级的时候，眼睛要与手指、腕以及身体细微的感觉有机配合，比如说上身的摆、移、冲、靠，以及眼睛的远看、近看、左顾右盼要相结合。在手和手腕的训练中指的东西比较多，眼随手动和欲左先右的动律要相结合。第一个动作是摆指，上身为"推磨"似的动态。第二个动作是手的位置、动作和塑式。组合中吸纳了新教材的云手、大五花、晃手转身、双托掌、冲掌、云手晃肩和上步、退步中的云手，这都是戏曲表演中特定的动作。另外还有大刀花接十字吸腿、胯腿亮相、双分掌的踏步蹲、蹉步中的塑式，用步的攒劲来亮相等动作，这都是戏曲身段的小短句。身法的动律就是晃肩，晃肩要加蹲、起、拧身、拧腰，也就是现在横拧，还有就是斜腰和斜探海相结合的运用等，我们提炼了一些这样的教材放入了教学大纲。

三年级的训练以上、下身的结合为主，突出地表现在塑式和步法的练习上。那个时候大家还比较重视塑式，比较注意要求学生体现静和止的时候有各种不同的感觉：温柔的、刚武的、活泼的，等等。但是相较于动，还是更重视止的完整性，注重动和静的对比，而我们现在的动作却是动的多，静的少。塑式其实并不是一个劲，不同于亮相，亮相好像刚脆的劲儿比较多。三年级的教材中应该体现塑式与舞台调度相结合，体现不同的连接动作，不同节奏，不同高低大小、轻重缓急的初步要求。所谓塑式与舞台调度相结合，指的是蹲下去以后，神态是从下往上看还是从上往下看，这要表现出来。塑式本身就应该有舞台上的角度感、方向感，包括后背的感觉，随着舞台角度的不同，塑式应该也是不同的。塑式是一个核心，有一系列的要求围绕着它，比如说不同的连接、不同的节奏、不同的各种对比，等等。这就要求教材的性格鲜明，对比性加强，三年级的教材就应该是这样的。同时，三年级也必须完成穿掌接大扑步、穿手上步转身打腿卧鱼、小五花快卧鱼、云手涮腰等教材。

我们曾设想编创了这样几个固定的小组合：第一，是手眼配合的训练，它表现了看、听、想中的情绪，最好在手眼配合中能够有一些小的感情的起伏；第二，是以戏曲"起霸"程式为基础改编的刚武性组合，它不是照搬"起霸"的动作，而是处理成为刚武性格的"整装"的内容；第三，是温柔风格的"整冠梳妆"。那时候的组合内容就是从这三种性格中选择搭配，我们在训练中把这三个小组合性格的表现力处理出来，给予学

李正一进行身韵教学

生初步的舞台表演认识。

四年级，应以各类动作综合的、性格鲜明的和不同情绪感觉的训练为中心，比如说眼睛的表现就应该有一点情绪，有一点感觉和反应。另外，头和神态在动作中的表现，呼吸的运用和对比也很重要。

除了教材的选定之外，实习演出也一定要纳入教学方案里，因为学生得上台进行舞台实践。一年级，每年的实习演出时间累计起来必须够两周，二年级到四年级每年要有三周的实习演出，五年级、六年级每年则一定要有五周的实习演出。比如陈爱莲他们那个班，在 1958 年毕业前夕就安排了演出活动。从天津演到了唐山，再到北戴河、秦皇岛，整个巡演用了一个多月的时间。

由此可见，那个时候所确定的培养目标就是系统掌握从事民族舞表演艺术所必需的基础知识和基本技能，还要在导演的指导下，能够准确地塑造舞台人物形象。

（六）《鱼美人》的创作与诞生

问：1957 年 12 月，苏联功勋艺术家彼·安·古雪夫来华任教，主持文化部第二届舞蹈编导训练班的教学工作。1958 年年底，古雪夫组织第二届编导班的全体师生，开始筹备大型舞剧《鱼美人》的创作。这是一次民族舞剧的全面探索。您能介绍一下《鱼美人》的创作与诞生的过程，以及演出的相关情况吗？

李：《鱼美人》是 1957 入学的编导班的毕业作品，是一个与民族舞剧科在创作与表演方面进行合作的作品。由 1959 届同学和年轻的教师任主要角色，师生合作进行创作。彼·安·古雪夫是苏联的功勋艺术家，是一位在艺术上非常严谨、追求完美的艺术家，也是一名大家公认的对艺术、对学生都极度严格的编导教师。他是编导班的任课教师，同时也担任舞剧创作总指挥。他非常热爱和尊重中国的古典文化，比如戏曲、国画和民间艺术等。他十分欣赏东方国家独特的艺术魅力，并且为这些风格特点所折服，在他看来，芭蕾舞与中国舞相结合就是世上最美的舞蹈，这就是他创作《鱼美人》的初衷。这个编导班还配有三名助教，分别是李承祥、栗承廉和王世琦。他们原本都是舞蹈团体和学校里的骨干，有很好的古典舞和民间舞基础，同时也经过了两届编导班的学习，所以他们既是助教，也是主创者。编导班的学生也并不是没有基础的人，他们都是各地舞团里年轻的编导，在入校以前，就有一定的创作经验。这个编导班是从 1957 年到 1959 年的一个为时两年的进修班，《鱼美人》是这个班的毕业创作剧目。在创作的过程当中，除了编创的队伍之外，还有一个优秀的创作群体。这个群体中有中央音乐学院的吴祖强、杜鸣心这样的名教师、名作曲家，演奏乐队是音乐学院的乐队，舞美设计是中央戏剧学院的名师齐牧冬，造型设计是中央歌舞团的李德权，服装设计是李克瑜，制作是陈永德。因此，这是一个优秀的创作群体和一个优秀的舞蹈班底的合作，是几个在京艺术院校共同合作，向中华人民共和国成立献礼的作品，是一次不寻常的、特殊的创作实践。当时舞蹈界正面临从传统当中走出来之后，如何进一步在舞蹈的特性上进行新探索的问题。这之前的舞剧创作当中，大家觉得舞蹈性发挥不够，对如何借鉴芭蕾舞来提高舞剧的舞蹈特性认识不足，所以这也是一次关于民族舞剧全面探索的合作。

1959 年年初，科里所有的师生全力投入排练中。10 月排练结束以后，舞剧《鱼美人》在民族宫正式公演，并被列为国庆十周年献礼作品。

问：您能否谈谈《鱼美人》演出的反响？

答：《鱼美人》演出以后引起了校内外强烈的反响。大家共同的感受是耳目一新，但是同时也存在肯定和质疑两方面的争论。

在肯定的评论方面有这样几种观点：第一种观点认为无论创作水平、音乐、演员、舞美、布景、灯光、服装哪一个方面，《鱼美人》都是第一流的，并认为《鱼美人》是一次大胆的创新和探索。它从形象出发，创作出许多真正新的舞蹈动作，是古典舞发展到一个新的历史阶段的标志；舞蹈的场面色彩丰富；舞台的空间运用很巧妙；舞蹈性非常强，舞段很精彩，变幻丰富。他们认为舞剧达到了中华人民共和国成立以来舞剧演出空前的水平，是舞校建校以来，在各种学术探索的基础上从创作到人才培养的一个新的综合进展，也是一次关于民族舞剧新的革命探索的展现。它在推动对舞剧创作的探索和认识上，起到了积极的作用。

第二种观点是，《鱼美人》大大地提高了中国舞剧的创作水平。它的特点是充分地发挥了舞蹈的优势。古典舞在这个舞剧中的主要舞段、语汇、舞姿、造型技巧都有发展和创新，演员出色地完成了高难度的舞蹈表演和技巧，演员的表现力、体感、气质都有独特的创造与民族的风格，比如"猎人"主题动作的创造，有劳动人民的生活特征，也有古典舞的韵律。舞段的编排非常具有创新意义，剧情的推动从始至终都是由舞蹈的形体表演来处理的，《鱼美人》充分运用了舞蹈手段来塑造人物形象、展现剧情的发展。戏剧性的矛盾冲突，角色之间的关系，都将舞蹈表演的手段进行了极致的应用。作品舞蹈性强，避免了哑剧式的叙述，在专业特征的着眼点上，突破了传统的局限，丰富了舞剧艺术的表现形式。

第三种观点认为该剧的独舞、双人舞以及其他舞段，都是以古典舞和民间舞为基础的，运用了大量的古典舞语汇、舞姿、造型、技巧，以及在这个基础上加以发展创新的形体动作。编导本人虽然是芭蕾舞大师，但是同时也很热爱和尊重中国的古典艺术。他经常看中国的戏曲、武术和东方各个国家的舞蹈，也经常去教室里看我们上课，并要求在他的编导班也开古典舞和民间舞的课程。这种创新和发展，与之前的舞剧《小刀会》《宝莲灯》是完全不同的一种做法。

与此同时，对《鱼美人》也存在质疑的声音。有人认为，这个应该是叫中国舞剧，而不是民族舞剧。他们对舞剧的民族风格有质疑，认为在剧本选择与角色的安排上，风格色彩都缺乏民族性，虽然是民间的故事，但是在民间故事的基础上不是进行了正确的加工，而是从形式出发进行创作，有创作者主观意向的堆积，艺术表现形式和手法也缺乏鲜明的民族特色。舞剧运用了芭蕾所特有的表现手段——足尖和托举，有以西代中和以西化中的倾向。比如《鱼美人》在"海底"场景的表演，就与"民间"场景的舞蹈不同，而且为了区分，导演运用了芭蕾舞"足尖"的形式。他们还认为，对欧洲芭蕾舞剧的借鉴，缺乏正确的指导思想和审慎的态度。借鉴和吸收外国艺术以此作为养分丰富自身的舞蹈创作，这是对的，但是不能只看它们的共同点，却不看不同点而去生搬硬套。比如"足尖"这个形式，它是一个外来艺术的舞蹈表演形式，我们不能仅仅将其看成技术性的问题便加以运用，应该思考如何以正确的观点、态度和方法对待外来的东西。借鉴不是代替，借鉴的目的应该是发展民族本有的艺术。另外，对这个剧的服装设计，他们认为过于暴露。当然从今天来看，这不算什么，但是从当时的审美观出发，他们认为露得太多了。

针对这些问题，在1963年重排这部舞剧的时候，我们去掉了足尖。这时，大家对这个剧的民族风格问题的质疑就减少了。这个剧目的排练，进一步地沟通了课堂教学和舞台实践。因为舞剧是在学校内进行排练，所以当时的三组主要角色，都是由高班的学生和个别的年轻教员来扮演的，他们都能够出色地完成高难度的舞蹈表演技巧和艺术技巧，具有细腻的舞蹈和肢体的表现力，以及刻画人物形象、表达感情的能力。中国古典舞、民间舞的韵律美，展示了课堂教学为舞台表演所打下的基础，又通过剧目舞台实践，得到了有效的提升。这些剧目的实践，也提高了教师和学生对

大刀进行曲

舞台表演的要求，提升了师生对舞剧的认识，同时也提高了学生学习的积极性和表演的全面性。这个全面性指的是舞蹈的表演性，学生应该了解到表演是运用肢体去表现，绝不只是完成一些高难度的技巧。在这个方面，师生在认识上都有了更好的提高，《鱼美人》是一个很适合学校舞台表演实习的教学剧目。

总之，在 20 世纪 50 年代舞剧最初兴起的阶段，这是一次很有益处的、特别的探索。这个舞剧做了与其他舞剧不同的尝试，对舞蹈手段的极致应用和舞台语言的开发，效果也非常突出。这是一次对舞剧创作有益的推动。

五、"三化"精神促反思（1963—1966）

（一）"三化"精神与中国古典舞教学进一步"民族化"的探索

问：1963 年，北京舞蹈学校为贯彻落实"三化"精神，着重讨论了如何以"二为""三化"为目标，重新审视 1963 年以前的教学实践和教材整理工作。在这个过程中，您进行了什么样的思考？又采取了哪些措施，将对"三化"的思考落实于实践？

李：我首先要讲的是"三化"的由来。1963 年，周总理参加了音乐舞蹈界召开的"革命化、民族化、群众化"（简称"三化"）问题的讨论。之后，从文化部到舞协召开了一系列的座谈会，联系舞蹈界教学、创作当中继承、借鉴、发展等方面的问题，开展学术的讨论和批判——在创作上批判取材"花鸟鱼虫"的问题，在教学上重点地批判崇洋思想。会后，相关人员组织整理和摘录了 1953 年以来"关于舞蹈演员的基本训练问题的讨论"的资料，供大家开展批判的时候参考。

当时在学校里，部领导亲自参加学校的一些讨论会，我们压力挺大的，这也说明学校还是把这项工作当成一个重点来抓的。当时给我印象最深的是两点：一是革命化，革命化是主要的目的，其体现在舞蹈创作上，就是反对花鸟鱼虫、才子佳人占领舞台，主张工农兵占领舞台，这是其较为核心的思想；二是民族化，主张在如何继承的问题上，应该以继承历史的英雄形象为准，在如何借鉴外国经验的问题上，应反对崇洋，整体而言就是要在革命化的前提下谈民族化。在学校里，大家着重讨论了如何以"二为""三化"为目标，批判盲目崇洋，还联系实际，讨论如何看待 1963 年以前的教学实践和教材整理工作。总结在古典舞教材建设和教学中，思想上是否存在崇洋的问题，这成为发动群众开展讨论的重点。

会后，我代表学校在舞协的座谈会上做了发言，当时发言的题目是《民族舞蹈的训练要多学习传统规律》。后来我把这篇发言稿整理成文，将题目改为《从中国古典舞教材中所感到的问题》发表在《舞蹈杂志》1964年第 1 期上。在这次座谈以后，学校采取了一系列措施将"三化"的思考落实于实践。

第一个举措就是分校。为了落实"三化"精神，1964 年 2 月，文化部将音乐和舞蹈院校进行了分校。原来的北京舞蹈学校就被分为"中国舞蹈学校"和"北京芭蕾舞蹈学校"，这个分校的情况一直持续到"文化大革命"以后。第二个措施，是在分校以后"中国舞蹈学校"进行了教学机构的变化，取消了专业科，各个专业的教研组都归到了教务处，与教务处合并。教务处由叶宁老师任主任，我和付守仁任副主任。这样一来，学校的机构改革也就自然地把原来分科以后建立的芭蕾舞团和中国舞的舞剧小组、研究室也都一并取消了。第三是建立了教改的核心组，根据"二为""三化"的精神进行教学改革，核心组由陈锦清、叶宁、彭松、唐满城和我组成。第四是文化部的教育司出面从上海戏剧学院请来了戏剧学院的教师南昆老先生方传芸来学校帮助古典舞专业进行教改，强化了中国舞教材和教学中的民族风格。

问：我们知道，为了落实"民族化"的精神，古典舞教研组做了许多积极的工作，除了请来方传芸先生，还请了张强老师从武术学习的角度，对古典舞的训练进行"把脉"。那么，能否请您具体谈谈方传芸老师、张强老师为中国古典舞教学落实"民族化"精神提出了哪些建议？采取了哪些方法？步骤又是什么？

李：方老师来学校以后，看了教员的进修课，也看了各班的中国古典舞课。看课以后，他发表了自己的意见。

方传芸根据他在上海戏剧学院多年的戏曲训练教学经验，谈了"洋"审美在教学上的表现与对待的措施。第一，他认为扶把训练是受了"洋"的影响，比如"擦地"的训练应该去掉，绷脚练得太多，勾脚练得少。第二，他认为教材缺乏民族风格，做动作缺"精、气、神"与"手、眼、身、法、步"的规范，缺少韵律和劲头。第三，关于技巧训练。他认为在七年制教学中，四年就可以学完所有的技术技巧，后三年应该用另外的练功方式提高质量，不必七年都练技巧。个人技巧能达到多少就多少，不必人人都达到同一个标准。有人技巧不好，但是表演好，这也同样有用。第四，男女都要学毯子功，也要学一点把子功。第五，他认为受"洋"审美的影响，我们把技巧提得太高，不重视表演，也不会表演，一张"死"脸。因此他主张四年的技术学习结束后，从五年级开始，学生要上一年表演课，六年级排节目，六年级的下学期让学生自己创作小品，七年级排舞剧并进行演出实践。第六，他认为青年教师受芭蕾影响较多，因此主张要多学些传统折子戏，加强青年教师民族传统的底子。第七，方老师亲自给老师们上进修课，教授了戏曲中刀的拿法、剑的拿法，红缨枪、团扇、折扇、水袖等的运用方法，并讲解了戏曲片段《红线盗盒》《花木兰》等。第八，方老师和叶宁老师一起组织教研组，创编了表演课的新教材。

通过以上的努力，教改核心组和方老师共同制定了中国古典舞基训七年制的教学大纲。在教学大纲中，第一，去掉了"擦地"的训练；第二，加强了身法训练，加强动作的精气神、劲头、韵律；第三，着重解决表演问题，以及过于重视技巧、把技巧看得太高的问题。

除了请方传芸老先生来学校进行指导以外，学校还请了张强。通过整理武术的教材，他帮助我们丰富古典舞教材整理的思路。我们可以看出来，学校请方老师整理戏曲内容，是为了解决风格和"英雄气质"的问题，那么请来张强教武术的内容，就是为了进一步强化风格与"刚武性格"。如果在古典舞的训练中去掉了"洋化"的"扶把训练"，那么我们传统中又是如何有步骤地进行能力与技巧训练的呢？对于这些问题，我们希望能够借助对武术的学习得到一定的解决，另外就是希望通过学习武术，解决如何塑造"英雄形象"的问题。

第一，我想强调的是，从 20 世纪 50 年代起，无论是学校还是古典舞教研组，对武术这个宝库都是非常重视的。由于种种原因，在此次之前虽然大家也对武术进行了一定的继承和学习，但是都比较零碎，不成系统。这次请来张强老师是我们继承传统的一个较大的活动，进行了一次比较系统的学习。

第二，在学习的内容上，我们请张强立足舞蹈训练的需要，从武术中提炼训练性较强的素材，为教员组织一堂课，由浅入深，比较系统、全面地把武术的内容向大家做一个介绍。

张强就把不同拳派套路里的动作、姿势、技巧摘出来加以剖析，整理为这样一些动作：第一是活动动作，第二是步形，第三是身法，第四是腿法，第五是跳跃技巧。根据以上几个方面，他做了初步的分类整理，并且按照自己的想法进行了探索实验。比如，他以活动动作、辅助训练、步形训练和各种腿法的基本能力训练来取代扶把训练。他以落实"三化"精神为目标，根据舞蹈的需要选择了一部分武术的训练内容，有针对性地、集中地、精练地进行训练。

第三，在一个半月的时间里，他一共给教师上了五十堂课，这大大开拓了教师的视野和思路，也弥补了原来教材的不足。他的课堂教学主要有以下特点：

一是他教的教材风格比较粗犷，劲头十足，在形和劲上比原来的教材有较大的突破。比如动作的幅度大，开阔、豪放、舒张、大方，而且有速度，有力量，撒得开，有气魄，有一种新的精神气质，就是现代人的精神气质。女性的动作矫健有力，英姿飒爽，与戏曲人物性格符合，风格、韵律、动律、技法与戏曲一脉相承，在节奏、劲头、呼吸方面又很强调民族风格的体现。

二是他的教学使躯干得到了更充分的训练，尤其是加强了上身的表现力。腰的运动几乎贯穿在所有的能力训练和动作步法、跳跃技巧中，通过拧腰、转肩、晃膀子等训练，腰的运动可以有松有紧，有刚有柔，活而不死，刚而不僵，从而弥补了男性上身训练教材的不足。在原来的教学中，上身运动比较僵、板，而张强通过"乌龙盘打"的动作使上身得到大幅度的舒张、松弛、快速的运动，使腰以上的灵活性得到充分的训练。

三是在能力训练上也做了新的扩展，比如提炼了踢腿的短句：踢腿连接，单腿的舞姿控制，踢前腿接探海、接翻身、接跳，踢旁腿接射雁、探海、扑步、翻身，踢骗盖腿接吊腰，等等。他在动作的流动中提高了身体各部分的能力和连接的协调性。在卧鱼的练法上，过去我们都是单一地、孤立地练，而现在他用踏步蹲、转身卧鱼，涮腰转身卧鱼，跳转身卧鱼，以及各种技巧接卧鱼，如大蹦子接卧鱼，飞脚接卧鱼，旋子360度接卧鱼等，使具有民族风格特性的动作分类形成了训练的纵线。

四是他对传统跳跃的规律和技法也有新的拓展，开拓了与身法结合所形成的空间千变万化的动势规律，提出了跳的技巧方法，比如说凭借踝关节和脚掌绷地产生的极强的爆发力起跳方法的运用，以上身带动下身的跳法，在起跳过程中通过空中的盘腿、吸腿，形成空间二次发力的"提腰闪身"的方法（比如大跃步），以及借势起跳的方法，等等。高低对比的跳不仅带来了民族独特的跳的方法，也提高了跳的难度，为在跳跃中运用气息的提、拖、聚、沉，提供了新的启示。

五是他丰富了步法的内容，使动作做起来行云流水，比如败式接蹉步摆帘、流动的穿掌扑步接大跃步等，这些都对原来教材中最缺乏的部分进行了补充和改善。

六是他的训练讲究动作的整体性和协调性，强调身法和技法的结合。从课堂的第一个活动动作开始，这些动作就不是单独地训练某一个身体的部位，而是全身性运动——既抻了腿的韧带，又训练了腿的力量、手臂的灵活、腰的柔韧；既练了基本能力，又练了身法；既注重某一个局部的练习，又训练了全身的协调性。他要求我们做动作时讲求六合，也就是内三合、外三合，强调上下相随，这种方式改变了原来训练那种单摆附掴以及整体性较差的情况，对我们整理古典舞教材有很大的启发。

通过此次学习，我们吸收了大量的传统武术的动作并将其纳入古典舞教学的教材，对原有的教材有大的突破，古典舞的面貌也发生了变化。但这次学习并没有吸收武术中的手型（如荷叶掌、钩子手等）以及部分步形，而是注重取其精髓去其形的吸收方法，并使武术动作更加符合舞蹈训练的规律。例如，女班教材没有吸收深蹲和下肢训练分量过重的内容。我们认为这些需要进一步的研究，因此就没有拿进来。

经过了这些落实"三化"精神的教改活动以后，学校里无论教学还是创作都发生了很多变化。从1964年4月开始，首都专业和业余的舞蹈工作者3000多人，为庆祝国庆十五周年排练了革命音乐舞蹈史诗《东方红》。学校派了三个班的高班学生，在朱清渊的带领下，参加了《东方红》的排练和演出，整台晚会充分地体现了工农兵英雄形象占领舞台的指导精神，从头至尾气势磅礴，激动人心。晚会之后，舞蹈教材革命化的工作也大大加强。同时学校里面也创作了一些反映现实生活和工农兵形象的舞蹈，比如《战荒山》《英雄矿工》《越海插旗》《七勇士》等。在教学上，毕业班的考试中，女班逐渐出现了《女民兵》《刘胡兰斥敌》等组合，男班则出现了以戏曲《武松脱铐》为基础而编创的组合——《就义歌》、用《保卫黄河》的音乐做的民族技巧组合、用《战台风》的音乐编的大跳组合、以知识青年在广阔天地大展宏图的形象为基础编的大跳组合，等等。在教室里出现英雄形象加强了时代感，扩大了动作的幅度，更舒展、豪放、有力，更具有时代的精神气质。因为组合有特定的内容，所以我们也加强了对表演的训练。不足的是对原来课堂训练的规整性、细腻性等有所忽略。

结　语

关于李正一1954年到1966年经历的访谈结束了。在访谈及整理文稿的这段时间里，年青一代的学子们常常会随着李老师的讲述陷入深深的思考。

口述历史是研究历史的一种方法，旨在通过口述者的"亲历、亲见、亲闻"拉近历史与研究者的距离，为今后的研究工作提供素材。访谈之初，李老师语重心长地说："我尝试着和你们聊聊我所经历的事，这也许对你们进一步地了解中国古典舞一路走来的历程能够有些启发与帮助。"六十年的岁月，对于创业先驱们而言，几乎是他们的一生了。回首历史时，李老师并不仅仅是为了讲述一段人生回忆，更是希望这段往事对进一步研究中国古典舞的后辈们有所启迪，希望后人在研究古典舞的过程中遇到问题与困惑时，能够看看前人是如何思考、如何选择的，能够从中获得解决问题的启示。

在每一段历史时期的陈述中，我们随着李老师的讲述一步步地拉近与历史的距离，叙述是以岁月的推移为坐标而进行的。其中，我们也提出了中国古典舞学科研究的几个重要的话题。

其一，为适应事业的需要，中国古典舞人应该拥有什么样的理想与信念、素质与能力？

在访谈中，李老师时常谈到这样一个观点："我们起步的时候很稚嫩，学校给我们的任务是难以完成的，但是我们努力地在创建中学习、思考、认识，发现问题、解决难题……"在从无到有的建设中，创业者面临着一次又一次的选择，在思辨中判断，在判断后行动，一路探寻，一生求索，始终没有放弃建设中国舞蹈事业的初心，一步一个脚印地笃定前行。

李老师在谈及自身经历时说："我之所以在专业上可以有所思考、有所作为，我认为这和我从事舞蹈教育之前的经历、所接触的领域是很有关系的，因为这段经历锻炼了我思考问题的能力。"一个准备从事研究工作的人，知识与见地的丰富是非常重要的，同时也应该具有学以致用的能力。因此，在生活中随时积累自身的感知，时刻为研究的需求进行知识的储备也已成为李老师一生的习惯。在她语重心长的话语中，蕴含的是一个教师对古典舞人殷切的希望。

其二，中国古典舞建设的指导思想是如何确立，如何实施的？

当新中国百废待兴，中国的舞蹈教育要走出建设的第一步时，何去何从是摆在第一代建设者们面前的一个大问题。自 1953 年开始，"关于民族舞蹈基本功训练的论争"始终伴随着中国舞蹈教育事业的建设与前行。李老师选择了一种阐释史实的态度，清晰地描述了中国古典舞生发与完善的过程："在 1953 年，人们对于建立民族舞蹈训练体系的认识已经是全面而深刻的了，我们有必要好好研究历史，才能够对今天的选择做出正确的判断。"

对历史的选择中产生的中国古典舞研究方法，李老师给予了明确的态度："叶宁以及研究组成员的指导思想是在广泛调研的基础上产生的，不是自己凭空想出来的。我觉得整理古典舞教材的指导思想、原则、方法的制定，是非常重要的。继承、借鉴、发展、创新作为整理中国古典舞重要的指导思想，在学科建设的历程中发挥了重要的作用。这四个词的顺序是不能变更的，每一个词的背后都有具体的实践作为依托，由此开启了中国古典舞建设的第一步。这是慎重而艰难的一步，是开天辟地的一步。在若干年以后再次回溯时，它仍能够经得起历史的追问。"

其三，"向传统学习"是中国古典舞建设的安身立命之本。

"整理研究古典舞，从戏曲舞蹈入手，这是一种实事求是的做法……"文中每一个阶段的访谈，始终渗透着建设者学习传统的重要思路——如何看待戏曲的文化渊源，如何甄选适用于舞蹈教育的戏曲身段动作，如何提炼戏曲人物表演性格化的特点。李老师始终挂在嘴边的一句话，就是"向传统学习"，每当古典舞的建设出现问题时，老师便要回到传统中寻找答案。

学习武术，也是李老师非常重视的工作。在中国古典舞建设初期，武术映入老师的眼帘时，她便看到了武术的动作比戏曲更舒展大方，更灵活机敏，英武潇洒。这个传统的宝库，令李老师豁然开朗，激动万分，无论是武术的审美风范还是技法规律，都带给李老师许多有益的建设思路。直至今日，这仍是李老师时刻放在眼里、挂在心上的宝贝，是中国古典舞建设中不可或缺的重要养分。"向传统学习"的研究方法，不是一个架空的思路，而是需要每一名古典舞人扎扎实实地去践行、去落实的。访谈中李老师反反复复叮嘱："为了事业的要求要充实自己，不继承传统，我们一无所有！"谆谆教诲，回荡于心……

其四，中国古典舞基本功训练教学框架具体思路的确定，以及每一个阶段中国古典舞人自身的反思与实践。

访谈中，李老师分享了作为第一代中国古典舞教员，她自身的教学实践经验。中国古典舞基本功训练框架的确立，为六十年来中国古典舞人才培养提供了重要保障，是今后一切建设、研究工作的基础。

李老师在中国古典舞基本功训练方面的教学实践，只有九年的时间，但这是非常宝贵的九年，现在想起来，李老师仍充满了珍惜之情。在她介绍中国古典舞基本功训练最早框架、最初的技术与教材组织思路的过程中，听者身临其境地感受到那个初创时代生机勃勃的课堂，以及师生共同奋战于教室的令人感动的细节。

随着时间的推移，中国古典舞经历了"科学化、系统化教研讨论""分科""三化"等历史阶段，每一个阶段都给中国古典舞学科建设带来反思、完善与提升。在一次次的自我思索中，中国古典舞学科不断地追求卓越，创造辉煌。作为后辈，应记住其中点点滴滴的斟酌与抉择。

其五，关于"身韵"课的"前身"——"身段"课整理的思路。

20 世纪 80 年代，中国古典舞"身韵"的诞生为中国古典舞事业的发展开创了一个新的局面。在本书中，李老师介绍了"身韵"教材整理的序曲，即在"全国高等学校文科和艺术院校教材编选计划会议"后，"身段研究小组"整理身段教材时，他们的具体思路。此次身段小组的研究思路与具体框架虽然并没有得到实施，但是却为二十年后"身韵"的诞生打下了重要的基础。其中重要的研究思路，对于今天的教学，仍起到非常积极的指导作用。

其六，中国古典舞在创建的第一个阶段取得的成果。

第一个阶段充满了艰辛，却也硕果累累。舞台创作与演出、人才培养、教材编创与整理都取得了令人瞩目的成就：舞剧《鱼美人》《中国古典舞教学法》、舞蹈家陈爱莲……一个个耳熟能详的名称彰显着中国古典舞创建的耀眼成果。这些成果并不是突然得来的，而是在第一代创业者日积月累的耕耘、探索、反思、前行中收获的。

以上六个方面，仅仅是笔者在整理文稿中感受到的要点，而全书所承载的内容完全不是寥寥数笔就可以概括的。

当访谈的最后一个问题完结时，这看似平淡的叙述实际上却勾勒出了一段艰难而有意义的创业史，深深地打动了编委会的每一个人。相信它的出版将给予更多热爱中国古典舞事业的人以深刻的启迪。

孙光言

朝花夕拾，毋忘在莒：
记舞蹈师资培训班的往事

孙光言

（1935—2015）吉林辽源人。舞蹈教育家，新中国第一代中国古典舞教师，北京舞蹈学院中国古典舞教材编写者之一。曾任北京舞蹈学院中国舞教授、院学术委员会委员、中国舞考级委员会副主席，北京舞蹈学院附中中国古典舞教研组组长、民族舞专业科主任，中国舞考级中心总监，全国社会艺术水平考级专家委员会委员，中国舞蹈家协会教学委员会委员。

"文化部舞蹈教员训练班"成立，孙光言被推荐到由叶宁负责的中国古典舞组，成为新中国第一代中国古典舞教师，与李正一、唐满城等诸多中国古典舞的前辈们共同创建了北京舞蹈学校中国古典舞训练系统，并共同编著了《中国古典舞教学法》和《中国古典舞基训》。自1985年起，孙光言就致力于中国舞等级考试事业，编写了《中国舞等级考试教材》及中国舞等级考试制度，是中国舞考级首席考试官，被誉为中国舞"考级之母"。她曾随慰问团赴朝鲜慰问中国人民志愿军，曾赴斯里兰卡、埃及、苏丹、叙利亚、黎巴嫩、印度、缅甸等国家访问并传授中国舞蹈；曾赴新加坡、马来西亚、加拿大、美国等国家和地区主持"中国舞海外等级考试"，为中国舞蹈事业的发展以及中国文化走向世界做出贡献。

出版著作《浅谈基本功训练》、《简谈技巧训练》、《谈舞蹈教学实践的体会》、《制定于执行舞蹈教学计划》、《中国古典舞集训》（编委）、《中国古典舞集训常用动作选》（合著）、《中国舞等级考试材料》（1-13级主编）、《中国舞等级考试课教学法》（主编）。发表论文《论中国舞等级考试课的特性》《中国舞考级与美育》《中国舞考级制探索》《中国舞考级制——中国舞教育的新事》《北京舞蹈学院〈中国舞分级考试课〉教材（三至四级）》《北京舞蹈学院中国舞校外海外分级考试课（儿童课程）教材大纲》等。曾获1979年文化部颁发的"三八红旗手"及1986年和1989年文化部第一、二届"桃李杯"赛指导教师奖；享受国务院特殊津贴专家；其业绩选入《中外名人辞典（21世纪卷）》《美国世界名人录》及《英国剑桥世界名人录》；传略被编入《中国舞蹈大辞典》。

口 述 人： 孙光言
采 访 人： 满运喜
整 理 人： 田晴、李天翼、李安蕾
采访地点： 北京舞蹈学院
采访时间： 2014 年 9 月 11 日

满运喜（以下简称"满"）： 您是我们中国古典舞学科的创建者之一，后来又投身到中国舞考级工作中来，出版了很多教材。今天荣幸地请到您，从您自身的经历出发，为我们讲述 20 世纪 50 年代中国古典舞创建初期的一系列经历与过程。孙老师，您是怎么与舞蹈结缘？又是怎么开始正式学习舞蹈的呢？

孙光言（以下简称"孙"）： 1949 年前，我只是在书本上知道"舞蹈"两个字，舞蹈究竟是什么样子我并不知道，也不知道当时有什么舞蹈团体。即使有一些歌舞班子也是私人的，普通老百姓就更没见过了。可以说，中华人民共和国成立前人们对舞蹈是有一定程度的歧视的。

中华人民共和国成立后，满街满巷的人们热烈地舞蹈——扭秧歌、打腰鼓，激发了我对舞蹈的喜爱。1949 年 10 月 1 日中华人民共和国成立，举国欢腾。人们以各种文艺活动来表达内心的喜悦，群众们对舞蹈的热情也极为高涨，随处可见各种舞蹈活动的形式。有一次我路过天安门广场，看到了一番景象，给我留下了极为深刻、难以忘怀的印象。那是由群众自发地在天安门广场上以圈舞的形式热火朝天地跳舞的场面。大家都互不认识，人们可以随时加入。什么人都有——工农商学兵、男女老少……各行各业进了圈就跟着跳。这场面足见人们心中对中华人民共和国成立的喜悦心情，也足见他们对舞蹈的喜爱。那个时候，或许也只有"手之舞之，足之蹈之"的舞蹈才能够表达他们的心情。

1958 年，孙光言在斯里兰卡与当地学生合影

中华人民共和国成立后，政府也不断地邀请外国艺术团体来华演出交流。以苏联和东欧的几个主要社会主义国家为代表的各个文艺团体相继在北京演出，文艺活动异常活跃。他们的演员都是经过专业训练的，表演得非常精彩，给我们留下了深刻的印象。也正是那时候，让我对舞蹈有了进一步的认识，也加深了对舞蹈的热爱。

我最开始学习舞蹈是在华北大学三部。北京刚刚解放就成立了华北大学，一共有三个部，第一部是政治理论，第二部是干部培养，第三部是艺术。1949 年 5 月，我到华北大学三部报到，三部也是中央戏剧学院的前身，当时有戏剧（后来的人民艺术学院）、音乐（中央乐团前身）、舞蹈、舞台美术、文艺理论等学科。当时因为年龄小，就被分配到了戏剧系的舞蹈科。舞蹈科也是中央戏剧学院舞蹈团的前身。舞蹈科由陈锦清校长负责，后来戴爱莲先生也来了。

在舞蹈科，我的启蒙舞蹈教育是秧歌和腰鼓，当时教我们的就是后来著名的歌唱家郭兰英。她是戏曲科班出身的，扭起秧歌特别漂亮。她就在华大三部的大院子里教我们扭秧歌。过了不久，戴先生就来了，开始给我们上芭蕾舞课。陈锦清校长因为学习过德国现代舞，她就教我们现代舞。后来，华北大学三部变成了中央戏剧学院，我们这些学员就成了中央戏剧学院舞蹈团的基本演员，戴爱莲先生是我们的团长，陈锦清是我们的副团长，叶宁是当时演员组的组长，李正一当时也在那个演员组，而我们这些年轻的都属于实习演员。到了舞蹈团各项活动就开始丰富起来，我记得当时戴爱莲先生带着她的弟子彭松、叶宁、盛婕等人，组织了一台边疆舞晚会。边疆舞实际上就是我们现在的民族民间舞，这个晚会里的节目都是我之前没有看见过的，给我印象最深的节目是戴先生表演的《哑子背疯》。之后，崔承喜也带着她的舞蹈团来做访问演出，那是我们第一次真正看到了一台独舞晚会。在那台晚会中崔承喜和她的女儿、儿媳跳了几个独舞，其他节目是朝鲜的集体舞。我们现在虽然已看过很多朝鲜舞，但是在那个时候，在崔承喜那里就已经有很好的训练了——演员集体舞的动作整齐划一。崔承喜表演的独舞有两个被大家一致赞赏：一个叫《母亲》，讲的是朝鲜战争时期一位母亲在抗战前线如何对伤员救死扶伤；另一个作品叫《乘风破浪》，表演了一个划船的老船夫，体现战斗中不屈不挠的精神。中华人民共和国成立后，全国各地的戏曲名家也纷纷登台表演。文化部还组织了全国性的民间舞蹈文艺会演，每次有演出时，学校都组织我们去观摩。也就是从那时候开始，我才意识到原来舞蹈是那么丰富多彩，那么美，自己也从喜欢舞蹈上升到了热爱舞蹈，并立志终身致力于舞蹈事业。

满：孙老师，请您谈谈创建时的经历。

孙：好，还是从北京舞蹈学校的建立开始谈起吧，它的前身是文化部舞蹈教员训练班。1953 年，北京舞蹈学校开始筹备，参与筹备的都是当时著名的舞蹈家，有陈锦清、吴晓邦、盛婕、叶宁等。1954 年 2 月，文化部舞蹈教员训练班开学，到了 1954 年 9 月，北京舞蹈学校就开学了。准备的时间非常短，也就半年多一点，能够这么快的建立起一所学校，这和以前所做的铺垫以及当时的社会快速发展都分不开。

在北京舞蹈学校成立之前，各个歌舞团的演员训练可谓"八仙过海"：一种是用戏曲的训练方法，用戏曲的腰腿基本功和戏曲的片段；一种是用芭蕾的训练方法，纯粹用芭蕾训练，认为这样科学系统；还有一种是用戏曲和芭蕾相结合的训练方法，我们当时中央戏剧学院舞蹈团就是用芭蕾和戏曲这两个内容来训练演员的；另外还有一种"以演代练"，就是演什么

1978 年，孙光言陪校长陈锦清接待外国友人

就学什么，那时候这种方法是非常普遍的。当然我们也有一部分是用这种"以演代练"的方法，我们当时跳的舞蹈丰富多彩，而基训没有这么多。可以说当时就没有一个系统的训练方式。当我们见到外国团体训练有素的表演后，文化部提出组建一个专业舞蹈学校的建议。

1953 年，文化部开始筹建北京舞蹈学校。1954 年 2 月 25 日，"文化部舞蹈教员训练班"开学，一共分四个组，分别是中国古典舞组、中国民间舞组、芭蕾舞组和外国民间舞组，其中外国民间舞又叫外国代表性民间舞。中国古典舞组一共六女、五男，共十一个人，女的有叶宁、李正一、孙光言、郭焕贞、李燕、丘凤珊（部队代培），另有顾以庄（后因故休学）；男的有孙颖、唐满城、杨宗光、张佩苍、李国安（部队代培）。当时所有的学员都是被推荐去的，我当时在中央戏剧学院舞蹈团特别积极，便被推荐到"文化部舞蹈教员训练班"学习，并加入了中国古典舞组，当时我是我们组中年龄最小的成员。这四个组有两个共同的任务：一是准备开学授课的教材，二是为舞蹈学校的建立培养师资。当然，芭蕾和外国民间舞组全盘学习苏联的课程，由苏联专家进行授课。由于到 1964 年为止，我们都没有一套专门用于训练中国舞演员的教材，所以我们的任务比较繁重，要从头开始研究出一套一年级至六年级的中国古典舞课程教材。我们的课程一共有七门：基本功课（腰、腿、毯子功）、身段（戏曲片段）、音乐理论、教育学、解剖学、文艺理论、政治学习。此外的时间均用来研讨中国古典舞教材建设。我们晚上经常组织戏曲、中外歌舞表演等观摩活动，以此开阔视野。在这期间，苏联专家也给我们讲授芭蕾的教学法，为我们的教材整理提供了宝贵的经验，这对我们的影响非常大。

在教材建设前，我们就四个根本问题进行了讨论和意见的统一：第一，要不要建立中国民族舞蹈训练体系；第二，此训练体系的任务应是为培养表演中国舞蹈和舞剧的演员；第三，此体系应具有浓厚的中国民族风格；第四，中国古典舞课应具有训练的科学性、系统性和全面性。所谓科学性就是指有计划地、一点一点逐渐地加大训练与教材难度，强调符合人的生理情况。当时苏联专家特别反对我们什么活动都不做直接就在把杆上压腿。他们希望我们是从擦地开始，逐步把动作放大，所以我们在编教材的时候，就把压腿放在了控制组合之前。

解决了这四个问题之后，我们又进一步讨论三个问题，就是"如何继承、借鉴和发展"的问题。首先是继承什么？我们一致认为我国拥有既悠久又丰富的民族舞蹈文化，主要是反映在戏曲、武术、民间舞、壁画以及文字中的描述等方面。中国悠久的舞蹈历史文化中可见的、在舞台上表演的就是戏曲。戏曲中的舞蹈内容是极为丰富的，也是戏曲艺术前辈们不断地继承、提炼和加工发展至现在，这是我们可以参考的最直接的范例。在戏曲方面，长期以来积累了很多舞台剧目，也有一套对于戏曲演员很有成效的训练体系，这些都是非常值得我们学习和继承的。其次是借鉴什么？那就是要借鉴芭蕾教材科学的、系统的、全面的训练方法。苏联专家在给我们讲教学法的时候，让我感受到在这堂课中每一块肌肉、每一条韧带、每一个关节都能得到全面的训练。芭蕾的科学性在于由浅入深。一堂课是由浅入深设置的，从把杆到中间再到大跳，最后有一个结束动作；从低年级到高年级也是由浅入深的，动作的难度和幅度逐渐加大。再一个是系统性，整个在训练过程中不论哪一个班级都是由浅入深、由易及难、由简到繁的。最后是发展什么？中国古典舞训练课的目的是培养中国舞蹈和舞剧的演员，对于戏曲我们不能照搬，我们依据舞蹈的需要从戏曲的"唱、念、做、打"中将舞蹈部分独立出来将其舞蹈化，并加强动作的延伸与

1980 年，孙光言给学生上中国古典舞课

放大，增强舞蹈性。例如，女性形象的塑造是现代女性的定位，因此要对戏曲的动作在形上有一些变化。还有非常重要的一点就是与音乐相结合，训练时有音乐伴奏，要让孩子们从小习惯用音乐，让动作中体现出乐感。低、中年级用钢琴，高年级用民乐，增强动作的韵律性及舞蹈性。

　　以上的七个问题解决了之后，我们开始确定年级教学任务，分三个阶段：低年级（一、二年级）主要训练腰腿基本功、手位、脚位、简单舞姿、毯子功等；中年级（三、四年级）增加跳跃、旋转、翻身等技术动作的开范儿，其他动作加大难度；高年级（五、六年级）开始强调用综合性组合训练并加强风格和韵律，转、翻、跳向技巧发展。后来，高年级男女班均有一些优秀的综合性组合，具有代表性的有李正一老师的《岩口滴水》和《陕北风光》。《岩口滴水》是带有小花旦的性质的，特别灵巧，表现了小姑娘在河边玩耍、逗水中的小鱼的情景；《陕北风光》是一个特别抒情的控制性组合。这两个组合经常在参观课上给外国代表团表演。这两个组合的意义在于真正将戏曲、武术、壁画等中国元素转换成了可以在舞台上表演的舞蹈，其技术、韵律以及与音乐的结合都做得非常好。这两个组合不仅仅是表演性组合，还有高强的技巧性和训练性。这两个组合曾经是有过录像的，是陈爱莲、王佩英她们那个班，但是由于我们资料管理疏忽，现在已经找不到了，真是可惜。但是，现在想要恢复这两个组合还是

1981 年，孙光言给学生上中国古典舞课

有可能的，还能找到一些学过这个组合的学生，而且李正一老师还在，给她一个框架她还能恢复起来。当时，这两个组合是大家公认的中国的舞蹈，不是戏曲，也不是芭蕾，它有动作、有音乐、有技巧、有意境，苏联专家古雪夫十分赞赏。

任务确定后我们就开始进行教学分工，在我的记忆中，当时低年级（一、二年级）分两个班，女班是我和顾以庄负责，男班是杨宗光和张佩苍负责；中年级（三、四年级）女班是郭焕贞负责，男班是唐满城负责；高年级（五、六年级）女班是李正一负责，男班是孙颖负责。由任课教师分头提出年级教学任务及年级教学大纲，把具体的教学动作都写出来，经集体讨论确定后，再分头备课，准备开学进教室。

谈到备课，我记得当时中国古典舞基本功训练只有前腿和旁腿，没有后腿，因为戏曲舞蹈动作中用到后腿的极少。开始备课后，我们给低年级的学生制定了五个脚位和七个手位，五个脚位分别是：正步位、小八字位、大八字位、踏步位和弓步位（弓箭步）；七个手位分别是：单山膀、双山膀、顺风旗、双托掌、山膀按掌、冲掌和提襟。我们确定这几个基本位置，是因为练基本功时必须在这几个位置上去练，我们练前腿的时候一定是在正步位上练的，练旁腿时一定是在丁字步位或小八字位上练的，在这几个基本位置上练习限制了我们后面动作的设计。我上的第一个一年级的训练组合就是前腿正步位、旁腿丁字步位上的45度的勾脚小抬腿，没有后腿；然后吸腿、端腿、掖腿、控制等动作也都在这个位置上；还有正步位、踏步位和弓步位上的蹲组合。中间练习按照芭蕾的训练模式，重复把上动作。

孙光言备课

你们想象不到的，跳的第一个动作是"双飞燕"，这是我二年级女班跳跃的第一个动作，当时戏曲舞蹈中女生并没有跳的动作，于是我们就学习一些男生技巧，比如飞脚、蹦子、双蹦子等，至于正步位小跳、吸腿跳、大射雁跳等动作都是后来才有的。当时，我们就是按照芭蕾舞的框架，把戏曲的动作对号入座。还有一点，当时所有的跳和转的动作都是正反两面来做的，因为按当时苏联专家的芭蕾训练体系来讲，只练一面身体就会不平衡。但是，现在我们有的动作就只做一边了。当时，我们都非常重视"圆场步"，所以"圆场"是必须要练的，每次课5分钟。我们听厉惠良、马祥麟、张春华等这些老先生讲，戏曲演员每天都要练圆场，最少也要一个半小时或小半天。听关肃霜先生说，她有时候给师父打水都是跑着圆场步去的，就是随时随地都在练功。

满： 依您看，戏曲界如此重视圆场的训练是为什么？

孙： 戏曲界有三功，圆场步、把子功和顶功，其中圆场就是训练演员的小腿和重心的控制，为的是使身体灵巧。我们也听说过，梅兰芳先生是在冰上练习圆场的，这样训练出来的灵活性到了舞台上无论怎么转，身体重心都会非常稳。练你的控制力，一个是圆场功一个是把子功，把子功训练的就是身体的协调性，当时我们学习把子功的时候，脚底下的动作规定是非常严格的。顶功也是练轻下身的，戏曲里面那么多翻跟头都要求有倒立的基础，戏曲演员的训练一炷香一炷香地拿顶，根本都不让你下来的。这是戏曲的三个基本功。

准备工作完成后，9月各位教师开始进教室上课，每天教两个班，四节课。当时我们是一边上课，一边进修，芭蕾、中国民间舞、代表性民间舞、戏曲片段，不

1984年，孙光言在练水袖

断地补充和丰富古典舞课的训练内容。苏联专家一直说，作为一名老师，既要能教男班也要能教女班，于是男女动作我们都要学。那段时间的学习对我个人来说是非常重要和关键的。

满：文化部教员训练班的这段经历，给您留下了哪些深刻的体会呢？

孙：教员训练班从 1954 年 2 月到 9 月北京舞蹈学校开学，仅半年有余，经过古典舞班全体的努力，我们向着"创建中国舞蹈训练体系"迈出了历史性的第一步。回顾这一段日子，我觉得我们能够如此高效率地完成这项任务原因是多方面的。

第一，目标明确，为北京舞蹈学校准备教材和教师。

第二，落实到位，训练班的四个组各自任务明确。芭蕾、代表性就是老老实实学习苏联训练体系，中国古典舞、民间舞学习整理中国舞教材。

第三，领导班子很强，从文化部到筹备组，都是文化艺术方面的知名专家，当时文化部部长茅盾、副部长周扬都是文化艺术界的大专家，他们对文学艺术都很精通。具体领导训练班的都是对舞蹈很懂行的。

第四，有好的学科带头人。我们刚刚说到领导班子很强，具体到古典舞组，是叶宁老师和李正一老师。叶宁老师是我们的一个组长。叶宁在教员培训班之前，就已经开始研究中国古典舞了。那个时候，好像是在中央戏曲学院下属的一个戏曲研究小组。她和孙颖已经开始做这方面的研究了。她是戴爱莲先生的学生，也学过芭蕾舞，那个时候她就已经有一套思考了。而且，她文化水平也高，也有一些理论的积累了。她对于我们来说起到了指导和引导的作用。李正一老师是在大学时期去延安的，听说在延安期间演过《白毛女》的喜儿，后来她又去"崔承喜舞蹈研究班"学习，她文化水平也很高，起到了带头的作用。孙颖和唐满城都是我们组的骨干力量，孙颖研究了很多汉唐的舞蹈历史；唐满城是欧阳予倩的外甥，他从小就学习戏曲，对戏曲非常熟悉，那时候我们看戏曲都是由他做指导。

第五，中国古典舞组全体研究员都干劲十足。那时候中国古典舞组的成员都是我们这些从歌舞团来的演员。那个时候没有独舞，都是跳集体

1982 年，李正一、戴爱莲、贾作光、孙光言在座谈

舞，所以我们很有团结精神。我们都是以学为主：上课好好学，开会好好学，个人时间里不是练功就是写笔记和学习心得，除周日做点个人事外，都全身心地投入训练班的学习中。大家也都团结一致，互相帮助，没工夫去是是非非，因此半年时间学习效率极高。

此外，我们能够在这么短的时间内整理出教材，除了上述的原因以外，还因有苏联专家和戏曲老艺人的指导。我们那时候整理教材都是有戏曲老艺人参加的，有侯永奎、刘玉芳、马祥麟、白云生，等等。

今年是咱们北京舞蹈学院成立 60 周年，是我从事舞蹈教育的 60 年，也是我在舞蹈教育领域中成长的 60 年。我在这个过程中间学习了很多的东西，使我今天可以有这样的收获和成绩。我很感谢文化部教员训练班，很感谢北京舞蹈学校，也很感谢北京舞蹈学院。毕竟是六十年前的事，我可能记忆有误，仅作参考。

满：欧阳予倩先生呢？

孙：欧阳予倩先生当时担任中央戏剧学院院长，后来兼管中央戏剧学院舞蹈团，团长是戴爱莲先生。欧阳予倩和舞蹈学校没有太大的关系，那个时候他已经去世了，我们参加了他的追悼会。

满："中国古典舞"这个命名是欧阳予倩提出来的？

孙：是啊！欧阳予倩是戏曲界非常有名的一个演员，与梅兰芳先生并称"南欧北梅"，他主要演的是旦角，更重要的是他有着很多的创新。在中华人民共和国成立以前，他除了演出老节目，还创作了很多新节目。《桃花扇》就是在欧阳予倩的指导下创作的。他是一位很有改革思想的戏曲演员。他从训练方法上给了我们极大的支持和帮助，邀请了很多戏曲名家来给我们中央戏剧学院舞蹈团上课。这些思路都是他的，是他在舞蹈团的时期提出的。其他舞蹈方面的专家还有戴爱莲先生、吴晓邦先生、陈锦清先生等。

满：孙老师，中国古典舞经过 60 年的建设发展，您有哪些看法或建议呢？

孙：我虽然离开了中国古典舞的教学，但我从事的"中国舞考级"仍在中国舞的范畴中。我一直探索建立一套中国舞蹈的普及课程，现在一年级至十三级中国舞考级教材和教学法两套教材均已出版发行。它可以说是北京舞蹈学院中国舞训练的预备课程。至于对中国古典舞发展的建议，我有几点想谈谈。

首先，我认为我们中国古典舞走到这一步，应该用开座谈会的形式进行一次大讨论。中国舞老、中、青年教员都参与，不是争论也不是辩论，而是大家面对面地交流。各抒己见、相互沟通和交流，才能明确发展方向

孙光言老师在北京舞蹈学院舞蹈考级教育学院开设讲座

孙光言老师教授幼儿教材（1984）

及措施。我们舞蹈在音乐、美术、戏剧等艺术面前仍旧是一个小妹妹、小弟弟，我们还没有出现一个全国、全世界都公认的大师，所以我们更需要自我总结和认识。我在中国舞考级中就十分强调团队意识。我在这个团队中只不过是群羊中的一个带头羊，没有你们这些群羊这个教材出不来，当然没有我这个头羊这个事情也行动不起来。我始终认为"三个臭皮匠，赛过诸葛亮"。

其次，是一定要强调中国民族舞蹈的风格和道路。最近习近平主席发表过很多关于尊重民族传统的讲话。我们也非常有必要把中国古典舞具有代表性的、精品性的教材积累留存下来，不能随随便便地把芭蕾舞和现代舞的东西搅合进来，所以，形成一套非常系统的教材是很有必要的。这个教材是白纸黑字上的教材，是录像带中可以看的、动的教材，从附中到大学，形成一套完整的体系。因为没有教材里规范化的课程，容易自流，跑得太远，一个老师一个想法。我们现在的教材更多的是一种教学法，主要是教给你这个动作怎么做，而没有规定出不同的年级和层次到底应该做些什么，应该具体到跳、转、翻的每一个动作细节。教学和创作是不一样的，在创作上可以体现自己的风格、个性特色，但是在教材设置方面是绝对不行的。

最后，我们应该做一个 60 年回顾，我们到底做了什么？半个多世纪的时间，我们的成果究竟是什么？我们不能一直讲陈爱莲这一代人的成果，而是要讲现在的成果。

对不起，我可能太直率了，这话说得不是太客气。我认为谈学术问题，就是要各抒己见，要争论，没有争论、没有辩论，就没有真理嘛！

满：我觉得您说得很好！我们现在做的这个访谈录性的梳理就是带着问题意识做的，就是希望把各位老师的意见、看法、经验留下来。

孙：对！但是我觉得这交流还不够，刚才说了我们单干是不行的，我们必须要交流。我们现在还不具备那些音乐家、美术家、戏剧家单干的能力，所以我们必须要交流。但是，你现在做的这件事是非常好的一件事。

比方说，关于"文化部舞蹈教员训练班"的事，能说的人没有几个了。你们老是听说"教员训练班"，但是"教员训练班"发生了什么事，你们也不知道，是不是？所以我觉得能把这段记忆留下来还是很有意义的。

满：您提到的这个问题非常重要，我们做了什么？做到了什么程度？有哪些成果？哪些是成功的，哪些又是失败的？这是我们每年的工作当中要不断地反思和追问自己的，我们要保持住中国古典舞创建发生时期人们的那种积极进取的状态。任何一项事业的发展都离不开人的推动与传承，您刚才讲到当初教员训练班就那么几个人在那么短的时间，就可以完成如此重大的任务，这对于我们现在师资队伍的建设都具有极大的学习价值和激励。非常感谢孙老师今天给予的回顾与意见！

（注：因为当时孙老师已经重病在身，特别压缩了访谈时间）

王克芬

『铺路搭桥』写春秋

王克芬

（1927—2018）重庆云阳人。舞蹈史学家，新中国舞蹈史论研究的开拓者之一，中国古典舞创建历程的亲历者。曾任中国艺术研究院舞蹈研究所研究员、博士生导师，中国敦煌吐鲁番学会舞蹈分会副会长，中国唐史学会会员，敦煌研究院兼职研究员。

王克芬是中国艺术研究会"中国古代舞蹈史研究小组"第一批成员之一，是新中国舞蹈史学建构的参与者和见证者，参与了基础舞蹈史料的挖掘和整理，并展开了专题舞蹈史、断代舞蹈史、通史性舞蹈史的长期研究。王克芬对中国舞蹈史的研究，以"文献—图像—活态遗存"史料互文的三重证据法和求真辨伪的科学考证为基本方法；以历史史实为研究基础，探究舞蹈史学理性的阐释；以"经世致用"的治学理念拓展舞蹈史研究的实践。她在中国舞蹈史学领域诸多方面取得的成就，为该学科的完善和发展奠定了坚实的学理基础、积累了丰富的研究经验，为中国的历史舞蹈的寻根溯源，挖掘了历史的遗存和理论文献。

出版著作有《中国古代舞蹈史话》（中文简体、繁体，以及英、日、法、韩文版）、《中国舞蹈史·隋唐五代部分》（中、韩文版，获优秀研究成果专著二等奖）、《中国舞蹈史·明清部分》（中、韩文版）、《中国舞蹈发展史》（获中国艺术研究院优秀研究成果二等奖、"文化部第一届文化艺术科学"优秀成果二等奖）。主编《中国今现当代舞蹈发展史》、《敦煌石窟全集·舞蹈卷》、《中华舞蹈图史》（中、英双语）、《中国舞蹈大辞典》（首届辞书评奖三等奖）、《隋唐文化》（主编"乐舞篇"，获国家图书奖）、《中国大百科全书·音乐舞蹈卷》（古代舞蹈分支副主编）。合著《中华文明史》（任舞蹈学科主编并撰稿，获"五个一工程"奖）、《中国古代舞蹈家的故事》、《20世纪中国舞蹈》（获"五个一工程"奖），等等。曾发表论文一百余篇，如《龟兹乐舞对唐代舞蹈发展的深刻影响》《中国宫廷舞蹈的发展轨迹及其深远影响》《源流》《古今舞蹈例说》《长袖善舞　源远流长》《忆欧阳予倩与梅兰芳谈舞》《一生挚爱 半世清远——我的舞蹈史研究之路》《中国新舞蹈艺术的开拓者——吴晓邦、戴爱莲》等。1992 年，被评为有特殊贡献专家，享受国务院特殊津贴专家。2000 年，赴美国迈阿密大学及威敦堡大学讲学，获美国中西部中国科技与文化交流协会授予的"杰出艺术家贡献奖"。

王克芬是第一个被收入《国际名人录》的中国舞蹈史学家，并被收入英国剑桥国际传记中心编辑的《世界妇女名人录》和《远东澳大利亚名人录》，美国传记所编辑的《国际杰出领导人名录》《国际职业妇女名人录》等；传略被编入《中国舞蹈大辞典》。

口 述 人：王克芬
采 访 人：满运喜
整 理 人：赵晶晶、李天翼、李安蕾
采访地点：王克芬老师家
采访时间：2014 年 4 月

非常幸运今天我们能够来到王克芬老师的家里，对王老师进行采访。王克芬老师是一位在舞蹈理论研究方面非常有造诣的老先生。在这次采访中，我们通过王老师的口述，了解到她从事舞蹈艺术的故事，她是如何从舞蹈实践转入舞蹈理论研究，尤其是她如何从对中国舞蹈史的研究与舞蹈史的学习当中，了解到中国古代舞蹈的发展、状态、样式和它的风格，以及她对舞蹈史研究与中国古典舞当代创建的关系。

满运喜（以下简称"满"）：王老师，您好！您能为我们讲讲您的故事吗？

王克芬（以下简称"王"）：好啊！我今年 88 岁了，出生在四川省云阳县。小时候，我父亲对我的影响很深，父亲是在中国废除科举考试的前一年考取的秀才。当时他也是周围几个县里唯一一个考中的，在当地算是很有才学的。他一直很注重孩子的教育，我 5 岁就被他送去读书了，我当时哭闹不愿意去，他就背着我去上学。后来到了抗日战争时期，有很多从北京、上海毕业的大学生都到我们那去当老师，都是很棒的老师，教我们"学堂歌舞"。当时孙中山先生提倡要强国必须强身，第一是禁止抽鸦片，那个时候国人的身体素质很差，劳动人民抽烟都能抽死；第二就是搞学堂歌舞，学生又跳舞又唱歌，小孩子高兴啊，自然就会健康。

　　我记得清清楚楚，因为我读书时年纪小，站队总是站在最后一名，所以别人给我起外号叫我王尾巴。我的学习成绩总是在前三名，同学和老师都喜欢我。小时候爸爸总在门口等我放学回家，我一回家就把书包扔给爸爸，然后他就开始读："关关雎鸠，在河之洲。窈窕淑女，君子好逑。"我还给他加两句，"求之不得，我要跳海"。那时候也不知道是什么意思，就是生活在一个文化氛围浓厚的家庭里。

　　我们那时候上学已经不允许有私塾了，开始兴起新式学堂，我记得我们那个学校是在一个孔庙里。有几个教跳舞的老师我到现在都记得清清楚楚。有一个上海来的老师，是抗战的时候过来的。

王克芬与阴法鲁、资华筠等合影（前排左起）

满：那时候她教你们什么舞蹈呢？

王：模拟自然的舞蹈，模拟鸭子在水里游，模仿树枝晃动。她经常在操场的一个台子上给我们做示范。她特别喜欢我，见我跳得不错，就说："要不你来跟我一块来，去教别人。"有一天她让我们两个人一组，说其中一个扮演"影子"，结果那天不知道是哪个学生没有来，没人跟我跳，我就哭起来了，她说："克芬你别哭，我来跟你跳。"所以我就觉得，那个时候对舞蹈的喜欢简直是深入自己的内心了。

后来我上了四川省高级师范，到了万县，那个时候就觉得自己已经被舞蹈迷住了。由于父亲的教导，我的文化功课也始终没有落下，这也让我可以很放心地去学习舞蹈了。

满：在那之后，您又是怎么来到"演剧队"的呢？这期间又发生了哪些故事？

王：后来我到了万县，省级高师，算是家乡周边几个地区最好的学校了，同学都是些家境贫寒但成绩特别好的孩子。我那个时候还是喜欢跳舞的，特别喜欢。但是后来发生了一件事让我非常苦恼。

我有一个很温柔的姐姐，她教书教得很好。因为家里穷，我妈妈就让她嫁给了一个地主的儿子，那个人是个聋人。后来我姐姐觉得我也不小了该嫁人了，就把我介绍给了我姐夫的一个堂兄。我妈妈高兴得要命，因为他们家境好。但那个人又抽鸦片，又不读书，我说什么都不愿意，可是那个人装了满满一木船的彩礼，给我妈妈送了过去，结果我妈妈高兴得要命，我当时想就算打死我我也不愿意。虽然那个时候我已经毕业了，但是我悄悄回到学校，跟朋友和校长说了我的情况，他们都一致认为我不应该回去。

当时有十个"抗敌演剧队"，其中的第六分队就驻扎在我们万县，还经常到我们学校去辅导我们这些进步的学生，宣传抗日。后来听说"演剧队"的人要离开万县去重庆，我就哭着去找他们想让他们收留我。他们说："你不要哭，你看你又能唱，又能跳，还能演戏，又品学兼优，我们都愿意你来。"从那以后，我就加入了共产党领导的"演剧队"跟他们走了。当时我十五六岁，是在 1938 或 1939 年。

1947 年 4 月，"抗敌演剧队"时期的王克芬在汉口文化会堂演出

"演剧队"让我觉得印象非常深刻，原本"演剧队"是作为国民党编制由国民党负责发放粮食，但又是共产党领导的，国共合作失败后就不发给粮食了，哪怕一粒米都没有了。我刚刚进去，那些年轻力壮的男演员为了找吃的，就去打野狗，然后煮了给我们这些小孩子吃，煮完了他们一口汤都不喝，说："女孩子，你们快吃这一锅。这些小男孩，你们正在发育，你们不能挨饿。"然后他们就饿着肚子去打球。这个事情对我的影响很深，那些大哥哥、大姐姐，既是好演员又是好领导，所以我对演剧队的感情也是很深的。

我还记得有一件事：我离开家的时候，姐姐给了我一个镯子和一个戒指，让我在有困难的时候，就把这些东西给当掉回家来。后来我们一个老同志打针感染了，医生说如果我们没有钱做手术，那他这只胳膊就没了。我一听到这个，就把我姐姐给我的镯子拿到当铺给当了，我说我不会回来赎了，因为我要救我的同志，当铺老板也是个好心人，听我这么说还多给了我一些钱。就这样，那位老同志的胳膊算是保住了，后来那个老同志就像老大哥一样地对待我。

再后来我就认识了我爱人，我们结了婚。他是一个获奖无数的作曲家，《飞虎山大合唱》《我们的田野》等这些大家比较熟悉的都是他的作品。我跟我爱人认识的时候，他正要去上海，当时是路过武汉，结果他口袋里没钱了，别人都告诉他，说你要是实在有困难，就到演剧队去，只要你是进步人士，他们都会帮助你。那个时候我练功有瘾，一大早就起来练，晚上演出完还接着练，结果他到了演剧队就看到了我，我想这可能就是缘分。见到我他说："同志，这是演剧队吗？"我说："对啊，你是谁？"

王克芬与丈夫张文纲合影

他说："我叫张文纲。"我说："哦，我们还唱过你的歌呢，你有什么事？"
他说："你帮我带去找找你们的队长吧！我没有饭吃了，也没地方住了。"
队长很热情，因为都是进步人士，马上就给他弄一个床铺。他本来打算住
一夜以后就走，却多住了几天。因为队长老老实实跟他说，"你在这吃也
可以，住也可以，但是我们没有那么多钱让你坐船到上海去"，没办法就
多住了几天。他不知道为什么，就老来找我借盆，后来他走了以后就每天
给我来一封信，我就觉得这个人好像很好。我记得我们结婚的时候是在上
海，因为没钱，是文纲的几个朋友一毛、两毛凑的钱，我们做了几个菜，
就这么结婚了。当时连件像样的衣服都没有，也是朋友们给帮忙置办的，
那时候生活虽然很艰苦，但也是非常有意思的。

　　慢慢地我就想不搞话剧了。隆征丘在上海写信告诉我，戴爱莲先生
从英国回来了，在上海教舞蹈。当时正好我爱人张文纲也在上海，所以我
也来到上海跟戴先生学习。上课的地点你绝对想不到，楼底下是一个殡仪
馆，楼上有一个敞亮的大教室。原来这里并不是教室，就因为这些进步的
音乐舞蹈人，于是就把它弄成一个教室了。后来，全国其他地方的学生知
道戴先生回来了，都跑到那去学习。那个时候戴先生是有点偏爱我的。回
国后的戴先生一心开始钻研民间舞蹈。她带人到新疆、西藏等地方，跟当
地人学习地地道道的民间舞蹈。在路过瑶族地区的时候，她看到有人跳瑶

族长鼓舞，她看了以后就把它编成一个独舞，就是后来的《瑶人之鼓》。

戴先生有时候也很严厉。她编排了一个反对日本帝国主义的作品《空袭》。《空袭》讲的是一对母女，在一次空袭的时候，日本鬼子用炸弹把她女儿炸死了，这样一个情景。戴先生演女儿，我演那个母亲。叶浅予给她设计了一身白绸子的衣服，衣服上绣了两个大的红心，红心下面还有几滴血。戴先生演得很好，情绪表演都很到位。她还用了一些艺术的处理，表现了一个虚幻的场景。她选我演母亲是因为我在演剧队里演过戏，我会点表演。戴先生亲自给我做示范，表现这个失去女儿的母亲。她在幻觉中好像看到了自己的女儿，就往前冲，使劲往前一冲，就冲到那个台口去了，但是这时候女儿又不见了。就是这样一个场景，很悲痛的感觉，可是我一直没有达到她的要求。我就觉得她做得特别好。我当时也很傻，就问她："戴先生，您是跑了几步跑到台口去的？"然后戴先生很严厉地说："谁知道你几步，你爱跑几步跑几步！"但是，她还是很心疼我的。

满：我知道您是新中国舞蹈史论研究的开拓者之一，想必一定有很多难忘的经历，在当时资料如此匮乏的情况下您是怎么进行整理与研究的？

王：对于舞蹈史论的研究，我想还是因为喜欢。对于文献资料上的内容，我一定是要弄得清清楚楚，在我写的书上，绝对不会出现不负责任、欺骗读者的内容，绝对不能那样做。说到底，这样的学术态度的形成还是得益于当时那些老师的教导。记得那是 1956 年，当时艺术学科有一个"12 年远景规划"，当时我们集体在北京西郊的西苑宾馆开会，音乐、舞蹈、戏剧、绘画等每一个学科代表都来了。吴晓邦老师让我做他的助手。那个会决定了要成立舞蹈史研究小组，我负责做整体规划。最初的舞蹈史研究小组一共四个人，彭松、刘恩伯、董锡玖和我，我们每一个人负责不同的朝代，我是做隋朝五代和明清的，等于我是两个。就这样，我们一点一点从无到有地做起来。

当时咱们国家基本上没有舞蹈这方面的资料，只能靠各个方面的历史文献。我爱人也是特别支持我，再贵的书也买。到了"文化大革命"时期，什么书都很难买了，后来我只能拜托中华书局的朋友去帮我找一些资料。那个时候我就觉得很不公平，你看音乐史有音乐辞典，戏曲史有戏曲的辞典，美术史有美术辞典，就是舞蹈史没有舞蹈的辞典，我们舞蹈就不应该有吗？后来我就团结了好多同志一起来做《中国舞蹈大辞典》，经过我们许多年的努力，这部书终于做成了。

在收集资料的过程中我在敦煌做了长时间的研究，那些壁画形象让我很感动。我也是从那里获得了许多直观的舞蹈形象资料。在我的研究取得了一定成果之后，受到世界各地的邀请，其中还包括了日本研究雅乐舞蹈的安倍吉仓和三田德明。我们之间进行了多次交流。前几年我的《舞论续集》也出版了，这本书里包含了我多年的研究成果。我特别感谢北京舞蹈学院，也很感谢李续院长，感谢他为我写序言，要不是他这么努力地促成这件事，那这本书也很难出版。

满：在舞蹈史论研究方面做了这么多研究，那您对当下舞蹈学科的建设有什么观点和看法？

王：我觉得其实舞蹈行业内还是有很多人才的，有的人这方面强，有的人那方面强，要想想如何把这些力量凝聚起来、连接起来，大家互相切

1993 年，王克芬在龙门石窟 1500 周年国际学术讨论会发言

2009 年，王克芬在中国艺术研究院举办的"中韩古典舞蹈发表会"
上对日本雅乐《兰陵王》做现场发言

磋、互相学习，这样才能让整个学科更进一步。但是要注意沟通的方法，
不能把你的想法硬加在别人身上，我觉得还是要互相充实的。我们不是为
了别的，不是为了自己的名，也不是为了钱，国家给我们的钱够我们吃饭
的。我就是觉得有那样的一种氛围会更好。我们要有一个好的学术氛围，
只有这样我们才能够真正把这个事做好，就像我研究舞蹈史，如果只自己
关着门研究，那肯定不行。我在写书的时候，常常会想到这一点是哪位老
师教我的，那一点又是哪位好朋友跟我提醒的，心里面总是有种感激。这
样就是和谐，就这样大家一加一、一加二、一加三、一加四，力量就慢慢
强大了。

　　例如，我们搞的这个《中国舞蹈大辞典》，又大又厚的一部书，必然
会遇到各种各样的麻烦。我们就是一点点使它充盈起来的。阴法鲁先生或
者是欧阳老先生，这些老师都给了我们很大的帮助和鼓励。这样一种严谨
治学、互帮互助的作风就千万不要忘记。还有，我觉得做史论研究不用去
考虑你认不认识别人，别人跟你熟不熟。只要你有所擅长，就应该发挥你
的作用。这样的话，大家都会觉得很高兴，觉得虽然自己没有那么大的能
力，但是我有那么多朋友帮助我，我也可以去帮助别的朋友。待到他去做
一个事情，我也去帮助他，这样活着多舒心。我觉得这种感情，才是一种

王克芬在哥伦布市私立学校讲学

圣洁的感情。

  满：您觉得对"雅乐回家"这件事，我们应该怎么去认识它？

  王：我觉得这个做法很好。日本的雅乐是直接从唐代继承过去的。在唐代的时候日本人跑到我们这来学习我们的雅乐。日本人原模原样地学习了我们的东西，学到之后他们又很重视。现在这些很珍贵的东西我们已经失传了，我们再从日本把它学回来，这是很有意义的。我去日本考察的时候，他们把每个细节都给我讲得清清楚楚，我觉得我们也有责任把这些老祖宗留下来的东西搞清楚，去讲给我们的下一代，让他们能够继续传承下去。

  满：王老师，中国现在的环境应该说改变了很多，中国未来会越来越强调民族文化的复兴。在这个趋势下，您觉得舞蹈作为中国文化建设的一部分，就是现在经常在讲的软实力，如何把我们的研究成果，能够运用好、发挥好？在这些方面您有什么设想吗？

  王：这个我还真没怎么想过，我觉得我们能够做到的就努力去做。希望我们的这些努力能够被后人尊重，也希望我们的研究成果能够对后人有

王克芬

所帮助。我们那时候去博物馆、图书馆查资料，从早到晚，把资料全都查阅一遍。那些工作人员觉得我们这么用心地在做学术，都会主动告诉我们这些资料的内容和归类。

满：实际上中国历史上没有完整保存下来的舞蹈史料，都是依靠您这一代人的努力，从不同的历史资料中寻找、挖掘、归纳、整理出来的。

王：是的。然而这些努力也确实没有白费，后来我去北欧、东欧走访了很多国家，并进行讲座，他们也觉得很有收获。

满：谢谢您，王老师。您做了那么多默默无闻的文物考证、整理工作，真是填补了咱们舞蹈学科在史料建设方面的一大空白。

王：我想将来我们有兴趣这些人一起来做，把这些资料做好了，你们谁想用什么就能有什么，那该多好。

满：您这一代人，都是在前面为我们开辟了道路，让新中国舞蹈从无到有一步步发展起来了。

王： 就是铺路搭桥。

满： "铺路搭桥"分量可是不轻啊！

王： 但是很愉快。

满： 今天我趁此机会代表我们这些后来人，向您老表达感激之情，谢谢！

王： 谢谢。

张强 管窥中国古典舞的变革与发展

张强

（1926—　）河南开封人。艺术家、教育家、国家一级编导，中国古典舞创建历程的参与者、中国古典舞剑舞教材创建者。曾任陕西省歌舞剧院演员、舞蹈队副队长、舞蹈教研组组长、舞蹈编导，陕西省舞蹈家协会副主席，陕西省艺术学校艺术指导，西安音乐学院舞蹈系客座教授，北京舞蹈学院中国古典舞系客座教授，第五届中国舞蹈家协会理事，中国教学学会副会长兼秘书长，中国世博会（2010 年）文化演艺活动咨询顾问等。

张强将武术融入舞蹈训练中，并在教学实践中总结出一套经验和训练方法，为中国古典舞提炼了大量的武术素材，如"燕子穿林""乌龙盘打""云肩转腰""转肩摇臂"以及各种"行步"，等等。他较早就明确地总结归纳出"平圆、立圆、8 字圆"的运动线规律，并提供了具体的训练内容和训练手段。他应北京舞蹈学院的邀约，创造性地完成了整理剑舞教材这一艰巨任务，他在武术剑的基础上，比较系统、全面地整理出了剑舞的教材，出版《中国剑舞基本训练》教材。张强创作教学组合《剑舞》《传枪》《陕北组合》，大型歌舞剧《杨贵妃》《秦岭游击队》。发表论文《学习武术初步体会》《试谈中国剑舞基本训练》。其传略被编入《山西文化艺术名人录》《中国当代名人录》《中国舞蹈大辞典》等书。

口　述　人：张强

采　访　人：李正一、满运喜

整　理　人：赵梓瑜、刘骏、熊捷森、李安蕾

采访地点：西安陕西艺术职业学院、北京

采访时间：2014 年 4 月 21 日、2018 年 12 月 9 日

1981 年，张强为北京舞蹈学院学生授课

　　这是一次很重要的采访，我们为了完成此项重要的国家级课题研究，将对大病初愈的张强老师进行一次深入的调研和采访，我们借西安陕西艺术职业学院（原陕西艺校）这一块宝地，把采访现场从北京转移到了这里。对于此次的采访，李正一老师给予了极高的重视，她不顾自己 86 岁的高龄毅然决然地也来到了西安。今天这样一个采访，我相信对我们未来中国古典舞的发展建设会有一个非常好的启示。

　　李正一（以下简称"李"）：我向大家介绍一下张强老师。作为个人的关系来讲，张强老师是我们 20 世纪五六十年代就认识的老朋友，从我们中国古典舞起步的时候我们就认识了。他有着和我们完全不同的知识结构和思维习惯。虽然他不是北京舞蹈学院的老师，但是这么多年以来他始终是中国古典舞建设的非常重要的一个伙伴，我们在一起做了很多很多次的工作。时隔这么多年，我们始终保持着联系。现在，到了我们这个年纪还能在一起谈一谈，回忆当年一起工作的情况，非常难得。所以，我听说这个消息就非常想借这个机会见见他。现在很多人都没有见过他，如今能有机会进行这个采访，让年轻人们也能听他说一说，这是非常有益处的。

满运喜（以下简称"满"）：李老师和张强老师已经有十多年没有见面了，听说我们此次的采访，她坚持一定要来见见张强老师。张强老师接到电话通知也非常兴奋。为了这次与李老师的会面和采访，他已经几天都没有好好休息了，一直处于特别兴奋的状态中。我们昨天晚上抵达西安后，一见面他就滔滔不绝地讲开了。那么今天的访谈就正式开始，请张强老师从您的经历开始讲吧。

张强

张强（以下简称"张"）：李正一老院长你好，你这次专程来西安看我，我表示非常的感谢。我为这次采访准备了很多的内容，我从我知道的中国古典舞相关的一些情况，来谈一谈我自己几十年来在这方面的感受和收获。所以我谈的主题主要是带有回忆性的"管窥中国古典舞变革和发展"，离休之后的我，再回头望一望我们过去做的事情。

　　我不是北京舞蹈学院的正式员工，但是我又是它的"正式员工"。我是学术项目里的一个局外人，也可以算是一个局内人。我虽然没有在这个单位直接参与工作，但是这么多年中国古典舞发展历程当中很多重要的活动，李正一老院长给了我机会参与其中。这些活动也使我在一生的教学上受益匪浅。在这些交流活动中我与李王一、唐满城等老领导、老教师的合作非常和谐，尽管在观点上有所不同，但是我们总能坦诚地交流自己的认识，并在讨论后达成共识，为同一个目标而努力。我们能够在一起合作这么多年，正是因为我们有着一致的目标。大家的心都走在一起，这样才能形成一个有力的合作团队。同时，我为舞蹈学院也做了一些建设性的工作，虽然没有什么大的贡献，但是我就像是一块补丁用我自己的专业知识为中国古典舞建设道路上遇到的小问题、小漏洞贡献自己力所能及的力量。同时我也在舞蹈学院各位老师身上学到了很多很多的舞蹈文化知识。

虽然很多老师已经先走一步了，但是我仍然非常怀念我们一起共事的日子，怀念我们之间的那份感情。

中国古典舞作为舞蹈界一个大的学术项目和科研项目已经走了几十年。这一路走得很艰难，也是曲曲折折、有起有伏。但是，无论是起是伏，这几十年都是很健康地发展过来了。我自己的体会是，一个科学艺术项目要在社会、在国家、在国际上站住脚，首先要经过几十年的考验，再获得大多数人的认可，那么这个项目就可以继续发展下去。中国古典舞经历了一个甲子，一代代的人仍然在传承、发展和变革，说明它的发展是很健康的。我很欣慰我参与的这个项目现在发展得这么好，让我觉得这辈子都很值得。所以我想从我这样一个局外人兼局内人的立场上来谈它发展过程中的一些历程。我的话是一家之言，是我个人的观点和体会，不能代表全部的人。我的看法也不一定是对的。很多事情只有经历了时间的考验，才能证明这件事是否完善、是否完美。所有的事情都是需要人去做的，都需要一个过程，都会经历初级阶段、中级阶段和高级阶段。待中国古典舞经历了百年时间检验，一定会发展得更好，会在世界上占有一席之地。

从20世纪50年代一直到60年代，全国的舞蹈团体还不像现在这么多。在全国还没有完全解放的时候，国家还没有分为那么多省，都是实行大行政区制。那个时候只有行政区才有歌舞团、文工团。我当时所在的歌

张强参与全国舞蹈教学活动部分证明

舞团是西北行政区的西北文艺工作团（当然西南也有、上海华东也有、东北辽宁也有）。那个时候艺术团体的规模很大，包括的项目很多，有音乐、话剧、歌剧、舞蹈，等等。一个团体都有五六百人，甚至像我们当时的西北文艺工作团是两个团合并在一起的，另一个团是归中共中央西北局领导的，合并之后有近千人。因为那个时侯都是跟着部队走的，解放到哪里就跟到哪里，所以那个时候都叫文工团。后来到了1954年左右，国家进入经济建设阶段的时候，讲究专业化、企业化。当时撤销了行政区变成以省为单位了，我们的团体从西北行政区的西北文艺工作团变为了西北歌舞剧院，后又变成了陕西省歌舞剧院。在国家以经济建设为重点的情况之下，其他文艺集团也不再搞文工团这种多专、多能的团体了，要搞成专业团体，所以都改了名字。也就是说，后来有的大型歌舞团都是之前大行政区下放到省市的。"文化大革命"之后，歌舞团越来越多了，尤其是市级的歌舞团遍地开花。各地的歌舞事业随着国家的经济发展也同步在扩大和发展着，这意味着我们发展的平台和阵地也越来越多了。

当时全中国只有北京舞蹈学校这一个舞蹈学校（中专的建制）。各个省市没有其他的舞蹈培训机构。大家从各个文艺团体锻炼出来之后都有一个去北京舞蹈学校上学的梦想。文化部给各个省1—4个指标，挖掘专业人员去舞蹈学校上学，也就是说舞蹈学校从1954年就开始向全国各地招专业舞蹈学员。学员有东北的王佩英、白淑湘，上海的陈爱莲，她们都是才学了一两年舞蹈的学员。当时大家都蜂拥去那里考试，考试也非常严格。各单位派四五个人去考试，还要淘汰几个，只有两个人才能考上，所以考上的人都很兴奋。我们团有一个没考上，当场就晕倒了。我们听说了都很震惊。舞蹈学校根据当时从歌舞团招生的学员的不同的层次和水平，安排不同的年级，如陈爱莲当时年级就比较低，赵青当时进来就是四年级了，学了两年。这些人毕业后有的留在舞蹈学校了，有的回各单位了。中华人民共和国成立以前，都是跟着部队的文工队和文工团，谈不上专业化。中华人民共和国成立之后，我们中国舞蹈就是从这样一个情况下起步的。

北京舞蹈学校当时是一个中专的建制。这个学校的成立做了很多工作，一个是机构上的建制，另一个是教材上的建制——列出了统一的教学大纲和教学法。没有北京舞蹈学校之前，全国歌舞团体都是各自为政，大家的训练及对舞蹈的认识都很浅薄，具有年龄小、文化底子薄的特点。我当时进入文工团才13岁，文化也不太好。虽然当时的文艺团体成立后有了专业的分工，但是如何在艺术上进行教育，各个团体没有一个系统的办法。有的团体以芭蕾为主，有的团体以民间舞为主，有的团体以戏曲为主，各个团体都根据自己的需要今天请这个老师，明天请那个老师。当时大家也没有什么学术见解，思想也很混乱。当时，从陕甘宁地区来的跳过儿童舞蹈、学堂舞蹈的人都成了领导。他们让我们这些小孩儿怎么练我们就怎么练。在舞蹈学校建立之前有过三个训练班：有朝鲜的崔承喜办的古典舞训练班，有当时的中国舞蹈家协会主席吴晓邦办的现代舞训练班，还有由戴爱莲先生办的一个芭蕾舞训练班。文化部给了地方名额进入这三个训练班培训。这些训练班开班时间都非常短，也不是正规的教学建制，没有学制的。他们从训练班回来和我们介绍了学习的成果，我们也就跟着他们学，他们教朝鲜舞我们就学朝鲜舞，教现代舞我们就学现代舞，教芭蕾我们就学芭蕾。直到1954年，成立了北京舞蹈学校这样一个有学制的正规舞蹈学校，才有了一个统一的教学机构和统一的教学大纲，那些训练班后来也没有再办下去了。

经过专家的研究，北京舞蹈学校决定向戏曲学习。当时领导这个工作的是中央戏剧学院的院长欧阳予倩。他是一个戏曲家，唱旦角的，对戏曲非常熟悉，他领导着这些专家研究中国的舞蹈究竟是什么样子的。在他的领导和专家们的集中讨论下决定以中国的戏曲舞蹈为主线来搞一套中国的舞蹈。大家就给它取了个名字，叫"中国古典舞"。至于这个名字是谁提出的，我不知道，因为我没有亲身参与这个初期的工作。北京舞蹈学校的成立便是以这样一个学科的成立为起点，然后添了民间舞和芭蕾舞学科。1954年刚成立的时候，专业上并没有分得很清楚，没有说你来学芭蕾你将来就是芭蕾舞演员，你学民间舞你就是民间舞演员。综合性的教育机构，就是说进来的学生是芭蕾、古典、民间舞统统都要学。我不知道我说的对不对，我知道的这些初期的情况，都是当时考上北京舞蹈学校的我们团的成员回来之后介绍给我的，至于这段历史准确不准确我也无从考察了。他们考上舞蹈学校回来的学员给我们上课时，是一三五上芭蕾，二四六上古典，我们才知道古典舞是这样的，芭蕾舞是这样的。他们也说了他们学的芭蕾是俄罗斯芭蕾。他们的老师是苏联来的专家伊莲娜。这个伊莲娜在苏联也是一个低班的老师，她的到来为我们学习俄罗斯芭蕾做了很多启蒙性工作。

混合的教学模式持续到 1957 年。据说当时戴爱莲要成立芭蕾舞团，打算在分科之后为芭蕾舞团培养专业的芭蕾舞演员。当时成立了两个大剧院，一个是中国歌剧舞剧院，另一个是中央歌剧舞剧院。这两个歌剧舞剧院的区别在于，中国歌剧舞剧院是专门演中国舞剧和歌剧的，中央歌剧舞剧院是演外国歌剧和外国芭蕾舞的。后来随着形势的变化，学校觉得学生的培养是为了将来，为了学生的去向，同时在剧院体制有所改革的情况下，学校的体制也要有所变化。刚开始分科，分了芭科：学芭蕾舞和外国代表性民间舞，以及民科：学中国舞。后来，在我的印象中不仅分了科还分了校了，因为我看到北京舞蹈学校的门口挂了两个牌子，一个叫北京舞蹈学校，另一个叫北京芭蕾舞学校。哪一年我是记不清了，但是挂了两个牌子我记得很清楚。

李：是 1964 年。

张：当时我还感慨这刚分科没几年，怎么又分成了两个单位了。那时候是混合招生的，在之后的集体教学中再分成两个班。在我的印象中，那些专业好、形象好、条件好的学生全部挑选进古典舞班了，其他的分进了芭蕾舞班。

李：没有那回事！

张：我听说的！但是，据我自己后来看课的观察，我觉得确实是这样的。古典舞的姑娘很多条件好、形象好的，比如说陈爱莲这样漂亮的、个子高的，像白淑湘这样个子矮一些的都去了芭蕾班了。这都是我看课的时候发现的。原来学校的领导都是偏爱古典舞的。

李：那是你猜的。

张：这些都是我听说的和我看到的。以上是从舞蹈学校1954年成立之后的历程，以及在1957年发生的分科这样一个体制上的大变革。教育机构上的一个分离，所以后来我们中国成立了芭蕾舞剧院、芭蕾舞团。为了成立芭蕾舞团戴爱莲先生做了很多的工作。刚开始他们舞团都没有住的地方，后来向中央汇报。

李：周总理是非常重视这件事的。后来教室里面全都铺上了木地板。

张：芭蕾舞班在分科之前排演了两个实习剧目，一个是《无意的谨慎》，另一个是《天鹅湖》。当时《天鹅湖》的主演是白淑湘。陈爱莲在学校的时候主演了由苏联专家领导的编导训练班排演的《鱼美人》。她演完这个实习剧目之后就被分去了中国歌剧舞剧院。

舞蹈学院从1954年建校发展至今60年，我认为它的变革有三个高潮。

1981年，张强在北京舞蹈学院为学生授课

满： 第一次高潮是什么时候呢？

张： 古典舞发展的第一次高潮是 1954 年建立了北京舞蹈学校。我觉得北京舞蹈学校的成立是它第一个大变革。它从体制上、分科上、学科上经过了这么一个分分合合的过程。因为它在中国是一个新生事物，大家对它抱有极大的期望，在社会上的威望也很高，所有有舞蹈梦想的人都极力想要考上北京舞蹈学校。那个时候，招生生源是一个高潮，师资力量也是一个高潮。大家都很年轻，精力也十分充沛。这个时候的教学法、教学大纲这一整个系统自建校之后逐步固定下来、确定下来，后被国家教育部门批准为国家的正式教育教材。

我那个时候没有机会考试，我为了考舞蹈学校和我们单位领导吵了很多次架，就是不肯放我走。舞蹈学校是我心目中崇拜的一个舞蹈天堂，不只是我一个人想考，大家都想考，但是给的名额十分有限。我们单位当时只送去了四个，最后也只有两个人考上。所以在那个时期，北京舞蹈学校在人们心中建立的形象很高，我认为这是一个高潮期。

那些考上的学生毕业后把从舞蹈学校学习的教材和内容带向全国各地的大剧院，就让我们有了统一的训练教材。之前全国各地的舞蹈训练都是各自为政，谁愿意怎么练就怎么练。我们还练过很长一阶段的像戏曲演员那样的练法，那时候我们也不知道练这个有什么用，很盲目的。虽然不是百分之百的照搬，但是也都跳不出北京舞蹈学校那个教材。有些单位是以古典舞为主，比如说上海歌剧院、中国歌剧舞剧院。我看了他们的课，他们就是以古典舞为主。部队的歌舞团以芭蕾为主。因为我当时没有考上北京舞蹈学校，所以我到处看课、到处学习。北京几乎所有专业团体的课我都看遍了。部队的舞蹈训练都是芭蕾，还不是北京舞蹈学校那样的俄式芭蕾。他们当时在莲花池办了一个"总政培训班"。他们从海陆空三军调来人学习，请的是匈牙利芭蕾舞专家，所以他们的基本功课是匈牙利芭蕾的训练风格，他们回到地方去之后，也把匈牙利芭蕾的风格带到了地方部队。军艺始终没有开过古典舞课，至今也没有开过。

舞蹈学校所编的教材，古典舞、民间舞这些东西被全国歌舞团体所认

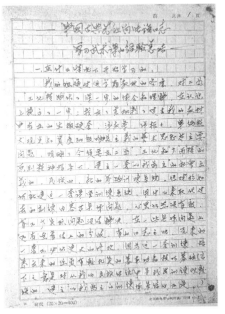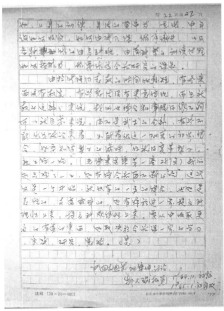

中国古典舞组向张强学习武术课的经验总结

可，大家都愿意教、愿意学。再一个也有人教，因为传授的人都是舞蹈学校毕业的学生，所以这一套舞蹈学校的东西就传授给地方了。那个时期的那个教材，有它的新颖处，因为学校刚成立才一两年。大家感觉这个教材好，很系统，像舞蹈，不像我们之前练戏曲的东西。当然，舞蹈界都经历过这个过程，在研究中国古典舞怎么搞的时候，前期他们也向京剧界的老前辈学了不少的戏曲传统的东西，学了好多身段上的东西，把这些拿来变成古典舞。因为他们又看了芭蕾的东西，又用芭蕾的结构方法来编排我们戏曲传统的一些程式化的东西。当时芭蕾有七个舞姿，我们也编了七个舞姿，都是我们戏曲上有的，但是也是按照芭蕾的七个舞姿走的。芭蕾有七个手位，古典舞也编了七个手位。这基本上都是从芭蕾的基础上套出来的东西。芭蕾的东西是系统的、科学的，对于我来说，当时的这种做法我很能接受。我觉得我们中国的东西也可以有系统了，不像原来那样原封不动学习"起霸""走边"这些，我们学了这些又不能直接去跳舞，也就是学和用结合不到一块儿。对于歌舞剧院这种团队尤其讲究实用，所有训练都是为剧目服务的，如果你的训练不是为了剧目服务的，也就没有了训练的价值。古典舞的出现就解决了这一问题。

古典舞训练里面吸收了芭蕾的方法。手的位置和七个舞姿我觉得都是按照传统的东西进行的，没有变。但是，我们的戏曲舞蹈里面没有转的训练，没有跳的训练，而这个跳和转的元素，古典舞把它吸收进来了，它又把芭蕾的那种元素性训练纳入古典舞里面来，丰富了古典舞的训练方法。在转上，吸收了跨腿转、吸腿转、平转，等等；而在跳上，从小跳到中跳再到大跳，我觉得又丰富了古典舞，我当时看了以后觉得是个好事情，尽管有些人对这个有不同的看法，我说这有什么不好，它又没伤害舞蹈。

北京舞蹈学校从1954年给我们带来一套统一的训练以后，促进了各个地区的舞蹈发展。通过舞蹈学校的这套教材，在舞蹈的教学和编导方面都给了我们当地歌舞剧院很大的启发。在此之前，我们第一不懂什么叫舞蹈，第二我们又不知道舞蹈怎么编。正是受到了这套教材的影响和启发，在1957年举行全国音乐舞蹈大会演的时候，全国各个文艺团体都拿出了非常精彩的优秀剧目。

张强在北京舞蹈学院为首届教育系本科生授课

满：张老师，您认为第二次高潮是什么时候呢？

张：第二次高潮是 1957 年至 1960 年进入舞蹈学校。第二个高潮阶段是舞蹈学校又进一步进行的教材改革。改革不但吸收了芭蕾元素，而且吸收了戏曲元素，又迈了新的一步是向武术伸出了手，来吸收武术训练的有益的东西。这个过程是从 1960 年开始起步的。我学了很多年的武术。我把国家规定的套路和传统的套路，包括刀枪剑棍拳学了不下七八十套。我也对武术的训练体系进行了深入的研究，摸清了武术怎么搞专业训练，武术怎么编排它的套路。这些东西我在武术界的老前辈们那儿学到了，所以舞蹈学院在向武术伸手的时候，他们就把我邀请到舞蹈学院和他们一起研究怎样吸收武术的问题。当时给我的任务就是先做一些实验，因为吸收武术还是个新生的东西，怎么吸收，怎么把它舞蹈化，还有一个过程，这是前人也没有做过的。在没有形成教材之前不能拿来教学生，所以就对舞蹈学校当时的在校老师进行教学。当时舞蹈学校有一个教师训练课，我就通过这堂课进行发挥和实验，成功就成功了，失败了就重来。

我前前后后在不同的时期内去舞蹈学院教过三次这样的实验课。每次实验完了以后舞蹈学院也向社会开放，请社会上的一些舞蹈教育机构的老师和专业人员来参观，提意见，听听他们的反映。这些课都是公开搞的，并不是秘密的。每一次课大家都给予了一定的肯定，也提出了不同的看法和意见。我觉得还有很多不足的地方，在每个阶段都有总结，尤其是到 1964 年最后一堂课的时候。1964 年，国家的政治经济都有了很大的变化，特别是政治上对文艺方向方面提了很多要求。针对《东方红》音乐舞蹈史诗的成功，当时周总理强调了文艺界的"三化"，也就是革命化、民族化、群众化。在这样的背景下，舞蹈学院也觉得自己的教材应该再进一步地改革、发展，当时我又被请到舞蹈学院，再搞一套具有现代人气质的教材。我也就又在这儿实验了一下，根据当时李正一校长给我提出的要求，尽量让他们能够认可和满意。搞完了以后，北京舞蹈学校中国古典舞教研组集合老师们又开了讨论会，对这堂课进行评估，而且由郜老师写了总结。这个评估过程当中肯定了里面的一些做法，又提出了很多需要深入改进的、不足的东西。

上海有一个京剧训练班的负责人叫张美娟，在搞这个课的时候，她恰好到北京来参观中国戏剧学院的课。听说我们这门用武术搞的课后，她带着她的团队也来参观了这堂课。课后，她非常激动，问我是怎么把这个武术引进舞蹈里面的，希望我去给她搞一堂武术和京剧结合的训练课，给我一个六年级的毕业班让我来代课。她对我这堂课很感兴趣，她觉得好、有实用价值，我想这就是社会上对这一堂课的客观反映吧。张美娟是全国很有名的刀马旦，她武功练得是非常棒的。她也在搞京、体、舞三结合。她看到我给舞蹈学院搞的这个武术课以后就邀请我，我也就当场应了。我说去不长，只能去一两个月，短则一个月，长则两个月，最后我就到那又给他们搞了一堂京剧实验课。

李：那是哪一年呢？

张：时间我记不清楚了，应该是 1964 年以后的事情，就是有现代戏以后的事情，因为她这个训练班也是在给现代戏培养演员。我去搞了一个月。她给我派了一个老师和我共同合作。这个老师姓冯，叫什么我忘了，是一位 70 岁的老先生，唱武生的。他是和盖叫天在上海同时出名的一个大武生，又是《智取威虎山》的艺术顾问。当时他在这个班担任教育顾问。我在同这个老前辈合作的过程中学到了一些戏剧上的知识。比方说，我后来搞的身韵"三圆"里面有一圆就是受了他的启发。在他的引导下搞成了"云肩转腰"。过去有一个京剧演员曾经搞过京剧方面的训练，叫"轱辘椅子"，他把这本书给我拿来，我学了以后，就从他这个"轱辘椅子"套出来了"云肩转腰"的"平圆"。他是坐在椅子上练的，而我们舞蹈时是坐在地上练的。因为我们不可能给每个学生都搬一把椅子去专门练这一个动作。我们训练都是从坐开始启动，一直到站起来。他的"轱辘椅子"是不用手的，而我为了使这个动作丰富起来，把云手又加进这个"轱辘椅子"里面。"轱辘椅子"这个运动规律是一个平圆的转圈，我就把云手这个动作加进这个平圆里面，使它更完善一些。我的"8 字圆""立圆"

在前三年都完成了，就是这个"平圆"找不到一个方法和手段，而到了上海京训班，由冯老先生帮助我完成了这个动作。在完成这些动作以后我就又拿到舞蹈学院给我们舞蹈学院的老师分别教了教，比如有郜老师、唐老师，还有一些其他老师，学完了以后他们也就把这"三圆"融在自己的教材之中。

我通过给舞蹈学院引进武术向"三化"靠拢。"三化"问题就是要解决革命化的问题，寻求和现代人的气质结合的途径。我也为解决这个问题做了一些实验。教材上，主流认为它还是有用的，有些可吸收的，但是大家也觉得还有很多不科学的、不足之处需要进一步地改进。在当时时代发展的过程中，革命的作品里面吸收武术的东西已经很丰富了，比方说舞蹈《大刀进行曲》，还有《东方红》大歌舞里面的《飞夺泸定桥》和《游击队之歌》都吸收了武术的拳法。《狼牙山五壮士》的主创把我请去教了一些武术，他们把一些武术的素材元素都吸收到自己的作品里面。在当时的作品当中，都能看到武术动作的痕迹。

《东方红》音乐舞蹈史诗里面有一段《大刀进行曲》，是从《大刀进行曲》这个作品中摘出来的，是有录像的，可以看出来那个是武术的刀。其中的《飞夺泸定桥》和《游击队之歌》等都是有录像的，你会看到里面完全是武术气质的。芭蕾舞《红色娘子军》也在吸收武术的东西。李承祥导演把我请去给他们的教员教授武术的刀术，以此来丰富《红色娘子军》的刀舞。除了舞蹈学院的教学教材，社会上的作品也在大量地吸收武术，这些都证明当时舞蹈界以舞蹈学院带头吸收武术的一个高潮。

我走遍全国各地学习了七八十套武术，李正一老师一直说我是走江湖的。我没办法上学，就只能到处走、到处学，后来去了舞蹈学校我还向李正一老师申请

1982 年，张强在首届教育系任课期间在备课

能不能让我读个大学，但是年龄超过了，30 岁以上不能考大学了。

李：那时的年龄限制是 28 岁。

张：对，那会我已经超过 30 岁了，已经结婚生子没有了上大学的机会，于是我决定自学成才吧！多看、多听、多教、多实践，到处看课，多听别人给我的意见和批评，在下一次搞的时候改进。我这么多年在北京舞蹈学院吸收武术这一方面，就拿郜老师最后给我的一句话作为总结。（就是你们毕业以后）

满：1984 年？

张：对，那时候他送了我一句话："张强老师，你的课看来是越教越精了！"对我评价太高了，我还是要向你们学习嘛！郜老师是个专家，对我有这样高的评价，我很高兴，我觉得这是一种难得的认可。

满：张老师，从具体的动作上来吸收武术，您能从武术动作本身，给它提炼出几个特点吗？

张：武术动作体现的基本是现代人的气质。它没有古典气质，不用像京剧塑造帝王将相的角色，武生、武旦、花脸等都是有规格的。武术从体育、健身这个角度去编排动作，而且它起初都是模仿飞禽走兽。它的发力就叫"四击、八法、十二形"，不受人物塑造方面的影响，它出来的气质你都可以把它说成是现代的气质，也就是说你今天看到的武术形成的一些舞蹈性的东西，那些都是武术上的原始东西。

满：张老师，您刚刚说"四击、八法、十二形"，能不能给我们详细说一说？

张：因为武术上有个规律性，它的规律性就是围绕着"四击、八法、十二形"的。所谓"四击"就是踢、打、摔、拿，"八法"就是八种方法，如手法、腿法、步法等，"十二形"就是飞禽走兽、站如松什么的。这个文字上的东西太多了，"十二形"我一下说不出来，但是这个文字的资料都有。"十二形"主要是模仿飞禽走兽，那时候我所表现出来的武术套路，有叫兔滚鹰翻、猫跳狗窜的，都是在模仿一些动物性的东西。

我谈到第二个高潮（1957年至1960年）是舞蹈学院在它曲折的发展道路当中充分吸收养分的时期。我认为北京舞蹈学院在不断地吸收、不断地改革，它吸收的古典舞的营养要比芭蕾舞、武术的营养还要丰富。我可以举一个例子证明，1966年至1976年，古典和民间的东西都是"封、资、修"不准演了也不准练了，古典舞和民间舞都受到批判。肯定的八个样板戏，八个样板戏的舞蹈只有两个，一个《白毛女》芭蕾舞，一个《红色娘子军》芭蕾舞，全国歌舞团谁还敢演过去那些舞蹈。但是要演节目怎么办呢？全国各个团体又想演，一部分年轻人就要演《娘子军》、要演《白毛女》。我们这些老同志思想上很保守，我们说："不可能，你们又没有系统地练过芭蕾也没有练过脚尖，就要练人家的样板戏，人家的样板戏那么多技巧旋转，在脚尖上旋转，没有个十年八年的工夫，那个东西练不成的。"我当时就是这种观念。

但是在"文化大革命"期间，没有练过芭蕾的人最后居然能跳出芭蕾来，什么原因？古典舞的基础啊。《鱼美人》（它芭蕾的元素很多）里面陈爱莲也用了一些脚尖上的东西，而且"文化大革命"当中陈爱莲也跳了《白毛女》，也跳了脚尖了。这些人没有系统地练过芭蕾，也一样演了样板戏了。后来无数的团体都在演这些东西，铁道兵、工程兵、空政（均为当时部队文工团体简称）也演。学样板戏的人多得很，他们都脚尖立起来，还都能转能蹦的。我就研究了一下他们为什么都把我认为不可能做到的事情都做到了，古典舞打的基础嘛！因为古典舞里面就有芭蕾元素、芭蕾的功能，所以说演员就有足够的身体力量去适应足尖鞋。我们有好多芭蕾的因素，比方说蹲、半蹲、全蹲等，它把肌肉、线条往长拉。我们古典舞吸收了芭蕾的元素以后，反而给后来大批的剧团去学习《白毛女》和《红色娘子军》创造了条件。

中华民族传统五千年文化树大根深，任何文化都可以融合进我们自己的文化之中，而不是被其他文化同化。所以，中国不怕吸收外国的东西。我为什么说这个，就是说古典舞吸收芭蕾有什么不可，吸收它的元素这就叫崇洋？我不这么认为，我还有一个观点，我们现在政治上、经济上面改革开放，我们向外国引资，引进外国的科学技术，难道这都叫崇洋吗？我们自己的科学技术落后、不发达，而我们向外国引进，向外国学习，学完后变成我们自己的东西，这有什么不好。我觉得艺术是没有国界的，艺术相互吸收、交流是没有国界的，它们是互相影响而前进的。

有些人怀疑起步起错了、出主意的人把方向给指错了，我说没有，这个方向指的是对的，而且它后来走的这个步伐也是对的，它在不断地吸收别的姊妹艺术的优点来丰富自己。训练只是一种手段，不是目的，我们的目的是剧目。剧目立起来了，训练也会根据剧目的需要不断地变化和改革。我们在吸收过程当中，对自我会有一个认识过程，所以说实践是检验真理的标准，关键是要允许人实践。李老师您这个人我佩服，那时候就那么开放，就敢让你这样去做，敢让你那样去做。我在别的团里，哪个领导敢让我这样做，敢让我那样做？没有，没有人敢。您能给我搭平台，敢让我冒险。说实话我连我自己都不敢说我相信自己能做好。那李老师能没有负担吗？没有压力吗？她了解张强多少呢，我能不能把这个东西搞成功，能不能让大家认可，她也没这个把握。

李：我对你的知识结构是很了解的，如果随便换一个人来整理剑，我是绝对不敢放手的。我们只要对他的知识结构了解，知道他对剑了解到什么程度，就可以放手。所以，还是因为你自己积累到了一定的程度，只要客观上给了一定的条件，就立即可以把所有的东西都拿出来。现在想找一个人像他这样积累知识的，不求这个，不求那个，死心塌地学习研究的人很少了。

满：是张老师所说"走江湖"的游学方式吗？

李：不是，是他敢于花十年、八年的工夫去磨，我觉得这是有价值的，敢于这么去做的人，不多了。现在太多人急于求成，恨不得我学了这一手，我就立刻要求有一个什么回报，太急功近利了。

张： 有个老师傅跟我说不要急、慢慢磨，不要急于求成，三年一小成、六年一中成、十年一大成。

李： 我为什么觉得他是不可缺少的，因为他的知识结构是我不可能有的，我没有花他那么大功夫在武术上头，没有像他一样经过了这样一种身体力行，经过客观检验，达到了一个什么水平。而且，我知道他这个人的思维特点和方式，我觉得这些都是我做不到的。因为这些原因，所以当学校里要做这些事，就一定要找他。假设我忽然看了一次武术，我就认为自己什么都知道了，我就信手拈来，就从中间掏个这个、掏个那个，随便告诉你说这可是吸收了武术了，这通常是很浅薄的东西，经不住考验。一个东西是精华，还是糟粕，对我们到底有什么用处，它的可塑性、实用性，它到底起什么作用，都很难说的。我觉得张强老师对于学校来说，在每个历史时期中都是不可缺少的。可惜你现在年纪大了，身体也不太好，很难再请去学校里指导了。

那你再给我们讲讲，你说的中国古典舞的第三个高潮吧！

张： 第三次高潮是 1980 年，舞蹈学校改制为大学。当年李正一老师邀请我参与关于舞蹈学院的教学改革下一步怎么走的讨论。在教材的讨论过程当中就牵涉一个转型升级的问题。会上提出来我们的舞蹈学校是一个中专文化程度的艺术学校，这么多年了，文化水平都很低。为了把我们的文化提高到文化教育这个层次上，就有人提出来能不能进行改制升级。这一方案提出来后大家都觉得困难很多，要把中专舞蹈学校变成一个舞蹈大学、舞蹈学院，把它从一个中专程度提高到本科水平，从体制改革上、转型上、国家批复上都存在很多困难。要办大学，你的机构就要改变，要从一个中专的机构变成一个大学的机构、学院的机构，怎么改都是当时的难题。大学成立了以后，给大学生提供的教材是什么呢？文化课有统一的教材，但是专业教材在哪呢？过去我们用的都是中专教材，总不能拿中专教材去教大学吧，所以就又提出一个新问题，就是大学的专业教材如何

1981 年，张强在北京舞蹈学院给学生们授课

制定。

　　在讨论过程当中团队就提出我们将来成立了大学以后，提供五门专业教材。一门就是让原来的古典舞基本功更上一层楼，水平再高一些。再一个就是在体形课里面加重一些表演性的东西，和舞台最好再接近一些，就是提高他的表演水平。过去在中专六年级毕业的时候，对学生的表演没有提出更高的要求，而大学就要提出这个问题，你不光是把胳膊腿练好了、练出来了，你的表演技术还要提高，你的表演技术还要上一层楼，所以从这个角度加以重视，提出了大学的表演课问题。再一个就是另立三门新课：一个是关于中国古代的剑器，武术里面的剑器可以列一门舞蹈课；另一个就是把中国戏曲的水袖也提出来，也可以搞一门专业课；另外就是把身段拿出来作为一门专业训练。后来，表演课一直在探索过程当中，因为条件还不成熟，没有拿出一个完整的表演课教学方案。课程进入实际操作和实验之中。流程大致是先分配给老师们，去找一些实验学生先进行初级实验，把初级教材拿出来，完了以后，经过学院领导和有关的专家审查，通过了再经过上级批准后正式进入课堂。当时的剑课、水袖、身韵等都是通过这个程序走的。另外，在大学建制方面，李院长通过提出办大学的理由，向上级有关部门提出报告，然后由文化部再提出来转到教育局，由他

们教育部门再给予批准……做了好多这方面的批准程序的工作。一切的努力最后都成功了。舞蹈学院的牌子也通过这些准备工作完成了。在 1980 年的时候学校招了第一批本科大学生，招了 60 名，30 名民间舞专业的，30 名古典舞蹈专业的。由于舞蹈学校从中专变成大学，所以不仅机构上进行了改革，教材上也需进行改革：一个是重新修正原来的教材，另一个是拟新教材、新课程，最后在 1984 年毕业的时候这一批大学生经过面向社会的考试，也得到了社会专家、全校领导的肯定。同时大家认为这些课都是基本上成熟的，基本上是可以立起来的，所以这些课从那时到今天，一直在舞蹈学院都是作为正式课程在进行。1980 年左右，完成了大学的建制，一直到它的建立、招生，再到 1984 年把这些大学生送走毕业，完成了这么一个发展过程。这个过程我认为是舞蹈学院教学改革的第三大步。同时，我觉得这里面也解决了一些洋为中用、古为今用的问题。

满：张老师，从您的经历来看，您一开始从事的是舞蹈工作，那么您是怎么接触武术，并将武术的内容引进舞蹈里呢？听说当年在陕西歌剧舞剧院您参与编创过一部舞剧《秦岭游击队》，那时候用的动作语言是否就是从武术当中提炼的呢？

张：《秦岭游击队》主要描写的是秦岭地区游击队的故事。这个舞剧排练的时间比较早，是在 1964 年。我们想从创新的角度去尝试，比如，从武术的角度进行。它不像编排古典舞《小刀会》那样从戏曲中学习姿势、韵律等，而是从武术动作中提取元素进行编排。这个舞剧由四个人编导，我们当时脑海里仅仅有一个实验性的想法，但没想到最后从这个舞剧中真的得到了有价值的收获。不同于以往的形式的舞剧，所以需要一个别出心裁的方法进行演员训练，那么应该如何实施呢？我们从武术中提炼一些动作进行初级的基本功训练，让舞蹈演员尝试。当时，课堂展示在舞蹈学院大礼堂进行，中国舞协组织了北京所有的舞蹈界同人来参观学习，让大家初步了解了我们这个舞剧以及训练方法。可惜的是，那时候还没有录像机可以把教材给录下来，没有留下什么影像的资料，但当时的舞蹈杂志上写了三四篇关于我们的这个训练的评论文章，如中国歌舞团团长张文玲写了一篇、郜大琨写了一篇，等等。

满： 您是如何开始学习武术的？

张： 我先从个人的角度和经历来说说。我参与了舞蹈学院的一些工作，如舞蹈学院的整个训练体系，但我并不是从最开始便参与了这个事情。在我的记忆里，我是从1961年开始参与舞蹈学院工作的。1960年，国家体育中心办了一个武术训练班，训练那些全国武术界的教练和优秀运动员。这个培训在北京工人体育场办了三个月。我虽然从事的是舞蹈，但想接触舞蹈以外的知识。正好有了这个机会，我便想深入地去了解学习。国家体委为了举办全国武术比赛，请来全国的专家编了八套国家规定的动作，这些动作后来也成了北京体育大学的教材，一直到今天比赛的规定还是这些。

我当时请求我们武术队的教练，让他帮我争取一个名额，能让我进去学习。最后他帮我争取到了，而我就成为当时舞蹈界唯一一个进入这个专业武术训练班学习的人。我在训练班里学习了两个月，我也跟一些教练一起交流，他们都是全国的名教练、专家。在交流过程当中，他们认为我对武术这方面还比较在行。

1981年，张强在北京舞蹈学院指导学生

　　这个训练班是国家体委当时一个大的行动，一共十个项目，武术算其中一个项目。武术教练不擅长教技巧，而我技巧练得比较好，能打能翻能滚，人也年轻，什么都能做，很多年轻人都围着我想学技巧。比如飞脚、摆莲腿这些腾空动作怎么开范儿，那些教练都不太熟悉，不知道怎么入手。这些我都会，也做得比较好，所以说最后就让我去教，开了一个腾空课。三脚不落地、飞脚、摆莲腿等，让我来示范，再就是腾空动作让我跟着教，我就开始在那里兼任教练了。武术的教练觉得我教的方法管用，也纷纷学习。训练班里面有好多优秀的运动员，他们弹跳不够，没有我的高度，也没有我的下身那么轻盈。再加上我又是共青团的书记，那些年轻人一下子就围到我这来了。我在训练班中的威信一下就提了上去。在那么一个状况下，我把他们每个人身上的优点都学一学，谁有绝招，我就跟谁学。毕业以后，大家照了相，我便回到了老家。我们武术的一些领导很骄傲，过去我们陕西的武术水平较低，让人家上海市、黑龙江省、安徽省压得喘不过气来。所以当时大家一看我在武术队里面学习过，都说让我参加 9 月全国武术比赛，因为我在那之前根本就没有暴露我是跳舞的，他们也不知道，以为我是陕西武术队的。我们那个教练和我们运动员都说，张老师你去参加，因此我就代表陕西省政府去参加了比赛。我天天在武术队整训，从三月开始一直练了五个月，体育上的那一套训练方法我也学到手了。他们体育上训练运动员是如何训练的，怎么记笔记，怎么安排活动，我都非常清楚。武术的量化训练我觉得很好，量化训练体系也是吸收了体操的训练体系。我在那四五个月的训练里，也算享了福，1960 年国家正是困难的时候，吃的都不好，可是我们的运动员吃得相当好，运动员的营养供给很足。所以国家困难时期我没受罪，天天吃牛肉泡馍，然后罐头、水果都有。国家规定的健将刀、健将枪、健将棍、健将剑等都是参赛的必备项目。之后，个人再准备三套自选，一套拳，一套短器件：剑或者刀，一套长器件：枪或者棍。这三套自选要自己编，也就是说你自己有什么好的优点，都编进去，因为国家规定的几个套路，他都给你统一了，你个人发挥不了，他就让你编三套自选的进行发挥。我当时编了一套飞虎拳，然后编了一个刀，再就是编了一个枪这三套。当时他们在底下就吹捧我，这次我们队的全国冠军张老师拿定了。

那我是怎么进舞蹈学院的，我进舞蹈学院干什么，我的目的是什么，我看见了舞蹈学院的一些什么东西，对我有哪些启发？舞蹈学院当时有些人说，你会那么多武术，那就自己搞自己的项目，干吗去舞蹈学院掺和。我说我有一个想法，要检验这个想法实际不实际，不能单干，因为一个学术是大的科研实验，完成它要靠一群人，拿今天的话说要有一个团队才行，我要有一群人的智慧才能去研究一个大的课程和项目。我想从武术里面吸取点东西，弄一弄，但我个人还没有那个能力。舞蹈学院已经研究了将近十年的古典舞了，我觉得这里面肯定有很多可学的东西。古典舞也是靠一群人的智慧弄出来的，咱们向人家学一学，向民间舞、古典舞、芭蕾舞都学一学，都看一看。再者，我也想看看武术能够帮点什么忙，如果人家欣赏，觉得这个东西还有些吸收的价值的话，那咱就和舞蹈学院合作。当时我是这样一个思想，带着这个想法我进了舞蹈学院。

我当时在团里是一个演员，但是在基训课上，我负责带着大家练功，也谈不上教员。我来学校认识的第一个人就是孙光言，当时她是民族舞科的。我就说："孙老师，我是陕西省剧院的，想在你们这请一个老师，学点芭蕾，能不能请学院给我们派一个老师教一教，哪怕教一个月。"孙光言说："学芭蕾干什么，芭蕾有什么好学的，你要来学就学古典舞嘛。"你看

1981 年，张强在北京舞蹈学院为学生示范

这么多年了，我都还记得住我们当时的对话。第二个认识的就是民间舞的老师许淑英，第三个是李正一老师。

我就是这么稀里糊涂地就闯入舞蹈学院了，闯入了舞蹈学院古典舞系，再慢慢地参与到古典舞的建设中。我把古典舞的教学大纲、教学法两本书看了，了解了古典舞到底是什么舞种。加之孙光言不让我学芭蕾，所以我就放弃了芭蕾这个项目。

后来，我慢慢尝试把武术和古典舞结合，就这么一点一点插进去，这引起了李老师对我的关注。她了解我的底细，知道我掌握一些什么东西，再就是了解我对学术的一些看法。从 1960 年一直到 1964 年，我看到舞蹈学院的教学方法、教学质量在不断地提高、不断地变化。尤其是到了 1964 年《东方红》出来以后，我觉得舞蹈学院有了一个天翻地覆的变化。我今天想谈论的这个题目就是"管窥古典舞的变革和发展"，我觉得我既是一个参与者，又是一个局外人，舞蹈学院搞了哪些变革，是怎么进步的，怎么发展的，我都很清楚。古典舞的初期，我没有参与，所以也没有更多的发言权。我重点谈两个阶段。第一个就是从 1960 年，我进舞蹈学院、接触舞蹈学院的这些东西开始。1960 年到 1964 年，古典舞处在一个稳定的发展状态之中，它没有什么大的动作。但是到了 1964 年就出问题了。1964 年由于强调"革命化、民族化、群众化"，再加上当时出现了很大一批的革命的现代作品（以《东方红》音乐舞蹈史诗为主），这些东西当时冲击了古典舞。很多人觉得古典舞在课堂上有些形象的东西，太古典了，所以当时每个老师都在发言，觉得我们应该改革，都在想怎么把我们的古典舞能和目前的"革命化、民族化、群众化"相结合，但是谁也拿不出来办法。

后来李老师就对我说："张强，你能不能拿出一个办法给咱搞一堂实验课？"她让我搞一堂实验课，加入"革命化、民族化、群众化"的东西。这个以"三化"为主，就是取消向芭蕾学习，堵死了向芭蕾学习这条路，开始研究怎么向武术学习。

我觉得这是舞蹈学院一个大振荡的时候。"三化"对舞蹈学院甚至是整个文艺界都产生了巨大的影响。那时候舞台都让"帝王将相，才子佳人"给占领了。大家都希望能够有一个变革的办法，但是也没有谁能拿出办法，所以就让我先去试一试，从武术里面学习学习。我为什么当时敢于接受这个担子呢？因为在这之前，我搞过一些革命题材的现代化东西，比方说《大刀进行曲》。它是个现代化的革命题材。这个《大刀进行曲》当时是一个比较成功的节目，我用这个武术的"刀"搞了这么一个革命题材，对我来说是一个启发。赵安华是中央歌舞团的编导。他带着恬静、孙兴为，还有一个人，但我忘了是谁，三个人跟着我们巡回演出，跟着我们从北京到天津，一直学了将近一个月的刀。我把我会的刀法全教给他们了，教完了以后他们各自谈感受给我听。

李： 这个实验针对的是芭蕾。我在思考古典舞离开了芭蕾，能不能整理出自己民族的东西？所以，就让张强做一个没有把杆训练的模式，那么，这堂课怎么练？能力训练怎么练？首先要考虑的第一个问题，是与"三化"联系在一起的。"三化"反对的目标是什么？第一个就是才子佳人，就是说搞传统民族的题材和搞历史人物的题材；那么第二个就是训练方面吸收了很多芭蕾的东西，需要解决民族化的问题。"革命化""民族化"两个需求都有，所以才出现了这个实验。离开芭蕾的训练，能不能有我们自己的东西，就是这么一个问题。

张： 学习武术是为了解决革命化的问题，追求现代人的气质。所以从局外来看，舞蹈学院做的这件事情，使舞蹈学院整个后来的形势产生了很大的变化。各个老师都有意地从不同的角度上去吸收武术元素，我给大家起了个头，抛了个砖头，引玉是他们来做的。所以，哪些东西有用，哪些东西没用，哪些东西能进课堂，老师自己去做，那不是我的事，我只是提供一个线索。

我认为古典舞处在很好的发展趋势中，但是除了教学上有不断的提高以外，在教材上它并没有什么大的改革。1964年左右，由于政治与文化思潮的变化，艺术创作也产生了一定的改变，我们舞蹈界也需要跟着变。

《娘子军》和《东方红》音乐舞蹈史诗是同一时期起来的，当时现代戏也出来了，《智取威虎山》《沙家浜》里出现了无数的工农兵形象，所以说舞蹈不变是不可能的了。

满：张老师，您觉得从今天这个角度看，那件事情做的是正确的，还是有偏差的？对后来的建设产生了什么影响呢？今天，我们怎么来看待这件事呢？

张：我觉得这个是另外一个课题了，这就不是说武术怎么样了，因为这里面还有一个新的课题，关于武术、芭蕾和古典舞的关系问题。我觉得这就要看"洋为中用、古为今用"的思想了。舞蹈学院吸收了芭蕾，吸收了武术，是对是不对？这么多年它是在不断地发展，还是在不断地后退？我的看法是这样的。古典舞在初期的阶段，无论是它整个的构思还是它后来吸收的芭蕾的系统而科学的编排教材的方法，抑或是为了充实自身吸取戏曲舞蹈的一些东西，后又为了既能够表现古代的事物又能表现现代人的生活吸收了武术……我觉得这些做法统统都是正确的。

当时我们社会的舞蹈发展呈现三大流派，舞蹈学院、全国部队歌舞团、地方歌舞团各算一个流派。我参观了全国的这些训练单位，我都看了他们的训练教材。我走进舞蹈学院研究武术的时候，很多人是有看法的，说我把武术课搞成了原始训练。虽然现在看起来就是很可笑的、很幼稚的，但是当时我不管别人的看法，我起码要拿出一套可练的东西，可行不可行，那就是另当别论了。

我的训练方案在当时舞蹈界引起了很多震动，因为舞蹈界不认可也不承认这个东西。有三篇评论文章觉得武术还有很多毛病或者武术就是武术，而不是舞蹈。贾老师在舞蹈杂志上登了一篇文章，就是这样谈的，对于把武术吸收到舞蹈里面，还不是很认可。评论的核心是说武术太直板，另一个就是说我天天说舞蹈化，其实我也弄不清楚武术怎么舞蹈化。

我当时的想法很简单，我是第一个把武术引进舞蹈的人，做到这一点，我就足够了。武术是好东西，里面还有很多可学之处，能达到这个目

1981 年，张强在北京舞蹈学院为学生示范动作

的就行了。我并不要求我弄的东西能让别人觉得有多好。我的要求并不高，我并没有觉得受到什么打击，或者说给我泼凉水了我就不干了。不，我还要继续干。只要你给我一个平台，你要让我干啥，你把目的说清楚，我就尽我的能力和理解去做，做成了就有用，没用就算了，所以我的目的也很清楚。

满：为什么你们团编创的舞剧《秦岭游击队》全部都是用武术形式？全都是借用武术套路的动作进行改编吗？应该有音乐方面的处理吧？

张：有音乐，节奏也合拍。那还照样是舞蹈，我一直有个把武术糅合到艺术里面的想法。但是我进了舞蹈学院，我的方向就变了。

满：您和你们团在很早之前就已经有了把武术引进舞蹈这一思路吗？

张：比做这个舞剧还早呢。人家如果要跟你提一个问题，你要给人家回话，你就要先搞清楚。比如说你想把一个武术弄到舞剧里面去糅合，变成舞蹈的东西，你怎么发现武术有这个功能？这就需要说起民间舞了。

我去陕北是 1955 年，派我过去的时候正在闹秧歌。任务就是让我们把民间艺人踢场子的秧歌学回来。实际上我学武术这个套路很早，1952年到 1953 年我跟着业余教练在那练，但是那个时候我没有任何的想法。后来 1955 年我第一次下乡到陕北去，学陕北秧歌踢场子，在踢场子里面，基本上把各种风格的民间舞我都学了个遍。

学完了以后我就发现了一个问题。因为我当时就有考察研究的意思，我就问艺人，你们这个踢场子这些舞蹈动作都从哪来的？他说看戏来的。我说看什么戏？他说他们那过年，剧团就在舞台上演戏，旦角就拿扇子、拿手绢。他们有好多动作，我们就学他那些戏曲的旦角，戏曲的包头。我说那男的呢，跨鼓的呢？里面有什么三脚不落地、飞脚、摆莲腿，还有一些姿势，你们这些男的动作又是从哪儿来的？他们说你没有看到里面打拳的吗，是从武术里面来的。其实各个汉族地区的民间舞都有这个。每一个场子都有几个武术动作。但是拿到他那里以后呢，它变了，变成民间舞化了。这就是我深入学武术的一个起因。

有些人在谈观点的时候，说古典舞这不好，那不好，我不同意这个看法。我认为古典舞从成立一直到1964年，它一直在变，一直在发展。在这个过程当中，它的教材吸收了中国戏曲的东西，运用了芭蕾的编排方法，后来又吸收武术的元素。我觉得舞蹈学院的这套教材的整理过程不是僵死的。教材是要根据当时的社会大变化发展的。你说舞蹈学院不以古典舞站住脚，你让舞蹈学院拿什么去站住脚。

此外，我重点说说咱们古典舞的步法，这个就要慎重了。我认为成立一个研究组很重要，研究组干什么，派任务啊。若要让我一个人去搞那么多步法，我年龄也大了，我也没那个精力，我也做不了，我连比画都比画不了了，我怎么去完成呢？所以得让一些年轻人来实验，我们老的带着他们，比方说引导他们：这个动作你能不能这样做，那个动作和这个动作能不能连接起来。研究舞步又是一个大课题。过去我和李老师研究过这个问题。比方说花鼓灯有好多好的舞步，我们为什么不能把这样的舞步给拿过来呢。其他民间舞也有好多好的舞步，我没拿，我们从这一个舞种拿来一个动作，那个舞种拿来一个动作，我们能拿三五个就够我们用的了。但是研究需要实践。举一个例子，我先搞的剑舞，后搞的水袖。没有剑舞的结构模式，就提炼不出水袖。我总结了剑的经验，把剑给规划一下，把我们有用的东西给提炼出来。实际上水袖有一百多个。梅兰芳为了搞水袖，专门找了一个人请教学习。他把程砚秋的水袖全拿到手了，所以我找到了他。他是程派的继承人。那个时候我就搞了好多这方面的资料。各种专业名词，枪是枪的，刀是刀的，棍是棍的。专门找到一个专家给我整理了一套，我说哪一天有机会了，你还在任的话，我准备给你提一个建议，把这个课也可以开一开。原封不动的专业术语都有。但是现在咱们年龄都大了，这些都做不了了。我就想哪一天实在不行了，干脆给拿到舞蹈学院当资料去，把它都给印出来，作为参考资料，大家都去参考。

满：好啊！张老师，请您说说对今后中国古典舞的发展建议？

张：第一，我们现在大学的课程，教材训练是基础的东西，它是一个训练手段，我觉得更重要的是它要和成功的剧目结合。芭蕾舞能够上百年延续下来，就是因为它在世界上立起来《天鹅湖》《胡桃夹子》等无数的优秀的芭蕾舞剧，这些芭蕾舞剧又反过来促进了芭蕾舞训练的不断提高，提高它的教学质量和它的教学改革进程。

我觉得剧目和训练是相辅相成的，舞蹈学院在这方面还是有弱点，这个问题没有完全解决。舞蹈学院没有把我们从中华人民共和国成立到现在的优秀剧目形成一个系统的清单。我所指的优秀剧目就是在国家级的比赛当中曾经获过一等奖，而且是专家公认的国家水平的一些剧目。比方说像《宝莲灯》《丝路花雨》《小刀会》这样的大型舞剧，还有一些小节目，像《新婚别》等。这些剧目哪个技巧是六年级或者大专学完以后才能完成的剧目，什么样的水平能跳一等奖，或者说什么程度的学生能跳双人舞，能跳群舞……我觉得应该把剧目梳理一下。我们舞蹈学院没有做好这个事情。教学剧目应该是教学大纲中的一项重要环节。芭蕾舞有它的变奏项目，你到六年毕业必须会跳哪个变奏，你必须要完成某个技巧。戏曲也是一样，你把戏曲的基本功都练会了，骑马拉架子和毯子功你都完成了。行了，这个时候就该给你排剧目了，可以排个《三岔口》，通过《三岔口》就标志着你所有的基本功都已经练完了。你可以排一个武生，你这个武生功夫练到什么程度了，通过《武松打虎》就把你这个演员的基本功水平表现出来了。它必然是这个结果，剧目一定要和训练挂钩的，而我们没有与剧目挂钩，也没有系统地去梳理。我觉得应该系统地去做，这是我的一个建议。把这些剧目科学地分类，再分级别，使之成为一套，我觉得起码应该弄二十个剧目。

我们原来还想弄表演课的，但是那时我们根本不知道中国舞蹈表演课是什么样子。话剧有一套自己的"斯坦尼斯拉夫斯基体系"表演课，而我们舞蹈界的表演课应该是什么，我们一直没有拿出一套方案。所以，如果我们自己找不到表演课的一些手段和技术教材的话，那我们就和剧目挂钩，我们从剧目里面找。因为人家的戏曲就是这样做的，芭蕾舞也是这样做的，那我们古典舞为什么不可以这样做。我们有那么多的优秀节目，我点名的我都很欣赏，那都是获国家一等奖的，《敦煌彩塑》《小刀会》《宝莲灯》等，还有这些大型的古典舞。你的特点适合跳《新婚别》就跳《新婚别》，你短小精悍速度快，就去跳《双人鼓舞》。戏剧老师说我适合演武松，那我就去演武松，因为我功夫练到了，武松的剧目里所具备的技巧我都有了。而我适合演《三岔口》，我就去演《三岔口》去了，所以刚才我提出来训练不是目的，它只是一个手段。梅兰芳有名，去看梅兰芳练功，梅兰芳不会让你看他的练功的，他会让你看他的《霸王别姬》和他的《贵妃醉酒》的，人家的作品在那呢。像戏曲里面的飞脚、旋子都不会拧，《武松打虎》能演吗，让你拧个旋子你不会拧，打个飞脚你也不会打。你都得完成你应该完成的三大件，戏曲的三大件就是扫堂、旋子、飞脚，把它们都掌握了你才能演一个武生戏，完成一个剧目。课堂上的教材只是弄这个跳那个转的，都和剧目脱离了，一直到今天我看到的课也还是这样，所以我建议，希望系里面能回去把这个事情做一下。

第二，"洋为中用、古为今用"。这个我刚才已经谈过了，我的观点是，我们不单是现在吸收了过去的芭蕾、武术还有戏曲等，今后有好的东西，只要是能为我们古典舞所用的都吸收。"洋为中用"经过这么多年的争论，根据改革开放的思维，我觉得我们那几年是走对了，我们没有僵化，我们没有停滞不前，我们在前进。

"洋为中用、古为今用"的问题我们已经解决了，以后我们不要再纠缠在这个问题上。我希望我们能够再大胆一些，世界上还有那么多个国家的民族文化艺术，一些我们没有见到过的艺术，也许对我们是有用的。我们再遇到需要吸收学习的时候，就不要缩手缩脚，不要不敢做，这样做不对，那样做不对。我活不到那么大岁数，我要能活一百岁我就敢做，我要把印度舞变成中国舞，我把印度舞学过来以后变成中国的。只要我能搞出一套成功的办法，找出路子来，紧接着第二个办法就来了。现在不是世界都在融合吗，文化在融合，外国人在学中国人用筷子吃饭，中国年轻人不是也在那吃肯德基吗？艺术的发展也是一样的，它是融合的，你挡不住。

满：关于组合课的问题，您现在怎么看？

张：我觉得它解决不了实际问题。我现在就要看演员上台，不要在课堂上玩组合变换的花样，要到舞台上玩去，你的学生好不好拿到舞台上去检验。人家戏曲就是这样做的，芭蕾舞也是这样做的。芭蕾舞最后一个演员毕业，能不能成就看你会不会跳《海盗》那一段。你跳下来那就是一种技巧，把芭蕾舞的高级的技巧都包括了，那说明你练到家了，你才够毕业水平。你把功夫练好，腿功、腰功都练完以后，表演也弄好，我就给你排剧目了，就看你在这个剧目上会不会表演，到剧目当中你不一定能表演好。艺高人胆大，还有一个体现能力的表现，胆子小，你练得很好你不一定能体现出来。还有一种人，课堂上练得糟糕得很，要规格没规格，要啥没啥，他跳也不像样，他一上去表演《白毛女》，跳得最好，很有激情。就跟运动员一样嘛，底下练得再好，赛场上失误没用。所以这里边有很多复杂的表演问题，我觉得，现在基础训练赶紧要和剧目挂钩，现在有这么多好的剧目，我不知道你们有什么顾虑，要有这种思想就不要搞，那教材永远就不要再前进了。我觉得人要大度一点，不管谁搞的，只要属于我这个系统的，拿来主义我就把你规范进来。你对我有用，你已经规范到我这个系统里，进来吧，这就是我的古典舞。

我们还要培养一批排练教师，就像那个时候培养的以邓文英为首的好几个老师。他们本身就是表演课的，让他们筹备表演课，用表演课的精神来排练，才能排出点水平来。学校就要把课程排出技术性、技巧性。你们一定要弄清楚训练是手段，剧目才是目的。要严格把关，除了教学大纲，系主任就要把关。达不到得奖的水平就不行。技术的标准是以什么来衡量呢？是以剧目来衡量的，不是课堂上会打飞脚就算合格了，不是那么回事，只有通过剧目才能体现高超的技巧性。

此外，舞蹈编创的时候要编出语言性来。因为舞蹈是个哑巴戏，它不会张口说，但是你的动作要会说话，也就是说你的动作要形成一个组合的时候，要有语言性。"我要出去了"这句话你能用一个动作说明，它的语言性就出来了。话剧它是反的，它是把语言动作化，就是你说出的话要有动作性。如"我打你"，动作有了，但是我举拳头，我说"我打你"，我这个语言里就有动作性了。所以话剧里导演在导戏的时候，都是围着台词的"语言性"走的，你有更多的语言性，你这个话剧才有戏，就是没戏找戏。本来我绕一圈就过去了，我得绕三圈，或者我要到这来，就是没事找事。为什么？增加他的动作性。动作性一出来了，他的语言性也就出来了，你就知道我要干什么。所以说，各门艺术的表现手段是不同的，我觉得我们在表演方法与能力训练这方面现在也存在问题，如果我们要去搞一堂表演课，最少要下十年功夫。

关于舞蹈学院这么多年的教学，我只能说是管窥了中国古典舞的变革和发展，只能由点及面，我今天的发言就这些了，仅供参考，至于对不对就等待大家在实践中检验和发现了，谢谢大家了。

满：谢谢张老师今天的分享，谢谢张老师为中国古典舞做出的贡献。

2018 年 12 月 9 日，满运喜老师带着他的研究生熊捷森，拿着采访文字整理稿又一次找到来京的张强老师进行核对。老人家精神矍铄，不顾身体病痛又滔滔不绝地谈了起来。

问：您觉得这篇文字整理还有什么问题吗？或者，您还有什么想法意见呢？

张：这篇文章是采访我的文章里面写得最好的，整理得最完整的，没有一点废话，从建校初期到最后阶段写得清清楚楚。如果谁要想了解舞蹈学院的建院史的话，看了这篇文章就能了解。一个阶段一个阶段，一环扣一环，我觉得记录得非常完善。最后我补充一个建议，这个建议非常重要，就是剧目和训练如何结合的问题。人家中央戏剧学院，话剧有话剧的表演课，我们的舞蹈和这个舞台上的表演怎么结合？我认为没有解决这个问题。

问：这次在学年学分制改革中，我们做了一个围绕提高学生的表现力、创造力的"表演理论体系与实践"的教学试验。从对传统戏曲、武术片段学习、研发，再到学习舞蹈编创技法和戏剧表演的解放天性，最后以学生为主体进行编创与表现。

张：我认为你们这个分法不对。表演课要在他毕业前一年开课。

问：来不及了吧！

张：表演课怎么上？谁来上？像现在戏剧学院里上表演课的老师，都懂得戏，会唱戏，演员发展过来才当导演的。比如说导演会《四郎探母》，这出戏我就能给你排，我不会我怎么排？如果不会《白毛女》《红色娘子军》怎么给别人排这个剧？导演必须先自己会。舞蹈学院我前面谈到一共有三个阶段，第一个阶段是舞蹈学院的成立过程；第二个阶段就是"三化"阶段，这是社会大变革的时候；第三个阶段就是改革开放。这都说得很清楚。我现在说的这一个建议，是我最后的结束语。也就是说，现在舞蹈学院在改革的过程当中还存在哪些重要的问题没有做？就是表演课如何与训练课结合的问题，这个还没解决，还要继续改革下去。

问：张老师，您对于表演课的一个大概设想是怎么样的呢？

张：我为什么要提这个，就因为我们的体系还不完整，它和剧目训练没有结合，所以显得我们还不完整。因为我们光把学生胳膊腿练出来了，并没有让学生成为一个舞台上的成熟演员、表演艺术家，舞蹈是个哑巴艺术，是不是？它是用动作去表达语言的。而话剧、戏剧是用说话来表现语言，我们是用动作来表现语言的，而话剧要把语言变成动作。编剧写出来的词要有动作性，我才能动起来，才能表演，而我们舞蹈不能说话，我们是靠四肢来表现语言的，所以说我们舞蹈是动作性的语言，而话剧是语言性的动作。古典舞想要在国际上站住脚，没有自己的剧目是不行的，就算技巧做得再好也不行。我们舞蹈学院毕业的这些学生，不光是最后看个课，而是要看他们舞台上的表演，他们刻画的角色形不形象，这才能毕业。不能像现在这样的考试。

问：我同意张老师的意见，现在学生毕业前，毕业晚会早已经是规定动作了！您再把这个教室与舞台之间衔接的组合课谈一下当年的设想吧。

张：这个表演课它就是从剧目里提炼出来的。没有人物，表演怎么进行？组合课不应是在那推敲动作、推敲技巧。

问：张老师，您的意见可能来源于过去对训练性组合的概念，如果现在组合课的教材是从设置特定的人物、情景和情绪来展开呢？

张：那这样就对了！我们舞蹈学院没有培养出导演，没有培养出排戏的导演、排剧目的导演。别人戏曲单位有专门排戏的导演，这个导演跟编导是两回事的。比方说我会这一出戏，我唱过这出戏，我跳出经验了，那么我再教给下一代人，所以说戏曲能出人才，而我们古典舞就很难出现好的表演演员、演技演员。你看戏剧的哭，豫剧哭是豫剧哭法，京剧哭是京剧的哭法，各个剧目在哭的时候哭的都不一样，声音发出来都不一样。我觉得舞蹈要解决表演课的问题，必须要设立一个导演组、导演班。导演首先要会剧目，才能去教别人，启发学生。所以，我说这个表演可不是那么简单。话剧就不存在这个问题，话剧是个语言性的东西，就像我之前说的，它的语言本身就充满各种动作，动作性，对不对？人家编辑的那个台词里头本身就有动作了，就有动作性，就有表演性。舞蹈不一样，是靠你的身体的肢体来体现一种语言。而如何去培养一个导演老师，而导演又如何去编排这个教材，这个教材应该是什么教材组成起来的？怎么哭？怎么笑？下雨了怎么下？这些都要做得细致入微，让别人都能看懂。表演课也可以有表演课的片段，比如小孩上学，我就编一段上学的表演。小孩上学时候的心情，到学校以后的表现，到课堂上的表现，我把它编一段这个组合，你的导演的任务就完成了。不让导演去负责他的腿多软，它的技巧多高，但是导演要真得识货，他必须知道什么好，什么不好，传统是什么，咱们现在需要什么。导演一定要和基本功训练课结合，一定要与创作结合；剧目创作方法，形式结构等各个方面，都要懂。这算是我给出的一个建议。

问：谢谢张老师！也请您保重身体！

高金荣

砥志研思创『敦煌』

高金荣

（1934—　）北京人。舞蹈教育家，敦煌舞蹈研究专家，国家一级编导，中国古典舞创建历程的参与者，中国古典舞敦煌流派的创始人，享受国务院特殊津贴。曾任宁夏回族自治区文工团（后改为甘肃省歌舞团）舞蹈演员，兰州艺术学院教员，甘肃省歌舞剧团舞蹈编导，甘肃省艺术学校校长、副校长，甘肃省舞蹈家协会主席，中国舞蹈家协会常务理事，甘肃省文联委员，政协甘肃省第五、第六届委员，中国敦煌吐鲁番学会理事及舞蹈委员会副会长，甘肃省艺术学校名誉校长，西北民族大学教授、硕士生导师。

高金荣从中央戏剧学院崔承喜舞蹈研究班毕业后，申请前往宁夏文工团工作。甘肃省艺术学校成立后，她担任副校长，致力于舞蹈教学研究和人才培养，把最好的年华留在了这片黄土地上。她致力于敦煌壁画物资的研究，首创敦煌舞基本训练教材和大纲，并亲自执教，培养擅长敦煌风格的舞蹈演员，为建立敦煌风格流派的舞蹈艺术奠定了基础。此外，她曾多次应邀赴美国、加拿大、新加坡等国家访问讲学、进行学术交流、担任舞蹈比赛评委、带团演出；多次应邀赴中国台湾、香港讲学和教授敦煌舞，为敦煌舞蹈和敦煌文化的普及与推广做出了不可磨灭的贡献。

曾编创《敦煌舞训练组合》（第八届桃李杯大赛保护传统文化特殊贡献奖、一等奖）、《敦煌组舞》（甘肃省敦煌文艺奖）、《千手观音》（第七届桃李杯大赛表演三等奖、编导优秀奖）、《妙音反弹》（获甘肃省第三届敦煌文艺奖一等奖）、《欢腾伎乐》（第二届甘肃舞蹈"飞天杯"大赛作品特别奖）以及《敦煌梦幻》《舞从敦煌来》《极乐敦煌》《莫高女神》《大飞天》《香音神礼赞》《滚灯》《抢荷记》等。出版著作《敦煌舞蹈》、《敦煌石窟舞乐艺术》、《敦煌舞教程》（文化部艺术科研优秀成果奖三等奖）、《敦煌舞教程修订版》、《敦煌舞教学示范片》等；发表论文《关于敦煌舞蹈的基本训练》（甘肃省教育科研优秀成果奖一等奖）、《丝国盛世舞婆娑——浅谈〈丝路花雨〉的舞蹈创作》、《甘肃敦煌女子舞团》等。曾被评为"全国文化系统先进工作者""甘肃省园丁奖""中国舞蹈卓越贡献舞蹈家",以及甘肃省委、省政府授予的"文艺终身成就奖"、甘肃省妇联授予的"甘肃省三八红旗手标兵"及"杰出妇女"等称号。传略被编入《中国舞蹈大辞典》。

口 述 人：高金荣
采 访 人：满运喜
整 理 人：赵乔、苏伫霓、李安蕾
采访地点：北京舞蹈学院
采访时间：2014 年 7 月 16 日

满运喜（以下简称"满"）：今年正值中国古典舞创建 60 周年，同时也是北京舞蹈学院成立 60 周年，我们邀请到了高金荣老师来到学院做这次专门的访谈。高金荣老师是中国舞蹈建设之初的亲历者之一，一直在西北工作，从事着敦煌舞蹈的研究。这次特别邀请高金荣老师，是希望高老师能从敦煌舞蹈的角度谈谈中国古典舞学科的多元文化建设，并和大家分享这么多年在敦煌舞蹈研究中积累的经验，以及为未来中国古典舞学科的发展发表意见和建议。高老师，再次感谢您的到来！

高金荣（以下简称"高"）：现在是北京舞蹈学院成立 60 周年的庆典阶段，我首先要表示热烈的祝贺！在半个多世纪当中，北京舞蹈学院在中国舞蹈教育事业上做出了巨大的贡献，为新中国舞蹈事业培养了众多杰出的舞蹈人才，而且是在各个专业以及舞蹈学科中都培养出了众多杰出的人才。在建校之初，学校是比较简陋的。从最早的白家庄到陶然亭再到紫竹院，学校有了现今的教学条件和教学成果，其中的艰辛不言而喻。中国古典舞学科的建立和学校的建立是同步的，也同样走过了 60 年的历程，从最初的建立到现今不断地发展壮大，培养了众多杰出的人才，这是可喜可贺的事情。

高金荣老师为学生示范动作　　　　　　　　高金荣在备课

　　中国古典舞是中国独有的，拥有自身特定的风格和独有的风韵。中国古典舞的发展日新月异，但是无论如何发展，都应该万变不离其宗。我希望中国古典舞能够紧紧地把握住主线。我们可以广泛吸收，但是我们不能失去自我，不能失去我们中国特色美学的追求。但现在我觉得中国古典舞的变化多了一些，比如说剧目创作上，让很多人辨别不出是不是古典舞了，每次观看舞蹈比赛时，总会有观众问我，这个是现代舞还是古典舞，我都难以解答。

　　满：是的，目前的的确确存在着这种混乱现象，在全国各种舞蹈比赛、演出活动中出现了很多的"自称"古典舞的作品，真是"挂羊头卖狗肉"，不伦不类！创作中出现的这种问题，自然会引发人们的困惑与意见。

　　高：是。舞蹈是一种美的教育、一种美的感受，对于古典舞的创作众说纷纭，需要有一个度的把握。"文化大革命"时期以及不同时期里都有过京剧、武术和体育相结合的说法，但我觉得最遗憾的，就是始终没有一个固定不变的中国古典舞的教程。我希望有一套稳定的、成熟的、不偏离民族风格的、不失去古典舞风格特点的有训练价值、有科学性的教材。

　　有疑问就有思考，有思考就有研究，有研究才有结论。最近看到江青（原北京舞蹈学校毕业生）写的一篇关于中国古典舞的文章，写的是北京大学的"三老"，其中说到季羡林先生，说做学问、做学术就是要有疑问，有疑问才有思考，再疑问再思考。这些疑问我们也非常需要，这样反复无

1982年，中央新闻纪录电影制片厂在麦积山为高金荣拍摄纪录片

穷地疑问和思考，才能有一套不失去民族风格和古典舞特点，并且具有训练性、科学性的稳定教材。北京舞蹈学院作为中国内地最高的舞蹈学府，在中国台湾、香港、澳门都非常具有影响力。他们的学院也经常使用北京舞蹈学院的教材，所以说我们的教材是具有非常广泛的影响力的。但是从内部来说，教材实际上又有那么多问题，仍在改进研究，我认为应该有一套大家统一、认可并稳定的教程，来训练属于中国古典舞的演员，而不是任何其他舞种的东西。

满：高老师，我们现在正在总结、归纳、梳理在基训当中的民族化问题，即用我们自己的训练解决我们自己的身体问题。我们在和李正一老师的请教中发现，每个时期都有每个时期不同的问题，同时也正是通过这些问题的不断思考与不断修正，得到不断的推进与发展的。中国古典舞虽然创建了60年，但是并没有停止探索。比如说，我们在每门课当中都树立了主干教材系统，其中包括专业术语、概念、动作称谓等都进行了规范。但是在创作方面，繁重的教学任务使得我们并不能全力以赴地投入。往往在如何解决古典舞创作问题上，存在着很多不同意见以及自身结构性的矛盾，毕竟我们是教学单位。尽管如此，教学训练与剧目建设是不能永远这样分裂开来的，这样成就不了一个舞种。

高：对，我相信人才济济的北京舞蹈学院，会有能力来兼顾教学以及创作的双重压力。当然大家应该各抒己见，同时也应该讨论出一个统一的解决方案。我们是一个舞种，中国古典舞对中国来说是非常重要的舞种，我们在世界都占有一席之地，不能在国际上让各国友人不清楚这唯独代表中国的舞种是什么样的。为何多少年来，一看到立足尖的舞蹈表演大家便都知道是芭蕾？因为大家不会认为它是别的。它有时候还广泛吸收其他元素，包括中国元素，但始终不失去自我。所以，我们要寻找自己的根，不断地思考研究并整合。我也相信舞蹈学院一定能够做得特别好，相信它能够把中国古典舞真正地建设起来，建设得更好，发展得更好。如同印度古典舞，六个流派传承一千多年，尽管其中有断点。我们可以学习外来的东西，但对于传统精神的坚持应保持不变。我们没有自古流传下来的传统舞蹈，中国古典舞也是中华人民共和国成立后随着舞蹈学校的成立重新建立的。

满：其实中国古典舞 60 年的创建重点在"教学体系"上，主要的任务与精力是在如何培养高精尖表演人才方面。作为"舞种"的创建，其发

高金荣为学生指导动作

展是不平衡的。据李老师说，以前舞蹈学校是以分工与合作的方式解决舞蹈创作与舞台表演的关系，现在学院的分科就等于分家了，在机制上满足不了学科发展需求。现在在剧目创作上往往要依靠编导学科，尤其是应对各种舞蹈比赛时，其中包括社会上的编导来做，成熟的编导就那么几个，大多数人对于中国古典舞还是缺乏深入研究与实践，不可避免会出现大量的走味跑调的作品。这个问题严重阻碍与影响着中国古典舞的发展。所以，最近几年来，我们为克服这一缺陷和不足，广泛地发动了自己的老师、同学进行创作实践，效果还是不错的。可以说，中国古典舞到了必须直面"古典舞剧目创作"的时候了！

高： 是的，我们所有人应该朝着一致的目标去努力，这才是真正的发展。北京舞蹈学院是全国最高的舞蹈学府，当然也是全国舞蹈界的一个榜样。

满： 我们只是探路吧，只是中国古典舞研究道路上的一个先行者，为全国各地研究中国古典舞的学者们提供经验。

高： 实际上我们都是在跟着走的，后来因为变化太多，可能就要走自己的路了。

1989 年，高金荣在甘肃省艺术学校教授敦煌舞手姿

满：是的，包括现在南京做的昆舞研究。中国古典文化博大精深，很多人去研究它，我们很欢迎。无论怎样，我们肯定会像您所说的，死死地把握住我们自己学科的建设发展轨迹的。

高：那很好啊！中国古典舞是个大学科，而且它在舞蹈学院众多的学科里面，是首位的，也是最早在舞蹈学院创建的。到今天来说，我觉得它还是非常重要的，因为它代表我们国家的传统，代表我们的民族文化和美学的追求，所以它的建设是一个大事情。昆舞和我们最早的戏曲一样有研究意义，而且它更细腻，因为昆曲本身在身韵上，身法上特别讲究，研究这个肯定有一定的意义。作为古典舞来说，本来就是一回事，因为都是以戏曲为中心的，这是我们的国粹。从历史角度来说，纯舞消失之后都融入了戏曲、杂剧之中，我们再从中提取出来，这条道路都是一样的，都是不错的。

满：随着学科的建设、学院的要求，中国古典舞经历了敦煌舞、汉唐舞的研究，形成了一个新的教学新格局。古典舞系现在也建立了敦煌教研室。敦煌舞蹈是一个非常鲜明的中国传统文化的历史遗产，您对敦煌舞蹈研究投入了一生的时间和心血，您可以从您的亲身经历出发，为我们谈谈敦煌舞蹈的体会与经验吗？

高：那我们简单说说吧。首先，是敦煌舞的缘起。敦煌壁画舞姿再现到舞台上，第一个成就是甘肃省歌舞团的大型舞剧《丝路花雨》。当时一直是民族舞剧《丝路花雨》，还没有命名为敦煌舞，也没有作为一个课题来研究。在 1979 年《甘肃文艺》第八号的杂志上，我发表了一篇对《丝路花雨》的评论，我是第一个对这个作品发表评论的，题目是《丝国盛世舞婆娑——浅谈〈丝路花雨〉的舞蹈创作》。在写评论之前我找到了这个作品的编导来了解他们是怎么编创人物的舞蹈语言，如何把壁画运用到人物的创作当中，我认为这个作品一定会一炮而红的，所以我有强烈的愿望写下这篇评论。音乐和剧本是前提，但我觉得这个剧最主要的成功是舞蹈语汇的创新。之前出现的作品《飞天》完全只是古典舞加了长绸，只是形式来自敦煌，但是也不是直接来自敦煌，因为戴先生说过，《飞天》本来是一个演员，后来偶然遇到另外一个演员也在学，感觉两个人跳比一个人跳还好，就变成双人的长绸，并没有真正地深入敦煌中取材。所以说，首次真正把敦煌壁画的舞姿运用在舞台上的是舞剧《丝路花雨》。一开始深入敦煌考察的是董锡玖老师，她给甘肃省建议，希望甘肃作为敦煌的所在省，用自己的舞蹈把敦煌壁画展现在舞台上。甘肃省委宣传部非常重视，最后交给了省歌舞团，省歌舞团也没有辜负上级的期望，他们做了很多的努力，最后成功地完成了这样一部舞剧。当然，准备期间也离不开众多专家的帮助指导。

我写评论的时候在思考这样一个问题：敦煌舞蹈如果作为舞剧肯定是昙花一现，我感觉可以作为一个新的舞蹈种类，只有形成了新的舞蹈种类才能把他们的成就延续下去。要建立一个流派也好，一个新的舞种也好，要具备三大要素："人才、教材、剧目"，人才离不开教材，教材培养了人才的目的是什么？是演出，是表演你所擅长风格的舞蹈。我觉得，甘肃应该在舞蹈教育和教学方面跟上去做研究，在这个时候又是艺术研究院给了我力量和督促。身为当时甘肃省舞协主席的我有两个课题：一个是敦煌教学的研究，即怎么把它变成一个教材，把它建立成为一个新的品种；另一个是舞蹈演员的表演训练，因为我觉得这是舞蹈上所欠缺的东西。董锡玖老师希望我赶紧把敦煌教材作为首位，如果成功建设起来绝对是甘肃的一大特色。所以我在开第四次文代会之前，深入敦煌去做考察研究。

满：您是什么时间到敦煌深入考察的？

高：1979 年的 9 月我到了敦煌，看到壁画我感到十分震撼。考察也遇到了很多困难。从教学、理论、剧目三个方面着眼，教学我们有教学的地方，理论我们也有一个研究所，作品当然还是来自剧团，每个地方各司其职，最后再合力做成甘肃独有的舞蹈品种。首先是名称的确立，我决定就把它叫作"敦煌舞"，因为研究敦煌的学科叫敦煌学，我们研究它的乐舞，那么就叫敦煌舞。虽然也有反对之声，但大部分还是认可的，而且一说敦煌舞，大家觉得就是《丝路花雨》。大量历史资料以及舞蹈史的资料都表明，古代并没有敦煌壁画那样的民间舞，也就是说历史上没有"敦煌舞"，之所以将它命名为敦煌舞是因为这种舞蹈是现代人根据敦煌壁画的舞姿和动律而创作的（之前一直有很多人对敦煌舞的命名存在误解），敦煌舞实际上是新建的舞蹈品种。它的依据就是壁画，壁画不是无源之水、无本之木，壁画本身就是来源于生活，要不然那些画家怎么能画出像"反弹琵琶"那样生动的舞姿，他必须有那样的生活体验，才能创作出那样的壁画形象。

　　满：你觉得当时的画家会不会也存在想象的可能呢？

　　高：离不开想象，但是绝对有生活的依据。如果没有生活的依据，它无法体现具体生动的形象。从最早的北朝时期，一直到隋唐以后的阶段，舞蹈中的西域味儿逐渐中原化。

　　满：西学东渐？

　　高：对，比方说龟兹壁画中的舞姿和现在的维吾尔族舞蹈就有很多相似，如果完全是凭空想象，舞种就无法立足。它有自己的生活依据，我们再将它从壁画上搬下来。我选取的舞姿是由吴曼英老师画的，总共是 102 张完整的、独立的舞姿图，包含散落在角落里小的舞蹈动态。吴曼英老师画完以后留给艺术研究院一个底稿，后来也出版了。当时，常书鸿先生将他收藏的这些画像拿给我描摹，使得我可以完整地保存下来，成为日后研究的最主要依据。我把很多张的画贴在办公室，研究每个人物及造型的不同。一开始，我尝试过按照人物来划分舞姿，但是发现有太多的雷同；后来又尝试了按照朝代来划分整理，但是也行不通；最后我们经过长期的观察，在不同中找相同，发现所有的壁画都有一个统一的风格，就是"敦煌式"。后来我们又多次去敦煌洞窟考察。由于我们去的次数太多工作人员直接将钥匙交给了我们。这对于我们来说是一个很好的条件。每天观众走了以后，五点多钟，我们自己就去开洞窟用手电照壁画，趴在近处观察壁

常书鸿先生看完高金荣的敦煌舞后发表评论：
"敦煌舞和芭蕾舞是两个世界的艺术，一个动、
一个静，芭蕾是外部动作，而敦煌舞却表现了内
心世界，演员表演很成功，我看了很激动。"

画舞姿形态。

满： 当时的图画色彩还能清晰地被看出来吗？

高： 由于风化，壁画中的很多颜色已经脱落或变色。现在再也没有人像我们那时候那么幸运，可以这样去研究了。除了已记录的 102 幅舞姿，洞窟里很多小的舞姿我也全部画在了我的笔记本上，丰富了研究资料。经过统筹、观看这些舞姿，我最后决定按人体部位来划分，比如说手、手臂、脚、腿这样来分。一共有十七种手势、十三种手臂的姿势、八种手位、十三种脚的形态位置和五种站立姿势，这样就形成了现在的基本动作。性格组合是教材的最后一个部分，它的训练主要是让学习者能够掌握不同人物的心理动作，掌握创造人物形象的能力。

在研究当中最难的一点便是韵律的捕捉，这也是我研究的重点。大家都知道十部乐当中有一部乐叫《西凉乐》。西凉便是武威，《西凉乐》就在甘肃的武威，它既有舞也有乐。我去采风时学习过当地民间舞，与河西走廊一带的舞蹈有很多相似之处。对于《西凉乐》的解释我认准了欧阳予

倩先生写的"三结合"风格：西域、中原、地方三结合，我觉得这是最能体现敦煌壁画舞姿的一种说法，所以我就朝着这样一个方向去研究。比如说，"摆胯"这个动作本身和敦煌壁画是一致的，手的双平托着灯走，本身和壁画也是一致的，这个就可以直接吸收进来；戏曲作为汉族的、中原的艺术，当中的动作我也可以吸收，比如"云手"，我在它的动作过程当中变化再接别的造型；再就是我把我们比较熟悉的新疆舞中的眼神动作也融合进了训练组合中。我就是用了"三结合"的方式，来对动律进行捕捉。这和我舞研班的学习很有关系。

满：这是当年崔承喜老师教您的方法？

高：是的，崔老师是最有才华的了不起的艺术家，也是表演艺术家和教育家。并不是有一个舞蹈作品就可以训练演员了，不然人人都可以搞教材了。她的整理方法对我十分有益，怎么去整理教材，怎么提炼才是少而精，才有训练性。我在整理的过程中提取了元素，以便学生可以更好地掌握动作的规范和韵味。我当时没有从佛教的角度去整理是为了避免因为宗教的因素而产生迷信的东西在里面。

1999 年，高金荣在北京师范大学听戴爱莲先生讲座后合影

满：我记得有一次研讨会，您说过您的这套教材不是从佛教的角度去整理的？

高：对，我尽量去避免。

满：现在很多人还是希望去挖掘敦煌舞背后的宗教含义的。那么敦煌壁画的舞姿背后的文化含义，是属于佛教文化的范畴还是其他范畴？

高：当然，它属于佛教文化范畴，因为它是为佛献舞的。因为敦煌是一个佛教圣地，你想完全排除是排除不了的。佛教并不是真空的，有佛教理念和生活依据蕴含在里面，它的极乐世界和我们古代宫廷的画像也很相似，是工匠们根据生活的经验画出来的。我们曾编排过燃灯朝圣的舞蹈，也就是说有这样一些朝圣者，才使得敦煌的艺术光辉永在。

满：其实敦煌文化的产生还是来自民间，并不是一个国家和朝代的行为对吧？

高：是，它历经很多朝代。统治者信佛，使得他修建更多的佛寺，希望能够保佑他的权力，也希望众人能够安于统治。由于很多人信佛并求佛赐福，且佛教的传入地是西边，所以说敦煌的地理位置十分特殊。它是丝绸之路上的一个重镇，当地的少数民族很多，东来西往都要经过这个地方，这使得敦煌率先向西方开放，并成为世界文化的宝地和西部文明的象征。我曾经在写到创作教程时定义它为具有西部特色的古典舞，汇合了域外文化、中原文化、地方文化、佛教文化。

第一次看到敦煌壁画的舞姿时，我就感觉到它独树一帜的风格。我认为舞蹈造型及韵律是非常重要的。现在很多作品随便用什么韵律，就直接接一个敦煌的舞姿，我觉得这是不行的，它的独立性是不够的。要成为一个独特的品种，要有特别的独特风格并且独树一帜，甚至有排他性，这也是江东老师的观念，我非常赞同。所以，敦煌舞的风格特点不仅仅是一个造型或者三道弯。它是多曲线的，这个多曲线比它的"S"形三道弯，我觉得更符合它的实际。风格不仅表现在它的肢体，肢体也不仅仅是三道弯，它有四道弯、五道弯，有"Z"形的直角曲线，也有手臂的多弯、腿与脚的多弯、全身的多弯等，它很美并且非常舒展，这就是它震撼人心的地方。我们做出来之后拿给当地人看，他们都认为这就是敦煌的飞天，欧建平老师对此也非常认可。印度的访问学者来参观之后把我们的录像带回了印度，他们也非常震撼。

满： 音乐和节奏方面，您是怎么处理的呢？

高： 这个是个遗憾，音乐和舞蹈没有同步研究。音乐的研究多半都是对乐谱的解读。

满： 咱们还有敦煌的乐谱吗？

高： 有啊！上海音乐学院的叶栋先生是解读敦煌乐谱的第一人，但是他解读的旋律都非常简单，我们创作的时候借鉴了一些。我们最开始的训练音乐就是叶栋的副手给我们做的音乐。我们没有同步研究。壁画当中的演奏乐器都是打击乐、弹拨乐、吹奏乐，按理说我们研究出来的也应该是这样的。甘肃省歌舞团有一个副院长后来做了相应的研究。现在是上海的陈应时在研究，年纪也不小了。每次我做完讲座之后总有人提问我对于舞谱的研究和这个是怎么结合的，我说这是两回事，敦煌舞是创作出来的，而舞谱是已经存在的东西，是要解读的东西，解读它要具备很多知识，我说我没有这个能力去做。

满： 您现在还在做具体的教学工作吗？

高： 我现在已经退休了，但是学校还让我做名誉校长，让我在学校上课。现在恢复了专门的班，专门选学生，选的比较优秀的学生。训练很全面，基本功由最好的老师教。我现在是西北民族大学特聘教授，因为年龄的问题，我近些年只带研究生，希望能够准确地传承下去，发展是要建立在准确的传承基础上的。他们虽然都是学术型的研究生，但是我要求他们理论和实践结合，把敦煌舞的教材完整地掌握好，基本功不要退步，否则

2002年，高金荣在国学大师季羡林先生家中

之后教学都没办法示范。

现在敦煌舞的教材是最后修订版，面对本科。在中专的时候分男班、女班，因为顾不上，到大学后不再细分。我的研究生有一个在做男班。按照彭松老师给我的建议，不再另立一套男班教材，就在现有的基础上男性化。我以前尝试过单独做男班的教材，但是做过汇报之后反响并不好，所以我们就没再专门为男子编排，由我来按女子教材进行教学，但是给予它男性化。比如说女子的组合完全体现美，男子的就做另外的造型。

满：敦煌壁画中的男性角色还有夜叉、力士、金刚，这些角色在女班教材里也有吗？

高：女班教材里是没有的，但是男班是在女班动作的基础上改编的，例如手型的变化，这部分我的研究生正在研究。本科生每周有两次敦煌舞训练课，这是一个风格性的训练，里边有转的技术，也有跳的技术，但是都要在基本技术训练的基础上完成。至于上古典舞还是芭蕾，这只是我们的一个手段，不是目的，只要能够训练出技术，我觉得都是可以的。

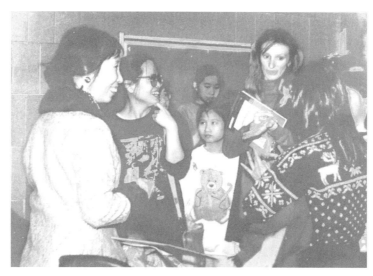

1988 年，高金荣在美国亚特兰大乔治亚大学演讲后和听众交谈

满：对于敦煌舞的剧目方面，现在是一个怎样的创作思路呢？

高：有些专家对 1986 年的演出提出意见，训练特别吸引人，但是为什么剧目走样了，只有一个造型，看不到更多的内涵。其实剧目并不全部是我的个人创作，是发动了许多老师共同完成的。创作的前提还是要掌握教材核心，明确训练要点和风格，然后再创作就万变不离其宗了。哲学家任继愈指出，甘肃省艺术学校敦煌舞教材的建立，不仅是舞蹈界要学习，各学科都要学习，因为教材建设是根本。这个观点让我记忆犹新，他很明白我们在做的不是剧目，而是教材，他认为各行各业的教材建设都是根本。后来孙颖老师、明文军老师都来看过我们的组合。明文军老师指出，关于肋和胯的动作非常多，但训练相对较少，所以我得到启发又搞了一个肋、胯、膝的训练，最后又发展了一个肢体曲线的训练。这三个元素学好了会取得事半功倍的效果。在西北民族大学所有的舞蹈专业中，敦煌班是最善于表演的。表演不仅是外部动作，而且还要注意用眼睛传达心理活动。

满：我曾经和李正一老师请教过，她觉得创作问题都是来源于教材建

2017年，高金荣在西北大学开设的讲座中进行动作示范

1981年，高金荣（前右一）与作家叶楠（前左一）等人
在敦煌莫高窟内观看壁画

设的问题。但是，我觉得教学中的语言，并不一定能够提升为创作语言。建立训练体系、积累教学方法毕竟是在教室，在艺术传播过程中最关键的还是舞台。您在敦煌舞这方面是怎么考虑的？比如说，现在是否有一些经典敦煌剧目？

高： 创作了一些，包括在中专阶段还有本科阶段。《千手观音》本来

2014 年，高金荣在北京舞蹈学院学术研讨会上发言

是个手的训练组合，没想到很受欢迎，就创作成了一个节目，后来又专门做了曲子；《大飞天》也和《千手观音》的诞生过程相似；《妙音反弹》是女子群舞，创作于 20 世纪 80 年代，后来稍有改动。以上这些都成了保留剧目，还有《欢腾伎乐》《凭栏仙女》《六臂飞天》等。

满： 您可否给我们未来敦煌舞蹈的发展，以及我们学校现在敦煌教研室的建立提供一些宝贵的经验？

高： 按我的理念来说，要发展就要集中力量，才能更好地发展。需要寻找全方位的力量，聚在一起，为这个事业共同努力。当然，一定要有好的剧目。想做好一个敦煌舞剧目很难，因为它不是一个外在的东西，如果只有外在的东西，舞姿就在那儿任何人都可以模仿。我觉得教材是非常重要的，教材能够训练出特殊的、具有敦煌味道的演员。我认为要搞，就要搞训练，不是只搞出一些节目，节目仅仅是美，脱离不了古典舞原有的东西，它成不了一个流派。所以，无论如何，教材是对人才培养最为重要的东西。

满： 我们之所以在中国古典舞学科建设当中设立敦煌舞教研室，首先是因为敦煌舞作为中国传统文化当中非常耀眼的一个文化符号，其传统文化内涵极为丰富；其次是您的辛勤付出，才使得敦煌舞有现今的发展和教学成果，为中国古典舞学科的艺术形式多样性呈现，奠定了扎实的学术基础。中国古典舞学科的建设就是要与时俱进，它应该伴随着艺术美学的多样性、多元化的发展来不断地丰富。正如您所说的，无论是建立一个流派，还是建立一个新的舞种，都要具备三大要素：人才、教材、剧目，而教材建设是根本，其建设离不开背后的文化含义。剧目是我们的话语权，而且创作应该掌握教材内涵，训练要明确训练要点，这样便能万变不离其宗。这些宝贵意见特别有启发性与指导意义！

　　谢谢您为敦煌舞蹈所付出的心血与贡献！

章民新

『清风无痕』润无声

章民新

（1935—2023）祖籍江苏江阴，出生于上海。中国古典舞创建的亲历者。章民新先后就读于上海戏剧专科学校表演专业、中央戏剧学院崔承喜舞蹈研究班、苏联专家在北京舞蹈学校开设的舞蹈编导班，曾任西北人民革命大学文工室辅导组、西北文艺工作团舞蹈教员与编导，陕西省歌舞剧院歌舞团编导、编导教研室主任，北京舞蹈学院编导系编导教研室主任、教师、副教授，陕西省政协第四、五届委员，北京市人民代表大会第九、十届代表，享受国务院政府特殊津贴专家。

章民新对于舞蹈编创有着独到的见解和丰富的经验，创作了大量优秀的舞蹈作品，参与了《鱼美人》《文成公主》等重要中国古典舞舞剧的创作，并为培育舞蹈编导人才贡献力量。创作《海蚌与鹭鸶》《花儿与少年》《老两口比干劲》《鱼美人》《秦岭游击队》《边区生产歌》《文成公主》等作品。发表论文《谈"花儿与少年"》（编入《舞蹈舞剧创作经验集》）、《舞蹈形象的产生——怎样编舞》（编入《谈舞蹈舞剧创作》）、《编导教学散记——社会生活课》等。传略被编入《中国舞蹈大辞典》。

口 述 人：章民新

采 访 人：满运喜

整 理 人：范楷、刘骏、李安蕾

采访地点：北京舞蹈学院

采访时间：2014 年 5 月 28 日

今天非常高兴能够邀请到章民新老师。章民新老师是北京舞蹈学院舞蹈教学、创作、研究方面的元老之一。从 1951 年参加舞研班的学习开始，章老师与舞蹈这门艺术已经相伴了半个多世纪了。

1959 年，民族舞剧《鱼美人》首演，片段《珊瑚舞》剧照

今天我们请章民新老师根据个人的成长和艺术实践生涯谈谈当年舞蹈学习与工作的不凡经历。

满运喜（以下简称"满"）： 您是怎么开始接触舞蹈的？又是怎么从事的舞蹈编导？您对舞蹈创作和中国古典舞创作有哪些看法呢？

章民新（以下简称"章"）： 我 1935 年出生于上海的一个书香门第，在上海读书读到 14 岁。我妈妈主张孩子要读书早，她觉得读书早可以来得及学医。因为那时候学医要八年，还要留洋，所以我 5 岁上一年级，后来又跳了一级，10 岁上的初一。14 岁上海解放，那是 1949 年，我上完了高中一年级。

上海解放以后情况就变了，人们有了更多的选择。我们小时候，妈妈让我姐姐学钢琴，让我学小提琴，让我们对音乐有所接触。我们家里的人也挺喜欢艺术，我从小深受熏陶。我妈妈很擅长书法，能写很好的隶书。我的舅舅是吴作人，他是中央美术学院的老院长。

我妈妈觉得我有一定的表演天赋，就没有让我留洋学医了，于是我考了上海戏剧专科学校，就是后来的中央戏剧学院华东分院。我学起话剧来了，去表演系学的是表演。那个时候我们的老师都是非常好的，现在他们都是艺术大师。我那时候很小、很淘气，也不知道用功和努力，但是因为老师很好也学到了很多知识，比如剧本分析、斯坦尼斯拉夫斯基体系，等等。这些知识为我后来的创作打下了基础。这个学校应该要上三年的，但是一年半以后，我又去考了中央戏剧学院崔承喜舞蹈研究班。崔承喜招生是很严的。我记得她叫我们站成一排。那时候没有练功服，而是穿棉毛衫、棉毛裤。冬天把外衣脱了就站在那儿，然后转侧面，转背面。我现在的理解就是挑体型（我们现在是测量身体比例），那时候的人是接受不了的。老师叫我穿着内衣站在那个地方，我就非常生气，认为是对我的侮辱。后来我还是上了崔承喜的舞蹈研究班。

满：那个时候您 17 岁了？

章：那个时候我不到 16 岁，特别软，胆也很小。上课劈叉、下腰，我都可以不用压。但是我力量比较小，肌肉能力不行，而且发育很晚，像小孩一样，软开度倒是没问题。我在上海剧专（上海戏剧专科学校）就学过芭蕾舞，是俄国剧院的芭蕾舞老演员教我们的。后来他走了，胡蓉蓉教我们。胡蓉蓉是后来上海舞校的校长。我们在上海剧专有一些年纪比较小的、喜欢跳舞的同学自己在外面找老师学现代舞，我也学过。我记得那个老师是个犹太人，后来我知道教的是玛莎·格莱姆的体系。上海刚解放的时候，街上天天宣传打腰鼓，所以在去北京之前多少也接触过一些舞蹈。后来我到崔承喜那儿学了两年，应该不止两年的时间。她那边的课程很多，我记得要学社会发展史、政治课。那时我们一整个暑假都在北戴河，上午讲社会发展史，下午游泳，晚上讨论。我不知道你知不知道陈春绿，当时是我们班同学。

满：我知道，是民间舞老师。

章：对，我们班里有李正一、陈春绿、高金荣、舒巧、王诗英等同学。学习的课程很多，首先是朝鲜舞，然后有芭蕾舞、现代舞、南方舞、中国舞等。这些课都是朝鲜老师，即崔承喜的学生教我们。现代舞那时叫

章民新在羌寨采风

新兴舞，是德国现代舞，有些技术是"怎么跌倒，怎么起来"，还有一门叫南方舞，南方舞现在看是印度舞。重点是中国舞，它叫中国舞，不叫古典舞。对我来说，第一次学习到中国舞就是在崔承喜的班里。

1952 年在崔承喜舞蹈研究班毕业后，组织上把我分到大西北。我先被分配到西北人民革命大学的文工室，它的前身是延安大学，迁到西安之后改的名。当时西北是大区，包括陕西、甘肃、宁夏、青海和新疆。那时我 17 岁，我和高金荣从北京乘列车到西安等着分配。今天把他分到宁夏去，明天把他调到甘肃去，老是不叫我，我也不知道原因。后来西安的文化局找我谈话，他说你是干什么的，我说我是学舞蹈的，他说我们这儿没有舞蹈，那你就教美术吧，我差一点哭起来。我说要不然再叫我学学美术，因为我还没学过。后来不知道怎么西北人民革命大学文工室就来了人，把我调去了。其实我有两个"舞研班""舞运班"的同学在当地西北文艺工作团。他们听说我到这儿了，就让我到他们团，可是那时我已经到了文工室，所以实际上那时候是很偶然的。西北人民革命大学就是过去的延安大学，中华人民共和国成立以后到西安来了。它里面有一个文工室，对内演出话剧、歌曲、舞蹈、拉洋片等各种剧目，有戏剧组、美术组、音乐组。我在那里搞过小演唱，带着演员们练舞蹈基本功。单位也叫我编舞，那时候修淮河，叫我编个淮河的舞蹈。话剧什么的我也都演。而且，在那里我遇见了我的丈夫杨澧，他在美术组。

满：在那里产生了一段爱情，而且建立了自己的家庭啊？

章：哈哈，也没有那么简单，也没有很快到那种程度。因为形势很快就变了，革命大学都撤了，改成政法学院，就不需要文工室了。我们就转到陕西省歌舞团了（当时还有张强）。陕西省歌舞团就是当年的西北文艺工作团，后来又叫陕西歌舞剧院，改过几次名字。我在舞蹈队的核心组当舞蹈编导，前后共25年。那段经历很可贵，一开始搞民间舞，因为他们很清楚自己是地方歌舞团。我们的队长是延安下来的，春节的时候带着我们下乡跟老乡闹秧歌，去向老乡学习。每年都是这样，到陕南或者陕北去。我去过很多地方。正月初六以后开始闹秧歌，正月十六烧灯，就是正月初六到十六都一定是闹秧歌的时间。正月十六为什么要烧灯？因为不烧灯人心回不来就不能春耕。我学过很多当地的民间舞，而且真正在老乡里头跳，我在小本子上记录了很多民间戏曲。当然了，精华、糟粕都有。一直到后来，我们基本上都是在民间舞的基础上进行创作。这就开始了我的舞蹈创作生涯。1956年，我编创了民间舞《花儿与少年》并参加全国会演，1957年这个节目就流传起来了，因此后来我就有了一个学习机会。

满：您回到学校参加了编导进修班吗？

章：对。那是单位给我的一个学习机会，让我去舞蹈学校考苏联专家的这个班。后来我就到学校跟苏联专家学了两年舞剧编导。那个时候有很多好东西。在我之前我们团有两个人同时参加过1954年为建校组织的教师进修班，很有收获。我们是1957年苏联专家来办的教师进修班。我们班的毕业作品就是创作舞剧《鱼美人》，我参加了《珊瑚舞》和《第三性格舞》（就是后来称为《蛇舞》）的编舞。回去之后，我又在团里搞民间舞。我们的班主任叫肖慎，后来成了中央芭蕾舞团团长。肖慎希望我留在学校，可是我当时认为团里派我来学习了，学完就走太不仗义了。后来，我又回西安继续在我们团里搞民间舞和舞剧创作。

1959 年，民族舞剧《鱼美人》剧照

在创作毕业作品时，苏联专家要求非常严格，他一定要在剧场排练半个月，走台、核对灯光。从舞剧构思开始，主要人物形象怎么定，主要人物音乐形象怎么定。作曲是吴组强和杜鸣心，他们也是从苏联学习回来的。他们几次才通过主题，先通过鱼美人主题、猎人主题和山妖主题，写几个段落，然后再写全剧的音乐。各场都有我们的助教老师带着我们去编舞。一个助教管一幕，李承祥、王世琦、栗承廉三位助教也是我们上一届编导班的师兄。

满：您这个编导进修班应该是第二届了。

章：是第二届，古雪夫是第二届的老师。第一届老师是查普林，就是贾作光老师他们那届。第二届时他们中的同学已经是我们的助教了。他们带着我们，一直在反复地编舞段，很多次都通不过，弄得我们压力很大。我觉得严格非常好，最后在舞台连排的时候，我们班全部人和芭科的学生都搞了灯光。因为那个时候每一个灯都要有人控制，没电脑控制的。每一段舞蹈出来要换片子的颜色，控制光的区域。比如这是观众，我是在舞台左边，第一道侧幕和第二道侧幕之间打流动灯，谁错了，他在台下就知道是谁错了，如果我错了，他就喊"章民新"。音乐到什么地方，灯光打到什么地方都特别严格。有一次有个老师打光打错了，苏联专家就让他站在舞台上训他一个人，所有灯光都打着他，所有学生都看着，气氛非常紧张。我们不是说事事都要学人，但是人家这种精神还是很值得学习的。以后很少有人这样要求过我们，我们自己也很少要求别人。当时苏联专家如果不给他半个月排练时间来合灯光和布景，他就直接不演。

满：我们现在都是第一天装台，第二天合灯光，晚上就演出了。

章：经过了这以后我就觉得艺术设想的实现是很多部门的合作，每一个部门都必须非常地严谨，才可能出来想象的效果。马马虎虎草率凑合，艺术就没有了。从那回去以后，我还是继续搞舞蹈、舞剧，直到后来爆发了"文化大革命"。

满：听说"文化大革命"的时候还排了一个表现陕北革命的舞剧？用的都是武术的动作？

章：《秦岭游击队》。张强学武术，也参加过武术比赛。他学了很多东西，整理成一套课堂用的教材，我们每天都在练武术。"文化大革命"那个时候我虽然创作的欲望很强烈，但是实际上搞不了。我有过很多构思，说了一部就被批判一部，反正弄不成。"文化大革命"以后，因为我跟我丈夫在两地生活，他在中央美术学院，我要往北京调。那时候户口冻结，我的调动经过了很多曲折。1980年左右，陈锦清校长恢复工作后，因为学院要成立编导系我就调来了。我先在实习排练组筹备编导系，编导系成立以后，基本上就一直搞教学工作了。

满：记得第一任的编导系主任应该是尹佩芳老师，之后是孙天路老师。

章：对。他们本来叫我来当的，我这个人不行，连小组长都没当过，我说我根本弄不了。

满：然后就一直在那儿教到退休？

章：不是，中间不知道怎么，我得了心脏病，比较严重，就办了退休。后来我好起来了，又上了 20 年的课，75 岁以前我一直在全国各地上舞蹈编导课。

满：章老师，您这一生还挺浪漫的，一开始在上海，后来又去了北京，一毕业就分配到了大西北。我相信您刚被分配去大西北的时候肯定有不高兴的地方。

章：不是不高兴，是不习惯、不适应，我回想起来也没觉得苦，因为当时的人都是这样。我跟当时的老乡关系非常好，所以也自得其乐。

满：那您当时很想家吧？

章：我只有在上海剧专的时候很想家，因为年纪很小。父母在火车站送别我的时候我就开始想了。后来因为离家久了，我也就适应了。

满：那么请您谈谈在"舞研班"的学习经历吧。

章：我想重点说一下在"舞研班"的中国舞学习。当时，在设置中国舞的课程中，我学过青衣、花旦、武旦三门课程。方法是这样的：崔承喜找到当时的京剧与昆曲男旦，我估计就是把京剧里面"唱、念、做、打"的"做"的动作部分学下来以后，编成可训练的课堂教材。当时我们学生入学时有两种类型：一种就是像李正一老师，他们从剧团学员班来的，等于当时就是舞蹈专业的；另一种是非舞蹈专业的。我是上海剧专的，稍微接触一点舞蹈，但是我实际上学戏剧，不是学舞蹈专业的。我的另一些同学很多是高中生考进去的，也有大学生，例如王连成、李淑君他们是辅仁大学的学生。

比如整理青衣教材，崔承喜找当时比较有名的男旦帮她整理。我想一定也有李正一，因为最后是李正一教给我们的，当然是崔承喜在指导，方法是她的。花旦是蒋祖慧教。武旦是王诗英，王诗英是京剧科班出身，她教我们刀枪把子。

满：在教完了这些从"做"的部分提炼出来的内容之后，往下是怎么进行教材组织的呢？

章：她给我们教的时候不仅是"做"，而是跟她的朝鲜舞一样的，是经过整理后的课程。一开始是基本动作。在教室里在前进、后退的步法基础上，对动作进行变化。水袖里还有表情，比如害羞，拿着水袖这样看，眼睛回来，手回来，然后反过来做这边；哭，我记得是这样，甩袖；花旦摇步，先单手摇步往前走，往后退然后双手摇步……她是按行当整理的。王诗英教我们的就是基本枪花、刀花，然后两个人怎么对打。按行当，男生有小生、武生课程。我们也学了不少戏曲片段，比如起霸、趟马、走边，后来学《孙二娘开店》《三岔口》。

满：《三岔口》是男戏啊。

章：是，我们学片段的时候男女内容都学了。高连甲老师在舞研班的时候就给我们教过，后来舞蹈学院他也来教过。还有一个刘玉芳老师，也是男旦，教我们片段。比如说《武松打店》我记得学的是孙二娘；昆曲《游园惊梦》片段还发给我们曲谱和词，载歌载舞。我的理解就是课堂用戏曲当中动作比较集中的片段，按行当把最基本的动作整理出来，也就是说把"唱念做打"中的"做"和"打"提取出来。

满：有音乐吗？音乐应该就不是京剧的音乐了吧？

章：有音乐，我们当时是民乐队伴奏。崔承喜的朝鲜舞蹈也是这样整理的。她的整理方法基本都是这样的。朝鲜音乐演奏很有味道，由老艺人们担任，老头吹管子，老太太弹嘎雅琴，很有味道，还打长鼓，都是前进、后退，快板什么的。后来崔承喜离开以后，我们学过剑《夜深沉》，还有朝鲜舞小节目《豺狼与村女》，我到单位去还演过。

满：那么学了戏曲素材，怎么进行编舞呢？

章：当时我们没学到编舞，就学到戏曲片段小节目。

满：她拿这些素材去编舞了吗？

章：没有，暑假的时候我们还跟着她到上海去演出，都是演的朝鲜舞。她的剧目很多的，她世界各国的舞蹈都演。

满：那她演的都是朝鲜形象，穿的朝鲜族的舞蹈服饰？

章：朝鲜的形象。我们就演一些群舞、伴舞什么。我觉得她真的是艺术家，她的审美水平非常高，这个对我影响很大。服装设计、色调什么都是她来掌握，自己染料子。比如说朝鲜长裙的渐变色，她都是在染料里面逐渐地洗出来的，都是崔承喜亲自操作，所以经常胳膊上都是颜色。她给她女儿编的《长虹舞》里的一个长绸七彩斑斓，都是她自己染的，染得非常漂亮。她很讲究服装，她的服装在舞台上显得非常的漂亮。我觉得她是个非常有造诣的舞蹈家。

满：这么说，其实崔承喜在中国的很多演出，演的还是她的朝鲜舞。她做过中国舞吗？

章：她到中国来后才开始整理中国舞的教材。他们团的驻地在汉城（现韩国首尔）。到朝鲜演出的时候，突然之间朝鲜战争爆发了，美国在南方登陆了，回不去了。1951 年，她来到中国搞了一个舞蹈研究班。

满：是中央戏剧学院办的这个班吗？

章：不是，只是放在中央戏剧学院里面。后来苏联专家班就放在新成立的舞蹈学校里面。

满：当时办这个班是什么目的呢？

章：传授她的艺术吧，给她一个机会传授她的艺术。我们班里有一

胡二冬等表演复排"桃李杯"规定剧目《蛇舞》(《鱼美
人》第三幕)

半,好像一半还要多是朝鲜族学生,是从我们延边招来的朝鲜族学生,有
崔美善、许明月等。她是一个艺术家,我们主要还要继承她的东西,另外
她到中国来了,就开始学习中国舞蹈并且整理教材。

满:当年她有多大年纪?

章:我看有 40 多岁吧。当时她全家都在中国,她的老公是个作家,
叫安谟。她的女儿叫安圣姬,已经是一个青年了,18 岁左右。她也给安圣
姬编舞蹈。她还有一个很小的儿子,那个时候好像上幼儿园。她回国后就
失踪了,全家人都失踪了。后来我们有人去找过她,但没找到,都不知道
她在哪里,很可惜。

满:可以说,中华人民共和国成立之后,在舞蹈建设方面,一个力量
是苏联的芭蕾舞艺术;还有一个力量就是崔承喜;也有派出去留学回来的
留学生力量,例如蒋祖慧。

章:我们自己的舞蹈家戴爱莲、吴晓邦等也是主要力量。除崔承喜

舞研班外还有吴晓邦的舞运班。崔承喜离开后我们合班上过吴晓邦老师的课，有自然法则、创作课等。

满：老师，您现在这样回头看，当时中国古典舞选择从戏曲舞蹈着手进行提炼与传承，您觉得这一做法的意义和价值在哪里？

章：我觉得很有意义。原因是这样的。我觉得中国的传统舞蹈在历史上是很丰富的，但是失传了大部分，没有录像。我们只能在汉画像砖上或者在出土文物上、壁画上看到一些东西。然后我们能做的就是像孙颖老师一样，在熟悉历史的基础上对古舞进行复原工作。孙颖老师通读了二十四史，舞蹈界我不知道还有没有这样的人，所以他能够把历史中很多东西的必然性，恢复到历史生活里，以他自己的理解来恢复。咱们现在叫汉唐舞，其实不一定只是汉朝唐朝，就是中国的传统的舞蹈。不管怎么说，文物是画或雕塑是不动的，舞蹈动作是孙颖老师通过想象创造的。而流传活下来的舞蹈，现在还能看到的，主要在戏曲唱念做打中"做"和"打"的部分。舞蹈能看到活的东西很重要。在元曲以后，戏曲由于它的发展，尤其是到了明清，戏曲融化吸收了中国历代的舞蹈。这些舞蹈能够传承下来，是活的，我们能学得到。代代相传当然有变化，我觉得从戏曲动作着手，整理继承中国舞很必然。

满：戏曲舞蹈现在在舞蹈圈里面来讲，有一种贬义的味道了。很多人认为在还没有建立起一个以舞蹈为本体的艺术形式之前，学习戏曲舞蹈还很有价值，现在似乎就不是这样了。

章：我是这么想。从继承的角度，我觉得多元是自然的，它会从戏曲当中吸收，也会从文物当中吸收。民间舞也是代代相传的，当然一面传一面丢，因为以前没有录像，丢掉的东西是非常多的，也流传下来了很多。多渠道、多元地去继承在中国是必然的。不需要因为你是这样，就去否定他是那样，我倒觉得多元继承与多元发展很有好处，因为我们的传统本来就有这样丰富的渠道，都很有价值。舞蹈的继承和发展一定得是一条活水，不是死水，到我们现在是这样，往下流的时候又会有变化。这就是历史。

满：章老师，您在陕西待了那么长时间，"秦腔"您熟悉吗？

章：秦腔我不能说很熟悉，但是绝对不陌生。我们的宿舍就在演秦腔的易俗社旁边，墙上有个豁口，我们天天晚上通过豁口看秦腔演出。

满：其实咱们中国古典舞的水袖课程，学校特意找的秦腔里面的李德富的版本。他的长袖《打神告庙》是代表作，我们还带着学生去学习过两次呢。

章：对对，非常好。而且我觉得男旦有男旦的功绩。如果没有李德富那样的男旦，怎么可能有这么长的水袖？过去有个舞蹈演员，他学李德富，还学了各种水袖。因为他原来是戏曲剧院的学员，有戏曲底子，否则那么长的水袖怎么能抖得动？他把长袖收回来，再抛出去，打开以后整个舞台都是他的。李德富虽然是男旦，但男旦也有男旦的优势。我觉得历史是什么，是以前的现实生活，它是一个存在、一个必然。我们必须要尊重历史事实。他当时就是这样子，不能随便就否定，没有那么容易。我觉得都是很可贵的。李德富也是一个艺术家，原来袖子不是这么长的，但是他为了舞蹈更充分发挥而把袖子延长。中国人在运用服饰道具上的确是非常巧妙的。单说手的动作，空手的舞蹈跟拿扇子、手绢完全不一样。

满：在您后来亲身的创作经历当中，您运用过这些戏曲的素材吗？

章：一定是用的，但是我的创作不是从哪个课堂的动作出发，而是从我的需要出发的。此时此地我要什么，这个东西非常明确，是用这个还是用那个，怎么用，要看需要。比如说《珊瑚舞》专家出的题目，你不编不行，因为我是学生啊。

满：《珊瑚舞》一直是被公认的一个很成功的舞段。

章：怎么编《珊瑚舞》，我就是只能够回到生活。

满：这珊瑚在水里面啊，您怎么回去的？

章：我告诉你我怎么回去的。珊瑚我有印象，好像是一些红的石头。那时候王府井有一个珠宝店，我就到橱窗去看，红的石头，还有白的石头，都是化石嘛。怎么舞蹈？出了这个题目就要找到它的动法。什么是它的动法？什么不是它的动法？那时音乐已经写好了，很清脆，很灵活。基于这些，我首先想到这舞的质地是硬的，形态是多枝丫。怎么动呢？我就想到我在北戴河海里游泳，你下水以后眼睛一睁，太阳光照下来有东西在闪光，拿出水面一看是石头，所以我觉得珊瑚的动法应是闪光作用下的动。我想象各种各样姿态的珊瑚在眼前跳动的幻影——多枝丫、多变化，节奏就像霓虹灯一样跳动。我不能想我要做古典舞，而应只想怎么才是珊瑚，它是什么形象，动态是什么节律。我认为必须要回到生活，调动所见、所听、所感加以想象，观众才能够接受。专家看了以后也认为是这样才行。不能光你想，观众不那么想，你自说自话，那就不用搞了。音乐有"嗒、嗒、嗒"的节奏，我想过花鼓灯"三点头"，可是因为这个舞剧是一个神话，很神奇，非常张狂，不能太含蓄，所以我不能用"三点头"，不能因为节奏一样就用这个动作。

1983 年，民族舞剧《鱼美人》片段《珊瑚舞》剧照

满：这就是编导的眼光！

章：创作是在找你自己想要的。
有些编过很好的课堂组合的资深教师
曾经问我：为什么他的创作人家都说
像课堂组合。的确那个老师课堂组合
编得很好，动作也漂亮，连接也巧妙，
加上音乐也配合得很好，也有恰当的
情感。为什么不是剧目，总是看着像
课堂组合？我觉得最根本原因是目的
不同。在编课堂组合的时候，虽然你
一样有音乐，一样是动作，一样的漂
亮，但是你是想继承（当然有变化、
发展），也可能在想训练价值。而剧

1980 年，民族舞剧《文成公主》剧照

目的目的呢，就是要制作出一个前所未有的舞蹈来，而这个舞蹈是可以跟
观众分享，使大家都认可、喜欢的。在剧目定了一个题目以后，你要千方
百计从生活感触中找到这个题目应该跳什么舞，什么才是此时、此地、此
人独有的舞蹈，不是拿课堂动作拼起来的。这个剧目形象是人也可以，不
是人也可以，是水也可以。最终表现出来，也要让别人觉得是这样的，得
到观众的认同。为什么想得到观众的认可，想与观众分享就要回到生活中
去？因为作者和观众同在一个生活场中，我见过珊瑚，观众也见过。只有
作者切实回到生活中，观众才可以联想到珊瑚。当然，舞台上已经是作者
从自己的角度感受、想象创造过的，不是原来的生活，那正是观众所希望
看到的。观众坐在那儿看的时候跟他自己的感受联系不起来，那你自己乐
是没有用的。当然现在有的人不那么认为，好像观众不太重要，但是我还
是希望观众能够认可喜欢。教学和编创的目的是不一样的。

　　满：对。教学的环境和舞台作品产生的环境首先就是不一样的，目
的也不一样。在我看来，编创作品就像您当年给我们讲课时强调的创作概

念，就是"此景、此情、此人"这三个要素。

章：不管你创作古典舞还是民间舞，不能直接用模样套。你要编古典舞你一定要通晓古典舞，但是不是直接套组合里的动作，要选择适合表现的动作。现在有的人就是自己学了一点东西，把课堂组合拿来了重起个名字。我觉得不能这样，一看就是人家课堂上的组合。你要有你自己对这个节目的追求，把你所有的知识运用进去。

满：老师，您刚才讲得特别精彩，很多内容可供后人细心去揣摩。下面就来谈一个特别重要的方面。李正一老师经常说第一届编导班和第二届编导班对舞蹈学校的建设和剧目的建设产生了很大的推动作用。那时候学校的各个系好像分得不那么细，而且都是一边创作一边跟学生不断地产生着一种碰撞。在碰撞的过程当中剧目也产生了，人才也培养出来了，学生们的知识面也丰富了。您是否可以就那个时候的学习，包括那时候学校的运作、教学方法等方面，对比现在的办学模式谈谈您的看法？

章：关于创作，我刚才已经涉及。搞教材跟创作是两个不同的思路，因为目的不同，但是又不能把课和演出分得那么泾渭分明的。谈到北京舞蹈学院建设教材，比如说古典舞教材、民间舞教材或者编导教材，我们不来做教材建设，谁来做？我们是有历史使命的，所以一定要建设教材。但是建设教材的目的是什么呢？培养出来的学生，可以做研究，可以当教师。在我看来，终极目标是出人才，能够编创且演出好剧目，通过舞蹈演出为社会服务。所以在教的时候，学生要知道怎么编，他将来到社会上才能为社会服务。芭蕾舞有芭蕾舞学校，但是芭蕾舞学校产生在芭蕾舞剧发展之后。他有若干的保留剧目。这些保留剧目还要接着往下演，要培养人来演这个剧。他们的训练也是从培养的芭蕾舞演员可以演传统剧目的角度出发，同时也推动了剧目往前发展。人体结构的分析，或者审美的统一，都是在此之后。

拿京剧来说也是这样，京剧的训练也是先是有若干年、若干朝代的保留剧目。剧团里这批演员老了，这个戏还得演，是不是，那么怎么办呢？

就培养新演员来演，当然在培养的过程当中，演员培养得越来越好，戏也就越来越好了。但是最终还是一个目的，即把戏演得越来越好，来为社会服务，满足社会需要。搞编导系，我们也是"先搞后学"的，就是说先创作，后来又来编导班学。比如说我们要培养编导，你现在给我 16 个学生，我使他们首先到社会上能拿起活来，他能弄出东西来。当然好坏学校很难保证的，因为人的天分不同、勤奋程度、机遇不同等。你在学校不能不考虑人才培养问题，不能光说创作不用学，会搞作品不会培养也没用。每一个学科都是这样。当然演员也有天才，也有天资比较差一些，但是将来也可以出人才。曾听说话剧演员培养的体系是什么？就是使他想演戏，而不是天才的人知道怎么演戏。我们很多的学生都是天才吗？不是的，不能全世界都靠天才在办事。有人说你们搞技法，我说我们不搞技法，谁来搞？技法没错，但是技法不是目的，是手段。通过这些技法作为训练，然后你就知道往哪条路上走，将来搞什么东西是你的事。如果你自然而然就会，那要学校干什么。我们见过的民间天才可多了，他要不是天才，种地就完了，干吗跳舞？是不是。但他往往有局限性，他也很需要提高，所以我觉得不矛盾。搞教学没错，但是最终还是要有好的演员、好的剧目。

满：对，这是必需的。您刚才列举芭蕾舞的例子，谈到的就是教学剧目的建设问题和传承问题。历年产生的好的作品要不断地拿来教给学生，让学生得到锻炼，培养学生。

章：不是这样的，你还是反过来。所谓经典是什么？不是说你定为教学剧目就是经典，应该是观众定的。创作的人千千万万，剧目千千万万，最后是观众衡量。比如说《天鹅湖》，他在这国演，在那国演，各国的人都说他好，大多数的观众都承认。此外，得经得起时间考验。比方说我今天看一个 12 个节目的晚会，明天又看个晚会，大部分都忘记了，可是有一个老不忘记，20 年以后再演了，人家还是不忘记，50 年以后还是好，这就是经典。每个人都想搞经典，可是经典不是你定的，需要靠观众承认的量和时间考验出来的。我们在现代的这个历史阶段做我们的事情，我觉得都是有意义的，尽量地往好了做。有些创作找着题材马马虎虎一弄就撂在那了，这样很可惜。芭蕾舞或者京剧都是通过多少年的积累，所以我觉得剧目要不停地做，不停地演，但是要按照剧目的思路去做。

满：我们中国古典舞的起家和其他舞种不一样，我们是从教学起家的，但是中国古典舞学科剧目建设本身可以说是很重要的，在训练体系中剧目创作和剧目选材上，我们确实遇到了瓶颈。那么可否请您谈谈，您觉得应该如何去繁荣中国古典舞的创作呢？中国古典舞在创作过程中应该把握住哪几个主要的问题？如何培养我们的学生既会表演，又能具有一种创作能力？现在很多学生都很有表演方面的才气，技术能力也很强，但是没有更多的剧目可以跳；跳过来跳过去就是教学大纲中那几个剧目，显然很难满足我们高班学生的需要。现在，我们很想让学生们能够具备这样的创作能力。前两年我们请您过来，一块儿给学生开设的那个编创课，从教学结果讲，可以看到学生们其实很有这方面的潜力和能力，所以在这方面我们特别想听听您的高见。

章：这个想法很好啊！无论是古典舞，还是民间舞创作，对我来说原则是一样的——看你要搞什么。但是，咱们必须设置一个前提，那就是他要通晓古典舞。通晓古典舞，它的意思是什么呢？不是说我学了一个好组合，我就拿过来安个名字，而是说他对于中国传统的东西是通晓的，他自己能掌握。我指的不只是课堂的那些动作，传统的知识文化非常重要。我举一个例子，那一年《踏歌》是参加"荷花奖"的吧，我记得是在宁波，那届比赛我在。为什么古典舞组里它被评为金奖？我觉得孙颖老师《二十四史》全部通读，在舞蹈界我还没听说过谁能够把《二十四史》全部读下来的，首先我觉得这是非常了不起的。不是说你知识广了，一下就用上。而孙颖老师也许是在壁画上、史料上受到启发，创作了《踏歌》，并且得到了观众的认可。为什么在那个时代，在那个地方的少女，她们就可能唱这样的歌，跳这样的舞？不是偶然的。因为他通读了二十四史，他能回到生活里去，你回得去吗？你光学了两个动作，回不去，他不是仅仅从动作出发的。作为历史题材创作来说，我们不但要了解历史的概貌，而且要了解很具体的细节，比如此时此地穿什么样的衣服，他们的审美情趣是什么样的，在他们那个阶层里那个时代的那些年龄的人，他应该是什么样的。孙颖老师能回得到那个生活里去，所以音乐也是孙颖老师写，词也得他写，服装他也得弄，舞蹈也得他编。他要没有那么多的历史知识，没有找到历史的必然性，没有确定此时此地此人，就只是根据各种各样的零星资料，他怎么能搞得出来？况且还能得到现在的人的认可。乱搞，历史学家首先不满意。你怎么可能随便跳一个东西，就说这是唐朝的。没有那么多傻子。我常常觉得压力大，因为观众里比你知道多的人有的是，有各方面的专家，是不是？人家都在你之上。你不能觉得好糊弄，否则要闹笑话出来。孙颖老师，他虽然是我同学（他是舞运班的，我们早就认识），但是他怎么搞的《踏歌》我没有问过他。我想，他如果没有通读二十四史，回不到历史的生活中去，就不可能搞好《踏歌》，评委、观众、行内、行外不可能认可赞赏。

三十年前，我们搞舞剧《文成公主》，做了大量的准备工作。我们不仅查阅大量资料、请教历史学家沈从文等，还到各地去考察学习——到敦煌研习壁画、到四川学川剧、到云南找关肃霜学京剧。我们也向孙颖求教过。因为故事发生在初唐，当时皇帝和周围人是什么关系，国家之间是什么关系我们都得搞清楚，而且，要明白那个朝代的审美标准。我们得知道文成公主要跳什么舞，松赞干布要跳什么舞。我们费尽心思寻找资料，但是资料都是很有限的，而且时间也比较紧。从服装方面说，初唐在朝鲜，盛唐在日本。我们从很多资料上看，初唐时期的特点是窄袖长裙，高底履，那时的人们为了延长长裙，脚底下穿很高的鞋。盛唐的服装，现在中国没有，日本有，特点是高髻宽袖，比较复杂。后来我们又了解到，因为是一个强盛的大国，周围很多国家都来进贡，很多国家的艺术也都融入进来，宫廷舞蹈有十部伎。唐朝是比较开放的时代。皇帝好书法，写字时大臣们觉得哪个好，皇帝的胳膊刚往上一抬，那幅字就被抢走了。我认为处在上升时期的人的状态是比较松弛的。当时的人们心态比较平和、风气比

1985 年,《文成公主》剧照,盖一坤、叶建平表演

较开放,所以创作《文成公主》舞蹈的时候,其中就有朝鲜舞的成分。初唐服装比较适合朝鲜舞,而且比较宽松。我们也学了敦煌壁画动作。如果你说敦煌壁画的极乐世界部分是印度文化,画帖是从印度传过来的,那么我们看画的下半部分的"供养人"。供养人就是建洞子的人,就是当时社会中生活的人,我们觉得供养人那个部分比较符合当时人的审美。为了塑造尽可能真实的人物,我必须要理解初唐时候的文成公主。我也需要考虑松赞干布当时所在的吐蕃王朝是由古代藏族在青藏高原建立的政权,所以他一定有藏舞的成分在里面。另外,他们两个人实际上年龄差距很大,按历史记载文成公主 15 岁(当然舞台上不是历史真实了),松赞干布其实那个时候年纪很大了,在文成公主之前他已经有皇后了。他们要跳双人舞,在一个节奏里头,你首先要想,那文成公主经过这么多的路程,见到松赞干布的时候是什么样的情形。在吐蕃的边疆上,松赞干布见到文成公主的时候,以他的年龄和他所处的地位以及两个人的关系,他应该怎么样来跳这个双人舞。怎么动啊?你必须考虑他王者的身份,打仗打出来的一个王者,同时又是藏族。你必须回到那个生活里头,不可能随便就定他一个形象特点。你为什么说她是文成公主?为什么说他是松赞干布?你呈现出来的人物需要观众认可。所以,要说古典舞的剧目谁搞得好,我就觉得孙颖搞得好。当然我不是说唯一,我是说孙颖能玩得转,因为他通读二十

四史，所以他能够找到此时、此地、此人应该有的音韵、节律、动态、服饰、心情，而且也满足了观众的审美的需要，我觉得广大观众认可很重要。不管你选什么题材，你得涉猎大片知识，你必须把那一片知识消化，再从里头找内核，所以还是得回到此时、此地、此人，和现代的舞蹈要回到现在生活中去一样。

满：老师，写意的、抽象的题材呢？

章：我觉得题材是多种多样的，都可以，写意也可以。比如在课堂上我说过的一个结构叫"清风无痕"。"清风无痕"没有人物，表现了一个意境。在我的脑海里，如果用风作为动力的话，我觉得可以运用古典舞身韵里的"拧倾圆曲"那类动法和韵味。包括舞台调度，可以没有人物的，但是你必须有你的想法。你一定要感受这个东西更适合哪种形式，贴近哪种动作，不能乱加——咔，一个飞脚，咔，腿一劈，你会什么你就亮什么。当然，我也不是说你不能加，而是所有动作的设计都是符合塑造的形象的。我们依附的是什么？最后表现出来的内容观众一定要能感受到，如果观众感受不到，你的剧目就不能成活。你拿出来演，你要让观众能感受到，不是你告诉观众你演了什么。观众都是有一个审美要求的，你毕业之后搞出一个东西不能满足观众的要求，你到社会上你就站不住脚啊！

满：创作上需要沉下心来，很不容易的。

章：对啊！很多学生问我要选择什么题目，我说第一，一定要是感动你的题目，你都不感动，你怎么能感动观众呢？第二，对于创作来说要有新意，要前所未有，别人没有见过。你自己的创作也应不一样，每一个创作都是一个新的。每个人看你的东西，都要能找到别人没有的东西。第三，你的想法能不能用舞蹈体现出来，不能说你心里想的东西不能通过舞蹈呈现。第四，要观众喜欢，要观众愿意看。这个东西除了感动你，也要能感动观众。我们没办法强制把观众留下来看。

满：章老师，您说要观众能喜欢，这当中有什么规律可循吗？

章：你要在编创的时候设想观众的想法，心里先想着观众。当然，也有可能你想着观众能喜欢，但实际上观众不喜欢。当时我们做《珊瑚舞》，我让她们五指分开表现珊瑚，但是演出时有一层纱隔着，在台下看着动作非常不明显。后来印尼的团队来了，她们带着指甲手的形态非常明显。所以幸亏我们临时做了长指甲，不然就白跳了。观众看不见你的动作，自然也感受不到。有的时候你想了，但是没有办法达到那个效果。要不是印尼的团队来，我也想不到这个。第一重要的是你要明白自己要什么效果。你心里都不知道你要什么，你自己都没有标准，这是不行的。你要清楚你要什么，还没有表达出来，就不断去寻找最有效果的方式，但是先要有想法，你才知道这个事情值不值得做。

满：没错，我觉得您说的这个还不仅仅是在创作当中，包括目前很多的艺术实践，没有想法就是盲目实践。

章：我快 80 岁了，我是这样走过来的，每个人的经历和所处的时代，决定了他的创作个性。这里头有他的个性，同时也有他的局限性。各种各样的人都有，所以多元是一个必然，不要用一个标准去要求所有人。作为一个教师一定要有包容性，允许多元的存在。我这个人也是很有局限性的，我一开始学习的戏曲，所以在做创作时就有这样的特点。现在多元发展的情况下，有很多的现代舞，我也很喜欢，但是我不会变成那样，我有我自己的独特性。对于中国古典舞来说，多元也是一个好事，现在有敦煌舞，还有马家钦的昆舞，我觉得非常好。因为我们的舞蹈存在各种不同的范畴里面，比如壁画、京剧、武术，那么多东西，你能说和舞蹈无关吗？这些都是有关系的，从不同方向探讨和继承，都是很有意义的。

满：您刚刚说的这些，是不是也包含着您对古典舞未来发展方向的一个期待？期待着多元化的发展呢？

章：在这方面我没有太考虑过，但是我认为多元是必然的。现在年轻老师都在创作。胡岩很优秀，他的形象表现能力是非常好的。每个人的长处不一样。欧思维对音乐把握得很好。我上次看欧思维创作怎么变成这样了，原来他去国外学习回来了。年轻人都是这样的，他学习了一个东西，他就会往那个方向发展。你放心，他身上原来那个东西丢不了，但是这个发展的过程很重要。要多鼓励年轻人做创作！

满：这两年我们创作了好几部舞剧，我觉得这对我们年轻老师的培养与成长很重要，在这过程中他们不断地实践、不断地反思、不断地在进步。

章：嗯嗯，要提倡多元。到了他们这个时候，他们的见识和学识往哪些方向发展，这很有意思，因为现在就是在书写未来的历史。而且我们要允许有一个过程，没有人想好就能好的，都会有一个成长的过程，最重要的首先是要做，要允许年轻人去创新。

满：您对中国古典舞的建设还有什么寄托吗？

章：我认为中国古典舞首先还是继承，我们祖先留下来的宝藏有的在国内保存着，有的流传在国外。继承肯定是要发展的，发展也是必然的。系里面现在除了文字的收集与各方面的研究，还要宽泛地做历史文化来研究，这样比单独一个动作的继承更有意义。我觉得现在像武术，特别是太极拳的气韵，比较普遍地受到了关注。不能因为它是拳我是舞就不重视它，我觉得这是一种广泛的学习。北京舞蹈学院古典舞系，它应该责无旁贷地承担起这个责任，而不应该回避。整个系师生都要清楚有什么样的责任、什么样的担当。就像我们编导系，有人说现在舞蹈作品那么多不需要学舞剧，我就说你编导专业必须学舞剧。北京舞蹈学院要有自己的定位和责任，你不能随便地去掉。什么是一流的学校？你们想不想要办成一流的学校？我可能有点偏心，我认为北京舞蹈学院就是一流的学校，一流的学校要真的允许多元，而不是狭窄的一条缝。尤其是古典舞，我们不是成型的古典舞放在那的，我们是从古代传承的，从不同的东西吸收中创建的古典舞，所以我们要允许多元的存在，我们要鼓励我们的学生去创新。

满： "独立之人格，自由之思想。"

章： 对，需要这样。你不能觉得自己独一无二，实际上结果别人并不承认你。无论是对于古典舞系，还是对于个人都要有宽广的眼界，允许不同的存在，这样才有生气、有生机。

满： 老师，我认同您的观点！有生机才能有蓬勃发展，李正一老师也常说"有继承，也有发展"。

章： 对，这是一条奔腾的河流，我们要为其注入源源不断的活水。

满： 谢谢章老师，为我们带来了这么多有趣的故事，以及您几十年来从事舞蹈艺术的经验与意见，带给了我们很多启发。谢谢您！

章： 我希望能做些什么，我希望北京舞蹈学院更好一点。最后我还想强调一点，我只是分享了我的经历和我的看法，我欢迎更多有不同经历的人分享不同的看法。后面的人可以看到前面的人的真实的不同的观念，虽然一定有他的局限性，但是后来者一定能走得更好。

陈铭琦

知行合一：
在探索中完善中国古典舞的
训练体系

陈铭琦

（1936—　）籍贯上海。中国古典舞创建历程的亲历者，北京舞蹈学校招收的第一批学生、第一届正式毕业生。曾任上海红旗歌舞剧团演员，北京舞蹈学院教师，内蒙古歌舞团舞蹈教员、舞蹈编导，中国煤矿文工团歌舞团舞蹈教员、舞蹈编导、总团副团长等。

陈铭琦是北京舞蹈学校建校后招收的第一批学生。入校时为四年级的他，在校学习三年时间完成六年级教学大纲后毕业，成为舞蹈学校第一届正式毕业生并留校任教，在舞蹈教育、舞蹈创作上进行了大量的实践与探索，为中国古典舞学科的发展提供了宝贵的经验。此外，他多次受邀前往美国、波兰、朝鲜等国家交流演出，演出了舞剧《丝路花雨》、小型舞剧《梁山伯与祝英台》、舞蹈作品《黄河船夫曲》《春天来了》等，受到了一致好评，为传播中国古典舞做出了杰出的贡献。

曾创作小型舞剧《梁山伯与祝英台》《非洲怒火》《女矿工》，大型民族舞剧《长恨歌》，舞蹈《春天来了》《沙漠果园》《黄河船夫曲》等作品。发表《关于教学中的几个问题》《谈舞剧中的舞蹈形象》《舞蹈训练中的辩证关系》《中国民族舞剧的芭蕾化倾向》《与现代舞者的对话》《中国古典舞建设之我见》《中国舞剧的软肋》《致北京舞蹈学院的公开信》等论文。其事迹被收入《中国舞蹈大辞典》。

口　述　人：陈铭琦

采　访　人：满运喜

整　理　人：赵梓瑜、赵磊、李安蕾

采访地点：北京舞蹈学院

采访时间：2014 年 6 月

满运喜（以下简称"满"）：陈老师您好，这么热的天把您给请来，您辛苦了！今年正值北京舞蹈学校创建 60 周年，也是中国古典舞创建 60 年。中国古典舞从无到有，包括您在内的许多专家都为此做出了非常大的贡献，也做出了非常多的探索。今天，可否请您就您所走过的路程，跟我们谈一谈您的经验和感受呢？

陈铭琦（以下简称"陈"）： 我先说几句开场白吧。1954 年，北京舞蹈学校成立，创建了中国古典舞专业，这是新中国文化发展事业的一部分。此前，中国还没有形成比较系统完整的中国古典舞教学体系。各个文艺团体、个人都是学芭蕾和戏曲的基本功训练及舞蹈作品。在全国教材会议通过以后（这个时间可能是 1961 年或者 1962 年），文化部的教育司从全国文艺团体抽调了文艺骨干来舞校培训，接受中国古典舞教材的培训。当时成立了三个班（我教了其中一个班），这说明国家对建设中国古典舞体系的重视。拥有数千年历史的中国应该有自己的舞蹈教育体系。中国古典舞基训体系的建设，是新中国文化战略的一部分。我想，今天舞蹈学院中国古典舞系能成功地申报这一国家级课题——"中国古典舞创建历程代表人物的口述史"，就说明了这个课题的重要性和学术价值。因此，厘清中国古典舞创建各阶段的成就和问题对今后的学科发展是很重要的。我觉得你们设计的口述史课题非常好，有历史感，有系统性，也有前瞻性。创建中国古典舞教学体系的终极目标是建设一个屹立于世界文化之林的，展现中国气派的、中国特色的舞蹈基训体系。体系建设不仅仅是教材内容的问题，更重要的是从理论上对这套教材的文化价值和学术价值的认定。因此，它不是一个单一的教材问题，而是一个综合性的理论研究与教材系统性问题的思考。

我来母校之前是在上海红旗歌舞剧团当演员。红旗歌舞剧团是吴晓邦老师在中华人民共和国成立之后在上海创建的，是一个民办团体。它的成员来自各个方面人士，有学生，有职员，以及很多爱好舞蹈的人。后来上海红旗歌舞剧团被上海文化局接收了，并与华东军区文工团合并成为上海实验歌剧院的舞剧团，也就是上海舞剧团。在它和华东军区文工团合并时，我已经到学校上学了。当时我们学习的就是芭蕾，戏曲武功老师是上海戏校的教武功的艺名盖春来的王桂林老师，教授花旦的是昆曲老师张传芳。这些老师都是名师。我进校时是四年级，学了三年，学完六年级教学大纲毕业，我们这届可能是舞蹈学校第一届正式毕业生。

满：当时和您同班的都有谁？

陈：吕艺生、张桂祥、孙正延、黄博红、林丽蓉、王啬。毕业的时候，因为我的芭蕾成绩非常好，当时芭科的负责人是丁宁老师，后来丁宁老师到芭团了。他见了我就跟我谈："你留在芭科教课？"我就回答他一句话："我学芭蕾是为了建设和发展中国古典舞的事业。"因此我还没毕业，就通知我到中国古典舞去工作了。那时由高连甲老师来辅导我学《林冲夜奔》《挑滑车》等戏曲片段。为什么我会选择中国古典舞？因为这个事业是我的一个理想。它是一个从无到有的事业，它承载了一个中国青年对祖国文化事业的崇敬热爱的心情。当时我们在校学习的时候是四门功课，有芭蕾、中国古典舞、中国民间舞、外国代表性民间舞，我经过学习有了比较。当时中国古典舞教材的整理也是在苏联专家的指导下，接受和运用了苏联专家教学结构框架和教学法来组织中国古典舞的教材，但是它没有解决风格和训练中的关系问题，以至于学生上了中国古典舞课觉得很累，身体发沉。因为既要勾脚又要绷脚，从正步开始勾、绷、扤都有。不仅课程内容冗杂，而且达不到腿部肌肉能力的训练目的。

在教材组织上也存在着问题，问题体现在什么地方呢？比如说女班蹲得太多，结果把臀部练大了。能力的训练靠什么呢？靠控腿，这都是不科学的。控腿时间长了肌肉紧张、发僵，腿也变得粗了。这些问题说明我们没有真正地从芭蕾训练的科学性出发来组织中国古典舞教材，而仅仅是在形式上学芭蕾训练的由小到大，由把杆到中间，是很肤浅表面的。形式上的借鉴并不能解决形体素质训练上的实质问题。我们对教材的选择缺乏科学性，对训练价值存在认识上的不足，比如误以为腿部肌肉能力训练要靠控腿来练，结果练得大腿肌肉发僵，大腿变粗。局部的超重训练，会使你的形体发展和肌肉发展不平衡，并产生后遗症。因为有了以上这样的亲身的体会，所以我的话题从 1954 年 9 月到 1957 年夏天谈起。这段时间是在校学习时期。通过这段时间的学习我对中国古典舞教材训练的成效有所体会，并与芭蕾课训练进行了比较分析。我再谈谈 1957 年夏天分科。分科之后，学生就要独立进行中国古典舞的训练。那么，我们能不能从这套教材培养出合格的舞蹈人才？由于当时一分科，马上就要教学生，没有更多的时间去思考组织教材的问题。在这样的情况下，我们就把芭蕾现成的教材结合过来，比如擦地，就不能再用正步来擦地了，有训练价值的动作就吸收过来了。再比如蹲，通过对芭蕾的学习，我们知道了蹲的训练价值，而不仅仅是为了蹲而蹲。我们通过"蹲"的训练方式练习如"踏步蹲"等各种各样的古典舞的蹲，把"蹲"作为一个动作，挖掘了它本身的训练价值。怎么样选择少而精且有训练价值的动作去组织教材呢？当时我们没有全部吸收芭蕾，而是把跨腿、掖腿、蹁腿、抬腿、朝天蹬、画圆深蹲等中国的动作元素结合进去了，而且也发展了中国自己的大蹲大起的动作。我们大蹲下去，然后再起来，这样就把训练强度提高了。在戏曲舞蹈训练当中没有解决柔韧性方面的教材，但是在武术当中有，我们在这方面的教材上做了一些发展变化。例如大弹腿这个动作就很好。小、大弹腿虽然是芭蕾的教材，但是我们中国武术里也有类似的弹腿动作，而且更具特色。从古典舞教材设置来看的话，它确实是吸收了芭蕾一些好的东西，但是它还是以自己民族特色为主体的。它的民族的特色体现在什么地方？比如说我们每个动作的结尾，如弹腿，弹腿变身的"亮相"，这种"精气神"是芭蕾里没有的。那些气质性的动作在我的教学大纲里分两个方面：一方面是非常英武的；另一方面是非常柔美的。比如我们在进行柔韧训练的时候，亮相时眼神的感觉是有区别的。这个内在的精气神，要贯穿在训练当中，学生不仅是学习你外在形体的素质，而且更重要的是内在气质的训练，这方面要在教材当中贯穿。这样一来，即使你吸收了一些芭蕾的动作，人家也不以为意了。因为你最终表达的气质、情感、感觉是民族的。我们吸收一些外来的文化是因为训练的需要。我们中华文化从来不排斥外来文化。不断吸收外来的优秀文化才能使我们中华文化发展得更好。这个阶段在训练上我有这样一些思考和实践。第一要给学生打下扎实的基本功；第二要有技术技巧；第三要有风格、形象、气质。这三者都是不可或缺的。这个阶段的另一个特点就是要发展大量的技巧，因为在我们学习的三年当中古典舞基本上没有什么技巧。技巧就只有打飞脚，小蹦子或者拧旋子。按照我们的教学大纲，一、二年级是打基本功的基础，三、四年级就要大量地以技巧训练为主了。没有技巧怎么办呢？那个时候我说，学校再有曹友谅（能力好）他们这一班学生，我就能发展很多技巧了。例如，我们戏曲蹦子都是蜷腿的，我把它发展成开胯的，这样蹦子连接起来就有成圈技巧了；单腿飞脚就是这时候发展起来的；还有吸腿蹦子就是在蹦子的基础上加了一圈转体……旋转方面就是以跨腿转为主。复合型技术也应运而生，如飞脚接空转单腿落地接扑步，以上这些都在课堂里出现了。（后来在"桃李杯"比赛当中，成了中专的规定动作）还有拉腿蹦子，拉腿蹦子是怎么来的呢？芭蕾里头有一个打腿的，后腿弯曲的跳跃动作，我们就强调把前腿蹁开，把后腿留在后头，强调顶胯、躺身、蹁腿，从单一到连续、从斜线到圆圈就发展起来了。

我把大蹦子也发展成躺身蹦子。这是因为我在上海歌剧院舞剧团做演员的时候，见过一位很好的朋友做躺身，即后背贴着地做大蹦子，于是我也把躺的做法吸收进来了。双飞燕也发展了倒踢类，产生了后双飞燕、紫金冠等动作。技巧的发展使得我毕业留校后教的这两个班技术上提高了一大块，无论是从整个舞蹈教育界来看，还是从舞蹈教学的水平来看，都提高了一大块。所以，技术的发展对于一个舞蹈教学体系来说非常重要！训练的最终任务就是要展现技术技巧的水平，技术技巧完成的水平体现的是训练的成效。其他的技艺发展还有很多，比如小跳训练、大跳技术等。我们发展小、中跳教材借鉴了芭蕾小跳的方式，并结合古典舞的特点，形成了古典舞的各种小跳教材。还有如"大蹿步""一字飞腿""侧身一字飞腿"等大跳技术。技术的方式方法的发展在当时促使这个班的训练水平上了一个大的台阶。说起对武术的吸收，像风火轮、扑步、摆莲等我当时还没教。那时候的摆莲是学武术中的摆莲腿，摆莲腿也有原地单起的，武术的摆莲动作跟舞蹈中的摆莲不太一样，我们是单腿转身，后来1980年之后就把盖腿变成直腿了，线条更好看了。1957年到1963年这个阶段，我们通过这两个班推动提高了全国各歌舞团基本功训练以及技巧的发展。

我另一个很重要的工作就是负责毕业班的教学。在我的观念当中，毕业班的结业课应该是由学生去完成很多的优秀舞蹈片段，就像芭蕾舞剧中的各种变奏。当时咱们中国的舞剧还没有的，选择不出来什么代表性舞段做教材，所以就得自己编。到潘志涛他们这个班的时候，在给他们准备的毕业课内容里，除了要完成这些技术内容以外，对于一些有发展、有个性的学生，我给他们单独编了一些组合。从教学建设的角度来说，以教学促进我们舞剧的创作，就要通过这样一些表演性强的组合来推动。比如说后来到芭团的李英华，我就给他编了《后羿射日》的组合——表达一个旷古英雄，是一个气质很潇洒、很帅的组合；像潘志涛比较文气，我就编了《梁山伯之死》来表达文人形象及情感。还有去歌剧舞剧院工作的刘大兴，他个头小，非常灵巧，那我就用昆曲里的《双下山》。《双下山》里是小巧的动作加上技巧，有一点武丑性格，活泼灵巧的。这样学生感觉到组合有一种内容需要表达，要表达内容了才开始体会创造角色。虽然人物不是非常明确，不是像梁山伯、祝英台那样划分得很清楚的人物，但是有一种情趣、有一种意境去表达。还有蔡景升，我也吸收武术的动作编创一个组合给他，以表达一种像奴隶翻身了一样自由解放的情景。我觉得这些组合对学生今后的艺术造诣，包括胜任剧团工作打下了基础。这是在完成教学大纲形式化的教学基础上，增强艺术化的舞蹈教育。

综上所述，我的教学理念是不仅仅为教学而教学，而是把我们的教学事业和中国的舞剧事业相结合起来考虑的，我们的教材最好像芭蕾一样，一堂课练的内容就是舞台上能用的东西。基于这个目标，我就选择了教学、创作、理论三位一体的研究方向。我觉得只有把教学实践与理论结合起来，我们中国古典舞的教学事业才能够整体提高。后来我就到了研究室，跟着叶宁主任和李正一副主任一边教学，一边编教材。

古典舞是一个研究室，下面分设各教研组，从教研组抽取一部分教员

大型民族舞剧《长恨歌》剧照

在 1962 年至 1963 年成立了教材研究室。教材研究室包括古典舞、芭蕾的外国代表性民间舞和中国民间舞，古典舞就我和唐满城老师两个人。当时我又在教潘志涛他们七年制的这个班，研究室给我的任务就是一边写教材一边来教课。那么我是怎么思考的呢？因为当时还没有七年级的成型教材内容，所以我就从七年制往下推，因为你有一个最高的成果，怎么完成这个最高的成果呢？你去考虑下一个年级应该具备什么，如何一直推到七年级去。

　　满：当时怎么确定七年级最高成果是一个什么标准呢？其中都确定了哪些具体内容呢？

　　陈：确定的一个内容是我编的这些表演性组合；另一个内容就是些技术技巧。当时我们的学生技术完成都很不错，有人在毕业考试的时候连续做 16 个吊腰。例如"飞脚"加"空转"两圈单脚落地接"扑步"接"大趱步"，再比如"跨掖腿空转"两圈接"旋子"等技巧组合。虽然课程已经有这么一个水平了，但仍要继承推动，为什么要这么做呢？因为我发现，用古典舞来训练低年级的学生反映出很多的问题。教低班的教员已经有反映，说与其这样还不如完全芭蕾化，因为他觉得这个教学体系是按照芭蕾模式搬过来的，但是教材的选择上没有芭蕾训练的内容效果好。我认为当时教师们在教学理念上已经发生了冲突，如果不解决理念上的问题，那么这个冲突将来怎么演变就很难说了。这个可能就与后来的"结合课"有关系了。

满：陈老师，现在听您这么一说，结合课的出现在这时候已经埋下了伏笔。那个时候已经把一些芭蕾的东西照搬进来了？

陈：低年级的，比如一位擦地，一位单腿蹲、"画圈"，这些东西全都有了，无非就是改了手位。

满：当时你们是怎么梳理的呢？

陈：这就要从头讲起了，我们古典舞要求头部要正，眼平视而眼神集中，而芭蕾头微仰，嘴、下巴微上翘，眼神空而散，微向下看。我们古典舞与芭蕾舞在人的精气神方面就不一样，一个基本站姿就反映出两个舞种不同的风格和气质。一个舞蹈文化需要一个基本站姿，你这一站就要决定了你的气质、风格和基调，所以你要从下往上推，从一个"站"姿开始往上推。

教材中的站就是你的基本形态，站应该怎么样的，你的基本气质就应该是怎么样。当时我们在陶然亭出来散步，芭科的学生和民科的学生形体感觉就不一样，现在有区别吗？是有一点区别，但是区别不大，因为他们毕竟是学习了很多民族的文化，而且区别已经在缩小，不是很明显，但那个时候就很明显，"精气神"感觉就不一样，从站开始就不一样。另外就是气息的运用不一样，我写了很多教学上的文章，其中有一篇叫《舞蹈训练中的辩证关系》，从一个站来讲它的辩证，讲训练中的辩证法。这里我就主要讲舞蹈演员的气息运用，其中有我自己的教学法。老师一进教室的时候，第一就是要把站站好了，除了站姿的要求以外，还有气息怎么用，这是很重要的。

我的要求是要在胸腹之间存气，下蹲的时候气息可以往下沉，上提的时候胸要有夹住的感觉，所以在提气的时候，你的气息就要全部提上来，尤其是到弹跳的爆发点的时候，力量就能够一下爆发出来。如果没有气息的配合你就是缺了一功，没有内功，只有外部的肌肉发力。因为气息的带动，腰自然而然就上来了，它不是孤立的。所以我讲气息的应用，为什么要提出来它是存在于胸腹之间，是因为古典舞的特殊性，因为它技术训练的规律、它动作本身的需要，是一种经验的总结。这个方法在当时我的教学中还没有进行运用。这篇文章我是在 1978 年前后才写的。为什么要从高年级往下推到一年级？怎么打这个基础？这就是一个根本性的问题了，就是我在开场白中说的，我们的终极目标，是要形成一个有中国气派、中国风格、中国特色的，有它的独立价值的舞蹈训练的体系。

1964 年，我把七年级的毕业班考试课教给学生后，就把课交给助教朱清渊老师复习，我就去了陕西歌舞剧院，到了张强老师那教课，排练《梁山伯与祝英台》和《刘胡兰》，等我回来以后我就被调走了，所以，关于教材上的一些思路就没做成。而当我被调出舞校后，就没有人来继续我对中国古典舞教材建设的思考，进而在"文化大革命"期间全盘接受芭蕾训练，造就了"结合课"。

1993 年，古典舞《梁山伯与祝英台》剧照，表演者张军、于红、张颂、李霞等

我认为学校应教学、创作、理论三位一体并驾齐驱。当你们了解了我对中国古典舞理念的理解，自然而然明白我为什么对这个结合课会产生质疑，产生很多意见。这是我对建立中国古典舞教学体系和"结合课"在理念上的碰撞与根本分歧。

满：陈老师，关于这方面，近来我们系一直在继续民族化的研究。我们在尝试把芭蕾的痕迹剔除，尤其是一位蹲、二位蹲、五位蹲，包括一位擦地，使我们的古典舞课堂在动作的风格属性方面更加纯粹。前些年，李正一老师也认为训练存在问题，也做了一个课题实验，想去掉芭蕾的成分，强化我们的风格性。在解决民族化的问题上，在解决具体舞者能力上，还有很艰难的路要走。

陈：为什么中国古典舞教学一开始时就有女生臀部和大腿粗大这些问题，这就是我们教材的选择出了问题。首先我们通过学习芭蕾要感觉到一个舞蹈演员需要具备哪方面的能力，而不是一味孤立地去掉这个、去掉那个，而是要通过这些教材达到一个什么样的训练目的。软开度、柔韧性、适度爆发力、平衡能力，这些主要的要素抓住了，然后选择有训练价值的、少而精的教材。武术训练就这么几套，戏剧训练也就这么几套教材。"几大件儿"构成了它的体系，在体系下培养出来了那么多高精尖演员。我们的舞蹈训练为什么就达不到，说明我们没有研究透。

我们传统戏曲里有很好的训练方法，武术里也有很好的训练方法，难道我们舞蹈训练就达不到，非要求助于芭蕾？更何况芭蕾完不成这些技巧。那么我们走的什么样的路呢？从1957年说起，当时由于我们各方面的局限性，一个是认识上知识上的局限，另一个是培养学生的时间紧迫，在这种情况下吸收了芭蕾。当时的社会环境，大家开始都不是学芭蕾的，即便是文化部教育司领导，全国各文艺团体，包括从西藏的歌舞团调上来的演员，都学习古典舞教材，但各文艺团体还是要把它与芭蕾结合，就像我们现在，习惯于做芭蕾基训。现在对于学院而言，已经培养出很多人才，这套现有的教材可以存在，不断完善，但是我认为不要叫中国古典舞学科，应该叫中国舞训练。如果从中国古典舞基训课来讲，它的训练体系的创建，我认为应该另起炉灶！现在，我们把话题转回到中国古典舞的风格问题上。这是一个很大的题目，我在舞蹈杂志上看到一些讨论"风格"问题的文章，都很好。我说一点个人意见，权作补充。第一，中国古典舞体现在舞蹈中动与静的关系之中，动中的韵律和节奏以及气息的运用，静中的精、气、神。第二，身法的运用，如欲冲先靠，欲左先右，欲沉先提，欲提先沉，以及肩、腰、胯在运动中的协调配合。第三，我认为，中国古典舞是世界舞蹈文化的瑰宝，它与世界各国舞蹈文化的一个重要区别在于舞蹈塑造人物。如男性的英武、豪放、风流潇洒、刚柔并济、活泼幽默等，女性如花旦的小巧扭捏，青衣的柔美大方，武旦的飒爽英姿等多彩多姿的舞蹈形象。从舞剧艺术来讲，它的主要任务是塑造生动鲜活的人物形象，而在中国古典舞中就有这方面的优越条件。这就是我把它称为世界舞蹈文化之瑰宝的原因。

关于中国舞剧创作上的问题，我看完一台晚会，其中《梅花三弄》和《烟花易冷》我认为是不成熟的、不能拿到舞台上演的剧目。剧目表达了什么内容，没有说清楚，注重形式感，风格各方面没有把握好。

我在文章中批评过陈维亚的《太极传奇》。我说中国的舞剧编导凤毛麟角，很多剧目戏剧逻辑是混乱的，人物关系是不清的，所以我建议他们要好好补补课。查汉洛夫大师提到了舞剧编导应该具备三方面的能力：剧作家、导演、舞蹈编导的能力。在一次文化部的座谈会上，我就批评赵明的那个剧目，我说一个很差的剧本遇上了一个不高明的导演，就造成了这个剧目是混乱的。我文章拿出来，不同意你们可以批评我，可以反批评，我得讲道理，我得根据舞段分析，你的问题出在什么地方。我还在文章当中提到 1947 年苏联成立舞剧编导是放在戏剧学院。

我本来还想再写一篇文章证明现在中国的舞剧倒退了，因为戏剧都搞不清楚，这不是倒退吗？现在看舞剧是看什么？在看小人书，剧情看字幕，舞蹈是画面。究其原因，简单的一句话：没有导演。

满：您认为舞剧当中导演的功力在哪？

陈：导演的功力？你的舞剧剧本拿来以后，他必须对舞剧的每一段表达的内容、布局要很清楚，每一段本身的层次感，在此不再赘述。这就像电影导演拿到剧本以后，他要分清楚每一个镜头的语言怎么处理，人物关系是什么，什么地方要铺垫，什么地方要渲染，什么地方要组织高潮，然后再去编舞，当然要根据内容去编，这是一个工作程序。那么，现在有一个很差的剧本，碰到我们这个舞剧编导，他也看不清楚戏剧矛盾、人物关系，那么这就是有问题的，有问题你就必须要调整。为什么说电影中编剧后面有电影导演的名字，因为导演要根据剧本的艺术特性，用镜头语言表达出来。他需要考虑情节怎么处理，什么情节需要删掉，什么地方需要加东西，在这一个多小时中要达到什么样的效果，完成要表达的故事。所以我说第二个舞剧没有导演的意思是，他没有把内容表达清楚，要在哪些地方吸引观众，哪个地方留个悬念，这些都是要思考的环节。这个舞剧把创作看得太简单化了。

从中国古典舞事业的发展来讲离不开创作，我们需要有自己的、能体现中国古典舞风格的剧目，比如中国歌剧舞剧院的《孔子》，我肯定他们的风格性、民族性，而剧本否定了，如果再把剧本好好改一改，改好了它可能就形成一个好的剧本。

我批评了他们以后，我说我给你们写一个剧本，我写的剧本完全是按分镜头写，拿到文化部一看，他们说：我们就像看舞台效果剧一样。我也跟他们说了，这个戏你们把它改好，中国的文化软实力，尤其是现在孔子学院在世界的影响很大，如果我们能够把孔圣人的形象树立起来，把他的治国方略，如"和平发展""忠、孝、礼、智、信"等体现出来，那么就要考虑怎么用高档次的手法把它表达出来，抓住几点就足以。其实学院也可以搞这个。另外很重要的一点，为什么我认为中国可以搞舞剧？要编成一个舞剧，用一个多小时的时间讲一个故事，需要很高的手段，它可以风格性很强，但是戏剧性也要充足，要有很强的塑造人物形象的技术。中国不但有，而且有很多，为什么呢？我有一篇文章中说到，古典芭蕾基本上就是王子仙女，在没有与现代芭蕾结合之前，已经走进死胡同了，跟现代芭蕾结合以后它有了新的发展。这就是为什么古雪夫说中国古典舞和西方的芭蕾舞结合是世界上最好的艺术。如果创造中国民族舞剧，我们完全有手段。我在文章中一直在强调，我们中国戏曲中有很多舞蹈手段来表现人物，可以表现人物的温柔、潇洒、英勇、豪气，我们可以有丰富的素材去组织它，而且可以用舞蹈把它丰富、发展起来。我们可以使栩栩如生的人物性格、强烈的戏剧矛盾冲突、丰富多彩的民族化的舞蹈艺术都在舞剧当中展现。

满：在传统艺术中，有很多表演的手段我们都可以借鉴，原来我们学戏曲只是学习了外形的东西，但是要真正表现人物时，我们驾驭动作形成性格化语言的能力还不够。

陈：我在高年级注重表演性组合是因为这些表演性组合在舞剧中找不出。作为教学者，需要去创造，也希望将来在舞剧当中完成教学与创作的有机结合。舞蹈学院真正要做的是总结经验，踏踏实实地做出两部舞剧来展现中国古典舞教学体系的价值、文化价值、学术价值。这正是我所追求的，也是我对舞蹈学院所希望的。

我觉得学校要下定决心做好舞剧。这是一个国家的文化战略，尤其是现在中央提出要把中国故事讲出去，把中国的声音传出去，我们要用什么方法？用我们的舞蹈、舞剧，这是最容易被人家接受的。

满：陈老师，我们已经把舞剧创作表演纳入我们的实习剧目中了。最近，我们连续在几个毕业班级做实验性小舞剧，每个大约 40 分钟。欧思维老师做了《梦生》，王盛峰、夏维家两位老师合作做了《空山思故》，后来我们从戏曲当中不断学习，最后由胡岩老师做了《断桥》；汉唐舞蹈教研室进而也做了《梅花三弄》等两部小舞剧。这些年我们在年轻教师队伍中培养和锻炼古典舞创作人才，在探索古典舞风格的舞剧创作方面进行不断的探索，积累经验。正如您所说，舞剧艺术是最高级的表现艺术，而且我们中国古典舞具备这样的文化资源、表演资源和人才资源，确实应该在某一个时期选择一个好的题材，进行重点打造。

很多老师经常跟我说希望古典舞系做出个好的舞剧。在学科建设发展的需求下，我们下决心做实验性小舞剧。舞剧创作与课程体系建设相关联，是在毕业表演实习课程当中进行。在全年学分制教改中，在强调舞台表演艺术实践的前提下，我们仅仅利用实习课的课时量就完成了舞剧的创作、排练、演出，真的是大大地锻炼了老师和同学。以往做一个项目会让学生全部停课专门攻一个舞剧。现在的大学教学秩序越来越规范，尤其是文化课的量化标准是死的，如果学生文化课考试三次不及格就没有学位的，所以不可以随便以停课的方式去排练。这次我们系五部小舞剧的实践的确在各方面取得了收获。一个成功舞剧的完成很不容易，各种因素非常复杂。我们希望编创出一部能够代表国家、代表传统文化、代表我们中国古典舞、代表学科的最高水平的好舞剧。我们还需要不断摸索、不断地积累经验。

现在，找到一个具有典型性，还能体现时代潮流的好题材，也是挺不容易的。您看电影创作，现在也是遇到没有好本子这个问题。还有一个问题，就是请来的编导可能缺乏中国古典舞方面的基础，在把握中国古典舞语言、风格、审美方面就不太透彻。后来，我们就大量地鼓励古典舞系里

2014 年，陈铭琦接受本次采访时留影

的年轻老师去做编创，锻炼四五年，待到条件成熟了，我们自然就会做一个好的舞剧。

我想虽然困难是有的，但是前途还是很光明的。中国古典舞 60 年的成果真的是依靠每个时代的每一代人做出的奉献。很多从事中国古典舞的老师、学生其实都非常自觉，非常想做好，事业心也很强，这一点您要相信晚辈们，您放心。

陈老师，咱们学院包括咱们学科已经 60 周年了，在今天这个时刻，您还有什么其他要讲的吗？

陈：一个就是学科称谓问题，按照现在这个训练体系情况改成中国舞系，或者中国古典舞系，中国古典舞系里头有中国舞学科、汉唐学科、敦煌学科。

满：您觉得为什么要这么改？

陈：因为它牵扯到教材的风格、界定、定位。如果现在还是"结合课"的内容，我们叫中国古典舞，人家会质疑。

满：陈老师，我现在可以很自信地跟您说，现在中国古典舞本科的基训课，芭蕾舞的动作内容所占的比例基本没有了。从风格上认定这个训练

2014 年，陈铭琦在本次采访中示范动作要领

是中国人的舞蹈训练体系绝对没有问题。但是我们怎么打好中专基础确实存在一些问题。因此我们在这次 60 周年纪念活动中，设置了一个研讨环节，关于中国古典舞中专、大学一体化人才培养的模式的研讨会。我觉得中专的基础打得好与坏，直接影响到大学的培养水平和标准。就如您刚才说的中国古典舞基训怎么能够去芭蕾化，并且找到我们自己的方法。我认为方法还是有的，例如您看武术，它的表演的水平很高，落地那么轻、控制能力太强了。

陈：所以就关系到怎么选择少而精的教材，要抓住核心的训练要素，靠效率训练。另外从观念上要打破芭蕾的纵横关系。芭蕾的教材作为一个系统性和科学性完整的教材体系，非常严谨。你要认识到中国武术或者是戏曲的训练不是按这个纵横关系走的。就像中医学和西医学的区别在于西医讲解剖学，而中医讲经络学。中国的训练很简单，第一就是解放，踢腿、压腿，你身体全开了才能去完成这些技巧，它很科学，全活动开了。它不是从小到大，从脚指头慢慢开始，不是这样的。在这个基础上，它为什么不走纵横关系呢？有的东西就应该是单一训练，活动开了之后，我们可以有小跳、中跳。芭蕾是一种音乐戏剧，它是跟音乐相结合，形成了芭蕾的舞蹈形式，当然这些是好的东西，我们可以吸收，丰富我们的表现力和训练能力，但是从整体来讲，我们不是走这条路线。我们就是身体大解放，然后完成你的技术训练。如打飞脚为什么打不好，一个是他的脖子是仰的，打着打着就坐腰了。我们要求是必须要这样（示范动作），所以他形成了风格体系，为什么我说形体训练从基本、从开始就不一样，道理就在这，所以如果我们套死在芭蕾训练的框架结构中，套死在它的教学法的基本纵横关系的要求中，我们的思想就解放不出来，就看不到我们民族训练当中的特色、特长。

不能老拿芭蕾训练的科学性来否定我们民族训练特有的、自身的科学价值。比如说身体活动开了，我来什么都行。我认为完全依靠咱们自己，建构一套不同于芭蕾的训练体系十分重要。人家说中国芭蕾是芭蕾民族化，是现代芭蕾，说中国古典舞实际上是为西方文化输血。我们必须在自己民族文化的传统基础上，吸收一些外来的优秀文化，来发展我们自己的中国古典舞教学体系。

为什么我说中国古典舞是未竟的事业？你们可能不知道，我在《舞蹈》杂志上发表过一封公开信。信的内容表明了我的观点——很坦率地说，观众看不懂、不爱看舞剧，甚至让其他艺术门类的兄弟姐妹耻笑，我很痛心。我在文章当中引用了戏剧家欧阳予倩先生评论我们的几部舞剧。后来我在文化部时也讲，舞蹈教学处于小儿科水平，还在圈内热，没有按照坚守中国文化大战略去发展中国的民族舞蹈教学的体系和中国舞剧的事业，我觉得非常遗憾和可惜。

身为一位老人，我提出这些问题来，希望你们这些从事中国古典舞事业的学生、老师很好地去思考、探索，要有一种民族文化的自信和自觉去做艰苦的工作，有可能的话我还可以尽我自己的一份力量。因为毕竟我有这些思考和积累的一些教材，比如我刚才讲了，我们怎么样从我们身体大解放开始训练，吸收芭蕾哪些东西，实际上在我们民族的训练当中，还可以挖掘出来哪些东西，组成我们舞蹈训练的体系，训练出高水平的演员。这是一个很大的课题，不仅仅是一个单一的教材问题，而是一个大的文化理念的问题，要从文化的价值与学术价值来检验我们这个舞蹈训练的体系。

如果你不提高到理论的高度和认识的角度来指导，那就走不远，所以一定要把理论和实践相结合起来。

满：任重而道远啊！谢谢陈老师今天坦率的交谈，最后您再归纳一下？

陈：舞蹈学院责无旁贷地要把中国古典舞这个事业进行下去，为中国舞蹈文化走向世界做出自己应有的贡献。北京舞蹈学院应担当此重任，你们有这么多的人才。我希望学院领导对中国古典舞事业予以高度的重视，从理论到实践一步一步地去探索，把理论和实践紧密地结合起来，就像我始终强调"没有理论的实践是盲目的实践，没有实践证明的理论是空洞的理论",我希望你们用这个辩证关系来检验我们各方面的工作。还有,文化传播是一种对自身文化品质的检验。我们要做好文化传播的工作,要拿出高水平的、有艺术价值的、有学术价值的作品才能体现我们的教学成果。

最后一句话还是回到北京舞蹈学院 60 周年庆典当中,希望我们学院的领导和各位老师愉快地度过这个节日。

中国古典舞的发展
历程、危机与突破

陈爱莲

陈爱莲

（1939—2020）出生于上海，祖籍广东番禺。著名舞蹈表演艺术家，国家一级演员，中国古典舞创建历程的参与者与见证者。曾任中国舞蹈家协会副主席，中国艺术研究院舞蹈研究所研究员，中国戏曲与舞蹈研究所所长，陈爱莲艺术团团长，北京市爱莲舞蹈学校校长，全国政协第六、七、八、九、十届委员，全国公益委员会副主任，中国对外文化交流协会理事等。

1952年，陈爱莲考入中央戏剧学院附属舞蹈团学员班。1954年，考入北京舞蹈学校，因成绩优异分科后被分入中国舞学科继续学习中国古典舞，学生时代即以良好的身体素质和生动的表演才能崭露头角。1959年，陈爱莲毕业留校任教并担任中国舞剧小组组长，同年主演中国第一部民族舞剧《鱼美人》。1963年，调入中国歌剧舞剧院任主要演员兼编导、教员。陈爱莲以其鲜明纯正的民族风格，成为中国古典舞的代表性人物。1981年，陈爱莲首次出演舞剧《红楼梦》，40年来她不断打磨，累计演出近800场。1995年，创办了陈爱莲舞蹈学校，她坚持将舞蹈教学与舞台表演紧密结合的原则，多年来坚守教学一线培养了一批批优秀学子，为传承与发展心爱的中国舞蹈艺术贡献了自己的一生。

陈爱莲多次获得各类艺术奖项；先后被文化部、北京市授予"三八红旗手""突出贡献奖"等荣誉称号。2019年，被授予"中国文联终身成就舞蹈家"称号，传略被编入《中国舞蹈大辞典》。

口　述　人：陈爱莲

采　访　人：满运喜

整　理　人：范楷、杨宇静、贾甜

采访地点：北京舞蹈学院

采访时间：2014年12月25日

满运喜（以下简称"满"）：大家好，今天我们很高兴请到了陈爱莲老师。陈爱莲老师大家应该都非常熟悉，她是一位著名的舞蹈艺术家，也是我们的前辈，可以说她的一生和我们古典舞学科创建的历程是一同走过来的。从做学生、做老师、做演员，办陈爱莲舞蹈学校，等等。我想她一直都在为着中国古典舞事业，或者说是中国舞蹈事业在拼搏和奋斗，欢迎您！

陈爱莲（以下简称"陈"）：谢谢！接到你们的采访邀请我非常高兴，因为我觉得咱们古典舞系的这个课题是很有历史意义的，也很有价值。从目前来讲，我认为所谓的中国古典舞不论是在社会上、学术上还是舞台表演、教学上，一直到观众的心目当中，都有很高的期望值，但是它也存在着混乱的地方。它不像西方芭蕾的发展线路那样清楚。所以在这个时候，北京舞蹈学院古典舞系能把这个课题提出来，很有意义。这是做了一件非常好的事情，也是该做的，要是现在不做，以后你再做就找不着人了。

就像满老师说的那样，我个人是比较幸运的。我进入舞蹈专业的时候，正是咱们国家要把舞蹈作为一个事业建立起来的时候。在这之前几乎只有唐、宋年间，在宫廷里面有很正规的舞蹈机构，民间也有一些，但是到后来逐渐就没有了。中华人民共和国成立以后，我们的政府想到了这个问题，要把我们这样一个大国的舞蹈作为一个专门的事业，把它呈现出来，建立起来。那么我就很幸运，就赶上了这个时候。1952年我从上海来北京，进入了中央戏剧学院附属舞蹈团学员班。当时咱们国家已经有些歌舞团在那里面表演，就是负责日常的文艺晚会演出什么的。因为要建立这样一个专业，所以它要从专业的角度培养一批"正规军"，方方面面都要正规起来。正好我赶上这样一个时候。

满：您来的时候多大？

陈：十二三岁。像现在的舞蹈学院、舞剧团这样的机构在当时是没有的，所以叫作中央戏剧学院附属舞蹈团。这个舞蹈团附属在人家戏剧学院，要不然都没有这个机构。"正规军"就是学员班，我们在学员班整整学习了两年的时间。既然是要培养未来的我们自己的中国舞蹈演员，那么

1960 年，陈爱莲练功照

拿什么东西培养呢？在训练这个问题上，是很值得考虑的，关键是拿什么东西来训练。

很多研究舞蹈史的老专家曾经研究过这个问题。中国舞蹈有悠久的历史，内容也非常丰富。从原始社会时期，一直到唐、宋年间的鼎盛时期，中国舞蹈有过许多种舞蹈的记载。到了元朝，各地区的很多曲调相融汇，慢慢就形成一种戏曲，类似早期中国戏曲的表演形式。与此同时，它把我们大量的舞蹈艺人和舞蹈的艺术、技术全吸纳进去。因此，舞蹈慢慢就消亡了，大部分融入戏曲，少部分流散到民间。如果讲中国历史上的舞蹈，以前没有录像，看不到了，然而戏曲几百年一直代代相传，还有发展。这就是我们一开始就要从戏曲里面把舞蹈剥离出来的原因。当时主要就是由戏曲老师来给我们上舞蹈训练课，比如训练开度。最基本的训练是踢腿、下腰、倒立、翻点小跟头等；其次还有戏曲里面很多身段，比如趟马、起霸；最后还把一些小的戏曲表演的片段直接拿过来，把主要的舞蹈部分拿出来训练，没有进行特别的改造，当时也没这个时间。

满：原汁原味？

陈：原汁原味，女孩子学趟马、起霸、水袖、《秋江》等，男孩子学《三岔口》《林冲夜奔》等一些小的戏曲片段。这是我们的主课，所以实际上所谓的中国古典舞刚开始的时候就是从戏曲里面往外拿东西。毕竟舞蹈进入戏曲有几百年的历史了，进去之后它就要为戏曲服务，因此它就要改变，包括动作变小。本来舞蹈的动作幅度是很大的，你看咱们书上记载的折腰等大幅度的动作，但是到戏曲中有唱、有词再加上服装道具，舞蹈的动作就变小了，就有些改变了。

　　戏曲毕竟不是专门用于舞蹈演员训练的，因此当时国家就让我们涉及了西方芭蕾舞的学习。我们两手同时抓，一手是伸向戏曲，一手伸向西方芭蕾舞（借鉴西方芭蕾舞体系的这种系统性的训练）。从人体解剖学的角度来讲，芭蕾的那种科学性对人的训练是非常有用的，因为任何的舞蹈都是人体的艺术。芭蕾的训练体系也是经过几百年的发展逐步建立起来的。当时我们就吸收了芭蕾的腿、腰等方面的技术，来解决一些中国舞蹈进入戏曲之后缺失的部分。那时候的吸收也是比较"原汁原味"的，说得好听叫"原汁原味"，其实就是有点生搬硬套，还没有来得及消化就把它那些东西拿过来用，当时就处于这样一个阶段。大概在两年的时间内，当时全中国就只有中央戏剧学院附属舞蹈团学员班这样一个"正规军"。

1960年，陈爱莲等上课

　　国家为筹备成立北京舞蹈学校，提前半年多到一年成立了"舞研班""舞运班"。老师基本上是各个文艺团体抽调出来的演员，包括戏剧团、舞蹈团、歌舞团。当时我们是学员，他们是演员。这些参加"舞研班""舞运班"的老师最小的也比我大 5 岁以上，都是比我大五六岁、七八岁，甚至十一二岁的老演员。

　　中国古典舞的建设是一个新的事业，肯定要学习借鉴各方面的知识。除了戏曲、芭蕾以外，我印象特别深的是当时把朝鲜的舞蹈家崔承喜请来授课。她是东方的优秀的舞蹈大师，很有经验。她用她的理念来培养我们的老师们。崔承喜是在"舞研班"。

　　满：当年您看过崔承喜的表演吗？
　　陈：看过呀！

　　满：非常棒吗？
　　陈：非常棒，而且我也看过她女儿安圣姬的表演。

　　满：她是跳朝鲜舞吗？
　　陈：跳朝鲜舞。

　　满：都是跳朝鲜舞？
　　陈：对，都是跳朝鲜舞。她的朝鲜舞，在我的印象里感觉跟中国的古典舞非常接近，当然不是说像我们的古典舞，而是它的那种感觉我们特别能接受。我觉得是一脉相承的。朝鲜族也是我们 56 个民族中的一个重要民族，我觉得我们很多古典舞里面也有朝鲜族的东西。

　　后来北京舞蹈学校成立了，学生从哪里来呢？舞蹈学校一开始招生的时候就把六个年级的学生全都招齐了。一年级的学生基本上是社会上招募的孩子，有个别的来自我们舞团。我们学员班里面年龄特别小的就被放在一年级去了。我是被放在二年级。虽然我已经学了两年了，但是还是被放到了二年级。三年级有从东北来的白淑湘、王佩英她们。我和熊家泰都是二年级。从四年级往上基本都是演员队伍，就是各个剧团里面的演员。年纪大一点的演员被放在六年级，有培养前途的、年轻一点的演员被放在四、五年级。

北京舞蹈学校成立以后，逐渐形成了一个明确的体系划分。我们原来跟戏曲学习的东西就叫"中国古典舞"基训了。另外，我们还有芭蕾基训、毯子功、中国各民族民间舞，还有西方的民间舞"代表性"。当时我们是全科训练。

满： 不分舞种吗？

陈： 对。中国古典舞基本功训练，西方芭蕾，西方的民族舞，中国民间舞，还有毯子功都学。我到了四年级以后要升到五年级的时候，突然不知哪位领导说"洋就洋到底，土就土到家"，就是说，中国就是中国的，外国就是外国的，要分科。现在看来分科当然有它的好处，专业性更强，但是我觉得也有很多弊病，这个值得研究。一分科，我就被认为是班上最好的学生之一了，因为各科都很全面，都是满分，所以两个专业都抢我。后来学校领导说最好的学生要跳中国专业舞，自然就把我分到中国舞了。

1959 年，荞双英、魏紫玲、陈爱莲、陈玲、李惠敏在上中国古典舞课

我们这个班正好是单班，就是我下面几个年级都是双班，甲、乙班。

满： 意思是您所在的班级就是一个班？

陈： 我们就是一个班，还有我们上面的四年级也是一个班，所以到了分科以后他们已经是五年级了，应该再学一年就毕业了。当我们要升五年级的时候，四年级、五年级合并成五年级，然后分成芭蕾班和中国舞班，王佩英就是从原来的五年级分到中国舞班，白淑湘就被分到芭蕾班了。

实际上那个时候古典舞的摸索过程是很有意思的，你们都不可想象。这些身段、技巧、造型是我们比较传统的，我们的民族性很强，那在把杆上怎么训练呢？尤其是要跟芭蕾区别开时怎么训练呢？训练中还是要擦地的。有点可笑的是我们向前是勾脚擦地，因为中国舞主要是勾脚。当时的观念是芭蕾是绷开的，我们就应该是关的勾的。其实这太绝对了。你向前面擦地勾脚还可以，旁边擦地勾脚也可以。你试一下往后勾脚怎么擦地，简直没法擦啊。这个过程我们都是亲身经历过的。老师在编课堂训练动作的时候就出现这样的问题，而且编完又叫我们训练，我们就觉得很难受。我讲这个事情的意思就是说我们经历过这么一阶段。坚持中国元素也有积极的例子。李正一老师一直比较坚持使用戏曲素材的训练，但是她不光局限于京剧、昆曲这些剧种。我印象特别深的是在我毕业那年，她专门学了很多川剧和其他地方小剧种。小剧种里面的舞蹈元素特别丰富，她学完了以后给我们编了很多非常优秀的组合，后来都进入了教材，如《岩口滴水》、《陕北风光》、《踢腿》组合等。这些组合是每年毕业生参观课必须展演的经典组合。当然，她的组合等于是一个成品。我们在教学里要解决的一个问题就是从基础怎么到成品的这个过程。例如，《陕北风光》把腿抬起到软踹燕下去这个动作，得有一个循序渐进的过程。这个动作不像戏曲那样基本就是进行单一训练。两者的训练方法是不一样的。

在我毕业以后印象比较深的是表演《鱼美人》。我是1959年毕业的，同年《鱼美人》首演。《鱼美人》在中国古典舞学科的建设的历史上是值得书写一笔的。当年，苏联专家古雪夫正好给我们学校办了一个为期两年的编导班,《鱼美人》所有的编导都是那个班的学生,包括李承祥、王世琦、栗承廉等人。他们正好 1959 年毕业,我们学生也要毕业,于是他们就编了一个毕业作品《鱼美人》由我们毕业生来表演。于是就有了这样一个中国人编的中国故事,用舞剧的形式讲中国人的故事。我们对舞剧没有经过太多的考察,基本上在中国的历史上没有看到过舞剧形式。

满:《鱼美人》至少应该算中国近代史上第一部民族舞剧吧?

陈:应该算是学校成立后的第一部舞剧。苗族的《苗岭风云》舞剧好像在《鱼美人》之前吧。为什么《鱼美人》这么有历史意义,这么轰动呢?先说舞剧这样的形式并不是咱们原有的,是一种外来的表演形式。我们从戏曲里来讲,就是《三岔口》。《三岔口》基本上不说话,但最后还说"大哥""小心灯头火"等,但基本上是"舞剧"的形式,也是不完整的舞剧形式。真正比较完整的形式是这一世纪以来的,从外国引进的,就像话剧。舞剧是从西方引进的一种形式,所以它是用西方芭蕾舞的形式结构来套的。

《鱼美人》实际上是西方芭蕾舞民族化的第一部舞剧。其实这么多年我一直跟理论界说,你们把芭蕾这两字好好翻译一下。我要求了很多年,

1959 年,《鱼美人》剧照

一直没人给我解答这个问题,但最近我们谈起来,他们突然说跟我想法差不多。二十多年前有一本讲芭蕾历史的书请我写序,我通过给别人作序看了这本书,了解到芭蕾是怎么过来的。其实芭蕾就是舞剧的意思,芭蕾本身词义里面就有舞剧的意思。它综合了民间的舞蹈,形成宫廷的舞蹈,把音乐、戏剧、舞台综合在一起。因此芭蕾实际上是一个综合舞剧。那时候就我知道这个意思,而其他人一说

芭蕾好像就是西方的。我曾经跟几个芭蕾舞团团长讲过，我说叫中央芭蕾舞剧团是不对的，芭蕾就是舞剧。

满：应该叫中国芭蕾舞团就对了。

陈：对，它现在实际上就是舞剧团。我提的时候，他们没吭声，因为这个问题比较敏感。敏感在哪里呢？舞剧要翻译其实就是芭蕾，没有另外一个词讲中国的舞剧，西方的语境其实还是称为芭蕾，也就是"中国芭蕾"。而"芭蕾"二字在中国人听起来就是西方的，跟"民族"相对立。实际上，西方这样一个舞剧形式典型性体现它的套路，如独舞、双人舞、三人舞，等等。音乐家作曲就是按这个形式来的，编写舞剧台本也是按这个来的，都是这个套路。更有特点的是，《鱼美人》女主角是立足尖的，双人舞都是立足尖跳的。

满：当时不是说很强调民族化吗？为什么还借用了芭蕾的足尖呢？

陈：当时没那么强调，后来强调民族化才逐渐拿掉了。假设你把《天鹅湖》双人舞的脚尖都去掉也能跳，现在咱们做的 Fouetté（挥鞭转）不都是在半脚掌上的嘛，但是感觉是不一样的。因为我自己两个版本都跳过了所以有发言权。我开始用足尖跳，后来有一段时间要求民族化，把足尖去了，我反而特难受。所以，但凡我要是表演《鱼美人》，我就立足尖。

大概 20 年前，中国舞协举办一个老舞蹈家的"金秋风月"晚会。他们有人跳蒙古顶碗、维吾尔族的摘葡萄，他们以为我会跳《春江花月夜》，而我跳的就是芭蕾《鱼美人》三幕双人舞。他们说你怎么不跳《春江花月夜》，这是中国古典舞。我说你别搞错了，我是一个舞剧演员，不是舞蹈演员。

满：挺较真儿的啊。

陈：对啊。所以我要跳《鱼美人》三幕双人舞。那次，这个节目一共获得十几次掌声。

满：您那次就穿的足尖？

陈：当然了，当时把你们的白涛给弄上台了。

满：他当的舞伴啊！

陈：对，他以前跳过的《鱼美人》版本是不立足尖的，不是我们跳的1959 年的原版。

满：哪年的事？

陈：学校是 1995 年建立的，应该是在 1996 年或 1997 年吧。我在学校第一个跳的是这个《鱼美人》。那次还有录像呢，还照了一张我做倒踢紫金冠的照片。

满：晚会就是舞协举办的？

陈：是中国舞蹈家协会举办的"金秋风月"晚会，参加的是些老舞蹈家。

《鱼美人》是一个非常有意义的尝试，它完全是舞剧的形式，是正规的形式套路。它的动作，包括细微的感觉都是中国的，但是采用了芭蕾足尖技术和西方双人舞这样一种形式。我总想跟大家讲，在当时这是咱们中国古典舞特别骄傲的地方，这些年中国古典舞其实让人家觉得陌生化了，很多人都不知道什么是中国古典舞。我去很多地方讲课，人们都知道芭蕾、现代舞、拉丁、国标、街舞等，却不了解中国古典舞。

当年，我们毕业班的课变成参观课了，当时北京舞蹈学校每年要接待好几次外宾来学校参观。参观内容有芭蕾舞专业的课堂训练和芭蕾舞片段的表演，还有中国古典舞专业的课堂训练和中国古典舞的舞台表演。我跟你说，所有来的人，更喜欢的是中国古典舞。你可以问问过去所有的老老师，那时中国古典舞远比西方芭蕾要更出彩。

我曾经听到过一位青年教师跟我讲过一句话，印象很深。我想，他的话反映了问题。好几年以前，我在学校谈中国古典舞，在发展和理念上我

1959 年，民族舞剧《鱼美人》上演，由陈爱莲、王庚尧等表演

有些看法，我就跟咱们学校说，我觉得我们丢失的东西比较多，而且继承和发展的方向有点偏。那位青年教师给了我一句令我非常惊奇的话："陈老师，你那古典舞是死亡的艺术。"他为什么有这种观念？古典舞是我们自己做出来的。做不好了人家就觉得你死亡了，不怪人家会说这个问题。这就是个理念问题。

　　实际上，中国古典舞早期是相当辉煌的。我 1962 年在赫尔辛基参加了一个世界青年舞蹈家的比赛，我一次得了四枚金奖。除了一个是民间的《草笠舞》集体舞以外，剩下的都是中国古典舞。我的独舞《春江花月夜》得了金奖；我的《蛇舞》(《鱼美人》舞蹈片段）也得了金奖；中国古典舞剧《小刀会》里面的《弓舞》也得了金奖（我是领舞，演"周秀英"）。四个金奖里面，三个都是中国古典舞。我看现在应该没有人能在一个比赛中得四个金奖，我认为并不是我特别棒，而是我很幸运，因为现在很难有一个人拿四个节目去比赛。

　　满：这是哪一年？

　　陈：1962 年，我们拿着四个节目比赛，四个节目居然全得了金奖，

2014年,"甲子之叙"中国古典舞专场演出,陈爱莲表演《春江花月夜》

所以一直保持第一,现在的人很难超越。就这个荣誉来讲,三个都是中国古典舞,我们那个时候见到的中国古典舞真是非常辉煌。你看当时中国古典舞有《小刀会》,有《宝莲灯》,有《苗岭风云》,还有些地方上的节目。我们当时觉得艺术上、技术上最高的还是《鱼美人》。为什么呢?因为它是舞剧,更是一个"舞"字。别的作品戏曲的味道更浓一点,而《鱼美人》从戏曲中走出来了。它是一个真正的舞剧形式,而且是中国舞剧,现在你让西方人演,他们也演不了。中芭也没有取得成功。

满:他们想恢复演《鱼美人》吗?

陈:他们恢复并且演了,演了以后也不是很成功,为什么呢?它那个训练方法不一样。当时我们主要训练中国古典舞戏曲的东西。那时古典舞的训练还不够系统,跟舞台结合的时候,我们借用了很多西方芭蕾的东西进行辅助训练,这样演员才能够演《鱼美人》。这样训练出的演员也能够演《红色娘子军》《白毛女》,而且非常有味道。当时我们中国古典舞的很多毕业生,直接去芭蕾舞团去演娘子军,完全是可以的。因为它演的是中国人,跳的是中国的舞蹈。

在芭蕾舞里,芭蕾是舞剧的意思。对于这个问题,我也是经过一段时间的体验的。1981年,我在中国歌剧舞剧院演了《红楼梦》,这是我"文化大革命"复出以后的第二次演出,第一次是《文成公主》。我觉得《红楼梦》很古典,因为当时我们那个导演离戏曲还是比较近的,脱离古典的还是少一点。

满：当时导演是谁？

陈：于颖。她一切都很好。她的作品的优点就是风格特别纯粹，味道特别浓郁，特别适合我们中国歌剧舞剧院的演员。因为他们都特别会演戏，中国传统的东西表现得特别棒。但是作为舞剧本身来讲，好像应该再走远一点，它走得不够远。演出的时候请了叶浅予老先生和王人美两口子（叶浅予是戴先生的前夫），请他们俩来看。看完以后他们上后台去看我，王人美第一句话就跟我说："这不是芭蕾吗？"我当时心里就咯噔一下。听她一说芭蕾，在我的概念里，我觉得芭蕾应该是《天鹅湖》那种，我心想我们的《红楼梦》已经完成到这个程度了，怎么还是芭蕾呢？

满：那她为什么这么看呢？

陈：因为它是一部舞剧，再加上后来我逐渐看了专门讲芭蕾历史的那本书。王人美讲的时候我不明白，因为没有更多的交谈，但是我当时应该请教她一下。

叶浅予的夫人王人美也是个大名人、大艺术家。他们比我们年长一点，更见多识广吧。他们没有我们这方面专业上的舞种概念，他们是从整个艺术形式来看的。我们的概念是分少数民族舞剧、古典舞剧等，光芭蕾舞剧的流派还分得特别特别细，笼统来讲不就是舞剧一种形式。戏曲只不过是昆曲、粤剧、川剧等的统称。

继舞剧《鱼美人》之后，在1962年或1963年又试排了一个舞剧，叫作《白蛇传》。

满：当时的导演是？

陈：导演李承祥、栗承廉、王世琦，完全是《鱼美人》的那班人马。我印象特别深，我就是第一组的白蛇，邱友仁他们几个都是许仙的角色，好像王佩英是青蛇。我们排了《游湖借伞》，非常漂亮。李承祥老师他们都到杭州去学当地的民间舞，就是为了把江南的感觉带进去一点。我在这里还想讲一句，古典舞也是在吸收民间舞的基础上建立的，这个观点一定要有。我特别想在这里讲一下，我想给中国古典舞下个定义。我大概在前年被邀请为中国艺术研究院舞研所的研究员，在授我研究员聘书的当天就让我做一个讲座，我就讲的是中国古典舞。当时为什么要叫中国古典舞，谁给起的名字现在谁也想不起来了。比如满运喜就叫满运喜了，我就叫陈爱莲，也许叫别的名字更好、更适合，但是不行，已经叫了，现在经过那么多年改也不好改，那么就叫中国古典舞。我认为因为它是中国自古以来的经典舞蹈之汇集，所以叫中国古典舞。

中国古典舞自古以来是有历史的，它是经典之大集，不是凭空出现的。民间舞也有历史，当然民间舞更现代化一点。只有中国古典舞是传承的，有久远的历史，自古以来一直到现在没有完结。我认为它既是东方的，有历史传承的大的舞种，又是一个东方舞蹈演员的重要的训练体系。我是给中国古典舞这么定义的，当时还得到舞研所很多人的认可。他们认为我这个定义还是有点意思的。

现代舞当时因为是反芭蕾的，它的存在是这样的观点下起家的，后来它也有所改变，也有发展的过程。后来，它跟芭蕾互相学习借鉴，不是那么敌对，虽然最初二者是完全敌对的。

2014 年，陈爱莲在"中国古典舞学科 60 年建设与发展恳谈会"上发言

其实中国古典舞蹈，如唐代宫廷的舞蹈是哪里来的？它还不是从民间慢慢吸收的。据我所知，当年我们的老师们都是从民间舞学习，都是到民间跟老艺人学，比如突然有一个动作特别有意思，老艺人他还记不住，我们老师就记下来了。那个动作可能很有风格，但是哪个地方还不够好看，老师们记下带回来加工整理（这就等于到了宫廷了），是从业余到专业的一个过程。我认为古典舞蹈很多东西都是从民间业余到专业后就慢慢地讲究了。

我对中国古典舞情有独钟，情由何起？从我自身的经历来说，就是从两手开始，一手西方、一手中国，我都是同时学的。我当时有一个机会，在大概 1957 年的时候国家要派人到苏联留学。

满：学芭蕾？

陈：留学肯定是学芭蕾了，要留学五年。我当时已经三年级了，被选拔去苏联，当时有三四个人，留苏选拔证都发下来了。后来由于咱们跟苏联的关系发生了改变，国家就终止了这个项目。假设我去了，我可能就会作为纯西方芭蕾演员回来了！

满：而且是俄罗斯芭蕾学派的。

陈：之后，我就赶上学校分科。分科的时候芭蕾、民族都要我，领导说最好的学生要跳中国舞，结果我就学中国舞了。到了《鱼美人》的时候，中西融合了一下，我们学习了西方芭蕾的立足尖、托举，等等。担任《鱼美人》的角色我发挥了比较全面的能力。毕业以后我就留到学校了，同时留校的我们班同学还有熊家泰、朱清渊、李惠敏、王佩英，他们负责教学。我跟王庚尧分在演员小组。当时建立了两个舞剧小组，一个是芭蕾舞剧小组，另一个是民族舞剧小组。芭蕾舞剧小组组长是刘庆棠，民族舞剧小组组长是我，我下面的兵有邱友仁、陈泽美等一堆。后来有一个班很整齐，非常好，就是蒋华轩、潘志涛他们那个班。

他们那一届学生毕业后顺其自然地成立了两个团，刘庆棠这个芭蕾教员小组组长就去芭蕾舞剧团当演员队长去了，当时芭蕾舞剧团团长是肖慎。但是我们民族舞剧团却出问题了，为什么出问题呢？因为中国歌剧舞剧院已经有了。

满：他们什么时候成立的？

陈：当年中央戏剧学院附属舞蹈团学员班就在中国歌剧舞剧院，当时不叫中国歌剧舞剧院，就叫戏曲团，后来改名叫中央实验歌剧舞剧院，后来又称为"中国歌剧舞剧院"。他们这个团有这样一个演变历史。赵青他们毕业演的是《宝莲灯》。

满：赵青老师是高班的。

陈：她原来就已经是演员。

满：入学是五年级，等于是在学校待了两年就回团了是吧？

陈：对，所以他们在那里已经演了《宝莲灯》了，已经有舞剧团了。当我们要成立舞剧团，中国歌剧舞剧院就有异议。他们不同意有两个舞剧团。原因一是他们觉得浪费资源，二是我认为他们担心学校优秀的毕业生肯定留在学校剧团，那边的竞争力也就有问题了，因为当时没有那么多的舞蹈学校啊。所以呢，我们这个民族舞剧团就成立不了，当时社会上就有议论了。虽然我毕业之后当演员小组组长，但是我一直在兼课。没有毕业的时候我就给当时非常优秀的教员像杨宗光老师当过助教，然后毕业之后第一年就给李正一老师当助教，第二年我就独立教学了。当时我跟王佩英同时当助教，分甲、乙两班，王佩英教一个班，我教一个班。当时我这个助教很有特点，王佩英就站在旁边帮着老师，我主要是做动作示范。我在课堂上跟她们一块练，用我的动作作为榜样，实际上我是等着去当演员。

当时很多文化部的领导对我们都非常关心。他们说以陈爱莲为首的几个很好的演员，他们在学校里待着就不合适了，应该到剧团里面去。这个时候夏衍副部长找我谈话。夏衍同志大家知道，电影界的大腕，他当时是副部长。他说，既然不成立中国民族舞剧团了，你就到中央芭蕾舞剧团当演员去。他把肖慎团长也找来我们三人一起谈话，团长也觉得我去芭团特别合适。当时我思想还是有点保守，我说我好几年不练芭蕾，做挥鞭转可能对我已经有点困难了。他说没关系，不做挥鞭转也照样是个非常好的芭蕾演员。你在芭蕾民族化方面将会有独特的贡献，你是特别合适的人选。我觉得很好。结果没过一两天，另外一个副部长徐平羽把我叫到部里面谈话，说你一定要到中国歌剧舞剧院去。

满：鼓励你去跳民族舞剧。

陈：对。他说，他看了这么多的舞蹈演员，没有一个人的身上有我特别的表演味道。后来连唐满城老师也跟我说，你要到中国歌剧舞剧院去。当时我脑子就乱了，因为这两个地方我都特别喜欢。当然最终我还是去歌剧舞剧院了。这是我的一个情结。既然都觉得我特别合适，好的要搁在咱们自己本民族的东西里。在我的情感上，其实我非常喜欢芭蕾，也喜欢其他舞种，反正舞蹈几乎没有不喜欢的，而且我都进行过尝试，分数也都是五分，是比较优秀的学生。但是我好像注定了要为中国古典舞奋斗终生。

满：现在看来，自中国古典舞成立以来，一直是以建立自己本民族舞剧为目标的，演员的培养也是以舞剧的表演需要来培养的。

陈：你想想我们为什么要培养演员？不就是让他去表演嘛。

满：现在一般人讲演员都是领舞演员、群舞演员，很少用舞剧演员这样一个概念来评定一个演员，比如他能跳独舞、能跳领舞，或者能跳双人舞。现在演员概念的标准似乎变了。

陈：现在我觉得你们这个课题为什么非常好，因为做好了在研究上面会有很大贡献。一方面是教学培养，另一方面就是剧。你说你培养了半天干什么用？

满：你都不知道上台跳什么，怎么来培养呢？

陈：对，这非常重要。

满：而且培养舞剧演员，就像您刚刚说的，和舞蹈演员是不一样的，您能说说它哪里不一样吗？

陈：舞剧演员要非常全面，训练要非常地全面。

满：具体的？

陈：比如所有舞蹈演员需要具备的素质。

满：基本功这些不用谈了，那是必须具备的。

陈：然后是表演。

满：人物塑造能力。

陈：所以到了高班的时候，剧目的训练非常重要。就像西方芭蕾舞的训练到了高班的时候，《天鹅湖》的片段、《堂·吉诃德》的片段，就都已经完全进入课堂里了。

满：对，没错。

陈：可我们现在的年轻人还在记自己老师编的各种组合，他根本都不知道这一点。芭蕾剧目的训练比较有特点。李正一老师在上次座谈会的时候也想到、谈到这个问题了。她说："陈爱莲，你那个《红楼梦》居然能演这么长的时间。从1981年到现在演600多场，那肯定有一定道理的，对吧，要不好的话早就不演了啊。那么，你那个《红楼梦》里面有没有比较好的片段，可以拿出来训练的。"你看《鱼美人》里面的很多片段，不用很可惜，那是完全可以达到表演能力训练要求的。例如《鱼美人》中结婚的那个场面里我有一个深海转，两个半到三个吧。

满： 当时女演员也转探海转吗？

陈： 对啊，女演员也是。

满： 现在女子的教材没有探海转了。

陈： 不，那就不一样了，我的陈爱莲学校的古典舞教材里面有这个。

满： 我觉得这一点您提示得特别对，我们古典舞不能放弃我们培养舞剧演员这一个目标。现在我们实习剧目课上都是以一些"桃李杯"获奖的独舞或者双人舞来作为教材。

《红楼梦》剧照

陈： 你们那个独舞、双人舞有一个问题，它是根据演员量身定做的。

满： 对。

陈： 比如说这个演员腿好，那就多编腿的动作；那个演员转好，那就多编转，别让人家露怯，因为为了拿奖嘛。但是，作为一个优秀的作品是远远不够的。着重突出演员最擅长、最优异的地方无可厚非，但是对于一部作品的创作来说，这并非首要的问题。

满： 是。

陈： 上次咱们在西宁时，你曾说这属于编导的创作问题，跟演员没关系。我认为，编导本身与编导的专业教学和教研之间是不能完全脱离的，而是要密切配合的。北京舞蹈学校当年的教学水平并不比现在逊色，当然现在大多数优秀的人才也都是由学校培养出来的。

满：现在我们的学科的确存在这个问题。对于我们系而言，我们的任务就是培养表演人才。我们将剧目创作的任务全部交给编导系，但编导系的人又很难更深入地去研究和把握古典舞的风格属性、技术动作，等等。

陈：坦白地说，以前我们在编舞的舞蹈语汇、舞蹈动作、舞蹈形式感上面有不少欠缺的地方需要提高。

满：但是在语言的表达能力上是没问题的。

陈：对，现在技术技巧方面十分丰富，任何动作都能够被想象和创造出来，的确很好。尤其是双人舞，编导在思想上非常解放，各种元素都可以编入其中。这既是它的一个优点，也是容易出现毛病的地方。你是什么？你是西方芭蕾、现代舞、中国古典舞，还是朝鲜舞？无论是哪一种，属性很重要。例如，单独编排一个朝鲜族的作品，就要以这个朝鲜族的内容为主，但也并非不能接触芭蕾。崔承喜和安圣姬就是受过芭蕾训练的。

她接触过这些东西，那些最本土的民间物产也自然升华、加工美化、技巧化了。像我们以前的那些编导，他们编的东西主题立意和风格比较明确，编民间舞就是民间舞，编中国古典舞就是中国古典舞，之后再根据演员的情况进行调整。作品是最重要的。我想，当年的《天鹅湖》不是为了迁就演员而创作出来的，而是想到怎样去创作这个"鹅"的形象。《罗密欧与朱丽叶》也如此，尤其是德国斯图加特芭蕾舞团演的《奥涅金》，太棒了！它完全是从戏剧人物的角度出发，感情表达细腻丰富。虽然具体的舞段我都忘记了，但那种感觉留下的印象很深。它用舞蹈说明了一切，包括了主人公当时的内心活动，观众完全可以产生强烈的情感共鸣。虽然我现在无法记清当时作品中的具体动作，但大家一致认为这部作品非常好，人物形象非常动人。而我们在人物情感塑造方面很欠缺，一味地从技巧到技巧，从技法到技法，这是我们最常犯的一个毛病。好多年以前，我参加了一个有关多媒体的高峰论坛。当时我听了半天的同步翻译，唯独听懂了一句话，那就是"内容为王"，即你所有的东西都是为我们的内容而服务的。这是我参加国际多媒体高峰论坛的心得。当天我在一个小的发言当中讲述了这个观点，大家听后纷纷称赞。如果你问形式要不要，我说要。形式就如同酒杯，它是用来装酒这个"内容"的，如果酒不香，不管你的杯子有多漂亮，最终也得把酒倒掉。所以，不管是剧目的编排创作，还是我们中国古典舞的训练，都需要这样的一个体系的建立。形式也是一定要存在的，没有形式，内容就无法装载。

满：对。

陈：形式是为内容服务的。北京舞蹈学院中国舞体系，自《鱼美人》之后，更多地脱离戏曲，越来越像一个舞剧表演体系。在某种程度上，人家会说我们跟西方的芭蕾舞剧在形式上面非常地相似，就如同我们引进西方的音乐剧，总要有套路和形式的，只是有中国的音乐剧和外国的音乐剧之分而已。而中国歌剧舞剧院的风格，就比较偏向戏曲。因为他们的根基是戏曲。他们的优点就是在舞蹈的发展方面，它走得步子虽小，但是在风格的继承和确认上却是比较正宗的。现在是不是依然如此我就不确定了，但至少一直到20世纪80年代的作品都是如此，例如《文成公主》《宝莲灯》《红楼梦》等，包括一些我们没有出台的节目。现在的舞剧创作问题比较严重。我们老老实实地从学术的角度来讲，不瞎吹捧，有几个优秀的舞剧？有几个立得住的作品？有些作品是为了评奖，拿政绩，仓库是最后的归宿。演完了服装、道具等东西就被搁到仓库里藏起来。舞台上很少有观众喜爱的作品，也没有让观众对你的演出有需求，因此即便演出也没有市场。

从中国古典舞的训练方面来讲，我觉得最值得一提的就是这个"大绿本"了。"大绿本"是以李正一老师、唐满城老师、孙光言老师、陈铭琦老师等为主编写的。我和熊家泰在毕业以后也参与过讨论。对于那次讨论，我记忆犹新。当时以我们的水平是不能整理和编写的，所以全部由经验丰富的老师们在编写。因为当时没有录像等记录手段，所以教材整理出来后，只得在书上以画图代替，这个图缺乏直观感。基本教材出来之后，首先就创办了全国的教师培训班，使得全国各地的教师都能来到这里学习。当时我和熊家泰就表演这本教材，所以对这个教材的印象特别深刻。

满：一个动作一个动作地做？

陈：对。我们将书中的内容变为组合进行表演，让书中的知识立体化。那时的工作很辛苦，我和熊家泰每日一遍遍地认真练习，他一个组合，我一个组合，把书中写下的所有动作都学习下来并编排成了动态的组合。那是在 1962 年。

满：应该是 1961 年吧？

陈：对，1961 年。1954 年建校，当时是建校七周年。

满：第七年到第八年的年头？

陈：对，是对这七年教学的总结。这个阶段大家非常认真地、全力以赴地投入其中，这是一个积极探索的过程。"大绿本"是一本非常值得认真阅读的书。虽然它很简单，但是保留了诸多精华的内容，需要你自己去用心体悟和思考。重要的是，你能不能在其中看懂中国古典舞的内涵，看到那些年奋斗的结果。我常常跟唐满城老师探讨、辩论中国古典舞的发展与继承方向。我觉得他后来"跑"了，他的确"跑"了一点。我对唐老师说，我特别欢迎你来我的学校教课，但不是讲现在的内容，而是一定要讲原来的内容。他对我说，现在时代发展了，需要的就是现在的。我坚持说我就要原来的。在唐老师去世前不久，我们在一个学生的婚礼上见过面，当时我还跟唐老师讲"大绿本"的事情，说"大绿本"的价值和紧缺情况，并请求对于"大绿本"的保留。那个"大绿本"很有意思。你一定要好好看，这样自然就会看出里面的内涵所在，不只是文字上反映的东西。看字面就是这个动作，那个动作。我们应从总体来看，思考它为什么是这样的，跟现代的内容有什么不一样。

我是这样想的。从我上学员班的时候开始，就已经有很多老师和前辈在摸索了。我们当时是第一批国家培养出的科班生，在中央戏剧学院附属的舞蹈学员班学习。两年之后，北京舞蹈学院成立。那时，中国古典舞的概念就随之生成，形成了中国古典舞体系和民族舞剧的概念了。

一直到"文化大革命"前夕，"大绿本"还在不断地发展。初步的版本拿出来以后，原本要继续丰富它，但结果并未如愿。大概是 1963 年下半年，我到了歌剧舞剧院，在那里我们继续发展。中国歌剧舞剧院有好几条线在同时发展。我们这批人到了那以后，非常注意对中国古典舞的课堂训练。因为我们要演舞剧，要演中国舞剧。我当时就是这个教员组成员。北京舞蹈学院当时也在继续发掘和研究。在 1966 年之后的十年中，研究中断了，舞蹈发展也受到了一定的阻碍。

没有了这些优秀的专业领头人，还如何做学问呢？首先氛围就不对，没有充分的时间给你做准备，再加上这些优秀的学术专家都退出第一线工作了。实际上，那些年培养出来的青年学生并没有衔接和传承这些优秀东西的能力。遗憾的是，这些在教学、传承方面都不是最好的人如今成了骨干。古典舞教学不知倒退了多少年。

有很长一段时间教学是相对停滞的，但还在教，问题还在。一批一批的人才培养出来了，但是真正能够作为中国古典舞传承的东西，能够发展的东西却不多。从客观上来讲，我觉得这是要严肃考虑的问题。在那个年龄阶段，在他们进到社会以后，他们的思想、认识也会影响到我们这个时代对很多问题的看法，但问题也不能完全归咎于他们。

20 世纪 70 年代末期，我们回来了。我复出后演出的第一个舞剧就是《文成公主》。当时李正一老师带着许淑英老师、章民新老师、唐满城老师到中国歌剧舞剧院，排《文成公主》，选定女主角。第一女主角"文成公主"由我饰演，这给了我一次非常好的机会。原来北京舞蹈学校的《鱼美人》和《白蛇传》等其他的剧目与《文成公主》的风格有所不同，《文成公主》脱离戏曲的部分更多。它是在中国歌剧舞剧院排演的，是由这些老

1982 年，舞剧《文成公主》剧照

师亲自指导，所以也没有出现跑到别的舞种那样的情况。总之，《文成公主》可以说是一部相当不错的舞剧。舞剧如果按这个方向走，舞台和训练才能够逐渐地结合。《文成公主》除了我们以前传统认为的中国古典舞的内容外，它很好地结合了很多的东西。为什么呢？你想想看，第一，它结合了很多藏族的民族色彩。那些藏舞也不能纯粹地理解为古典舞，进到舞剧的民间舞也是经过了加工改造的。第二，它既涵盖民间素材，又是一个唐代的舞剧，而且唐朝当时已经有了敦煌舞风。文成公主是唐朝的公主，这部舞剧跟明清的《红楼梦》的舞蹈动作感觉很不一样。《文成公主》就是更加唐代化，有些东西跟壁画就很接近了，包括一些袒胸、束高腰的服饰。文成公主本身就是唐代的形象，动作间有唐代的韵味。再加上唐朝宫殿里迎接贵宾的场面和各国使节的样貌，以及琵琶、箜篌、箫还有小鼓的唐乐伴奏，都是唐朝的经典特色。

满：那里面有很多敦煌壁画风格的元素。

陈：后来，于颖导演给我编了一个舞剧叫《霓裳羽衣舞》。导演让我在莲花台上跳。唐诗中记载过《霓裳羽衣舞》中的"大珠小珠落玉盘"的激烈情景，传闻杨贵妃曾跳过《霓裳羽衣舞》。《霓裳羽衣舞》是唐朝的作品，而且其中有好多印度风格的内容。那时候是 20 世纪 70 年代，我在排《文成公主》时，同时也在排《霓裳羽衣舞》。当时有人在兰州排《丝路花雨》，《丝路花雨》应该是唐舞的"老祖宗"吧。正好，有一次在一个晚会上，我正在表演《霓裳羽衣舞》，从咱们学校毕业被分配到兰州的学生周兰，去看了我的演出。演出结束，他赶到后台跟我讲：陈老师，我把你所有的造型全部拍了出来。正好他们那时在排《丝路花雨》，至于他用没用这些造型我不知道，但起码有了这种交融。

这个作品产生的时代是什么？唐代、清代、明代，还是什么其他朝代，是要分清楚的。我觉得现在就是出了这个毛病了。我很支持你们好好做这个事情，其目的就是要正本清源。

20 世纪 80 年代末的时候，我们歌剧舞剧院的王萍老师（他身体状况不太好），他是一个戏曲的老师。中国歌剧舞剧院那时就是从戏曲中出来的，所以有些戏曲老师还继续保留着。他想做一点事情。我们每天练功训练的时候，为了配合舞台表演，更多的是注重技术技巧这方面的训练，他就觉得欠缺了一部分，不够讲究神态韵味，等等。原来的中国歌剧舞剧院是特别讲究神态韵味的，但那个时候不讲究了，所以他想专门加强一下这方面的训练，编一点小的素材和组合，然后慢慢地就有了身韵这堂课。他不能去上基训课，不能把基训课和身韵融合到一块了，因为他的肺已经被切掉一半了，而且他也不是舞蹈演员出身。虽然客观条件不允许，但是他觉得必须要把这一块的东西补充进去，于是乎他就单独地练习上身和步法动作。后来北京舞蹈学院在他的这个基础上继续深入研究，发展成了"身韵"。

我对身韵是这么看的。其实呢，没有身韵课的时候呢，我们原来古典舞里面就已经有身韵了。因为古典舞有一个口诀，叫"手、眼、身、法、步"。我是这么理解的，你手一动，你眼睛就要去看它。我教学生的时候说，你手一动，身体自然就会跟随，其味道和韵律就流露而出了，步法、技巧、造型也就跟着全都有了，所以身韵应该始终贯穿在基训里面。你不能说基训是一堂课，身韵是一堂课，完全将二者区分开。不过，在一定的时候，你把它分离出来，进行一个精细的训练是可以的。如果需要单独训练也可以，但它最后不应是分裂为身韵课、基训课两个概念，而是打一开始的时候，就应该共同存在的。例如穿手接扑步。我光练那个穿手，然后练扑步，这个穿手扑步翻身完了以后，自然就搁在一块了。我虽然没有专门去上一堂身韵课，但是以前训练的时候老先生已经把这个身韵放在里面了。比如李正一老师的《岩口滴水》，好多身上的东西都已经有了。我小时候当然也分开学过一点，但不像你们有专门的气息练习等，我觉得这也太像打太极拳了不像舞蹈。我也是从手的训练开始，指你，然后反过来加上步法，指我。我也有掌的训练，这些都有的。现在那些就变成了元素，什么叫元素？我竟不知道艺术和科学接近到这种程度。我觉得同样的东西，以前叫素材，现在叫元素，而且变得特别烦琐。你们研究学问的要千万注意，人的"四面八方"已经很复杂了，现在又有 32 个点。比如我现在站在这儿，肩膀对着三点、脸对着一点、头又在哪点，然后手从哪点开始，八点、九点、十点，然后二十点……我请问，你跳的时候你能这样吗？而且每个人的胖瘦也不一样，单说一个斜方向，胖一点的人可能会多斜一点，不一定就到几点去了。瘦的人呢可能就少了一点，头低一点或高一点……总之，每个人是不一样的。我很诧异，跳舞怎么会钻到这里面去了呢？

手腕的训练、手指的训练、韵律的训练等，其实芭蕾也有。芭蕾也是搁在一块的，不是单独的。我这么讲，你要是长时间地把身韵单独拿出来的话，就像是多了一堂同质化的课。比如说古典舞里面专门训练剑的用法、水袖的用法、扇子的用法，基本上就是小道具的使用。这是我们中国古典舞里面有选择性的部分，是可以。但是身韵训练我觉得应该放到基训里面去，你要是愿意的话，我可以找一堂我的基训课程做展示。明年正逢陈爱莲舞蹈学校建校二十周年。在这二十年里，从第一届学生入学至毕业，我们年年积累教材。而且我从始至终一直在课堂上授课。起初几年，我从一年级一直带到毕业班，因为当时班少，而现在有六个年级，不可能每个年级都能够亲自带。所以，我今年可能在一年级，明年我就到五年级去了，后年我又在四年级，让他们都能感受到我的教学方式。你们要真的愿意研究，我觉得可以将我们学校也作为一个研究对象。现在我也在整理教材，比如怎样开始训练小孩会有所不同，等等。

满： 您现在的学校主要是中专教学？

陈： 是的。我认为所有的基础都在中专完成，而大学是什么呢？大学实际上是对中专的内容进行复习。作为舞蹈演员，我认为每天练习把杆、弹跳和旋转，这些都是十分必要的，是一辈子要练习的基本功。直到现在，我依旧在练，一直要练到我不能练为止。我还是要擦地，要下腰，要踢腿，要摆各种舞姿，要做小跳，要做平转，不然怎样站在舞台上呢。作为一个舞剧演员，你一定要完成这整堂课的训练。整堂课的训练是始终要有的。我认为基础都是在中专打下的，大学除了要保持这个以外，更多的是剧目的训练。

满： 同意。

陈： 我觉得现在的大学主要缺乏剧目的训练，老用一些新的、不是很成熟的剧目。现在的编创，只是从技法到技法，然后再在古典舞上加入现代舞、当代舞的东西等，杂糅在一块儿，分不清楚是哪个。尤其是这个控、翻、转、跳技术，就是这么几个。这就变成了技巧比赛、技术比赛，变成了技术的不同编排而已。演员不知道自己在演哪一个角色，换了衣服就是别的人，没有个性。我现在的作品《红楼梦》中林黛玉的很多动作，你放在别的角色那里就不成。我对身韵始终有这样的看法。

满： 认为身韵不应该分得那么细？

陈： 对。身韵，其实就是手一动，眼睛就要看了。其实，我这个就已经有了。

满：其实我们现在在基训当中也是这样要求的。现在身韵教学是要面对全国的中专生，他们没有受过这种身韵的训练，现在大学里课程设置身韵课，重要的是在补课和强化，强化其动作风格。

陈：不是没有接受过，现在又涉及了中国古典舞基础训练缺乏全面性的问题。你有权威性，大家就选你这个，没有权威性，就是个人。

满：我们关于基础这一块做得还不够好。

陈：没有权威性。很多人都不知道什么叫古典舞，以为古典舞就是古代舞。之前我讲了古典舞绝对不是古代舞，它是自古以来形成的一个经典。我是非常好的典型，我基本上是以古典舞训练出来的。不管怎么样，我这些年脱离芭蕾很多了，偶尔上一堂芭蕾课，辅助一下。坦白地讲，我们古典舞里面还有一些东西没有解决，所以有时候把芭蕾的东西拿来先练一练。整理教材其实是很艰苦的工作，你要摸索。我几十年一直在一线教学，我就很有发言权，而且我又在台上演出，我又在编排节目，所以我结合得比较好。20世纪80年代，李正一老师想让我回来编写教材。李老师共找我谈了两次。她认为我是这个教材培养出来的，而且又在舞台上实践了这么多年，不断地在那里体验，所以，她认为我是舞蹈学校整理教材最合适的一个人选，但后来因为各种原因，我没能回来做。

她已经看到这个问题了。我从80年代一直到现在还活跃在舞台上，无论是表演林黛玉，还是跳《春江花月夜》，大家都觉得味道很浓，是纯正的中国古典舞。但是你不知道，在革命题材的表演中我又不是林黛玉了。我曾经表演《草原女民兵》，饰演蒙古族的一个女民兵的队长，可以"趟步"后接"飞天跳"，所以我就是中国古典舞训练出来的。为什么呢？它既是一个舞种，又是一个训练体系。

满：它给了你塑造不同角色的能力。

陈：对，我这身上全有。后来，我演朝鲜舞剧《红旗》的女主角。我也要会朝鲜舞，因此民间舞也要训练，这些都是建立在我的古典舞能力基础之上的。

现在很多人都把古典舞当作古代舞了。有一个人也是咱们学校的一个青年教师，我同他一起出去参加一个比赛。在比赛当中，有一个节目表演的是《霸王别姬》，双剑跳得十分难看，纯粹是戏曲，完全就不是根据古典舞提炼出来的方法，还给了个高分。他说，陈老师您是古典舞大家，今天的比赛就这么一个古典舞，还不给高分吗？我说，戏曲它不是古典舞，纯粹是戏曲舞蹈。这说明现在古典舞的概念是混乱的，他的认识是混乱的。再加上之前我们说，现在除了中国古典舞，还出来了汉唐舞和昆舞。听说上海还出了一个"扇舞"。

满：没听说过啊。

陈：我是听贾美娜老师说的，大概在前年，她跟我说完，我脑子就嗡了一下。我觉得中国古典舞真的要看到这个危机。我讲得也很极端，我说那明天我搞一个春秋战国舞，然后再搞个晋代舞？其实这些都是中国古典舞。这么一条历史的长河，你更多地看到了某个朝代的东西，你就来丰富进去。比如，这个是唐朝风格比较强的，那个是明清风格比较强的。昆曲不就是明清的风格比较多一点吗。最近我在做三国的一个动画片，给他们编好多舞。我就研究三国时候的舞，"七盘舞"其实早在汉代的时候就有了。

我也在学习，因为历史上只有文字和图片，怎么把它变成舞蹈还要靠我们的努力。那些贯穿起来成为舞蹈的动作，实际上跟戏曲有很大的关系。因为它毕竟那么多年在戏曲中是存在的，它再变也还是那个，比如汉族的秧歌它再变也基本是那个风格。多少年过去，动作在改变，但根本的还是那个，汉族的秧歌是不会跟朝鲜舞放在一块去的，两个的风格肯定是不同的。所以这个"味道"的把握基本上还应该坚持从戏曲的传统风格中传承过来。你看《红色娘子军》的洪常青的动作就是在原来戏曲的基础上发展而来的。

所以，我特别希望对中国古典舞有兴趣，且愿意为之奋斗的优秀同人们团结一致，为中国古典舞继续做出贡献。你可能在汉唐舞上做了贡献，我可能更多地在明、清方面做了贡献，今后还会有后人去挖掘出更好的宝贵的东西，都来丰富我们的古典舞。

在 1984 年我就创编了舞剧《牡丹亭》。该舞剧是在广东省的一个歌舞剧院编排的。我既是总编导，也是第一组的杜丽娘。演出期间我还参加了广东省艺术节比赛，一共两枚金奖，一枚金奖是由粤剧的红线女（中国粤剧女演员）获得，另一枚就是由我获得的。我那时候已经编了《牡丹亭》，而且效果非常好。我想《牡丹亭》应该跟《红楼梦》、跟《文成公主》有所区别，因为剧不同、人的时代不同。除了有很多昆曲的东西以外，我还吸收了朝鲜文化元素。如果你说跳朝鲜舞是不行的，我不这样认为，我借用朝鲜舞的动作来丰富我自己，这都是我们中国的东西，比如说蒙古族舞里的抖肩。在训练的时候有能力、技术、风格、造型的训练，但到高年级的时候，特别是到了大学，应是各个舞剧片段和优秀作品的训练。你要培养可以驾驭舞台的演员，不要陷在一个小东西里面去，我特别希望大家能够走出来。

我特别想跟大家探讨这个问题。学院有这样的资源，又在这样的位置上，有号召力，我们把大家团结在一起，都是中国古典舞，你干吗要有唐舞、明舞、清舞之争呢？我们都是中国古典舞，不同的人在不同的阶段有贡献。比如孙颖老师的贡献（我很幸运，好多时候都是历史的见证人），20 世纪 80 年代我在中国歌剧舞剧院当演员时，他去排了《铜雀伎》。剧团当时想请一个更年轻的女演员，所以没有用我，要是用了我我就是女主角。因为我们都住在剧院，他排练我就天天下去看。我觉得孙颖老师非常聪明，也很有想法。其实在 20 世纪 80 年代后期的时候，我们都在思考，都在翻舞蹈的书，看《七盘舞》《折腰舞》《绿腰舞》。

满：对，那个时候舞蹈史研究整理出了一批历史资料。由王克芬老师他们做的，很有价值。

陈：对。大家看了这个以后都想编像这样的舞蹈。我跟王萍老师就合作了一个舞蹈，就是公孙大娘《剑器舞》。王萍老师编，我来演。剑器是有考证的，不一定是剑，也不一定是绸子，不见得是什么东西，总之叫"剑器舞"。当时我就建议，一手持剑，一手拿绸。可惜这个舞蹈没有保留下来，录像也不知道去哪里了。这个舞蹈就是耍圈，用剑给刺过去，难度挺大。这个节目，我还到美国去演了。为此，徐迟老先生（写报告文学的）还给我写了一篇文章。我当时还特别想编《绿腰舞》《七盘舞》，就是时间不够忙不过来。后来我看孙颖老师创作的《铜雀伎》里的"七盘舞"不就是我们当时想编的那个吗？他做得相当不错，很好。他用了中国古典舞的风格、戏曲的原始风格韵律，也结合了唐朝的壁画，又用了藏舞里的水袖。我当时就这样评论过他的汉唐舞风格。因为我们所看到的舞蹈作品，你都不能说是复原的。因为当时不可能有录像带流传，只有图片，以及文字，对吧？那么只要你把头脑中的想象搞出来，大家就会认为接近历史的图片记载。

满：这些应当是属于当代创造、当代创编的。

陈：真正不是当代创编的就应该是戏曲中的舞蹈。

满：对。

陈：戏曲真的是师父教徒弟这么带出来的。最多的变化是这个人多了一个动作或者少一个动作，艺术家的发展便是如此。剩下的，坦白说，都是靠看图片来完善的。我一直这么觉得的。孙颖编排的当然很好，经过他的加工，他找出了很多造型，找出了很多舞蹈的方法、舞蹈的组合。

满：其实说到底是没有离开中国人的舞台形象——拧、倾、圆、曲，这四个典型形态。

陈：没有，我也是这么训练出来的。不然我还是中国人吗？比如说我演《卡门》或者别的舞蹈的时候，我的味道变了，虽然我表现了另一种角色，但是我始终是中国人。

满：对。

陈：我听说上海没有中国古典舞，我便觉得特别悲哀，我心疼得不得了。我有我的情结，我的命运决定非让我干这个。我本来可以搞很多别的东西，却不让我去，我喜欢芭蕾舞不让我去跳，我还喜欢好多别的东西也不让去干。古典舞的发展就是我的任务。我看到现在这种情况，我真的挺心疼的。

满：上海有古典舞啊。

陈：西方芭蕾有流派吧，例如有俄罗斯流派、意大利流派、法国流派等。芭蕾到了中国也有了变化，一会儿演娘子军，一会儿演杨贵妃，芭蕾不是也开始变了吗？变得有点东方流派、中国流派了，但它还是芭蕾啊，所以出现一个说法说"这不是中国古典舞"，我就特别心疼。我觉得从北京舞蹈学院来讲的话，是有些不足的，比如身韵不应该作为一门主课。它只是简单地提炼出一些动作来训练，而这样训练的目的到底是什么，应该要好好地总结一下，而不仅仅是训练那几个动作就罢了。

满：其实"身韵"的价值不仅是体现在基础训练层面上，最核心的价值体现在建立和巩固民族舞蹈的语言和强化审美风格方面，以及在促进剧目建设方面。

陈：对呀。

满：说到底我们需要通过舞台表演的实践与反馈，才能明确我们怎么练，练什么对不对？这里有阶段性发展的局限，可能经过了这一阶段后，大家就都清楚了，就好办了。我们舞蹈出现的种种问题其实跟整个社会发展的文化背景有很大的关系。就像您刚才说的，我们对自己的传承与发展变得不自信了，或者有一些人认为我们已经完成了可以翻篇了的想法。

陈：现在，我们来看几种被大众认可的舞种：西方芭蕾我们认为是好的，现代舞、街舞也是好的，现在国标舞也是好的。那么古典舞呢？

满：现在我们大家有很强烈的一种"去芭蕾化"的想法和要求。

陈：我倒觉得，恰恰"芭蕾化"可以少"去"点。

满：为什么？

陈：因为芭蕾是舞剧。

满：我说的是去掉西方芭蕾元素。

陈：为什么呢？现在我觉得包括北京舞蹈学校等这些学院出来的节目，毛病不在芭蕾化本身。因为来之前我简单翻了一下录像带，帮熊家泰录像的时候，他自己没来，他让他的研究生给我送了一套他的教材。我看了看前言，里面就讲关于对芭蕾的借鉴。我感觉训练里面芭蕾是一定要借鉴的，而且绝对要借鉴。这几十年，我能在台上演很多角色（现代舞《雷雨》里的繁漪），原因就是我借芭蕾的一些东西，这些东西都特别关键，也包括使得古典舞不会那么土。

满：芭蕾舞艺术本身没问题，训练方面的有效性也没问题，如果真的需要去专门学习也没问题。问题是两个舞种要有区别，不能混为一谈。对吧？那么您觉得最突出的是什么问题？

陈：我觉得突出的问题是乱。如果古典舞像我们原来一样以戏曲为主，然后吸收芭蕾的一些训练方法，一点都不乱，然后再逐渐完善。比如说现在看我的一堂课，擦地是肯定存在的。我想不能因为芭蕾的审美原则是伸直，所以我就不能够伸直。因为这个属性是你的所以我们就不去使用。干吗那么蠢？有时"拿来主义"也不是不好的。谁不承认我是古典舞？我们把握的主要在这种风格上，就如同它也可以拿我们古典舞的好多东西去用，只要它那原本的风格在就可以。你看，我接这个蒙古舞动作，你肯定认为我是中国古典舞，对不对？其实重要的是明白核心是什么。现在是乱。那时候我也跟唐老师说，我说我晕，我看你们的古典舞，台上满地打太极拳，晃得人晕，动作太大，没有小的韵律。其实应该是大的动作、小的动作都具备才行。你好好去看看比赛，一天到晚在做那个太极。

我们可以吸收一点吗？可以。你把它拿来，变成中国古典舞或者戏曲里的韵味。韵味这东西是不能变的，只是戏曲里面的韵味用在古典舞身上就会略显小气些，那我们在借鉴的过程中就可以摒弃。戏曲里，可能就是这样的韵味，但是那是它的特点，不是我们的。古典舞的韵律是不管你剪掉不剪掉，它的味道在那儿，它的风格在那儿，我春江是春江（《春江花月夜》）、文成是文成（《文成公主》）、林黛玉是林黛玉、草原女民兵是草原女民兵，我还演过藏族孩子。所谓的身韵本身是一种舞蹈的韵律，就像芭蕾也有它的韵律。有些芭蕾没有，就会觉得特别难看。

《茶花女》里边的双人舞，其实你已经不记得它有多少弯腿、下腰，但你永远想到的是你看了一段太棒的、刻画人物深刻的舞蹈。你得承认它是芭蕾，它没有韵味行吗？咱们现在乱，一个原因是中国古典舞吸收了所谓的大量的现代舞；另一个原因是后来在武术里找到了太极。你们相当一个阶段在找太极呢，满台在那儿摸。不信你去看，你大概都不太注意，晕得不得了，自己的东西都没有了。所以，不管你跳什么，古典舞的主线在哪儿很重要。古典舞变成技巧了，很多技巧不错，技术炫得不错。有时候我会讲到杨丽萍。杨丽萍自己发明了这个独特的舞蹈风格。她不下腰，也不平转，也不大跳，她更不翻跟头，但是她抓住了孔雀的形象，抓住了云南的民间舞的魂。你看她时绝对不会想到藏族舞，她是云南舞。她的魂在那儿，这是最重要的东西。现在咱们太走形式，魂没有了。

满： 目前的确在创作方面给人的错误导向太多了。

陈： 你说得特别对。比赛得奖就能成名、就有好处，所以大家就奔着一等奖去创作，大家觉得这个节目不错后，教学就会往这边跑，老师们这样引导着，学生也是盲目跟从。你说古典舞怎么不能演《八女投江》《金山战鼓》，还有《艰苦岁月》，这不都是古典舞吗？这不是古典舞训练出来的吗？

满：那时候都有，还有陈维亚的《木兰归》《挂帅》，您有印象吗？

陈：那已经是后来的了，已经晚了。

满：晚了？您说20世纪80年代刚开始的时候是吧？

陈：对，你去看看那些节目，包括《雁南飞》《醉剑》，跟现在的比较就能感觉到，那些舞蹈里面含有现代的元素，也有古典的，还有民间舞的，但是你一看就知道是中国的，特别有中国味道。当年现代舞的华超，你应该印象很深吧。他是典型的现代舞，还有他的编导胡霞菲。他们俩排了以《雷雨》为原型的舞剧，叫《繁漪》，在南京不成功，他们就到北京来找我。你看，我是被人家当作特别具有古典舞风格的一个人，他（一个现代舞人）来找我合作，跟我一起排《繁漪》，还要求我来演繁漪，结果很成功。古典感觉的《繁漪》成功了。

满：这是哪一年的事？九几年？

陈：对，90年代。这是我的专长啊。你们（北京舞蹈学院）很多研究生和舞研所的研究生，在写论文的时候，就看我的《繁漪》，他们不知道从哪儿弄来的带子。知道我演过《繁漪》，来请教我。我是从20世纪八九十年代开始演的，一直到我从艺50周年，十年前，我又演了。华超走了，我还专门把王东峰叫回来，演大少爷。台上只有五个角色，五个人40分钟的戏我基本上不下台。那个时代的女性穿的是旗袍裙，腿都露着，在地上打滚，我就不是很习惯，尤其是在排练上。现在我好多了，现代舞不是大量在地上舞嘛，我的动作就是下去起来，下去起来，太辛苦了。咱们总政歌舞团的一个作曲家特别感谢我，见着我就说，因为你，我这个作品一直还能演出，还能看到。我本来是非常想演下去的，可现在就是找不着演大少爷的角儿了，奇怪吧。缺大少爷，如果有一个非常好的大少爷，我仍然可以演繁漪，你像我现在还可以演繁漪，还可以从上面翻下来什么的，都没问题。

满：您可是咱们当代舞蹈界的一个传奇了，70多岁还能继续跳。

陈：嗯，我现在是国内最高龄的舞剧女主角。

满：跳好一个舞剧角色的确辛苦，也的确有意思。

陈：一个女主角她要具备的能力是全面的。我现在好像还在这个状态中，并没有倦怠。刚好上半年我自己把《蛇舞》排了一下，排完录了像。我能完成整套动作，别的更没有问题了，我还能下腰呢！所以这就是刚才讲的，要在力推中国古典舞的同时，借鉴芭蕾的东西。为什么要借鉴？我们可以是拿来主义。比如我们的"一位蹲"不就是拿来主义吗？以前我们是八字步蹲，我们八字步蹲再做"一位蹲"不是也可以吗？现在西方芭蕾也在学我们。当年古雪夫给我的印象特别深。他也讲过这个问题，他说中国的男演员太棒了，那么柔软。西方的芭蕾舞男演员都特别硬，因为不怎么练软度。后来看到中国的芭蕾舞兴起了，看到中国芭蕾舞男演员这么柔软以后，西方人就开始特别注重软度。他们现在的男演员也做"倒踢"，也是深受我们中国舞剧男演员的影响。我再想补充一句。当年我演《鱼美人》，后来我们又排《白蛇传》，古雪夫就对我说他看我排练特别高兴。他说我怎么跳都好看。后来他说了一些话给我印象特别深刻，他的意思是要弄成一个体系，原话我现在有点想不起来了。

20世纪60年代，《蛇舞》剧照

满：古雪夫？

陈：对，我多少受他的影响。

满：他怎么讲？

陈：他就讲，西方芭蕾是一个体系，咱们是东方的体系。其实我一直致力于此。中华民族有着优秀的文化传统。你看，朝鲜也好，蒙古也好，阿拉伯、尼泊尔、印度也好，好多国家的民俗在我们中国基本都可以找到。那么我们的训练体系应该是可以解决很多东方舞蹈演员共同的问题，他国的文化我们是可以借鉴的。

比如说我们要训练一个舞蹈演员，这个演员首先要具备基本能力，包括软开度、肌肉能力、技巧能力。具备这些能力之后，风格要贯穿在这些能力里面。首先不解决这些能力问题，而去直接借鉴风格，我们就什么都不能跳了。芭蕾是先于我们的，它已经解决这些问题了。若是我们不拿过来，非要躲开它，再说也避无可避，比如擦地。

但是话又说回来，其实芭蕾也学我们，原来我们的扛脚之类的动作芭蕾觉得丑，但近二三十年来芭蕾早就勾脚、扛脚了。他们觉得这样训练演员很好，可以训练灵活性。那为什么他们能拿我们的，而我们不能拿他们的呢？纯技术的东西是没有什么国界的。但是中国的文化与其他地区的文化的确有很多的不同点，例如中国文字中象形文字，比如"山"字，就像那一座座山。不像外国的语言是用 A、B、C、D，然后拼成一个字。而我们中国文字就好似人们画出三座山，画出来之后进行适当的艺术变形。舞蹈中的山膀也是如此，山膀动作艺术化了，但是动作一定要规范，胳膊肘向下掉就不是山膀。现在听说有人说都没有山膀了，胳膊肘下沉叫扁担。山膀一定要是这样的，就是胳膊肘有点朝上。顺风旗，一面旗子迎风飘扬。提襟，它的意思是拿着襟的，所以手要做出这种感觉来。还有云手，要如同一个云彩似的，所以这些都与艺术是关联的。再比如，舞姿探海腿抬起来以后，往前看探海，斜探海，非常有形象，因为它是象形的。但是后来，有的老师将一些很象形的动作改掉，这种象形性没有了，动作也不好看了。芭蕾基本上都是几何形的，而且是直立的，所有的旋转、弹跳基本上都是直立的。可是中国舞不是，中国的舞蹈特别注意腰，如下腰、翻身、踏步翻身、刺翻身、点翻身、串翻身，等等。脑袋的朝向都是朝前的，不是朝上的。我们这么多的技巧都跟其他国家的舞蹈不一样。我们传统的探海，我们的膝盖是要关的，现在训练的人我都不好意思说，有点像狗撒尿似的，因为腿抬起来又不像芭蕾那么严格。所以在这种改变中，动作似是而非，半半拉拉、半抬不抬的，打不开也关不上，很难看。我现在教学生斜探海，就是要像一个弯月，弯弯的月亮多美。再说说我们的卧云，在空中盘腿跳。当年李正一那个组合，我做得挺好，跳起来卧云的动作，先做一个跳踏步，然后起来，再卧云。后来很多东西我们都不练了，我觉得丢掉很多精髓。

在这个改革的过程中，很多动作都变得很难看，也不像芭蕾了。芭蕾attitude 转得很好看，因为它有自身的规律。斜探海也有自身的规律。还有拧身吸腿转，也非常漂亮。为什么舞剧演员女主角转圈的时候老蹲着，看上去站不起来呢？就拿训练举个例子吧。你知道我们当年笑中国歌剧舞剧院的赵青，她在校待了两年，看起来没有团里训练得好。她的旋转用脚后跟、脚掌，来回碾转，但就这样她也能转七个圈。我只能转两个圈，但是在半脚尖上转，我们的漂亮，她的不漂亮。我们学校古典舞训练是有问题的，也是半脚尖上转圈很难。技巧主要是舞台需要，老师在课堂可以规定，不能不立半脚尖，立不起来的转圈很难看。有这样的转吗？有，是弯着腿，蹲在这里转，你可以去看看。

满： 类似这种跨腿蹲转不可以吗？

陈： 不是不可以。比如演一个舞姬可以，但是演女主角不行。就像你刚才讲的，咱们培养的舞剧演员，就像芭蕾舞女主角一样，要很规范。比如斜探海转，要做得非常漂亮，半脚尖立起来，只转两圈就可以，一个完整的圈就美得不行。我表演的时候，我们舞剧里面有主角、配角以及表演舞、群舞，角色虽然不同，表演什么样的舞都可以，但是不可以把本质改变。

大家一说我就是中国古典舞的第一人，但是我跟他们说我不是跳古代舞蹈。你们好好看看我，民间的舞剧我也能演，现代的舞剧我也能演，古典的舞剧也能演。我是从中国古典舞的训练里得益的。你想我这几十年早早就没有老师训练我了，自己训练自己。而且，在我的课堂上，我尽量把原来好的东西保存着。

　　古典的东西是特别漂亮的，它传递着中国风格。咱们现在发展了挥鞭转，我现在阻止不了。我们芭蕾训练挥鞭转以后，我们中国舞里面也未尝不可借鉴一个挥鞭转。

　　满：我们古典舞系在教材当中做了一次清理，坚决拒绝挥鞭转。您今天谈的内容涉及很多方面，提出了很多有价值的意见。

　　陈：涉及的面很多，但是一个都没有谈深。

　　满：那就有机会请您深入地了解一下真实情况，看看我们一线的教学实况。我觉得有些情况您看了之后是会在观点上有所收获的。

　　陈：孙光言老师在她离开的前一阵子给过我一个她考试的教材。

　　满：孙光言老师后来一直做中国舞考级，没再从事教学了啊。

　　陈：不，她离开附中之前的最后一届。

　　满：她离开之前？

　　陈：最后一届。

　　满：20 世纪 80 年代？

　　陈：我后来来学校的时候，邱友仁也跟我讲过，特别好玩。他说，像我这样的山膀现在北京舞蹈学院都没有了，我们中专还有。那时候我说这些东西你们丢得这么厉害啊！

　　满：我个人负责任地讲，个别人可能会有这种情况，但是绝对不会是普遍性的，像您刚刚说的那个山膀，就我所见，我们课堂上绝对是没有的。身韵课不是白上的。

陈： 不允许啊。

满： 当然不允许了。

陈： 那你们的毕业生会不会这样呢？

满： 毕业生就很难说了。现在我们学生的就业很难，毕业后能够继续跳古典舞的就更难了。沈元敏老师给我反映过一个情况，她现在给三年级的学生上教学法，学生根本就不入心，孩子们的心沉不下来。即使跟他们说这门课的重要性，也做不到。现在的学生处在一个快速变化的年代，艺术团体在改企、艺术市场那么萎靡，自然让人很难踏实下来努力学习。有时候不是你想怎样他就能怎样的。

陈： 我同意你的说法，学问是要安下心坐下来的。

满： 现在这种浮躁，我觉得反映在学校各方面上，的确很难避免。今天的教育环境和学习环境跟您原来在学校的时候很不一样，因为社会每天都在变化着。这也是我们之所以要在 60 周年的这个节点上做这个集体性的访谈的原因之一。

陈： 对，将来这都是历史的记载。别人看到了会说，早就说这事了，怎么没干呢？

满： 所以，我相信您说完后，在未来的某一时刻，谁听到您的话并且启发到他了，应该能够对一些事情有所判断、有所解决，不断完善吧。

陈： 反正我在自己的小平台里好好做它。主要因为我实在腾不出那么多时间来，我也是在整理教材。本来我是想回学校的，应该实际地研究这套教材。光研究不行，还应该拿一个班来实验。可快四年了，就到现在也没结果。前年的时候，你们院长、副院长让我带一个艺术硕士。

满： 做导师是吧。

陈：他说就是给剧团里面带主要演员，我说那太好了，给两个名额最好，一男一女。我说我特别注重的是剧目的训练，基训没问题，剧目的训练要保障，其他的课别人上。我做了一个计划。这个项目挺好的。

满：最后请您对这次采访做一个归纳，可以吗？

陈：好。我特别想强调刚才讲的，我认为的中国古典舞，自舞蹈文明的发端一直到现代，到未来都是持续发展的。它包括了我们中华大地自古以来所有经典的、有代表性的舞蹈。它是集大成的。中国古典舞是一个非常好的体系，它既不是古代舞，也不是现代舞。它既是一个舞种，又有一个东方舞蹈演员的训练体系，一个非常优秀的训练体系。它要解决我们舞蹈演员，特别是东方的舞蹈演员、中国的舞蹈演员，在舞台上的训练问题。当演员站在舞台上，不论是作为舞蹈演员还是舞剧演员，首先应该解决一系列的身体上的、技术上的、风格上的问题。这个发展过程好似一条长河。中国有文字记载的舞蹈都有 3000 多年的历史了，今后还要继续发展。如果每一个流派都自立门户，说自己是汉舞、晋舞、唐舞或者是明舞、清舞之类的，那么我觉得就狭隘了。每一个流派都应该是中国古典舞这条长河当中的一分子。我们大家应该用每一个人的智慧来丰满它，来更好地发展传承中国古典舞体系。这样的想法才是值得推崇的。

我相信西方芭蕾舞也有流派，但是它们却统称是西方芭蕾舞。芭蕾是一个非常好的舞种，也是一个非常优秀的训练体系，包括现代舞的训练也要借鉴很多芭蕾的训练。我们中国古典舞应该可以做成可供别人借鉴的一个优秀的东方舞蹈训练体系，因为它是那么好。希望我们有志于这方面的同人们能够有一种团结的心，有一种对学术非常老实的纯真感，怀揣着一种愉悦的心情来研究学问，少一点凌厉和占山为王的思想，这样才能对我们的事业都有好处。就实际的情况来看，我们要有危机意识。这些年来，大家对芭蕾舞都很认可，对现代舞也很认可，现在又认可国标舞了，但唯独中国古典舞的影响力在削弱。这就是我们自己本身的混乱所造成的。我希望把我们中国古典舞体系能够更好地完善且更好地发展。我愿意为此做出一定的贡献！

满：非常感谢陈老师的叙说和指导！有这么多像陈老师一样为古典舞呕心沥血的老专家、老先生，相信我们中国古典舞一定会得到更好更快的发展！

朱清渊

我的艺术之旅与中国古典舞的建设与发展

朱清渊

（1938—　）出生于福建晋江。中国著名舞蹈教育家，中国古典舞创建历程的亲历者。曾任北京舞蹈学校专业科主任，北京舞蹈学院首届教育系副主任、科研处处长、《舞蹈教学与研究》副主编、舞蹈学研究所所长、舞蹈学系主任、学报副主编、硕士生导师，中国舞蹈家协会舞蹈教学委员会委员等。

朱清渊是北京舞蹈学校首批学员，在校期间因表现优异被评为全国文化部积极分子代表大会代表，毕业前一年留校任教，主授中国古典舞课。任教期间参与编写了中国古典舞学科的奠基之作《中国古典舞教学法》，并与李正一、唐满城、郜大琨老师组建了第一届古典舞教研室。他创建了北京舞蹈学院科研所，确定了从人体科学的角度去研究舞蹈的选材工作；参与组织创办了《北京舞蹈学院学报》的前身——《舞蹈教学与研究》，现已经发展成为核心期刊。此外，朱清渊曾为李正一、唐满城、高金荣三位老师开办面向全国的大师教学训练班，并多次赴欧美各国考察，为中国舞蹈教育做出了显著成就与贡献！

主编或合编《中国古典舞教学》《中国古典舞教学体系创建发展史》《中国古典舞组合》《子漫天涯》等。其中，《中国古典舞教学》获文化部第一届文化艺术科学优秀成果奖三等奖。主研舞蹈选才《复试百分制评定法》荣获国家级一等奖；主研《多功能关节柔韧机》获部级三等奖；主研《X光骨龄微机自动判读系统》获得部级三等奖。发表《中国古典舞基本训练探索》《以我为主博采众长》《对中国古典舞特性的科学分析》等学术论文，大多成为中国古典舞学科教学体系建设的指导性文献。主演的《采茶扑蝶》获福建省华东区全国第一届音乐舞蹈会演优秀奖、第四届世界青年联欢节荣获二等奖。享有国务院政府特殊津贴。其名字和事迹被收入《中国当代艺术界名人录》《中国当代教育名人传略》《中华人物辞海》等书中。

口 述 人：朱清渊
采 访 人：满运喜
整 理 人：沙蕾、赵磊、贾甜
采访时间：2014 年 7 月 20 日
采访地点：北京舞蹈学院

满运喜（以下简称"满"）： 大家好，今天我们非常高兴地请来了朱清渊老师。朱老师您好，学生又见到您了。朱老师属虎，今年 76 岁了，可是一看身体特别好。您自学校退休之后一直还在全国各地开展中国古典舞的教学，可以说人老心不老，"老骥伏枥，志在千里"。为了这场采访，您特别准备了非常丰富的资料内容，相信大家通过这一集采访的内容，会对您、对中国古典舞的创建和发展历程有一个非常全面的了解和认识。

1954 年北京舞蹈学校成立，您入学的时候是三年级，在学校学习四年，毕业后留校工作，一直在做教学、教研，包括舞台的剧目创作。六十多年的艺术生涯，丰富多彩，在表演、教学、创作、科研、普及的诸多领域，耕耘不辍，硕果累累。

朱清渊（以下简称"朱"）： 我非常高兴能够在今天和大家一块聊聊这一生当中的一些事情。我觉得这个工作做得非常有价值，有助于我们来研究古典舞的历史，研究它将来的发展。我今天之所以愿意来，也就是觉得这个事情对我们国家的舞蹈事业、对学院的发展也许会有所启发和帮助。

满： 那咱们就先退回到六十多年前，您十几岁的时候。按照李老师的话来说："朱清渊当年是像一个小老艺人一样，跟其他的学生是不一样的。"您来学校上学前的身份是中央歌舞团的演员吧？

朱： 我 12 岁就参加工作，到今年为止我已经工作了 64 年了。虽然后来退休了，但是我一直没有把这个事业放掉，一直在做我热爱的舞蹈教学和研究工作。

我从 12 岁开始就到了福建省泉州文工团当小演员。那时候我虽然年龄很小，但是什么都能做。当时中华人民共和国刚成立，文工团编了一个戏叫《田园新歌》，里面特别需要一个歌舞剧型的小男孩，文工团当时在全市范围内选角。后来，因为我的堂兄是泉州文工团的团长，就把我介绍来了。他说需要这样的角色，让我去试试看，所以我就来了。当时我就是唱歌好。

人家觉得我很合适，结果我就进团了。进到那个团里面后我什么也不会，以前也没有学过啊。但是，在这样一个环境的熏陶下，自己适应得很快。我进团以后，除了当演员以外，由于我的音乐感很强，所以团领导就让我学二胡，学小提琴，学打击乐，学演戏，之后就上台演戏了。按当时的水平来讲，我演得还不错。当时我在泉州学生歌唱比赛中曾获得过第二名。我 12 岁时嗓音特别好，又敢表演、胆大好动，所以团里把我当作一块艺术材料进行培养。我进团后没到一年，正好全国要办一个会演，那是第一届全国民间音乐舞蹈会演。

满：那是哪一年？

朱：1953 年。在会演之前，各个省都要排很多剧目，进行选拔，然后到北京来会演。福建是有名的茶乡。有一个很有名的很有特点的民间舞蹈《采茶舞》，后来改为《采茶扑蝶》。

满：对，我听说过，您演的？

朱：《采茶扑蝶》这个剧目里由我当那个小蝴蝶，还有七个小姐姐，就从 12 岁、13 岁、14 岁、15 岁、16 岁、17 岁、18 岁由小到大地排列。这个《采茶扑蝶》在福建是很出名的，在福建省就得了优秀奖，然后到华东又得了优秀奖，接着到北京又得了优秀奖，所以在第一届全国民间音乐舞蹈会演结束以后，戴爱莲先生就不让我回福建了。她那时候叫我小朱。戴先生人品好，艺术精湛，演出时还为我设计头型，待人很亲切。她说："你不要回福建了，你在北京待着吧。"我当时说："我在北京待着干吗呢，七个姐姐都回去了，就我一个人待在这啊？"

满： 您就是当年《采茶扑蝶》里面的小蝴蝶啊！

朱： 是啊。会演结束后，《采茶扑蝶》作为优秀剧目保存，还拍了电影。据说这个电影资料现在还在舞协保存着。舞协有一个资料库保留有第一届全国民间音乐舞蹈会演的资料。这个节目演出以后，恰逢周总理访问东欧需要带一个艺术团。戴先生把我留下来，说这个节目要到东欧去演出。那么，我就参加了东欧的巡回演出，一共是四个半月的时间。在罗马尼亚，《采茶扑蝶》参加了第四届世界青年联欢节，获得了银奖。这是个国际奖，那时候我才 15 岁。拿了奖回国，戴先生更不让我走了。她说你就到中央歌舞团去吧，所以在 1953 年 12 月 26 日前，我就留在中央歌舞团了。当时戴先生是中央歌舞团的团长，陈锦清是副团长。

1954 年，北京舞蹈学校正式成立，我那时候已经在中央歌舞团参加了很多演出了。后来戴先生问，你愿不愿意再到舞蹈学校学习？我说愿意啊，所以我又经过入学考试到了舞蹈学校，一直到现在。所以，大家说朱老师是从一个小元老到现在的老元老。在世的所有舞蹈学校的老师当中，我是最老的一位了，自舞蹈学校成立我就在了。我到了学校以后学习了三年。那个时候古今中外的课程都学，不是单学古典舞。

满： 那时还没有分科吧？

朱： 那时没有分科，民科、芭科都学。我可能就像李正一老师讲的，有点少年老成，从小就爱学习，所以我曾经 16 门功课全部 5 分，在舞蹈学校是第一个。16 门功课包括八门文化课和八门专业课：芭蕾舞、中国古典舞、外国民间舞、中国民间舞，以及四门教学法。陈锦清校长说我表现非常好，决定把我推到文化部青年社会主义建设积极分子代表大会去当代表，当舞蹈学校学生代表。我那时候 16 岁。对我来讲这是一个很大的鼓舞和促进，所以我就更努力地学习。

由于课程负担量太大，学校需要进行改革。当时李正一老师是民科的主任，芭科主任是曲皓老师。他们两人都说应该分成芭科和民科。那个时候因为我的 16 门功课都是 5 分，我就纠结到底是去学芭蕾还是学古典舞。最后，我想自己的个头不算高，还是学民科比较合适，而且芭蕾舞的托举我肯定不行。后来学校就把我分到了民科。到民科以后，我们又学了两年。我记得很清楚，那个时候五年级六年级的叫法是五甲六甲或五乙六乙。那时甲班就是民科，乙班是芭科。到了五甲结束的时候，就等于我们学习三年了。因为学校缺教员，陈锦清校长、李正一老师就跟我谈，问我愿不愿意留在学校当老师？我说我都没想这个问题呢。她说我们考虑到你留下来当老师比较好。因为学校缺人很需要。那时候自己也是比较能服从组织且符合需要的一个人，所以我就同意了。他们说你就开始参加教学吧，所以我就一面当六甲学生，一面就教了现在的潘志涛教授的那个班。那是 1958 年了。

满： 他们当时几年级？

朱： 他们是二年级。这个班当时是七年制的，学生有潘志涛、蒋华轩、李永华、蔡景升、刘振学、姚崇林等。这样我就开始去搞教学了。

满： 朱老师，您算哪一届？

朱： 我们算第四届。因为我曾经参加过工作，所以我还是按照参加工作时间计算工龄。当时去教潘志涛他们六三班的时候我还是有一种很热情、很认真的态度，但是说老实话没有经验，只能凭借自己学习时的办法去教。有时候李正一老师、唐满城老师，或者郜大琨师兄在开教研会的时候，也让我来参加。我逐渐地在实践中摸索与总结。不过也还是没有经验的，刚开始教的时候，一堂课下来，我的汗比他们出的还多。为什么？因为我总给他们做示范，开始时还讲不太清楚，就是靠示范，经过了这个过程才慢慢地好一些。我现在回忆起来觉得很有意思。

1983 年，朱清渊给中国古典舞第一届本科生淘金、叶尖上课

满： 按照年龄算，那时候您教他们班的时候，也就是 19 岁左右？

朱： 19 都不到，18 岁，哪有 19 岁啊。

满： 18 岁，您 15 岁上的学。

朱： 嗯，19 岁毕业，所以对我来说教学还是比较难的。我那时还是非常努力的，真是一天到晚跟他们在一块摸爬滚打。第一年当然是比较紧张一点，我教了两年以后，教学情况就逐渐地好些了。

从二年级，我一直教这个班到毕业，除了其中有一个学期是陈铭琦老师来教的。最后是我给他们送到毕业，所以我跟他们那个班的关系都特别好，比如李永华、牛得利、姚崇林。这个班在当时是比较好的一个班，被称为陶然亭湖畔的明珠。第一批《鱼美人》的演员是我们这一届的，第二批就是他们这个班。

满： 这个班出了很多人才啊。

朱： 对，人才。他们现在都是教授，都是非常有名气的。这个班的教学经历对我之后的教学起了非常大的作用。

满：积累了非常多的经验。

朱：当然也有教训，所以我说对我以后的整个教学是有很大的帮助。后来我教过的班很多，什么班都教过。

满：西藏班。

朱：西藏班也教过。

满：渡口班。

朱：渡口班我也教过一段。你还记得刘大兴吗？现在在歌剧舞剧院做一级演员，他的弹跳特别漂亮，也是我的学生。以教学为主以后，正好就到了国家困难时期。

1959 年，我们国家遇到困难，我们到乡下去种白菜，吃白菜帮子。国家那个时候特别关心舞蹈学校，认为我们是搞重体力劳动的，所以每个月批准给我们一斤肉、一斤糖，还有一斤豆腐，作为当时专门的特供。我们那个班，以至整届都是这样的。在这个时候，正好全国要办一个会演。因为我这个人有个闯劲儿，就跟李正一老师讲，我一定要编个节目来参加会演。我想了半天，后来想到有一个历史上的典故，叫《闻鸡起舞》。成语讲的是晋朝时候的两兄弟，为了保卫国家，一到早晨听到鸡叫以后，就起来舞剑。

满：练武。

朱：对！我觉得这个题材非常好，契合了我的理想，即当国家困难的时候，我们作为国家的一分子，应当做些对国家有利的事情。这也是我选择这个题材的原因。我开始了第一个独舞创作。《闻鸡起舞》这个节目编好后，参加了全国的会演，得到了很好的评价。

当时因为正好有一个武汉歌舞团要去国外巡演交流。这个节目就被选中了。我就找李少春一起修改。李少春这个人你还记得吗？

满：记得。

朱：还有武汉歌舞团的张宗英。

满：张宗英？

朱：对，把他叫来，就给张宗英排了这个节目。

满：当时我们跟张宗英老师采访的时候，他还特意提到了：朱老师给我排的《闻鸡起舞》。

朱：后来，这个节目就到东南亚去演出了，反响非常强烈。直到咱们教育系要去香港演出的时候，香港当时有些文艺界的人还知道这个事情。当时我是以艺术指导的身份去的。他们说："原来是他啊，他就是困难时期编了《闻鸡起舞》的导演。"他们还记得。我到了香港以后，他们还采访过这个事，实际上这是很有价值的节目。

满：朱老师，我有这么一个问题。您之前学过剑吗？

朱：我以前就很喜欢剑。我学了京剧的一些剑，还有武术的剑。那个时候的梆子剧团，演《沉香》的那个演员，我也跟他学过剑。我很喜欢剑所以就非常喜欢钻研，练剑必练身嘛，所以我身上的剑的功夫特别好，在我们班也是出类拔萃的。我当时在《闻鸡起舞》中做了 24 个躺身飞脚。

满：24 个？那得几圈啊？

朱：三圈，一圈八个，而且是拿着长穗剑做的，这个在 20 世纪 60 年代可是很难了。我觉得长穗剑漂亮。编完后，我觉得这个作品很有价值，大家也很高兴。后来在古典舞系的资料片中，他们还把我这个剑舞的照片用上了。

满：是有这样的照片。

朱：古典舞系还给它放进资料片保留了下来，很不错。王佩英教授没

1963 年，古典舞《闻鸡起舞》剧照

有忘记这事，还很重视该节目的历史作用。

　　满：她跟您是同学吧。

　　朱：对，同学。1963 年后，我们去慰问演出。我带潘志涛他们班去长山列岛慰问解放军。再之后就到参加《东方红》大歌舞了。学校就让我带着几个班（一共有将近 120 个人）参加整个大歌舞的排练、演出、电影拍摄，耗时整整一年。那时候创作《东方红》大歌舞是中央的指示，陈锦清校长给我们下的命令。大歌舞结束后回校时，1965 年就快过去了。要编一个"反特"的舞剧，就把我调到编导组去了。我们就到北京的郊区，去进行深入的生活调查。

　　满：那么教学工作您就不做了？

　　朱：那时候停了两年。创作排练《东方红》大歌舞，我带去的都是我那个班的学生。回来以后，我们就接着搞创作。三个月后，也就是 1966年的 3 月，一回北京市区，我们就看到全校都有大字报了。

　　满："文化大革命"结束后办第一届本科教育系之前，您和各位前辈做过哪些前期准备工作呢？

　　朱：在办第一届教育系之前，我们在全国进行了调研。当时，就由我来执笔写针对基本训练课调研的报告。我现在还留着这份调研报告，这个太可贵了。我把全国的情况进行了综合的分析整理。

满：从 1979 年到 1980 年。

朱：对，从 1979 年就开始了。

满：这个就是李正一老师经常提的"36 次会"期间？

朱："36 次会"是我们调研之后的事了。这个是我们调研的报告。调研完回来我们就开始了一次又一次的开会研究。

满：先是调研？

朱：嗯，我们先调研，再把全国的情况拿回来研究，研究完了再调研，就反复地这样，来回纶转，一直跑。

满：跑了十个省？

朱：十个省，十四个城市。这份调研报告里面都有。

满：当时调研的主要内容是什么？

朱：看课、座谈、研究、学习。

满：主要的目的是什么？

朱：主要的目的就是要了解大家对中国古典舞过去的看法和古典舞目前的情况，以及当时在各个地方做了些什么、是怎么做的。然后大家提一提今后应该怎么做，就从过去、现在和原来这些角度来说。这个事情做了以后，是非常有价值的，为举行"36 次会"奠定了基础，是很有历史价值的举措。这"36 次会"的丰硕成果就是产生了大学所有的课程与教材。

满：也就是说，是这个调研的情况为"36 次会"提供了最实在的现

1982 年，古典舞教研组教师唐满城、李正一、李惠敏、郜大琨、朱清渊（左起）在讨论问题

实依据？根据这些现实的情况和呼声，然后提炼出来，我们该建设什么，该丰富什么。

朱：对。这个在我们三个人写的《中国古典舞教学体系创建发展史》里有详细的说明，当时是什么阶段，为什么这么做，这个内容在创建史中都有记述。这其实就是大学的办学设想。"36 次会"是一个很重大的工程。因为大学是什么样，大家怎么去办是从来没有触及过的事情。

在我们五千多年的历史上，也从来没有过舞蹈大学，就是在世界范围内来说舞蹈大学也很少。那到底中国的大学怎么办，具体地说古典舞应该怎么搞，是延续 20 世纪 50 年代的那套中专的东西吗？把中专的东西拿到大学来上课，那还叫大学吗？那就不是大学了，所以这个问题就摆到大家面前。当时是李正一老师、唐满城老师、郜大琨老师和我，我们四个人专门负责古典舞这方面的教学研究。我后来是当了教育系的党支部书记兼副主任。许文老师是第一届教育系的班主任。

满：对，是我们的班主任。

朱：为了办这个教育系，整个的筹备工作是处在一个非常艰难的过程当中的。我们一直是一点一滴做的。"36 次会"后，大家就要拿出方案了。别的课程我就不说了，就说古典舞基本功课应该怎么办。后来，大家就认定了，古典舞必须要解决两个重大的问题：一个就是一定要把过去的手的八个位置和最简单的身上的这些动作，弄成一个身段课。开始的时候叫"身段"，后来才改成身韵的。这个方案就是要把戏曲的东西，尽量地多继承下来，然后再根据我们的需要来发展。基本功训练课要解决过去那些古典舞存在的相关问题，我们只学习过去戏曲的亮相还不够，还要改掉不足，要丰富、要能够有更多的表现力。

另一个要解决什么呢. 解决那种"僵"，解决光是"武"的内容，要增加俊、美、柔、巧等。

在提出很多问题后我们就分工了，唐老师专门负责男生身段，李正一老师专门负责女生身段，我负责男班基训，郜大琨老师负责女班基训。

满： 当时为什么找个男老师来负责女生的基训？

朱： 因为当时没有女老师，没办法。本来，我们是准备请李惠敏老师来的。

1981 年，朱清渊给首届本科教育系中国古典舞专业男班上基训课

满：对，我记得第一学期，好像是李惠敏老师来教的。

朱：对，原来要请她来的，后来她可能有其他的事了，就由邸大琨老师负责女班课了。别的人我就不说了，就说我自己。我的任务就是负责中国古典舞的男班基训。我要解决的问题，就是刚才说的那几个主要的问题。我通过对全国的了解以后，心中是有底的。你看我把全国的训练课，基本训练课的东西，一共列出来有九种，全国各地的做法有很多。

满：九种情况？

朱：嗯，九种情况。如以芭蕾舞作为基本训练的；以古典舞作为基本训练，但是都是戏曲型的；以古典舞为主，和芭蕾结合的；前面都是芭蕾，到后面练点古典舞的动作；用芭蕾作为基本训练课，然后用戏曲身段为身段课；低年级用芭蕾舞课，到了高年级就用古典舞的课；以古典舞的基本训练课为主，但是又开设了芭蕾舞课，后来我们把它叫作结合课；每周三堂芭蕾课，每周两堂古典舞课……我一共列了八九种，各种各样的方式都有。

实际上我给归类成了以下三种：一种就是以芭蕾舞为主的；另一种就是芭蕾舞和古典舞搞的结合课；还有一种戏曲型的，专门以戏曲为主的，还是过去 20 世纪 50 年代的。我认为这三种都不够全面。所以我提出了一个观点，这个观点到今天为止，我认为还是对的，就是"以我为主，博采众长"。首先，我觉得以芭蕾舞为主，那不可能是中国古典舞课。以芭蕾和古典舞搞成结合课，那还是一加一等于二，不是真正的民族的东西。如果完全是过去戏曲的做法，实际上还不是舞蹈。那"我"是什么呢？"我"是指中国的东西，中国的东西从哪来？从戏曲当中来，从武术当中来，从民间舞当中来，这是"我"的东西。但是"我"的东西里面又有一些缺陷，怎么办？咱们举一个很简单的例子，比如说跳到空中要绷脚，是不是？

满：是。

朱：那你要不要练绷脚啊？你不练绷脚，你能够有能力跳到空中绷起来吗？戏曲不可能啊。戏曲是穿着高鞋、厚底靴，即使是普通的平底鞋，绷脚也不可能绷到头。舞蹈必须要绷脚绷到位才好看。你该绷脚不绷到位，这个舞蹈不会好看。这个训练的方法人家芭蕾已经很有经验了，可不可以学呢？芭蕾几百年的历程有没有值得我们吸收的地方啊？我认为是有的。比如芭蕾舞科学性的体系。芭蕾一共有 220 个动作，就能够排出 100 多个舞剧。我们古典舞有 335 个动作，为什么我们不可以搞成自己的东西呢？我当时对这些是很清楚，我的芭蕾舞教学法也是满分，我很了解芭蕾舞。我芭蕾舞也跳，我也跳过双人舞。那时候我跟余芳美一块跳双人舞，我也很了解芭蕾舞的训练的，所以，我觉得它里面有很多科学的东西值得我们学习。

满：尤其是它的系统性。

朱：对，它的系统性。它某一些方面的训练，确确实实在舞蹈训练上是缺不了的。任何一个舞蹈的训练，都需要学习它。比如说芭蕾的绷脚训练得那么漂亮。哪个舞蹈里面不要绷脚啊。比如民间舞，跳民间舞也要绷脚。花鼓灯的立半脚尖快速后碎步，也要把脚踮得很高才好看。总之，我悟出一个道理，我觉得我们以戏曲、武术、民间舞作为我们中国的东西，这个是不能变的，而且在训练当中应该占的分量最多的，我们不足之处也要大胆地向人家学习。我当时就是这个概念，我觉得这是符合实际需求的。当时我看了鲁迅先生的一些书，翻了很多的历史书。

我这次出了《子漫天涯》一书，书中有 200 首诗，全是用的写唐诗的方法。

满：您自己写的？
朱：嗯，我自己写的，马上就出来了。

满：什么时候写的？

朱："文化大革命"以后，那时我有很多的空闲时间，我就看书学古文，所以对古文、对唐诗有所了解。

满：您那时候就开始写诗了？
朱：对，我那时候就开始写诗。

满：那我们上学的时候您都没露过。
朱：我不能露啊，哪能露啊，一直到现在我还在写，但不像那个时候那么频繁。我去钻研这些东西，就了解到很多从古至今的知识。我非常喜欢。1963年，我摔成脑震荡了，就是因为教潘志涛他们那个班，太累了。后来，我经常背唐诗三百首，说明脑子没坏，所以有人说你脑子恢复得很好。我就跟他们开玩笑说："我能够活下来的话，每过一天都等于赚了。"当时摔下去的时候，如果是头朝下正着摔下去就完了，幸亏我侧过去了，这和学舞蹈的保护反应有关，就一转身磕在脑后右侧旁边，就没有把反骨摔碎。头当时缝了七针。我躺医院床上看天都在转的。大夫给的药我都不吃，让自然恢复，所以脑子没受影响。当时我就背古诗。我很喜欢古典舞，这与我喜欢古诗有关。我们民族的东西很丰富，非常地宝贵。我们应该继承它。

满：中国古典文化。
朱：对，古典文化。人家看了咱们第一届教育系的课以后，包括后来我去给各个地方上课，上完课都普遍反映我的课就是民族舞的课，就是有中国特点的课，特别有自己的气质。我到国外去也会讲这些事情。这说明"以我为主"绝对不能变，但是，如果只是"以我为主"，自己不足的东西又不敢承认，老觉得只能这样，不能那样是不可取的。比如说旋转，"双展翅反掖腿转"的这个教材动作，就是在"以我为主，博采众长"的指导思想下创作出来的。如果还是过去那种"跨腿转""反跨腿转"是不可能跟芭蕾相媲美的。那么，我们通过研究使它不仅有民族特色，又是科学的训练方法，自然而然是非常可贵的。这在《中国古典舞教学》书中有详细介绍，比如当时张勇、高成明都能够转七圈以上。

满： 对，他们比较能转。

朱： 一转"双展翅反掖腿转"就是七八个，能转得出来就说明它的科学性，说明我们民族的东西成了，所以我觉得"以我为主"，一定要"博采众长"。这个问题解决以后，这就直接谈到第一届教育系的问题，就是我一定要谈的那个。这个我们先空过一会儿再说。办完第一届教育系以后，学院里的领导、教师们都非常高兴，全国各个地方来看课后反响也很热烈。

满： 那时候我们记得隔三岔五就有人来看课。

朱： 对，反响很热烈。办完教育系以后，本来我是要接着办第二届教育系的。当时，李正一老师跟我谈话，说一个大学没有科研机构不行。她说科研机构很重要，大学如果不做科研那叫什么大学啊，跟中专一样。所以，李正一老师问我能不能够调到科研处去当处长。我说我对科研可是外行，需要给我时间，让我去进行调研一下，给我三个月到半年的时间调研一下。她同意后，我就带着一些人，比如杨欧、乔立森等跑遍了北京的几个大学，包括北京大学、清华大学、中国戏曲学院、中国音乐学院，还包括体委。体委的科研是很出色的，是研究人体运动的，与我们的舞蹈有很大关系。还有北京体育学院，都去进行取经。调研完了以后，我深深体会到一个学院确实需要一个科研的机构，而且科研本身不局限于社会科学的科研，还有自然科学的科研。因为我们是人体训练，人体的运动你不了解自然学科的一些规律是不行的。你的脚是冲前长的，你能把脚尖给掰到后面去吗？那不就折了吗？你总要了解，你要了解人体的科学，要了解自然科学，所以这些东西给我印象很深。当时本来说了要让我当第二届教育系系主任的，让邱老师当副主任，当时已经定了，学院已经都跟我这么说了。结果过了没几天，学院又跟我说不行，说因为工作的需要，让我去组建科研机构去了。

满：在那之后教育系就改成中国舞系了吧？

朱：对，这是后来的事。在 1985 年年底我就当科研处处长去了，那时候是白手起家，什么都没有。通过调研就觉得要抓一个最主要的课题，就是招生的科学研究。因为对人才的培养，首先就是选材，有一句话说，选材选得不对，就等于是朽木不可雕。

因为这个选材非常重要，所以当时我们就确定这个选材的课题叫舞蹈选材质量检测的一种方法——"复试百分制评定法"。因为我们等于是艺术院校当中的第一个科研单位，虽然别的单位也有，但是不像我们打得这么响。当时我就跟文化部管科研的负责人谈，我说你要给我们支持，我们什么都没有。后来，他说你报课题吧，你课题报上来，我们就给你们批经费。我们就抓住这个时机申报课题，最后报上去以后，他们特别满意，开始拨了 10 万元，后来拨到了近 30 万元。这件事情确定下来以后，大家都很高兴，干劲十足。

那时候我们就买了 X 光机，买了摄像机、照相机、肌电仪，建计算机室等，这样科研处就兴旺起来了。这个项目后来得了国家级一等奖。纽约的第一届世界医学协会点名要我们这个项目去参加大会，还任命我为中国组的主席。

满：课题的名字是？

朱：叫"复试百分制评定法"，就是舞蹈选材质量检测的一种方法。

满：舞蹈选材。

朱：我们通过对 19 个人体部位的检测，来测试这个考生的弹跳、能力、柔韧度等，让这个检测成为一个选材规范的指标。

满：建立舞蹈人体指标体系。

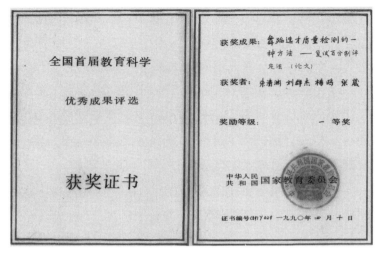

《舞蹈选才质量检测的一种方法——复试百分制评定法（论文）》
获奖证书

朱：我们用了五年时间做完的，不是一年就完了。它需要测试，一年级测试、二年级测试，以此类推，然后测到五年以后才总结出这么一个东西。这个项目为什么得到国际上那么多国家的重视，因为它是科学选材，所以世界艺术医学协会才邀请我们参加。这是科研所的重大成果。这个项目出成果后，我们就成立了舞蹈科研所，就不是科研处了。

舞蹈科研所成立以后，我任科研所的所长，当了科研所所长之后任务加重了。我们要有刊物，要让大家有发表文章、谈论观点的刊物，所以我们打报告给部里，林默涵副部长认为我们很有发展，就批给我们一个办杂志的批号。我们就办了最老的那个老祖宗刊物《舞蹈教学与研究》，后来它成为院刊。那时候我是第一副主编，院长当主编。因为这个刊物，学校又让我做编辑部主任。

我那时候，一个人担任了三个职务：研究所所长、编辑部主任，紧接着就是第一届的舞蹈学系的成立，我担任舞蹈学系的主任。一个人在舞蹈学院兼任了三个职务，这在舞蹈学院是少有的。

满：关键是您跨了这么多专业行当。

朱：所以我在 1994 年被评为享受国务院政府津贴的专家。现在一直还享受国务院的待遇。证件我都拿来了。现在国务院每个月都要发给我一定的津贴。我连着担任三个职务一直到 1999 年，2000 年退休。

朱：2000 年退休之后，我也没有闲着，恐怕我是所有人当中做得比较多的。我在外边帮助地方办了三个学校。现在的北京城市学院是原来的海淀走读大学，我去为他们办的艺术学院，而且被聘为他们艺术学院的名誉院长，接着又帮助北京音乐舞蹈学校建校，也被聘为名誉校长。

满：就是中央歌舞团的那个学校？

朱：对，赵军办的北京音乐舞蹈学校，是我帮他们办起来的。英才学校也是我帮他们办起来的，我也是他们的名誉校长。这些学校都是私立学校。

满：您的能量太大了。

朱：我那时候精力也很好。因为我刚从学校出去，所以保持着工作的劲头，培养了上千学生。确实不得了，你看北京城市学院现在发展得多好。

满：现在的规模有多大？

朱：现在北京城市学院是全国最大的私立学院之一，它的学生已是上万人。

满：它好像还有几所分校。

朱：对，它现在在好几个地方，廊坊也有，北京也有。为什么我当时去给他们办艺术学院？首先，我觉得这个创始人很好。他在 20 世纪 80 年代咱们国家刚刚改革开放的时候，他就认为除了国家办学校以外，应该有私立学校。

满：那时候他就开始申请了？

朱：是的，最后他就把申请办学的这个问题谈了，就同意他办了，所以我觉得这个人很伟大。现在这个人有八十多了，快九十了。

满：他原来是商人？

朱：不是，是清华大学的教授。

满：那他哪有资金办这个私立大学呢？

朱：资金是慢慢积累起来的，靠学生和社会的资助。我当时帮他们办艺术学院。除此之外，我在全国很多省办过训练班，比如说吉林省艺术剧院，福建省歌舞剧院，山东歌舞剧院，湖南的州歌舞团、省艺院，甘肃省艺术学校等地方艺术团队，还有总政的华超编导班，也是我去帮助他们培养的。

满：团代班。

朱：对，团代班，我去给他们专门上了古典舞课。中央民族歌舞团也专门请我去给他们演员班训练，都是用我们这一套教材，都反映很好。在社会上我还教过很多学生。

满：包括您现在一直在南京艺术学院做教授。

朱：应该说我在南京艺术学院扎根到现在，到今年11月也十年了。我刚到南京艺术学院的时候，他们只有30多个学生，后来逐年递增，到第四年以后，就400个学生了，所以我很有成就感。他们为什么不让我走，就是想让我协助他们做一些事，而且他们对我有很好的评价，给我一个牌匾。直到目前，南京艺术学院他们还不让我走，但是我已经跟他们说，我到今年为止就不能再去了。我在南京艺术学院任教也不是天天去，而是每个月去十天，合同就是这样规定的。

满：您主要是负责师资培养吗？

朱：负责师资培养、教学的规划以及学生的专业质量，还给研究生们上课，等等。我开始去当他们系主任，然后接着就办成舞蹈学院，又办成研究生点。南京艺术学院上上下下都知道我。

满：朱老师，没想到您的活动空间这么大，我今天才知道您做了这么多的事。

朱：我这个人是从来不去自夸的，要不是你让我来，我是不会来的。到今天为止，我每天坚持早晨做 40 分钟到 1 个小时的运动，几十年都这样过来的。从教你们以后，就一直坚持下来。

满：朱老师您太勤奋了！

朱：我没有负担，心情平和，我就有这个特点。

满：闲不住。

朱：我这个人不会生气，你看到我现在 76 岁还是乐呵呵的，还经常打拳。

满：什么拳？

朱：三套拳。

满：太极吗？

朱：太极。我现在是自创的用太极为基础做成我自己的训练拳。

满：自己的一套拳？

朱：对。

满：朱家拳。

朱：反正是训练嘛。如果说我为什么感到心情比较舒畅？就是我这个人有个特点，从来不生气，不多想。我为什么最后写的这本书名字叫《子漫天涯》，因为我跑了二十几个国家和地区，包括国内的各个省，我全都跑了。我从小一直喜好游历，所以我就取书名叫《子漫天涯》。这是我的一生的特点。你要让我讲一生的情况，当然也有细致的地方没说，但大概就是这么一个情况。

满：太精彩了，您这本书有多少万字？

朱：这书跟我给你们的那本关于南京的书差不多，也那么厚。第一部分是我过去登过的一部分的文章；第二部分是到世界各国去进行文化交流所做的一些事情，有些事是多年来各个地方进行教学的成果，那我就介绍一下？

满：好。咱们重点聊一聊第一届教育系。

朱：好，第一届教育系是咱们国家创建舞蹈大学一个历史性的标志，也就是说，过去没有过。大家对办完第一届教育系以后会是什么样的成效，都有个问号。通过两年多不到三年的时间，事实证明了我们前期的调查、座谈，后期进行了深入的研究、实践，效果是相当的不错。

我想最好的凭证就是社会的反响，因为你自己说得再好，也不可能就是好。我先给大家说一下第一届教育系毕业考试的情形。考试向全国开放，当时来了不少人：文化厅厅长、歌舞团团长，还有一些编导和主要演员，场面非常热烈。考完试以后，同学们把我举起来，还拍有照片，到底为什么会这么热烈呢？我觉得主要还是大家认可这届教育系的成果。我是从古典舞这个角度来说的，别的方面我就不去谈了。

两年半的训练期间，同行来了很多，他们说"课是很好的，又大大地提高了。民族舞的演员就要这样训练下去，肯定是世界上最好的"。这个评价相当高。他们还说：我很久没有看课了，看得很兴奋。一是学校的训练往前发展了，有大学的水平，这个课是大学的水平。二是编导希望有舞蹈表现力，有很好的技巧能够塑造人物，能够表演。你们这些方面都有了，所以是具备了大学的水平。男班的舞姿、软度、弹跳、旋转都很好。教材有继承，有吸收，又有发展，思想解放了，步子迈得很大。这是学编导的人说的，是对这个班的综合评价。

满：我们看过这段。

朱：舞蹈教育家看完以后怎么评价呢？他们说：课很好，教材继承了传统的内在的身、法、步，又借助了芭蕾的经验，发展了一大步。素质训练上很全面，跳到空中的延伸感印象很深，技巧很全面。我们要培养民族舞演员，舞蹈学院提供了很多的经验。古典舞应该这样来训练线条才能好看，看得很激动，这是我们民族的训练课，但是已经不同于20世纪50年代的东西了。训练全面，有转、有跳，水平很高，为我们民族舞的训练奠定了基础。课堂中有许多新的创作，且都是立足于民族的基础，我们就需要这样做，看了以后很受鼓舞。学生无论在能力、技巧、表现力方面都有很高的水平，课堂训练和舞台紧密联系起来了，课上的民族气质好，但又不是20世纪50年代的京剧型，而是有时代感的舞蹈训练。这是舞蹈教育家综合起来的感受。

那么学舞蹈理论的一些人怎样评价呢？他们这样说："芭蕾舞训练是代表不了民族舞训练的，而这样课的教材、教法是能够训练出民族舞演员。"课堂以民族的为主，还吸收了许多新的东西，不是硬搬，而是经过融合的。课程虽然不是说已经都完全到位了，但已经是统一的规格，可成为独立的民族的训练体系。

因为不可能是面面俱到，我就从编导家、教育家、理论家这三个方面说，综合起来有以上这些评价。这些评价我觉得大致分四点，一是承认这是大学水平；二是承认我们这个是民族的训练；三是认可这个体系已经初步呈现了；四是技术全面、表现力全面，这是我们编导需要的东西。那么，对这些方面的肯定实际上就肯定了这一届教育系的成功。我记得那天的考试课非常热烈，考完以后掌声没完没了。

当时最成功的是男班，因为这本书《中国古典舞教学》实际上就是男班的课。这本书获得了文化部第一届文化艺术科学优秀成果奖三等奖。为什么获得呢？因为它既有历史的价值，又有现实的价值。这门课作为第一届教育系的成果之一，它的成功说明我们办的第一届教育系得到了大家的肯定。有一些理论家特别谈到"以我为主"，跟我后来的基本指导思想是一致的。

满：朱老师，我想可能还有一个特殊的意义，就是在当时"文化大革命"以后，全国的舞蹈训练是在去芭蕾化那样的一个背景下，一个能够代表中国形象、中国文化的训练体系是特别可贵的。提起中国古典舞，人家认为还是原来的戏曲舞蹈，那么这门课一做出来，相比较之下，它的意义与价值就更高了。

朱：第一届教育系，实际是打开了大学的大门，我觉得达到了这样的一个目的。如果说我们在这个基础上继续再往下做，那肯定会越来越好的。

教育系的训练为什么会达到这样一个高度，我觉得做基本训练课的时候有两个宗旨：第一个是既有民族特色又有时代精神，训练的课程内容比较全面、比较系统；第二个设想就是"以我为主，博采众长"。

满：这是方法论。

朱：对，这两个是当时最典型的想法，我都记录在这本书上面了，所以这本书当时一出来半年就全销售光了。

满：后来又再版了吗？

朱：没有，他们让我再版，我说我没有时间去做这个事了。当时我们在学校里面在中专的基础上做了很多改革。首先在训练层面上，我们做成了四个重点训练：柔韧度训练、能力训练、组合训练、技术训练。

课程要做出大学的水平，就要从这四个方面突破。柔韧度的突破是非

朱清渊著《中国古典舞教学》　　　　《中国古典舞教学》获奖证书

常突出的，在这个班里面我编了四套柔韧的训练，本来还编有一套，但是没来得及教给学生。这四套训练有各自的特色，就拿第四套训练来说，民族特色很浓。它把民族的一些身法、韵律以及民族舞蹈所需要的柔韧度，全都糅到一起了。

满：当时您起的名字是软开一、软开二、软开三、软开四。

朱：对，一共有四套。刚开始的时候大家还有疑惑，到底它能解决什么问题呢？过了半年以后，大家就发现这个训练作用很大，练起来就像李续讲的那样："要给我们'大卸八块'。"为什么当时要这样做？因为我做过一个研究，研究结论就是古典舞的动作幅度很大。在髋关节处、两腿之间做动作交叉的幅度超过 90 度以上的古典舞动作占了 83%。既然古典舞动作绝大部分都需要有这个幅度，那为什么不解决幅度问题呢？比如说女孩子的卧云。过去，我们女孩子都是学戏曲的方法，往那儿踏步一站，然后随音乐慢慢地下，再卧下去，卧了半天最后才练到位。因为你并没有去研究它，也不能说清楚它，所以你就只好跟戏曲一样，老在那儿来回地起、卧。

我通过研究才发现，卧云需要全身 19 个部位的柔韧度，这个说法是我第一次提出来的，以前没有人提出来。这 19 个部位是哪呢？从上往下就是颈、胸、腰、左右髋、双膝、双踝、双肩、双肘、双腕，然后加上两只手和两只脚，一共 19 个部位，这是舞蹈演员必练习的部位。过去，我们在中专训练中就没有提过这个问题，也没有研究过这个问题，只是一来就压腿、劈腿，还有学戏曲这一套东西。现在把 19 个部位的柔韧度练习好了，卧云几分钟就做好了。

到了大学以后，我觉得解决这个问题就等于解决全部问题了。这 19 个部位都练到以后，你想要什么有什么。我做过一个测试，让两个男孩子（一个柔韧度好，一个柔韧度差）在弹板上做双飞燕，柔韧度好的人非常轻松，一下就劈起来了，柔韧度不好的要使很大劲才能弹起来，这两者相差多少呢？我在仪器里面进行了测试，相差两倍的力量，这就证明了柔韧度的重要性。如果一个演员柔韧度很好，就很轻松，而柔韧度不好的人要使双倍力气才能完成要求，效果还不如前者。

满：柔韧性的好坏与肌腱的伸缩度非常有关系的。柔韧度好了肌腱的伸缩性就好，放松再拉开，然后再收紧，力量自然就解放了，而且它们能量大、爆发力强。

朱：对。古典舞的学生一定要解决柔韧度的问题，当然这个问题要很科学地解决，不能盲目地撕、压，不然一使劲把胯的韧带给撕裂了，需要循序渐进，一面用压、耗的老方法，一面还可以利用地面的外力，因为又不易伤筋骨，那我们为什么不可以试一试用这个方法呢？所以后来我就琢磨了要地面、地上和空间三个位置来进行柔韧度的练习。

满：三个空间。

朱：这样你就把这三个空间都占有了，地面的特点是利用外力，因为你自己不用使劲儿，有地给你撑住了，地面上把腿搬起来，然后通过滚又翻过去，就可以通过外力解决这个问题，它就既不费劲又能够解决你的柔韧度的问题。那么地上一样，咱们过去好的一些提高柔韧性的踢腿、搬腿、吊腿那些方式都要继续，又进一步地解决这个问题，最后又在空中进一步去加强与解决。

满：主动发力？

朱：对，主动发力。如果说我们能够用这三种方法去解决柔韧度，那么这个演员不是很全面吗？为什么还要单纯地、没完没了地练某一个动作？解决问题的思路正确以后，很多问题都迎刃而解了，后来我就进行了试验，试验果然很成功。

我们在基训课上用了 8 个月的时间，还不到一年，就基本上解决了学生的柔韧练习和运用问题。年满 28 岁的人也都好多了，都能够解决一些问题了。那时候我在大学进行试验半年以后，就开始在中专也开始进行试验了。

满：您当时还在中专教课呢？

朱：对，我是他们年级组的组长，专门训练他们的柔韧度。那时我是去研究这个课题，所以我就抓住沈培艺的班，后来还有夏海音的班，同时在两个班进行柔韧度训练。

满：当时老师还经常拉着我们去看课，我印象非常深。

朱：对。通过训练，我发现我们这个设想完全是对的，解决 19 个关节的训练以后，他们班学卧云的时候只花了半个钟头，全班 15 个同学基本上就会了，而且做得很漂亮。卧云下去，一个个都可以躺下去，头可以翻开，手一掰简直漂亮极了。这就说明这个想法是完全对的。后来我们做了一个叫素质训练的教材，当时是我牵头的，由几个人一块做的课题，最后得了一等奖。这也是我写的第一本书。它是我们进行这个试验以后所得到的一个非常好的成果。后来很多来看课的人觉得学生的线条长了，感觉到我们这个大学班的男孩子都比以前长了。

满：舒展了。

朱：对，舒展了。

满：朱老师，我认为还有一点值得一提。那就是在教材设置上，组合不是简单的枯燥的软开度练习，组合编得好，音乐也好，很有表现力。

朱：对，表现力。这个问题说明什么呢？说明我们一箭不是双雕了，是一箭多雕了，一下就解决了很多问题，也就解决了古典舞最基础的练习问题。如果你要学古典舞，首先练好柔韧度，这取决于古典舞的特点，它跟其他舞种不同。我这次给南京艺术学院编写的教材里就专门谈到组合训练的重要性，这本《中国古典舞组合》编了36个片段，其中就特别提到柔韧度的问题。学习中国古典舞首先要练好柔韧度，这是一个基础的基础，这是我一个很深刻的体会。

我记得柔韧度组合训练影响很大。当时南京的部队歌舞团编导来看过我这四个柔韧度组合，回到南京以后就编了《黄河》。他跟我说的，吸收了我的东西。

朱清渊主编《中国古典舞组合》

满：老师在组合结构上运用了不少体现精气神的动律元素。

朱：对，都有，吸收了很多，比如吞吐含腆。它的价值我觉得不仅把第一届教育系的基本功训练提到一个高水平，而且发展出了新的训练方式，为附中的教学、为整个古典舞的体系提供了一个新的观点和方法。我认为这是一大收获。这是我在我的教学当中切身感觉到的。从此以后对柔韧度的重视就遍布全国了。

现在的附中教学一开始都先上这个素质训练，可见这也是我们办教育系的一大成功收获。

满：推动了一种教学方法和教材建设。

朱：对，有一些太具体我就不说了，因为《中国古典舞教学》这本书里面也都有。我们在训练的基础问题上也做了很多突破，比如说我们吸收芭蕾的小跳加上抹手摊掌，有的人说你把芭蕾的下身加上中国舞的抹手就变成拧身掖腿跳，这样是不是合适？我说你可以说不合适，但是我觉得挺合适，为什么合适呢？因为我把它拿来为我所用了。我们需要训练绷脚跳，但是我不能够光拿来芭蕾的绷脚而只站在原地蹦、练绷脚，我要有民族特色，我要呈现我们自己民族训练的美感，那我用民族的动作"抹手拧身"来融合，可谓一个有价值的小跳。

这个动作一出现全国都做了，现在还在做，到目前为止艺术学院都有这个动作训练。除此之外，我们还有很多跳的训练，比如小飞燕、中飞燕、大飞燕等，这在当时来讲也是发展了，现在已经遍布各地了。

满：最后还发展了舞姿跳跃。

朱：对，比如迎风跳。在发展"跳跃"教材时我们做了很多的试验。你还记得让陶金做腾空飞脚直接落地下叉吗？这个动作叫"望月"，就是四个大蹦子，跳到空中以后，骗盖腿不打响，飞脚一落地就下叉，这动作已不光是戏曲的打响飞脚了，而是进步了。飞脚既有响的，也有不响的，既有勾脚的也有绷脚的，在这里已经发展了。

满：这个跳不仅是单一动作，而是变成了一种技术的组合模式，变成了舞蹈可以用的语言了。

朱：为什么要这样做？我们原来的想法是要在戏曲、武术基础上继续发展，变成我们舞蹈的东西，因为舞蹈不可能跟戏曲一样，跟戏曲一样不就是戏曲舞蹈了嘛，所以我们也做了很多这方面的尝试。著名编导舒巧老师给了我一个很大的启发。我们跟舒巧老师在进行座谈的时候，舒巧老师开玩笑地跟我说："咱们中国的民族舞技巧很多，但是往往都是一会儿全给用光了，非常可惜，一下子一个组合把五六个技巧全用光了，这个不科学。"她说："你看芭蕾里面，人家就那么几个技巧，它就变着花样来。"这些话给我很大启发。她还说："比如两个人正在台上表现一个谈恋爱过程的时候，结果男孩一高兴，一起来，一下打一个飞脚，这个女孩子就跑了，吓坏了，是不是？"她说得很有道理。你说哪有这样的，两个人谈恋爱谈得特别高兴的时候，男孩子一高兴，起来就打一个特响的"飞脚"，你还不吓一跳，这样子的表达哪里是谈恋爱呢？这就是从她编导这个角度上给我的启发。

　　满：需要从舞台人物的情感出发。

　　朱：对。那么我们就从舞台的需求反过来促进我们的课堂。飞脚我们有打响的，比如"蹁腿飞脚"，我们也有不打响的，有绷脚的、勾脚的、立身的、躺身的，我们都把动作进行分化了，这样一来就丰富多样了。假设你问我怎么编出那么多的片段组合，就是因为我要从舞台表现出发去丰富动作的表现力，我觉得这些都是属于教材发展。另外，我们在空中舞姿上也有很大的发展变化，就像你说我们搞了很多迎风跳、摆腿跳等，我们用得也很漂亮，就像飞的感觉。摆腿跳不像一字飞腿是快的，这个是摆腿，有人物的形象，这就是一种变化和发展。另外，转的方面我们也有很大的改进。

　　满：我们转的教材形式的确发展了很多。

　　朱：转的方面，你看我们有仰胸转、平衡转，除了咱们传统的扫堂转以外，还有反转，你看《飞吧！鸽子》里面的反扫堂。

　　满：对，还有反掖腿转。大掖步上的转我认为那个动作真难。

　　朱：是很难，有的人练出来了。还有蹁腿反转。

满：现在那个教材还保留着？

朱：现在还有，就说明当时的这些东西是发展了，是拓宽了。那么这里我特别想谈到的就是双展翅反掖腿转。我发现它经历了 20 年的变化，最早就是在潘志涛班，当时反掖腿转是双手在双托掌位转，双托掌是向里翻的，双手打开到双托掌，因向里翻就阻碍转速。这个问题我们就跟学力学的一些人去进行研究，我找理工大学的一个教授探讨，了解了旋转速度的快慢都跟力的大小有很大的关系。如果力的大小你解决得好，你就能够由外到里加快速度，如果你由里到外，那你的速度就会放慢。根据这个原理，我就想我们最大的问题就在这个手的位置。因为由双山膀到双托掌以后已经去掉了动力，当时潘志涛他们毕业时最多转四个圈。后来我就思考不应该这样，芭蕾二位手为什么能转这么多圈，因为它是由外面打开向里合。那我们民族舞什么动作能达到这个目的呢？后来我们就决定改成双展翅。它比起芭蕾难度更大了，中心更高了，面更大了，之后在教育系都改成双展翅位了。

满：那时候我们上学前接受的芭蕾训练多，刚开始做上肢展开的舞姿很不习惯。

朱：对，因为学生的芭蕾训练多，所以也不太适应反掖腿转，但是学生练着练着忽然就找到一些方法了，因为它符合力学的原理。双展翅反掖腿转曾经有人最多转九个圈，张勇有一次转了九个圈，高成明转了七个圈，而且高成明还有一个特点，转到第七个圈还能立住，这说明他已经找到了突破的方法了。后来这个转我又在中专试验，又成功了，现在是教材的原地转中的重点练习动作。

满：这个反掖腿转还发展成仰胸舞姿的复合性旋转。

朱：对，这样才能跟芭蕾舞相媲美啊。现在全国都用这个教材开转，都是双展翅反掖腿转，而且转得很多，这也是我们第一届教育系的一个训练成果，对全国的影响很大。在"翻身"的教材上，我们当时也做了一些试验。因为它原来就比较多了，所以我们就不想在转和跳这方面做得那么地多。从技术、特殊技术上来讲，我记得当时有很多的新技术的试验。我列了一个动作的"大菜单"，可见那个时候有很多新的技术，有七八个都是发展起来的。有些动作开始时我们觉得不可能转，后来证明可以转而且转得很漂亮，如《飞吧！鸽子》里面的反探海转，有一种漂移的感觉。还有就是刚才咱们说的快速扑步、摆腿跳、望月，还有陶金的"紫金冠转"三圈、24个组合片段等我们都是从技术的可能性中找寻技术发展的规律并且做了很多的试验性训练，那时的技术是非常超前的。

满：这是在基本功教学方式方法上的突破与丰富。

朱：只有把很多的技术和所训练的特定能力综合起来，才能形成那些具有一定的特殊情绪和性格的组合。我们这个班当时一共做了24个片段。

满：是啊，毕业多年之后的现在，我的印象还很深刻的。

朱：很多看过这些组合的人，直到现在都还很留恋。后来我跟他们开玩笑说："如果把这24个片段拿给现在古典舞系的学生去训练的话，一些学生也不一定马上全能做上来。"因为你们那个班的人才集中，来的时候学生本身的底子又比较厚，再加上又有这方面的表现能力，所以体现的水平很高的。例如，《风火轮》组合在全国影响最大，原因是什么？有一个人谈到《风火轮》组合说，朱老师是把风火轮弄活了，风火轮的动作实际上是很简单，可是我们把风火轮给拆了：从单手开始，从下到上，从左至右，又在双手上下的重叠，又从这个重叠一个圈变成两个圈，变成三个圈，从原地到移动，从流动到空中，以风浪的形象来体现"风火轮"本身8字动律的美，很有训练价值。

满：而且它在不同的点都能够停下来，这又产生了很多的姿态变化。

朱：对，最后还月了《长江》的音乐，用海浪来体现"风火轮"的生命力，所以最后高潮上去了。有很多地方的同行对这个组合印象都特别深。

满： 现在"风火轮"的动作开法儿都使用了这个形式开始开法儿了。

朱： 对，以前不是，以前就是单纯晃手。咱们组合还加胸与腰的前、旁、后的幅度。还有《扑步》组合包含了几种不同的扑步，所以学生把几种扑步的形象学会了，凡是属于这一类型的东西你就都能做得到了。

满：《扑步》组合很有民族风格的特色。

朱：《扑步》组合民族特色非常浓，它的劲头，很多人都很喜欢。还有《满江红》。我记得我到美国去考察的时候，要进行互相交流，因为我是学舞蹈的，那时候又年轻，我说那我给你们跳一段中国的舞蹈——古典舞《满江红》。当时也没有剑，我就在旁边拿了一个鸡毛掸子当剑，结果我往那儿一站，一侧步以后，再一抬头，底下的人就鼓掌。他们感叹中国人的气质怎么这么浓啊？就我们这些东西，从他们本身来讲，他们就觉得没有见过。最有意思的是有一个黑人，身高 2.2 米，膀大腰圆的，他看完我跳的《满江红》以后，从那个台底下爬上来，说你能不能够再放一下这个音乐，我想跳。我说可以，我一边跳，他一边就用黑人的舞蹈，用《满江红》的音乐来跳。这情景录像机都拍下来了，特别可贵。后来我问："你为什么很喜欢这个？"他说："中国的这个音乐、舞蹈太美了，中国的舞蹈我们从来没见过。"这就说明我们这些东西在人家眼里面是地地道道的中国特色。这些优秀的组合是我们必须要坚守的。

朱： 我觉得过去的一些好的组合，应该在某一个阶段积累起来，必要的时候让新学生去学习。现在的学生对老祖宗的东西有一点认识，可能会有好处。每个人都有新的东西，这虽是好事，但最后弄得老祖宗的东西到底什么样都不知道就不好了。我觉得我们系将来可以建立一个精品教材库，把一些老的、比较有训练价值的好的组合保留下来，让它成为选修课。这些都是前人留下的宝贵资料，有很好的参考价值。这是我的建议。

满：现在身韵这方面保留了，但是基训课确实没有把老组合纳入。

朱：因为当时我也离开这个系了，去做研究了，所以鞭长莫及。这些组合对你们有好处，《风火轮》《扑步》《满江红》很有特色，《驯马》中的气质值得了解，包括柔韧第四套，还有一些其他的东西，都很有用的。

这些组合当中包含着真正继承的东西，《满江红》《扑步》《风火轮》是继承传统的东西，《飞吧！鸽子》是吸收人家的东西化过来的，变成我们自己的。《飞吧！鸽子》是很有特色的，既象征着和平美好愿望，非常抒情，又解决了过去那种俊气少的问题。还有一些组合是发展的，比如说旋转的一些组合就是发展的，所以这些组合既有传统的又有综合的，又有发展的，是很全的。另外，这些组合片段，当时是根据舞台上所需要的 11 种表现形象而设的。我记得《中国古典舞教学》这本书里边有抒情的、有憨厚的、有鲁智深型的等，这里面我都列了有 11 种这种类型。

满：老师，组合的音乐有记载吗？

朱：乐谱有啊，全在这书里。音乐也是当时我根据不同的内容选择出来的。当时这些组合的出现，实际上是在教学训练上大大迈出了一步。因为过去没有过。因为它有了这些东西就跟舞台挂钩了，我们培养出来的演员直接到舞台上就可以用了，用不着让人说我们中专毕业的学生到了团里以后，还要锻炼一两年才能当演员。表现形象的组合片段的教材实际上是集中了表演的精华，它都是表演当中所需要的多种形象的高度集中。如果把片段弄好了，就大大地缩小了课堂和舞台的距离。为什么编导们看了我们的课堂汇报说好呢，就是感受到这里面不光有技术、有能力，还有表演。这是我们编导所需要的人才。我觉得在我们的课堂训练的成果里面，技术、能力、表演各方面都取得了很大的发展，自然会引来各个地方的热烈反响。

当时我的一个老同学是吉林省歌舞剧院舞蹈队的队长兼艺术学院的舞蹈系主任，叫莽双英（也是王佩英同班同学），可惜现在去世了，她也是我同班的同学。当时她要我帮着办训练班，我给他们办了训练班以后，他们是怎么反映的？她说："我回到吉林以后，老在想我们什么时候能有自己的一套具有民族风格的训练，我多少年都没能解决这个问题，今天看了朱清渊老师的课以后，我看到这个问题已经解决了。"

满： 这是可以独立地代表我们民族风格气质的训练。

朱： 对！她说过去我们把杆上完全是芭蕾那一套，中间训练加点民间的动作，实际上它们两者都融合不到一块的。她说："上次，我是在北京看了朱清渊老师的课，感觉到技术风格特别统一。但又不清楚怎么练的，那么这次我在训练班上看到了。"

满： 莽双英老师是当年看了我们结业课吧？

朱： 结业之前她就来看过课，结业课又来看。结业课以后，她是1986年把我请去吉林上的课，然后就谈她自己的看法。她说："这次朱清渊老师来上课才上了十天，但是我就觉得特别统一，我感觉到就是我们民族的东西。虽然用的是把杆，但是也是民族的东西。"你看咱们这个把杆，芭蕾的小踢腿我们吸收了，有绷又有勾，都变化了，就是我们"拿过来"又把它化合成我们自己的东西，认为我们的腰部训练在把杆上很漂亮。

满： 腰部训练素材真的很丰富。

朱： 从把杆训练到中间训练，我当时都让电教室的人录下来了，那时候是田沛给录的，最后可以出版了。我保存的整个教育系的资料特别全，包括我让你们每个人写的组合片段的文字手稿我全有。比如你，我让你写的《飞吧！鸽子》，然后你就写鸽子表现什么，用的是什么技术解决什么问题，有什么感受体会，等等。假设我要再出一本书的话，我可以把我所教过的学生的反馈糅合到一本书里，少说也得50万字。

那我接着往下说。莽双英她当时看完课就说："为什么这么统一，一看就是民族的东西。"我说："我的基本观念就是这样——以我为主，博采众长。"所以我每上一堂课，每推一个组合都要遵循这样一个要求。莽双英说："怪不得，我从当中看到既有武术也有戏曲，但是看起来风格很统一，还吸收了芭蕾的东西。"

满：您有什么秘籍可以跟我们分享一下吗？就是这些实践的经验归纳。

朱：最大的秘籍就是：一个人在做一件事情的时候，确立指导思想非常重要。两个宗旨：一个就是要做既有民族特色又有时代精神的课；另一个就是以我为主，博采众长。我在上课时就很注意这两个宗旨的贯彻。我推组合的时候，不是纯粹的戏曲或者武术的东西。比如刚才讲的《风火轮》组合，风火轮是从武术当中来的，我把它变成舞蹈的东西了。这个就说明了指导思想的问题。我觉得当一个老师，当一个指导者，在做一件事情的时候一定要清楚你的主导是什么东西。现在的课经常会出现芭蕾或者现代舞的动作，人家就会问这不是芭蕾吗？这不是现代舞吗？比如男生的旁腿转，别人就会说这是芭蕾的东西不要练。我朱清渊就认为可以练，旁腿转为什么只能是芭蕾的东西，藏族的旁腿转的跳转也很漂亮啊。

满：当年我们做的就是跳转，《驯马》组合里用到了这个动作。

朱：我们跳转发展起来，一立起来旁腿两圈转怎么不可以呢。为什么说这就是芭蕾的，我觉得太狭隘了。作为中国舞的演员，各方面都很全面，又能把别人的东西拿来自己也能做，这有什么不对。我退休之后有一次参加一个座谈，一位现代舞专家做了一个卧云，我们正常都是顺着过去，他做完之后转过来就接一个现代舞的动作，他说这是他发明的。我笑了笑说，我们几百年前就有这个动作了。这样的事你怎么说呢，因为都可以说是自己的。

满：关键看怎么用。

朱：对。莽双英看完课之后之所以说很统一，就是因为我注意贯彻了那两个宗旨。后来我给南京艺术学院做的 36 个片段，也是基于这两个指导思想。

满：重新做的吗？跟我们当年做的不一样吗？

朱：对，基本上不重样，除了《驯马》。《驯马》有点变化，但是基本气质保留了。

满：我们当时跳起来自我感觉也挺帅的。

朱：这 36 个片段里面男孩、女孩的剑都帅极了。你问朱老师的秘籍在哪，你可以告诉你的教员们，就这两条：一个是既要是民族的又要有时代精神；另一个是以我为主，博采众长。指导思想很简单，但是要做得到是很不容易的，要花很大的力气才能做得到。要想做好一件事情，你要有这方面的设想，也要花狠功夫去做，不要搞那种太简单的办法。莽双英老师对这堂课完全同意，她说："我过去跟你是同学，现在我是你的学生。"我说："不能这么说，你太谦虚了，最主要就是我悟出这个道理了。"莽双英当时就谈到了《风火轮》组合，她说："既有动作本身的训练价值，又有高潮和表现能力，给人的感觉非常美，既是传统的动作又有现代精神。"

满：她说得对，这个组合也给我们留下了很深的印象。

朱：这就是我为什么一定要让现在的学生学一学这些组合，因为可能对他们会产生思考、启发。还有《海燕》，在狂风暴雨中凸显了中国人的抵抗精神……我认为这 11 种表现形象的类型一定要有。

除此之外，还有好多老师就我们的柔韧训练谈了很多。他们都说这个柔韧训练太好了。其中有一个戏曲老师跟我说："我过去教授戏曲二十多年，从来没有见过训练柔韧这么好的一个东西。"他说我开始还不想练，后来跟着大家一起练，练了一天就发现太有用了。山东省文化厅厅长说："你们的课太好了，很有训练价值，大家才十几天就提高这么快，而且很有民族特色。我们正要做泰山歌舞，你这一来给我们送来了很重要的素材。"这些都有录音，我都有保留。

甘肃省艺术学校的高金荣老师是训练敦煌的，训练得很不错，她确实是敦煌舞的专家，而且人也很好。她当时教了两个毕业班，她有一个问题一直解决不了，她说："我们的演员怎么能提高训练水平？他们单跳敦煌舞挺好，但是不能光跳这个啊，他们怎么才能更全面？"

满： 当时高金荣老师的敦煌教材没有能力训练的内容。

朱： 所以高金荣让我去帮助她做这个工作。我就告诉她我用古典舞做训练，我相信他们可以改变。我去了两次，一次三个月。六个月之后，这个班的水平提高得特别快。

满： 这是哪年？

朱： 这是你们毕业之后的事情，20世纪90年代初。当初唐满城老师的舅舅在甘肃当文化局局长，看完汇报后他说："朱清渊老师给我们带来了舞蹈的词典。"词典是什么啊？是基础。我给他们的学生训练完之后，他们的能力、表现力都得到了提高。我就是用技术和组合的办法帮助了他们的提高，训练的效果特别好。直到现在那帮学生还经常跟我联系，我们的感情都很好。这就是当时的社会反响。高金荣老师在我上完课之后，推荐我去台湾教学。她说我应该到台湾去把古典舞的东西传播出去。后来我就去了台湾的艺术中心、舞蹈团上课，反响很好。当时台湾认识我们古典舞的人不太多，认为我们还是戏曲舞蹈，后来我因为有任务就回来了，就推荐沈元敏继续给他们云上课，反响也很好。他们认为我们古典舞舞蹈化了，有特色了。

我在总政给华超他们上课，他说："您这套东西真是发展了，真是民族的东西。"当时我就给他们编了几个片段，他们就反馈这既有民族特色又有时代精神。华超让我一定要去香港上课，当时舒巧老师正好在香港，他就跟舒巧老师说一定要让朱清渊去香港上课。所以舒巧老师马上就给我发了请帖，之后我就去了香港上课，反响也很热烈。大家都觉得中国古典舞通过第一届教育系之后比以前的训练水平提高了，各个方面都很好。他们普遍都反馈民族特色与时代的精神气质在训练教材与教法方面得到了体现。为什么我总要强调这个问题，因为我们现在是 21 世纪了，不能跟 20 世纪相比。如果没有时代精神，光强调民族特色，那就是古代的戏。民族特色一定是原来遗留下来的东西，你容易看得到，但是时代精神你容易看不到，所以你需要有意识地在这个民族特色的基础上去发展。我们训练出来的演员，要既能演古代人物又能演现代人物。

满：老师，您所指的时代精神最核心的概念是什么？

朱：最核心的就是表现意识。比如"提压腕"这个动作，提压腕本身是一个传统的动作，但是提压腕也可以表现现代人物。我通过"提"起来看到一个新鲜的事物出现，我"压"下去又是另外一种感觉，而这种感觉已经不是过去戏曲的表现了。

满：它已经打破原有的戏曲程式了。

朱：对了，破开了它的程式，融入了当代的情感表达的需要。这样它才有生命力，才能表现现代的人物，这就是一个时代精神。你还记得我当初给你们教的圆场，在戏曲当时就是压着走，我给你们的要求是一步半，要大，同样一个动作因为时代不同就产生改变了。所以说为什么要强调时代精神？关键就是时代飞速发展了，要体现现代人物，你必须要有现代人的感情和表现时代的形态。

满：但是你又不能用现代舞方法，还要保持自己特有的形式风格，中国人的表达方式对吧。

朱：我提到时代精神您听起来感觉有些模糊，但是实际上和社会发展有很大的关系。

满：我觉得就这一个时代精神来讲，对于古典舞来说，里面包含了很多内容。

朱：所以我建议你们再去琢磨琢磨，很多人对此还没有引起足够的重视。

满：朱老师，我发现您作为多年基本功训练的老师，你有一个特点，因为您之前有过创作，有过舞台表演经历，你把所有的单一的功能性训练注入了一种表达，注入了您对于时代精神的理解，使得本来很枯燥的基本功训练变得有趣了，有形了，有表现力了。

朱：很多人愿意上我的课应该就是这个原因。

满：您的课让人感到内在的体验非常丰富。我一边听您谈，一边回想着我们当年上课的情景，包括与其他老师的教学进行比较，我认为您与其他人不一样之处在这。

朱：我在吉林上课时有一个老师就谈到了这个。他说上朱老师的课学到的不仅仅是技术、能力、方法，还学到了做人的文化层次和水平。

满：看待事物的方法和角度不同。现在大多数老师的教学还只是局限在动作本身的规格和要领里面。

朱：这样不行。我到了研究所以后就提出来，舞蹈老师要提高文学修养，不能让别人认为我们头脑简单。关于第一届教育系的话题我想就谈到这里吧。

满：感谢老师为当年创建大学所做的贡献。我认为设置预定目标是容易的，找到正确方法和途径去克服困难，实现这个目标是很难的。我觉得你们这一代人做了很多创造性的贡献！

朱：李正一老师、郜大琨老师、唐满城老师，我们一天到晚总在聊这些问题，有时候还争得脸红脖子粗，各人有各人的看法。

满：老师，我再提个问题：软开度训练这一套设想，您在教学之前就已经提交自己的具体方案了吗？

朱：提了！但是当时唐老师不是很认可，他认为这不是古典舞的东西。因为当时还没做出来嘛，我也不好反驳，我说先试试看。因为我是主抓男班基训课的，他们当然不能彻底反对，所以我就坚持我们可以试试看的意见，但是实际上那个时候我四个软开度组合都已经编完了。

满：试完之后呢？

朱：第一个学期结束后，他们就改变看法了。唐老师还说这个很有创意，所以有些东西必须通过实验之后才能说明问题。结果出来以后，大家不仅没有异议，而且认为很有用处，后来我又跑去中专进行了实验。

满：虽然目的是软开度，但是它是综合性的训练内容，涉及的方面很丰富。

朱：当时为了做这个，我去跟体委的很多人一起进行了研究。

满：朱老师，我要代表岁数大的同学们跟您诉诉苦，这套训练当时把我们"折磨"得挺痛苦的，但是坚持下来后，在身体表现上的确有很大的变化和提高。

朱：这种练法它是一种综合性提高的问题，不是某一个部位的训练。

满：它可以达到举一反三的作用。

朱：它不像是戏曲，压腿就是把这条腿的筋压长了。

我还要补充一下关于办大学和这堂课的由来。那是在 1978 年 10 月，文化部教育司领导来到位于陶然亭的北京舞蹈学校，宣布一项重要决定：经国务院批准，北京舞蹈学校改制成北京舞蹈学院，由中专建制升格为高等院校。

这是中国历史上的一件大事，也是舞蹈事业上的特大喜事。全院教职工都特别振奋与欢心。学院的建制向我们提出了新的历史发展使命，经研究确立先办四年制本科教育系。办舞蹈大学在中国历史上和世界各国都没有先例，这是给老师们下达了创建新学院、创立新学科的艰巨任务。

教育系怎么办，给大学生教些什么，如何建立大学的中国古典舞教学训练体系，课程该如何设置，教材该如何编排……种种问题都是教师面临的崭新课题。因此，只能是通过深入实际调查，了解全国概况，听取同行的意见和建议，才是最佳的解决办法。

由李正一老师作为领导，组建了面向全国了解调研的各小组，先后到甘肃兰州、陕西西安、四川成都、云南昆明、浙江杭州、江苏苏州等地进行调研。我们一面继续向戏曲、武术学习，向各地教师们看课学习，一面召开座谈会，听取各方意见。此举得到全国各地同行的热烈支持，取得了很有效的收获。

紧接着，从1979年9月至12月在学院召开了专家、教师组成的著名的"36次会"。大家在重要的问题上统一思想、统一认识。如要不要建立中国古典舞教学体系？中国古典舞要不要以民族为主体？戏曲还能不能成为中国的古典舞教学体系的奠基石？要不要确认武术在中国古典舞训练体系中的地位？我们讨论出必须贯彻多元素吸收的原则，才是形成中国古典舞训练体系的必由之路。同时，落实了课程设置，在《中国古典舞基训课》的研究中提出：要脱出原来的戏曲武生的基本形态——既要有民族风格，又是舞蹈的、有时代感的男性基本形态。不光要"英武"，还要"英俊"；应有抒情的、温柔的、儒雅的、灵巧的、波澜壮阔的多种类型；并要求改变以往用力"僵""拙"的现象，强调松弛、舒展、加强动作的内在感和艺术表现力。

根据全国调查和"36次会"中对基训课的讨论我提出了五个方面的设想，并总结出了中国古典舞基训课四个部分训练架构，即柔韧训练、能力训练、技术训练、组合与片段训练；明确了"以我为主，博采众长"的原则，要搞出一堂既有民族特色又有时代精神的，比较全面、系统的基本训练课。这堂课是在戏曲、武术的基础上，以其身法、韵律贯穿始终，并多方面吸收姊妹艺术的尤点，通过"化合"的作用加以发展、丰富和弥补原来的不足。

我认定了这个原则，明确了方向，在 1980 年第一届教育系的古典舞班入学前，已备好了全部教案，包括柔韧训练的四套组合、能力训练的多种方法、技术训练的高标准、组合训练的 24 个片段等。

因此，学生入学后的进度很快，仅用两年半的时间就达到了预计的要求。专家看了毕业考试后说：我很久没看课了，看了很兴奋，学校的训练往前发展了。一有大学水平，二有明显发展。这些内容都在我的专著《中国古典舞教学》中详细记载，在此就不啰唆了。

满：非常感谢您这么详细地把如何办大学和怎么办大学，中国古典舞基本功课程建设的要点、方法、经验，如数家珍地叙说！这是我们中国古典舞发展建设中的一份宝贵财富！我谨代表我们班全体同学和古典舞的晚辈们向您致敬！

熊家泰

以舞立名，为舞著材

熊家泰

　　（1938—　）出生于江苏高邮。中国舞蹈教育家、舞蹈表演家，新中国培养的第一批中国古典舞教育工作者。曾任北京舞蹈学院附中校长、北京舞蹈学院表演系副主任、中国舞系副主任、主管教学副院长兼学院青年舞团团长、舞蹈考级委员会主任、学术委员会副主任、硕士研究生导师等。

　　熊家泰作为中国古典舞教育事业的杰出贡献者、学科带头人之一，亲身经历了中国古典舞学科的发展历程。他是"桃李杯"比赛发起人之一，主持制定了中国古典舞比赛规则以及具体动作要求，并担任该赛事的艺术裁判员、评委和评委会副主任。他曾被香港演艺学院聘为中国古典舞导师和考官，为该院制定教学大纲。与美国舞谱专家合作用拉班舞谱记录中国古典舞教材并向世界推广，曾多次率团访问美国、法国、德国等国，以及中国港、澳、台等地区普及中国古典舞。退休后，熊家泰被北京舞蹈学院返聘为教学督导，仍孜孜不倦地为中国古典舞学科、中国的舞蹈教育事业战斗在第一线，用一生的实践推动了中国古典舞教育事业的发展，谱写了精彩丰富而平凡的舞蹈人生乐章。

　　他参加学院历届教学改革和教材建设工作，撰写《深化舞蹈教学改革 服务舞蹈文化市场》《"桃李杯"赛与舞蹈教育》《探讨"桃李杯"赛与中年级教学之间的关系》等论文，主编《中国古典舞教材与教法（中专）》《中国古典舞基本功训练教学法（大学男班）》等教材，成为中国古典舞学科教学体系建设的指导性文献。他被评为"北京市教育先进工作者"，享受国务院政府特殊津贴专家。在中国舞蹈家协会编撰出版的《当代中华舞坛名家传略》一书中被列为舞蹈教育家、舞蹈表演家，被北京舞蹈学院授予"舞蹈教育终身成就奖"。其事迹被编入《中国舞蹈大辞典》。

口 述 人：熊家泰
采 访 人：宋海芳
整 理 人：范楷、朗静、贾甜
采访地点：北京舞蹈学院
采访时间：2014 年 7 月

宋海芳（以下简称"宋"）： 今天我们非常荣幸邀请了中国古典舞著名专家熊家泰老师来和我们聊聊中国古典舞的话题。熊老师您好。

熊家泰（以下简称"熊"）： 海芳老师您好。

宋： 首先，非常感谢您在百忙之中抽出时间来和我们大家分享您和中国古典舞的故事。可以说您为了我们中国古典舞的事业贡献了毕生的精力，是名副其实的中国古典舞元老级的人物。那么，您与舞蹈的缘分是从什么时候开始的呢？

熊： 在从事舞蹈之前，我在上海的一所孤儿院上学，中华人民共和国成立之前我就开始跳舞了。因为我们孤儿院的院长是中共地下组织成员，所以中华人民共和国成立前他就组织我们表演宣传，因此我那个时候就跳过戴爱莲先生编创的舞蹈——《朱大嫂送鸡蛋》，表现的是一个农村大嫂给解放军送鸡蛋。除此之外，我还跳过彭松老师编的藏族舞。中华人民共和国成立以后，中央歌舞剧院到上海招生，到我们学校招生的时候，我因为受到之前舞蹈训练的影响，所以也报名参加了考试。当时到我们孤儿院招生的老师就是北京舞蹈学院的元老——曲皓老师。经过简单的测试，我考上了中央歌剧舞剧院，1952 年就到北京中央歌舞剧院学习舞蹈。在来之前家里不同意，因为北京刚解放不久，又那么远，说一个十三四岁的小孩一个人跑到北京去不放心。我们弄堂里的邻居也都说不要去。我那个时候很有决心，一定要到北京学习舞蹈。

当时没有专门的舞蹈教材，所以我们一开始用京剧科班的训练方法进行训练。由于年龄小吃不了苦，开始学习的时候我并不太用功，用现在的话说是有点偷懒，而且上毯子功学习小翻我很害怕，所以半年后，我考核不及格要被退学回家。当听说剧院要把我退回上海的消息时，我非常害怕。因为当初是我不顾家里人的反对，非得坚持要来北京学舞蹈，半年以后要被退回去了，我觉得面子上过不去，所以特别紧张。好在团里要退我回去的事延误了，没有马上执行。出于自尊心和对未来的担忧，从第一次的考核以后，我就开始加班加点地练功，刻苦的学习和训练终于使我获得了好成绩。第二次考核的时候我就进入了学员班前三名，团领导也挺惊奇，我最终没有被退回上海，并且争取到了宝贵时间继续学习舞蹈。这个事情给我敲了警钟，从那以后我一直很认真刻苦地学习舞蹈。

　　1954 年，我考上了北京舞蹈学校。因为已经学了两年舞蹈，所以学校根据年龄的区分，把我插班在三年级，开始了正规的舞蹈学习。我们那个时候是芭蕾、古典舞、民间舞、外国民间舞这四门专业课都学，再加上普通中学的文化课，包括动物学、植物学、数学和化学等，学习负担很重。我记得我们在北京舞蹈学校学习时，除了平时的课程学习，晚上还有排练剧目，个人的时间特别少。我们周末基本也不休息，因为需要把一周上课穿的练功服、袜子洗干净，还需要复习文化课。入校前我们的文化水平只有小学程度，到了舞蹈学校要学习初中课程，多门文化课的学习让我们感觉非常吃力，不复习就会落后。由于内容多、难度大，我们在学习上成立了互助组，大家一起复习文化课。专业与文化课程的学习任务很重，但是我们的收获非常大，生活也很充实。我记得进入四年级的时候，我们班排练了李承祥老师创编的藏族舞蹈《友谊》。有一天老师通知我过两天要演出，五年级跳领舞的学生病了所以需要我替补上去，知道后我心里既害怕又紧张。李老师还专门抽出时间给我排了《友谊》中的踢踏舞，最终我没有错一个动作把这个节目跳完了。一到后台，我整个心都放下来了。任务完成了很高兴，但是一回头我突然找不到高年级同学了。我记得当时是在一个部队的剧场，大幕是电动的，拉幕和关幕没有声音。表演结束我还特意看了一下觉得这个大幕已经关了，因为角光照着，台下黑黑一片，

1996 年，熊家泰给学生讲话

所以我把藏族鞋也脱了，背着鞋就大大方方从台这边走到那边，等我走到中间的时候观众突然笑起来了。我一看大幕没有关，下意识地赶紧往回跑。当时每一次演出的第二天，苏联专家都要开会总结，第二天上午开会苏联专家就把我狠狠批了一顿。我也感到委屈，但是也长了记性。从那以后，只要上台演出我就特别注意这些东西。

1959 年，我毕业后留校当了教师。我的原单位中国歌剧舞剧院想让我回去当演员，东方歌舞团也要让我去，那个时候有好几个团都想让我过去当演员，我也非常希望当演员，但是那个年代学校缺教师，一定要让我留下来当教师。我就跟陈校长提出来不只当教师，我说我还要坚持演出，陈校长也同意，所以我毕业以后一边教学还一边演出。我记得有一次在人民大会堂小舞台演出，我跳了藏族民间舞独舞《奴隶之歌》。我教完课赶到剧场的时候走台的时间已经过了，我大概看了一下舞台就去化妆，准备演出了。《奴隶之歌》最后高潮时有一圈躺身蹦子，在我做这个动作时被舞台布景绊了一下，就摔倒了，很狼狈。我非常自责，反思为什么会出现这个事故，后来我找到了原因。我演出的当天，正好是我的老团中国歌剧舞剧院在演《宝莲灯》，在我演出之前他们把《宝莲灯》的台阶拉上了，舞台缩小了不到三分之一，跟我看的舞台大小不一样，所以走到拐弯处的

1985 年，首届中国舞"桃李杯"发奖式后合影

时候我不知道后面有东西就摔了。这个也是我舞台表演当中经历的一个事。从那以后，我特别注意这些问题，在上场之前我会到后台看一看舞台是不是有什么东西。这都是自己的艺术生涯当中的一些小插曲。

1959 年毕业留校后，我既要教古典舞又要教民间舞。一是因为我民间舞学得也不错，二是因为那时候民间舞也缺老师。在毕业之前，学校已经在培养我学习民间舞了，让我跟着老师下乡到广东去学习英歌，后来又跟着许淑英老师到江西去学采茶戏。因为承担着古典舞和民间舞的教学，再加上我还要进修、演出，所以那段时间特别忙。经过一年到两年的时间，我实在是忙不过来，最终还是选择了古典舞教学。随着年龄的增长，我当了古典舞教研室主任，接着当了附中的校长，后来又当学院副院长一直到现在。

宋：在中国古典舞创建历程中，有哪些事情令您印象深刻，难以忘怀？

熊：谈起古典舞，我还是比较兴奋的。1952 年不仅是我开始从事舞蹈事业的时间，实际上也是我们中国古典舞创建的开始，从我学习舞蹈至今，是伴随着中国古典舞创建的过程一路走来的。从这个角度来说，我的体会还是比较深刻的。我觉得谈谈这些问题很有意义。1952 年，我到北京学习舞蹈。我们都知道当时就中国舞蹈界来说，是没有一套培养演员的训练教材的，更不用说相配套的师资了。我们当时是一边学习芭蕾舞一边学习戏曲片段，包括毯子功、基本功、把子功、戏曲片段等，当时就是这样来学习舞蹈的。

1954 年，北京舞蹈学校建立之前肯定是要培养教师的。我们的前辈（也就是教师训练班的老师），他们一边学习戏曲舞蹈，一边借鉴芭蕾的教学方法编创了最初的中国古典舞训练教材。我考入北京舞蹈学校之后就是学习由这些老师编创的教材。当时古典舞基本功、身段和毯子功是在一堂课上教的，所以要求老师们既要教基本功又要教身段，还要会抄跟头。

在中国古典舞初创时期，我们的前辈们的指导思想是很明确的，就是以戏曲为基础来编创我们最初的古典舞教材。因此，这个时期的古典舞教材的民族性还是很强的，它的风格韵律也很鲜明，因为这些都是经过老师们整理编排的戏曲中比较典型的动作。这些内容跟我在歌剧院学的东西并没有太大的区别，所以对我来说是一个延伸。从 1952 年一直到 1954 年建校，我们中国古典舞的教材最初是这么走过来的。

因为我们也学过芭蕾，所以接触到最早的古典舞教材的时候，还是不太适应。我想原因大概在于：第一，那个阶段古典舞教材编创时间比较短，半年的时间老师们既要学习又要编创教材，时间仓促。第二，我们那时候的老师也比较年轻，所以这个教材的编创是存在不少问题的，特别是我们上过芭蕾课的学生再来上古典舞课的时候就觉得这个教材有很多地方不太舒服。实际上，最重要的问题还是我们初创的这套教材，在由浅入深、循序渐进等这些教学理念上比较薄弱。培养一个舞蹈演员，尤其是从小孩子开始培养，这个教材一定是由浅入深、循序渐进的。因此在教学过程当中肯定带了不少问题，而这个问题影响到了古典舞的教学和人才的培养。

一个教育单位在教学和教材当中出现了比较大的问题的时候，肯定是对教学不利的。当时学校的领导和古典舞教研组对这个问题是比较重视的，在我的印象中 1956 年召开了一次科学化、系统化的会议，专门针对古典舞教材当中的问题进行研讨。学校很重视这次研讨会，当时参加会议的有校长、苏联专家、古典舞组全体教师、芭蕾舞的教师、钢琴教师、校外的专家，甚至包括我们当时的校医。虽然当时我还是学生，没有参加这个会议，但是从课堂上的变化我们还是有体会的，特别是在由浅入深、循序渐进、科学化、系统化这个问题上。会议之后我们教材是有变化的。课程借鉴了芭蕾的一些好的经验和一些好的方法，甚至一些对我们特别需要的具体动作来补充我们教材的不足，这个在课堂上我们是有体会的。在这之前我们擦地是在正步上的，我们的蹲是在正步和踏步上的蹲，而在这次会议以后，发生了有益的改变。我们吸收了芭蕾的一位、二位、五位，用于比如擦地、蹲这些类型，也吸收了芭蕾的五种跳的方法。这些变化改善了我过去那种别别扭扭、有点不太舒服的感觉，我们的训练也比较顺畅了。从我自己的体会上来看，我觉得向芭蕾舞教学的借鉴对我们古典舞教材建设还是挺有好处的，这些选择对我们的训练还是行之有效的，填补了

1992 年，奥列克赛娜·依丽娜和编导家塔拉索娃·奥列加格·奥吉耶夫娜与北京舞蹈学院教师合影

我们教材当中的一些空白，特别是自建立这套教材的 60 年来，至今我们还没有寻找到能够代替这几个芭蕾训练的动作。

1957 年我们又分科了，分成欧洲芭蕾舞科和民族舞剧科。在分科之前我们既学芭蕾又学中国古典舞，分科以后我们只学中国舞，因此培养演员、培养学生就是靠我们古典舞的教材来训练。科学化、系统化的会议对教材有很大的补充，为分科以后的人才培养做好了准备工作。如果没有科学化、系统化的会议，我们拿最初的古典舞的教材来让分科以后的学生学，那就有很大的不足。这次会议在我们古典舞教材建设上是一件大事情。作为学生，通过学习的体会和前后对比，我深深体会到这次科学化、系统化会议的必要性。那是在 20 世纪 50 年代中期，我们不能脱离当时的历史背景和实际情况来看这个问题，所以这次会议在我的心目当中留下了深刻的印象。

记忆当中第二个印象比较深刻的就是 1959 年我留校任教。那时我初登讲台，没有什么经验。我是中专毕业，所以也没有什么教学法，就是老教师带你几堂课告诉你一下，以后就你自己独立教课了。我们也就是根据老师传授的方法和教材教给我们的学生。

在 1960 年，就是建校以后的第 6 年，我们通过学习、整理和实践，出版了第一部《中国古典舞教学法》。出版这个教学法的过程对我的影响很大。我们的前辈老师们付出了很多心血，所以我的印象也很深。因为刚毕业，我没有参加具体的编写，但是参加了讨论会和教研会，这是一次难得的学习机会。因为编教学法，所以写一部分就要拿到教研室进行讨论。教学法中的每一个动作、每一个步骤、节奏等都是大家讨论，拿出初稿，再进行讨论。我们刚毕业的年轻教师主要是听，偶尔也发表意见，但是很少，因为刚毕业，主要听老教师来谈。当时教研室写了一年级到六年级的教学法。这个学习机会对我来说是非常有帮助的，也为我今后的教学在理论和技术动作的分析上打下很好的基础，我后来在教学当中比较顺利，教学水平不断地提高，完全得益于教研讨论会。

一路走来，第三个印象深刻的事情是文科教材会议。这个会议是

1961 年在北京召开的，全名叫作"全国高等学校文科和艺术院校教材编选计划会议"。我们虽然是中专不属于高校，但是其中包括艺术院校教材编写计划会议，所以我们也囊括在内。中国古典舞教研组就是按照文科教材会议制定的大纲中编写教材大纲、编写一年级至四年级的教材和示例课。为什么说这次文科教材会议我印象很深刻？当时校领导让我编写一年级至四年级的教材和示例课，当时我是具体负责示例课的。在召开会议的时候舞蹈界专家一面看文字材料，一面看现场表演。当时由我和陈爱莲负责展示示例课。在这个过程中，我觉得是一次极好的学习机会，因为每一个动作、每一个组合我要反复地练，力求精准，所以这个过程加深了我对一年级到四年级的教材的进一步深化和理解，同时在这个具体的动作完成上又进一步地提高。这次示例课活动的参加对我今后的低、中班教学帮助特别大。后来人们也一直夸我在低、中班教学上对学生要求严格，功底比较扎实，动作比较规范准确。我觉得这跟这个活动是非常有关系的。

我们向文科教材会议汇报了一年级至四年级教材和示范课，得到大多数专家的肯定，但是也有不同的意见。不同的意见认为我们这个课的民族风格还是不够强。学校领导和教研组对这个意见是非常重视的。从此以后，从学校教研室的系统上来说新增了身段研究小组，具体的举措就是研究小组组织我们教师向传统学习。会议之后，在一段时间内我们每周会请中国戏曲学校老先生给我们教师上进修课，学习戏曲片段，同时也请北昆的演员来给我们上进修课，主要学习昆曲小生和剑。戏曲老师教我们的是走边，戏曲片段主要是以武生为主，我们向昆曲演员学习是以小生为主。我们也会观摩武术比赛，特别是 1964 年我被派到山东体育学校武术队学习，我现在记不太清具体时间，但是学了起码一个月。当时我跟他们武术队一起练，那时候也年轻，他们早晨六七点钟出来练功我就跟着他们练。因为那一届比赛济南武术队成绩最好，所以我们就在此期间学习了他们冠军的长拳以及刀的套路，那是真学。通过戏曲进修、武术观摩和武术进修，这一段时期对我来说是有很大的帮助。再加上在歌剧院和歌舞剧院两年向老先生学习，再延续到现在的学习，在传统戏曲和武术这些传统的门类的学习上我有了比较好的基础，对我的教学也起了很大的帮助。因此，我印象还是很深刻的。

1963 年，北京舞蹈学院一分为二，分为中国舞蹈学校和北京芭蕾舞学校。为了进一步地加强古典舞的民族风格，我们请来了上海戏曲学院著名老师方传芸到学校来授课。他是南昆中非常有名的老师，当时教授了刀、剑、红缨枪和扇子。同时又请来了陕西歌舞剧院张强老师，给我们进行武术训练。当时音乐舞蹈存在崇洋媚外的思想，对传统和民族的东西不重视，同时又提出革命化、民族化、群众化。当时我们对这个革命化、群众化的认识是很肤浅的，但是对民族化我们还是理解比较深刻。因为我们一直跟传统接触，所以我们对民族化的理解比前两个要深刻，也比较重视，而且我们从学习舞蹈开始就不断地向传统学习，对传统的艺术我们还是有感情的，所以我们向方传芸老师和张强老师的学习是认认真真的。虽然张强老师现在是舞蹈演员，但是他过去是系统学习武术的，因此他对武术的理解和掌握是比较全面的。他跨行教授舞蹈，跟我们直接向武术学习有不一样的地方，他从武术当中选择更贴近于古典舞的一些动作。与向武术队学习相比，在跟随张老师学习武术的过程中，我们觉得更直接一点，

2014 年，熊家泰在"中国古典舞学科 60 年建设与发展恳谈会"上发言

吸收得更好。我们过去是以戏曲为主，戏曲中的女性风格比较温柔、典雅、柔美，跟革命化的路线不相匹配，而武术那种速度、力度和幅度，对于我们丰富女性舞蹈的教材是有很大帮助的。

　　宋：谢谢熊老师。正如您所说，中国古典舞从诸如戏曲舞蹈、武术等姊妹艺术中汲取了重要的养分。那么，您认为我们应当如何在当今的语境下再继续借鉴戏曲舞蹈和武术？

　　熊：这个问题提得特别好。我们古典舞一直是以戏曲和武术为基础来建设的，进入 21 世纪，中国古典舞面临着很大的挑战。随着人们物质生活水平的提高，大众对文化艺术的要求也趋向于多方面、多层次、多元化。在这样的背景下，中国古典舞学科如何进一步地深入发展，是我们古典舞人应该考虑的一个重要问题。

　　由于研究中国传统舞蹈文化的人在学历上提高了（我们如今有研究生，甚至还有博士生），与之相应的文化理论程度也提高了，这必然会扩大中国传统舞蹈文化的研究领域。过去，北京舞蹈学院是唯一一家研究中国古典舞的单位，而现在研究中国古典舞的人和单位也在增多。我觉得从宏观的角度和艺术发展的观念来看，这是一种好的现象：百花齐放，百家争鸣。如果没有多层次、多样性的发展就没有艺术的存在价值，但是从北京舞蹈学院中国古典舞系自身发展的角度来看，我们的教学训练体系受到了冲击。我们下一步需要关注的问题就是如何保持我们近 60 年的教学训练体系的主导地位，继续引领中国古典舞学科的建设。这个问题是值得我们重视的。我们要反思中国古典舞建设这 60 年的发展道路和指导思想是不是正确，如果是正确的，那我们就要坚定走下去，继续以传统的戏曲和武术为基础，深入地继承和发展，使中国古典舞学科建设更加完善。在 20 世纪五六十年代，我们侧重于戏曲和武术的具体动作和技术技巧方面。1978 年学校升级为大学，我们又遇到许多问题。接着，我们通过"36 次会"的研讨，不仅确定了中国古典舞教学体系今后的发展方向——要进一步认识和掌握戏曲中的民族美学特征和民族艺术规律，而且确认了武术是发展中国古典舞的又一个重要的基础——需要我们深入地学习和研究。距"36次会"的召开已经过去了30多年，师资队伍不断地更替。现在我们北京舞蹈学院古典舞系是以中青年教师为主力，那么我们该如何传承老一辈在实践基础上深化为理论的指导思想；如何承接我们过去老一辈对戏曲和武术传承的理解和认识；如何传接"36次会"的深入研讨和共识，进一步落实到教材建设、课堂教学和科学研究当中去。我认为传承对古典舞系来说是非常重要的。

前辈们在创建中国古典舞教学体系的时候，始终贯穿着边学、边研究、边建设的方法。他们提出来加强民族美学特征和民族艺术规律的理念，我认为是渗透在戏曲舞蹈和武术当中的，我们不能空谈理念。形神劲律也好、闪转腾挪也好、风格韵律也好，都是体现在戏曲舞蹈和武术当中。前辈们在向戏曲舞蹈和武术学习的实践中总结出四个字，就是"看、听、学、思"，就是多看、多听、多学、多思。我认为这四个字非常精辟。"看"，就是多看，多了解戏曲艺术和武术，培养热爱民族传统艺术的情操。这几十年来，我们看了不少戏曲和武术，受益匪浅。我不知道我们古典舞系年轻老师看过多少戏曲，只有多看多了解，才能够热爱，热爱了以后才能够传承。"听"，就是扩大对戏曲和武术的接受面，提高认知的广度和深度。"学"，就是身体力行地学习传统戏曲和武术的实践与理论知识，但是我认为更重要的是热爱。"思"，就是对学到的知识和技能进行消化和思考，深入下去才能进一步地继承和发展。我认为在21世纪，在继承与发展这个问题上这四个字仍然是我们的座右铭和行动指南。

舞蹈是身体动作，艺术是审美的体验和展现，在继承与发展上首先必须去亲自体会，才能从中领悟到戏曲舞蹈和武术的审美以及它们的艺术规律，这样才能够掌握它的精髓和本质。

宋：熊老师，您认为目前中国古典舞基训教材是否有不足之处？20世纪50年代，我们对芭蕾的训练方法的借鉴，您认为到今天是否还有保留的价值？

1961 年，方传芸老师在给古典舞老师上进修课

　　熊：这也是一个很重要的问题，是我们中国古典舞教材建设如何在原来基础上能够进一步向前走的问题。在谈这个问题的时候，我想首先要明确中国古典舞是以戏曲和武术为基础，借鉴芭蕾的结构和好的经验方法建立起来的一个新舞种。当前，对于古典舞教材建设和教学训练体系有不同的意见，不同的声音和意见也影响到了我们古典舞系。通过这几年考试课的展示，我看到古典舞系里面也出现了针对中国古典舞基本功当中吸收芭蕾的个别动作而进行的改革。这些老师的做法目的就是想使古典舞基本功训练更加纯粹、更加民族化。我觉得这种实验和改革的热情和做法是非常好的，我们吸收了芭蕾的几个动作，这些动作在训练上面是非常有效的，再加上 60 年来我们一直没有找到更合适的、富有民族性的动作取代它们，所以我觉得去掉这些动作要慎重。例如，在 20 世纪 60 年代初期，我们向张强老师系统地学了将近两个月的时间。那个时候我们就想是不是能够通过学习武术，进而取代把杆的训练，取代我们吸收芭蕾的几个动作，所以我们很认真地学习，但是经过两个多月的学习以后，我们觉得把杆的训练还是应该保留。

　　我觉得我们所吸收的那些芭蕾舞中的好的经验、方法和动作，是古典舞发展中的一个过程，这些已经融化在古典舞训练当中了，不是结合，是融化。我们要用历史唯物辩证的观念来看待问题。客观事实是 20 世纪 50 年代初舞蹈事业大发展，国家急需一套培养民族舞蹈演员的教材，而我们祖先没有留下供建设古典舞教学训练体系的更多留存，加上我们的师资年轻、水平有限。他们在学习戏曲的基础上深感要建立民族舞蹈需要的教材。通过实践，他们觉得光通过戏曲不能够承担全部的任务。因此也可以说，我们被逼无奈借鉴了芭蕾舞中好的经验和个别的动作来丰富我们的教材。我认为这是不可回避的，是历史的必然，否则今天我们可能还用戏曲科班训练或者用芭蕾训练来培养我们的民族舞蹈演员。正是因为我们的前辈大胆地借鉴了芭蕾舞中好的经验和个别的动作，不断地丰富我们的教材，一步一步走来才形成我们今天的教学体系，所以我们一定要用历史辩证观点来看。

当时，我们在短短几年里就推出了古典舞教学法和创建初步的教材，受到了舞蹈界的肯定和欢迎，并且在舞蹈界得到了普遍推广和使用。因此可以说在那个时候大家的认识还是一致的，那就证明这种做法是正确的，是符合国家利益的，是符合国家为了培养民族舞蹈演员的宗旨的。那么今天站在 21 世纪的前沿，有些人用现实的眼光来看待中国古典舞，并提出了一些不同看法和问题，我觉得这也是正常的。我们应该在现在的经验基础上，在现在的文化理论水平的基础上去研究这个问题，但是我的看法依然是：要慎重，要有科学依据。古典舞教材建设教学训练体系已经 60 年了，经过不断的丰富，不断的学习实践和研究，我们这个教学体系已经基本形成了，而且这一体系的科学性和系统性，特别是训练的有效性还是比较明显的。

我认为我们这套教材还存在一些不足的地方。60 年来，我们不断地学习和吸收了许多新的东西，这是必要的，也是必需的，但是我觉得我们古典舞基本功训练教材当中，第一个问题是教材的内容有些混杂，特别是从民族风格来说，民族审美还需要加强。我们学得多，吸收得多，所以我们在消化这些东西上还存在着一定的问题。有一种意见就说古典舞有体操的内容，有现代舞的内容，还有芭蕾的内容，等等。我当然不同意这种意见，但是这也引起了我们的反思，我也承认我们这个教材当中还有混杂的东西。

第二个问题就是现在的古典舞教材还需精练。我一直在说我们古典舞教材很丰富，但是有些杂乱，需要进化。我理解的进化就是把我们这个基本功教材好好地看看，站在民族性、站在民族审美的高度，通过民族风格和民族韵律来检验我们这些教材。也就是说把那些可要可不要的教材去掉，把那些芭蕾风格性特别强的教材动作去掉，加强我们民族自己的动作和风格韵律。这样就保证我们古典舞基本功训练教材民族性、审美性和自己的风格韵律，我觉得这个工作一定要做。

第三个问题就是古典舞基本功教材要加强规范性和规格性。我认为在这点上是有退步的。在20世纪50年代末60年代初的时候，我们古典舞基本功教材很规范，每个动作要求是非常准确的。这套教材是通过1960年《中国古典舞教学法》的编写研讨，1961年的文科教材会议的一年级至四年级教材和示范课确定下来的，因此保证了在课堂上老师们的授课比较统一和规范，但是今天来看从附中到大学，基本功训练的具体动作规范和规格还是需要加强的。这是我个人对古典舞的建议，主要针对我们训练当中不足的地方。

1982年，熊家泰执教北京舞蹈学院民科毕业班男班基训课

宋：熊老师，您对"一体多元"的多流派舞蹈发展有什么看法？您又是如何看待当前中西方文化碰撞这样一个问题的？

熊：这个问题应该说是比较难谈了，可能有些话也不好直说，但是既然提出了这个问题，我就谈谈个人的看法。"一体多元"这个观点的出现是近几年的事。我觉得这一观点的背景之一是汉唐舞的试验引起大家关注，也引发了人们的思考。有人认为以戏曲舞蹈做基础，创建中国舞蹈艺术体系这个指导方针有问题，认为这条路是行不通的；也有人说从艺术的气质和文化内涵来看，以戏曲舞蹈动作做典范、做基础，也是不恰当的；还有人提出希望古典舞学科向根部延伸，重新追溯源头。我个人认为，这是"一体多元"的出现背景之一。20世纪50年代初期，我们既没有教材和师资，也没有一所专门的学校，到了1954年我们才有了第一所培养中等舞蹈人才的学校，而其他艺术门类都已有大学。在65年以后的今天，我们的舞蹈事业迅速发展，而且全国范围内有几百所高校当中有舞蹈专业，所以我认为舞蹈已经从幼小成长为成人。与此同时，一个非常明显的变化就是舞蹈界人才的学历大大地提升。文化理论水平提高，研究的能力一定会提高，研究的领域一定会拓宽。我们有着五千多年历史的中华民族要挖掘和研究的东西是很多的，因此不断地出现对传统舞蹈文化的研究是很正常的，这也说明了我们舞蹈事业的向前发展。这是"一体多元"出现的背景之二。

从学院来看，怎么才能解决"一体多元"所带来的一系列问题还有待研究。因为目前学院中国舞系里面有两家能独立招生教学的单位，就是中国古典舞系和汉唐古典舞两家。我觉得"一体多元"，从学术角度看，"一体"是指在中华文化传统母体当中的孕育，是出于一个根，是同一个源；"多元"就是各自研究的方向、内容，它们侧重点不同。一个古典舞系里面有两家，所以我们又提出"一体多元"。这里面又提出来一个问题，在古典舞系当中的多元是并重还是有组织，现在我的认识是并重，然而在一个系里面并重，我觉得弊大于利，它们互相牵制，互相影响。如何解决"一体多元"所产生的问题还是有待研究的。这是我个人的一点小小的理解和看法。

　　我再谈一下中西方文化交流融合的问题。在信息化的时代，国际的经济、文化、艺术等方面交流、融合日益频繁。文化艺术是上层建筑，中西文化艺术交流是必然的。从我们学院来看这种交流越来越频繁，"走出去"和"请进来"，已成为不可缺失的一部分，这个对学院和学科建设都起到了积极的作用。文化艺术必须要交流、互通，这是主流，但是在今天大交融和大融合的时代里面，我们中国古典舞人必须保持清醒的头脑。我认为，因为中国与西方在传统文化、道德观念、价值观念、哲学等方面存在着差异，有些差异还是很大的。因此，西方的文化艺术不是一切都好，都适用于我们，这里面就存在着你学习什么、吸收什么的问题，尤其是在创作上面，西方的创作观点和手法不一定全部适合我们。我们的老师在出国考察和学习以后回到学院创作剧目的时候，有些剧目我认为只是协作练习，练习你的方法。练习当中不断得到提高，不断创作我们自己好的作品，所以不能够把所有的节目都列为正式剧目。我们的老师出去学习很多好的方法和经验，回来创作剧目的时候需要反复锤炼，在这个过程中才能把西方好的经验和本土的东西结合好。所以，我们在中西方文化交流的时候，既要大胆地迈出去，大胆地学习吸收，还要注重中国和西方的差异，一方面要学习西方的好的东西为我们服务，另一方面也要看到中西方的不同，看到差异性，另外更要向传统文化学习。这就是我的理解。

　　宋：谢谢熊老师！最后我们想请您对中国古典舞学科未来的发展提一些宝贵意见和建议。

　　熊：这么多年以来，我们古典舞系在学科建设方面做了大量的工作，这个是有目共睹的，我们古典舞学科也在不断地往前走。要说建议和意见，第一点就是（我这几年一直在谈的）能不能把中国古典舞基本功训练和身韵课合为一堂课。我觉得要将二者合为一堂课需要投入人力来研究。我为什么提这个建议呢？我们建立之初，李正一老师和唐满城老师都说过这不是我们唯一的，我们最终还是要把基训和身韵合为一堂课。我想身韵

1982年，熊家泰指导北京舞蹈学院民科毕业班男班动作

创建已经30多年了，到研究这个课题的时候了。我们现在的基本功训练的组合和身韵课的组合，其实已经往一块走了，特别是大学的女班的基训教学改革加强了民族性身韵就更明显了。从这两方面考虑，我觉得是可以把它们合为一堂课，这样古典舞的训练课民族性更强、风格韵味更强。我们身韵课的创建应该说得到了舞蹈界广泛的好评，那就说明它的做法是正确的，但是将身韵的指导思想贯穿到基训的这个问题上，我们做得还不够，所以我觉得是不是能够研究这个课题。

第二个建议是厘清课程之间的关系，避免教学内容雷同。我们古典舞系现在有基本功课、身韵课、组合课、表演课……学生要学的专业课程非常多。我觉得这几门课之间的关系和统一性要厘清。现在我感觉到有的地方有重复和雷同。这些课对学生学习都是有好处的，但怎么能够让这几门课之间衔接得更好，让各自作用显得更突出，值得我们重视。

第三个建议是师资队伍减少的问题。从我们古典舞学科建设和古典舞教材训练体系建设的60年来看，我们有一支兢兢业业、团结协作、无私奉献的师资队伍。这是我们学科建设发展至今的有力保证。从20世纪50年代初期到90年代，我们的学科带头人李正一老师和唐满城老师带领我们一批中青年教师，建设我们的古典舞学科。90年代以后，基本上是由这个体系培养出来的教师来带领、建设这个学科。现在，古典舞学科是以青年教师为主体的一支师资队伍，这支青年教师队伍的学术观点、学科历史知识，以及他们对传统的戏曲和武术的进一步继承和理解是非常重要的。师资队伍建设是一个核心问题。当然，时代不同了，情况也发生了很大的变化，按照过去那种办法来培养师资队伍不见得有效了，要根据现实的情况来培养我们古典舞系这支师资队伍。

第四个建议是我刚才谈到的"一体多元"的问题。我建议把汉唐舞从古典舞系划分出去，把它建设成为一个汉唐舞研究中心，或者是汉唐舞研究所，这样对汉唐舞研究和古典舞系的学科建设都好，这个也是对教学改革的一个思考。

宋：感谢熊老师接受我们的采访，您对中国古典舞学科的心得体会让我们受益匪浅。再次谢谢熊老师！

曹友谅

我的舞蹈之路

曹友谅

（1943—　　）出生于甘肃，祖籍江西。中国古典舞高级讲师，中国古典舞传承者之一。曾任北京舞蹈学院附中中国古典舞教研室主任、中国古典舞学科主任、毕业考试委员会委员等职。

1955 年考入北京舞蹈学校，以优异的成绩毕业，一生担任北京舞蹈学院附中中国古典舞基训等课程教学工作。在其学生与教师的身份转换中，亲身体验并参与了中国古典舞教学体系创建过程的岁月与发展。以自身切身感受、教学历练、实践探索积累下丰富的中国古典舞专业教学经验，为中国古典舞教学体系的创建与发展做出诸多贡献。另外，曾多次赴香港演艺学院、解放军艺术学院、原北京军区战友歌舞团、东方歌舞团等教授中国古典舞；并赴中国驻毛里求斯共和国中国文化中心执教中国舞，开创了毛里求斯共和国华人男子表演中国舞蹈的先例。多次荣获北京舞蹈学院教书育人优秀教师称号。1988 年，获得第二届全国艺术院校中国舞"桃李杯比赛园丁奖"。

口 述 人：曹友谅
采 访 人：满运喜
整 理 人：赵晶晶、赵梓瑜、刘骏、贾甜
采访地点：北京舞蹈学院
采访时间：2014 年 5 月 8 日

满运喜（以下简称"满"）： 大家好，我们非常高兴邀请到一直在北京舞蹈学院附中从事男班教学的曹友谅老师。曹友谅老师是 1955 年入学，入学后从头学起的古典舞，1961 年毕业留校后一直从事教学工作。他今年 71 岁，目前已经退休。我们今天谈话的内容主要是根据曹老师的情况，谈两大部分：第一个是他个人学习古典舞的学生生涯；第二个是他从

事古典舞教学的经历。曹老师是为数不多的亲历中国古典舞创建与发展全过程的老师。曹老师将以他既是传承者，又是创建者的角度，来回顾古典舞的历程，讲述那些令曹老师感受最深的事情。那么我们今天的采访正式开始。

曹老师您好，今天特别高兴请到了您。那咱们就先从您的学习经历开始。

曹友谅（以下简称"曹"）：首先我要感谢中国古典舞系把我们60年来中国古典舞基本功教学的体系从理论上到实践上进行整理。这件事情做得非常地好。那么我从我当学生开始谈。

我是1955年考入北京舞蹈学校学习的，当时学校还在白家庄。我们学校前面是两栋三层楼高的楼房，楼上住的学生。业务课教室是在楼房前面盖的平房，再后面经过一个操场是文化课教室，也是平房。当时从建筑上来讲比较简陋，但是风景还不错。当时朝阳区还没有开发，我们要从东大桥下车，然后步行15分钟左右到白家庄。在路程中间我们要经过一个东郊火葬场。学校前面是北京师范学院。学校旁边不远的地方有一个湖，我们叫它"天鹅湖"。在这样一种环境下，我们就开始了自己舞蹈生涯的学习。

满：曹老师，您是怎么考上北京舞蹈学校的？是学校去招生还是您过来报考的？

曹：我是报考的，但不是我自己来的。我两个小学同学跟我说，咱们一起去考北京舞蹈学校。我一听还有这么一个学校，然后就来报考了。我当时家住在北京，但我不算北京人。我籍贯是江西，出生地是甘肃。当时我们三个同学一起去考舞蹈学校，但是他们两个都没有考上（其中一个后来考到了中央音乐学院）。当年考学的时候，我其他的条件应当说都不合格，唯独合格的一个条件是弹跳。当时的招生考试按照芭蕾的标准。出席考试的有伊莲娜专家（她是最早帮助我们国家建立舞蹈学校的专家），还有陈锦清校长。当时考得很痛苦，因为我从来没有搬过腿，也没有掰过

1988 年，曹友谅在北京舞蹈学院附中指导学生

胯，那么腿搬起来以后就歪了、弯了。老师最后说，你跳一下吧，就像皮球一样，于是我就原地蹦跳了三下，当时老师们都露出很惊讶的表情，然后就让我坐在旁边等。等到其他的同学都考完了，老师对我们几个留下来的同学说：你们几个下午在这考文化课，就这样专业课考试通过了。我不是靠别的通过的，就是靠"跳"通过的。我当时很硬，没有学过舞蹈。我是 1943 年出生，入校时还不到 12 岁，就这样我考进了舞蹈学校。9 月 1 日开学，我们 55 级是第二届学生，第一届 54 级是徐大之、邱友仁、钟润良等人。

　　我对学校最初的印象就是学校对生活上的要求很严格。学校发给我们的通知书里不仅有录取通知单，还包括生活用品清单（褥子、被子、床单、枕头、脸盆、牙刷，等等）。清单列得非常细，而且还写明床单必须是白色的等要求。入学以后，在新的环境里我们就开始了不熟悉的学习。

　　满：您还记得当时都有什么课程吗？

　　曹：当时一年级有两门基本功课，分别是芭蕾与古典，文化课包括数学、语文、植物学、动物学、物理、绘画，后来还学过历史、自然，等等。当时专业课占的课时还不是特别多，一周九节芭蕾、九节古典舞，按照一三五、二四六分，一三五如是两节课，那么二四六就是一节课。一年级没有排练，我参加排练的时候已经是二年级了。

因为当时有芭蕾舞练习，所以开绷直在古典舞训练中没有，古典舞也不需要，因为这样就等于重复。当时的古典舞基训很有意思。虽然当时是按照芭蕾的训练方法和顺序来创建的古典舞训练，但是芭蕾舞强调开绷直，脚位也分为一位、二位、三位、四位、五位，而古典舞就不用有这样的位置。古典舞的脚下位置第一是正步，正步有个讲究，脚下要两指宽；第二是小八字步；第三是大八字步；第四是丁字步；第五是踏步；第六是弓箭步。这就是当时我做学生时学的中国古典舞的几个脚位。

脚位之后就要有训练步骤。我为什么讲当时的训练很痛苦呢，是因为双手扶把站要收腹挺胸，头不能上仰，要平视，臀部收紧往里夹，大腿提起来。这么小的小孩一待就是几个八拍，然后放松下来，之后又再来一次，这是脚位上的训练。开始动作，芭蕾有擦地，古典舞也要有擦地。芭蕾舞是一位开腿绷脚擦地，那么古典舞是正步，勾脚擦地，然后向旁的是丁字步勾脚擦地。后擦地也是在正步上，这完全是按照戏曲的要求，胯不许动，然后腿擦出去，绷脚，膝盖冲地面，完全是正的。芭蕾它是转开的，就是完全符合人体结构的一种训练方法。当时古典舞即使往前绷脚擦地，也是直的、正的，不许外开，这就是当时的擦地。"蹲"古典舞也有，是在双手扶把上的正步蹲、正步半蹲、正步全蹲。小八字步有半蹲也有全蹲，大八字步就是全蹲。大八字步蹲不能变成二位，二位就变成了芭蕾，然后就是踏步蹲、弓箭步蹲。小踢腿和擦地一样也是勾脚做，后来发展成小弹腿，一直到大弹腿也是正的且勾脚（包括正面的、旁边的）。后弹腿就是吸起来直踹，不许外开。

"单腿蹲""腰"在古典舞把杆训练中也有。借鉴了芭蕾的单腿蹲就是Fondu，而古典舞是在丁字步上，然后撇开、跨回、蹲、出腿、落回。古典舞是跨蹁，它可以同时蹲同时起，但是一定要按照戏曲的"开"。其实戏曲也有"开"，而且戏曲的"开"是相当的开，应该说比芭蕾的"开"难。比如戏曲里面旁腿朝天蹬当然是"开"的，它不可能是扣的，所以戏曲里面也有"开"，但是没有系统的训练方法。

满：戏曲是以戏带功，我们舞蹈需要先练基本功。

曹：我们必须要经过这一套训练。课程还有翻身部分、转的部分、跳的部分。我们现在的翻身跟原来的差不多，都包括踏步翻身、刺翻身、串翻身，当时还没有点步翻身，但是我们一年级没有学过这些东西。转的部分就是跨腿转、正跨腿转、反跨腿转、正掖腿转、反掖腿转，而且掖腿要求是把脚踝骨贴在膝盖窝上。

满：当年转的训练中手位是怎么规定的？

曹：手位一般都是双托掌。跨腿转一只手在按掌位，一只手在提襟位。双托掌做掖腿转是很难的，所以后来就改成了双燕式。这阻力是很大的，它不像芭蕾的二位手是助力旋转的，因为你那样规定就成芭蕾了。

满：现在附中的转的训练是双手按掌交叉在胸前，或者是双手点肩，这么做也不好看。

曹：双手点肩这也是芭蕾的痕迹，芭蕾舞剧《海侠》就是这个基本舞姿。双燕式手位的芭蕾痕迹不是很重，除此之外将手放在别的地方芭蕾痕迹都会很重。古典舞当时的手位牵扯到身法、身韵。最早的古典舞手位就是这么几个位置——单山膀、双山膀、顺风旗、托按掌、山膀按掌、提襟。训练单山膀的时候可以把另一只手放在提襟上，也可以训练双提襟。除此之外，还有虎抱头。

满：但是现在虎抱头都变成双托掌了。

曹：是的，现在这个动作没了。舞姿方面，男生的斜探海跟现在不一样，当年男生的斜探海是吸腿做的。

满：对，现在的斜探海舞姿跟女生的动作一样，以前吸腿做的才是男生的动作。您现在做的动作跟大绿本里面的教材一样。

曹："大绿本"教材就是从这来的。

曹友谅执教的男班古典舞基训（1982 年）

满：现在男生的斜探海舞姿没了。

曹：其实以前的这个动作还是很有男生阳刚的气质。

满：当时斜探海舞姿是绷脚还是勾脚？

曹：当时是绷脚。

满：感觉吸腿的斜探海舞姿不是很难，您觉得它的取消会不会是因为训练性弱呢？

曹：那就很难说了。自从我教学以后，吸腿做斜探海只是作为一个过程，我没有把它当成一个舞姿来教。我们教学的时候男生、女生的斜探海都变成一样的了，这种吸腿做的斜探海就没有了，基本上不把它作为一个教学的舞姿来教了。

跳对于古典舞来讲也是很重要的一部分，但是当时的跳不能用一位、二位和五位，所以小跳都是正步跳，也有小八字步跳，然后变成大八字步跳再回到小八字步跳。非常简单，小跳中跳都是这样的。当时我们学习的时候，低年级没有大跳，最多到中跳，都是在正步上跳。这个就是当年的教材设置情况。当时因为有芭蕾的开绷直训练，所以和古典舞有一个互补，芭蕾主要是开绷直，古典舞主要是勾与关这部分。

满：曹老师，您是在零基础的情况下，亲历了芭蕾的开绷直立的能力训练，又学习了古典舞的关扛勾的训练。您觉得这两种训练在您身上起了什么效果？您觉得在能力上发生了什么变化？

曹：因为我们是在训练的过程当中，在增长能力的年龄段里面，所以在当时还没有非常明显的能力增长。我们只有一种感觉就是疼。我们上学时住在二楼，开始训练的前几天，上楼都是爬上去，因为腿太疼不敢走路，当然后来慢慢地好多了。这样的训练对于我们来讲，我觉得有好处，就是训练得比较全面，既有芭蕾也有古典。我们二年级的时候，还学了外国代表性舞蹈，外国代表性课是邬福康老师教的。这种情况从 1955 年持续到 1957 年。1957 年学校提出了分科，当时分科的时候我正准备升三年级。当时分科不是领导层单方面决定的，而是征求学生的个人意见。学校征求我意见的时候，我就说我留在民科不去芭科。实际上分科的时候我的芭蕾成绩是 5 分，古典舞成绩是 4 分，但是我还是选择根据自己的喜好留在了民科。我们考进来的时候是七年制，还有一个班是六年制，分科后将六年制与七年制合并，合并以后再分成两个班，一个古典舞班一个芭蕾舞班，相当于把我们的七年制变成六年制，提前了一年。这样就开始了分科以后的学习。

分科以后我明显地感觉到古典舞的训练不够用了，即便学校给我们加了中国民间舞课与毯子功课。毯子功是分科后才正式开始学习的，分科前我们也学一点翻跟头，比如说古典舞课上完了，留出几分钟或者十分钟做轱辘毛（前滚翻）。从当时古典舞的教学来讲，不学芭蕾后就缺少了擦地等训练，很难把一个演员训练得很全面。

满：曹老师，您觉得不学芭蕾之后会影响哪些方面？

曹：开绷直方面，甚至有可能直接影响到舞姿。现实情况迫使你借鉴、改革，你不改不行了，因为这一套东西已经培养不出你所需要的演员了。改革是很艰难的，我们自己上课就有这种感觉。芭蕾是一点一点潜移默化进来的，就有点像偷偷地加进来。比如后擦地，我们学的时候后腿都是关的，即使是抬探海，我们仍然被要求膝盖以下要在镜子里能看得见，也就是过头。探海要过头很困难，想抬高怎么办呢，只能偷偷摸摸地打开一点，老师也不管，就这样慢慢融进来了，所以不是名正言顺的。后腿这一部分，还是比较明显的。把杆其他的部分，比如擦地，前擦地还是正着擦，旁擦地就把芭蕾的三位脚学来了，但是不叫三位脚，叫横丁字步，但是髋关节要求特别开，这跟芭蕾的要求一样，否则就无法做旁擦地了。这样在脚位上就已经打开了。既然有前横丁字步，那么后横丁字步也有了，向后擦地也就转开了。老师们的研究过程我们就不知道了，我们只知道学的动作开始变化了。小跳部分也开始慢慢有单起双落、双起单落了。比如小跳落后掖腿、前掖腿等。综上所述，自 1957 年以后，这个教材往前发展了，教材开始根据培养人才的需要和身体形成能力的需要发展了。

从 1957 年分科开始，芭蕾一位、二位、五位脚位就逐渐融进我们的教材里了。融入以后，脚位变了，上身和腿的要求也就要变，因此大批芭蕾的训练方法进来了。这是古典舞从 1954 年到 20 世纪 60 年代初的变化过程。在发展中，尤其是 20 世纪 60 年代以后，我们的整体思路并没有脱离"古为今用，洋为中用""百花齐放，推陈出新"的指导方针。有的时间"古为今用"占的分量大，有的时候"洋为中用"占的分量大，但是不管哪个占的分量大，在一定的时间以后，经过讨论总会把它又拉回来。整个古典舞训练体系的建立完全围绕着"民族化"来进行的，吸收芭蕾的内容要把它变成民族的，吸收戏曲里的动作也要把它变成今天要用的，以及武术的动作拿进来也是要变成培养舞蹈演员的训练内容。不管是芭蕾、戏曲还是武术的动作，拿来了以后都要将它变为古典舞的发力方法来进行训练，实际上把动作的原型变了，这就是推陈出新了。整个教材体系的建立，都是在这个基础上发展起来的。

满：是不是分科之后教材就基本上已经形成体系了？

曹：没有，教材还在组成的过程中。因为当时我们思想上还不是那么明确。比如形象问题，在当年我们是武生的形象、刚武的形象。陈铭琦老师当时在我们课堂里就做了一点小生形象的尝试，手型也做了改变，但是没有坚持下去。因为小生的动作总体上和我们的舞蹈动作不能融合，另外要把男孩子训练成小生也不合适，所以后来就没有坚持，不过这也只是一种尝试。我的学习过程实际上是咱们古典舞教材建立的摸索阶段，是一种实验的状态。这些基本上就是我学生时期的学习情况。

满：您在学生阶段最吸引您的是不是就是实习剧目，或者是舞台表演？当时的实习剧目都跳的什么教材？

曹：我们一年级没有实习剧目，二年级跳的是苏联专家教的《苏沃洛夫》。当时苏联苏沃洛夫军校的学生都很小，他们一手端着个帽子，一手牵一个女孩。这支舞非常受欢迎。当时我们在中山公园音乐堂经常演出这个节目，并且每次都要返场。一出来打头的学生都是一米左右，小平头，非常有趣。1956年年初，我们学校已经搬到了陶然亭，那时候的条件好多了，4楼教室和走道里都是木地板，教室里面弄得干干净净，地板、玻璃、镜子擦得特别干净，我们只能趴在活动门往里看一看，地板还都一股新的油漆味。

1988年曹友谅在北京舞蹈学院附中指导学生

满：那时候陶然亭校区有小剧场了吗？

曹：那时候还没有小剧场，只有一栋主楼，后来在主楼的北边才盖的礼堂、食堂、宿舍楼。1956年搬过来的时候还没有宿舍楼，那个时候学生都住在业务课教室，我就住在一楼最东边的那个教室，而且不是一个班住，最少是两个班。我们当时是跟部大琨老师的班住在一起。刚搬来的时候换了几次住处。后来我们搬到一楼女厕所旁边，也就是后来的资料室，然后也住过一楼医务室的斜对面，就是后来的服装室。在主楼的北边平房住的都是老师，我记得很清楚我的班主任杨正如老师就住在那，因为每次说要找我们谈话的时候就说到我家里来一趟，我们就知道要到那去。礼堂、食堂和宿舍都是后建的。

满：那时候您印象很深的古典舞剧目是哪个？

曹：古典舞剧目当时基本上没有。后来招了第一届编导班，栗承廉老师是第一届编导班的学生。

满：栗承廉老师编的《春江花月夜》。

曹：在《春江花月夜》之前，他先编的是《少年爱国者》，那基本上是一种所谓的古典舞表演。当时很缺古典舞题材。《少年爱国者》描述的是一帮少年抓了一个国民党空降的特务的故事，当时小演员是拿个棍出来耍皮猴，很有意思。后来栗承廉老师编了《春江花月夜》《东郭先生》等作品。栗承廉老师并没有学过很多舞蹈，他的一些编导理论是跟苏联古雪夫专家学的，学了以后他就编了这些作品。栗承廉老师给我的感觉是传统的底子非常厚。

满：栗承廉老师是学戏曲旦角出身——男旦演员，他当时学舞蹈编导的时候岁数并不大吧？

曹：是的，岁数并不大。当时贾作光、王世琦、游惠海、李承祥等全是第一届的学生。第一届给学校留下了一批节目。1959年集体创作了舞剧《鱼美人》。我后来出演的第二个节目就是王世琦老师编的《牧童与村姑》。这个节目有古典舞的动作，但是它也不完全是古典舞，就有几个像小射雁跳的动作，更多的是一种情趣和情感，就是牧童和村姑之间的那种初恋的情感。当时吕艺生和王佩英跳的《牧笛》应当是古典舞，还获奖了。我记不清楚是谁编的，因为我们当时年龄很小。另外，杨宗光老师跳的双人舞《约会》，也是以古典舞形式来表现的。杨宗光老师是教员训练班的，他是一个很好的演员，在教学上也很投入。舞蹈学校成立之前有一个教员训练班，第一年招生就把一年级到六年级都招齐了。我是 1955 年入校的，那个时候还没有六年级，是五年级。

满：我们聊聊那个时候的老师吧？

曹：我的古典舞启蒙老师是刘崇斌老师，之后就是杨宗光老师教的古典舞，三年级分科以后都是陈铭琦老师教了。芭蕾舞老师一年级是袁春老师教我们，后来袁春老师走了，就由曲皓老师带了一段时间课，到了二年级是吴湘霞老师和陈伦老师教了我们半年，代表性是阿康（邬福康）老师。三年级开始，民间舞启蒙老师就是王立章老师，最早是教我们东北秧歌，然后罗雄岩老师教过我们多朗舞，我印象非常深刻，后来五年级是马力学老师主要教我们藏族舞、云南花灯。

满：您入学的时候马力学老师就是高班生了吗？

曹：那时候他好像是三年级，非常年轻，而且火气非常旺。我五年级的时候马老师教的藏族舞、云南花灯。到六年级要毕业了，就由许淑英老师亲自挂帅。因为我们班的民间舞实在差，没办法只能许老师来教了，否则的话这个男班怎么挽救。邱友仁给许老师当助教，他是 1960 年毕业的，比马力学老师低一个班，因为马力学老师上面一个班就是吕艺生，我的老师陈铭琦、王立章、李志善都是他们那个班的。他们再上一个班就是郜大琨、邬福康、刘得康、梁惠敏、赵青他们班。马力学老师他们班有陈爱莲、王佩英、李惠敏、熊家泰、朱清渊。现在这么捋起来基本上谁在哪个班就清楚了。以上就是我在学生时期的经历了。

满：这份经历真是宝贵啊！您现在回头看有一种什么样的感受？

曹：应当说我做学生的时候非常痛苦，就觉得好像也没有很喜欢这个专业，但是也还是要把它坚持下来。当然学到了一定的程度以后，特别是毕业之后，我觉得学习舞蹈确实使我有了非常大的变化，实际上对我的成长是一种锻炼。不能吃苦你就别干这个，因为太累了。曾经有人讲，说我们一个舞蹈演员一天出的汗等于一个炼钢工人，所以你想每天都是这么一身汗当然是很痛苦的。学完了以后，我就觉得对自己是一个很大的锻炼，尤其是在吃苦的程度上。当时我们基本上每个学期要下乡、学工、学农、学兵等，我们都能坚持，再苦的活我们都能干，夏天大太阳底下割麦子，在水田里种稻子，尤其是薅稻子草，最后累得跪到水里头挠去。

满：你们体验了生活的艰苦。

曹：虽然很艰苦，但是我们都能坚持住，我们觉得这也是一种锻炼，不单是对我们身体、性格的锻炼，同时也是对思想的锻炼。尤其是现在，我看不惯现在的浪费现象，因为经历过农业劳动的全过程，所以知道这些东西怎么来的，那么就更心疼。我们现在的学生没有这种锻炼，所以他们花起钱来大手大脚。

自1995年以后，我基本上没有进过北京舞蹈学校的课堂了。1995年到1997年，我跟我爱人被文化部外联局派到毛里求斯中国文化中心去负责舞蹈教学。回国后我基本上没有在北舞工作了，我去了广东舞蹈学校，因为潘志涛当时在那当校长。我现在不了解我们学生在吃苦上到底怎么样，但是我觉得我们所经历的对我们非常有好处。

满：这些经历对一个人未来的成长很重要，我也特有感受。曹老师您这么久没有进过附中或者北舞大学的教室，您没有问别的情况，首先关心的就是学生吃苦的情况怎么样，我很感叹，我觉得您所说的吃苦精神就是学校的根本、做事的根本、做人的根本。

　　曹：因为现在的教学情况我不了解，所以也很难谈现在的情况，我所跟你谈的都是我们过去的情况。

　　满：这样很好啊！您是毕了业之后就留校了，没有去舞团？
　　曹：我毕业以后，我们班的分配应当说是很好。学校当时留下了六个人，只把我和一个女孩两个人留在古典舞组教学，其他人都分到学校成立的舞剧小组了。当时分配的时候我留在古典舞组，杨建章留在民间舞组，苏莉莉留在古典舞组，但是她"文化大革命"以后走了，然后就是潘小菊（日本华侨）、姚珠珠、李玉玲等，李玉玲现在在西安。

　　满：去舞剧小组是什么意思？
　　曹：当时学校有古典舞教材的需求，有舞台实践剧目的需求，但是学校不能拿学生实践，教员又有教课的任务，所以就只能成立一个舞剧小组。这个舞剧小组大概由 10 个人组成，实际上就是小舞团，就跟后来成立的北京舞蹈学校实验芭蕾舞团性质一样。那个时候芭蕾舞的实验舞团已经成立了，那么中国的舞蹈也成立了这么一个小组。这个小组里面的主要演员就是王庚尧，《鱼美人》第一组的猎人就是他演的，然后有邱友仁，是从民间舞组调过去的，再加上蔡龙海，男演员基本上就是这三个。女演员有潘小菊、陈泽美、姚珠珠、李玉玲。当时主管舞剧小组的朱清渊老师把我留在古典舞组里负责教学，我就急了，辛辛苦苦学了六年我想跳啊，我想要展现一下自己学习的东西。我想当演员，但是不行，我只能去古典舞组教学，好在有一个活话：如果舞剧小组那边演出有需要我可以去帮忙。在这样的情况下，我就只能进了古典舞组一直干教学工作了。我是1961 年开始教学，1998 年退休，一共 37 年，在这 37 年里作为一个教员来讲我也经历了很多。

　　满：这 37 年作为教员是您真正人生的开始，一定会有很多难忘

1988 年，曹友谅与学生合影

的经历。

曹： 从 1961 年以后到 1966 年之前这段时期主要是教材上的发展。为了丰富古典舞教学体系所以必须有教材，没有教材怎么叫体系呢，那么后面的这一段时间更多是理论上的东西了。

满： 曹老师，那我们接下来重点谈一谈您从教之后 20 世纪 60 年代这一时期。这一时期有教材建设、"工农兵"形象塑造以及学习武术等很多内容，这是飞速发展的时期。

曹： 对。我毕业以后就留校进入了教研组。因为我学生时期没有学过教学法，就只能在实践里边教边学。开始的时候，我是给熊家泰老师当了半年助教，后边就开始自己单独教了。郜大琨老师是我的指导老师，但是这位指导老师备课也没指导我，上课也没来，因为他太忙了，他有他的工作，所以我就只能自己摸着走。在这个过程里边当然就免不了要犯点错了，就脱离了教学大纲。

1980 年以后，我给你们 80 级教育系古典舞讲三年级教学法，讲完了以后班里有一位同学向我提出来：老师，我们不按教学大纲走行不行？这不就犯了我 1962 年的错误吗？我当时就跟他讲了一句话：教学大纲是法，你必须遵守法，这样才能在教学上不犯错误。这也是我自己的一个教训，所以再教课的时候我就严格按照教学大纲走。它是在教材设置横线关系方面比较全面。为什么会犯冒进的错误，就是因为没有照顾横线，所以有的东西超了，有的东西不够。这是我教学初期得到的一个教训，我想在这说一说很有好处。

满：这点特别重要，比如说年轻老师往往忽视教学规律，他们觉得教学大纲可以调整，其实那是前人积累了很多的经验才形成的这样一个方案。

曹：对，因为有的时候年轻教员他很容易着重一个方面，或者是两个方面，而不是全面考虑，所以就很容易冒进。举个例子，1984 年我被学院派去香港演艺学院教课，那时我把负责的即将升到二年级的男班交给了毕业留在附中中国古典舞组的年轻教员来教。二年级第一学期结束，期中考试时他就让学生打斜线串飞脚，结果差点砸到看课老师的身上。二年级教学大纲里没有这个教材，所以不按教学大纲进行教学，肯定会失败。教学大纲可以调整，但必须通过教研组的讨论后实行。

下面我就谈一谈 20 世纪 60 年代初，我们在教材的继承、借鉴、发展观念上是怎样体现的。我首先谈一下学过的那些内容、向哪些老师学习过。那时候，我毕业以后分到了教研组，我们首先向方传芸老师学习，他是上海歌剧院的一位老先生，我们跟他学身段。他是戏曲科班出身，就教了我们一套红缨枪的身段。

满：从戏曲中学习一些身段再进行改编。

曹：对。这个组合我印象不深，当时也没有录像所以基本上就忘掉了。后来，我们还跟随几个老师学习过传统艺术。"部艺"请了一位很有名的川剧小生的老先生来教川剧小生的扇子，学校派我和许淑芳老师两个人跟他学习扇子、学他的手势，后来在我们的教材里边没有过多体现；然后是向中国戏曲学校鲍盛启老先生学习起霸、趟马、走边等传统动作；再就是向张强老师学习武术，主要学习武术里的一些动作和训练方法。张强老师的教学为我们丰富中国古典舞的动作教材和训练方法提供了很多帮助。

满： 您能说得具体一些吗？

曹： 可以。我们把张强老师教的武术动作素材：扑步、风火轮、乌龙盘打、燕子穿林、大跃步等动作都原样地放进古典舞，使得中国古典舞的教材丰富了很多，不但成型的教材、教法有了，而且通过这些动作的训练促进了我们能力方面的提高。比如说过去我们练弓箭步，摆好之后顶多就是压一压，幅度不大，可是"扑步"的幅度是要求整个身体都扑下去。再比如我们过去没有训练膀子的速度，那么武术中就弥补了这方面的不足。这些内容都是从武术里边拿过来的。所以通过武术的学习与吸收，把古典舞在教材与教法的训练性、丰富性方面推进了一步。

我觉得作为一个教员本身，你应当有这种责任感，为提高我们古典舞教学的水平和增加我们古典舞的动作，你应当自觉地去丰富它。1961年以后，教研组一直有一个好的传统——每天两节教员进修课。实际上1961年我毕业的时候，我的古典舞的水平并没有达到高峰。在1963年以后，学了武术这套动作使我的能力又提高了，腰的能力也提高了，对于有些动作的理解也深入了，自己本身的专业水平也提高了不少。

这里要讲一下"大跃步"。现在大跃步被列为"桃李杯"比赛的规定动作，因为是我们古典舞教材体系里边比较高级的一个跳跃动作。其实开始跟张强老师学这个动作的时候，还没有那么高级，武术里边的"大跃步"实际上就是一个腾空的过渡动作。当时各个艺术团体的演员经常到学校来看我们教员的进修课，有的时候多到一个星期看两次。这堂课就是唐满城老师根据张强老师的这套东西组织的一堂课。这堂课把武术的东西基本上都放进来了，跟原来我们跳的土芭蕾好像有些不一样了，所以很吸引人，而且这样的实验只能针对教员，不能在学生课堂进行。当时的教员进修课火爆极了。在这种情况下，我觉得有些东西学了之后要把它再提高，

1988 年，北京舞蹈学院附中古典舞教研室教研活动

要把武术的动作变成我们中国古典舞的动作。"乌龙盘打"你变不了，因
为这个动作它就是很完整的一套，但是我觉得"大跃步"可以变，我可以
把它变成我们中国古典舞的动作。我想的第一点就是腾空了以后要停住，
然后快落地的时候用腰的力量快闪下去。这样一来就把这个动作的水平整
体提高了，也可以把它作为中国古典舞的单一动作进行训练，后来这个动
作就这样变成了中国古典舞教材中间一个典型教材。另外一个是"拧身趟
步"。我们有两种大趟步，一种大趟步就是普通的大趟步，另一种就是拧
身趟步。当时学的时候，拧身趟步是空中打腿以后一回头就算拧身了，我
后来就觉得太简单了，想把它变得难一点，就是从起的时候像老鹰漩涡一
样地定格在空中，这样的话难度增加了而且漂亮了，也提高了拧身趟步的
艺术性，而且又增加了古典舞一个高难度动作教材。其实戏曲里边也有趟
步，戏曲里边的趟步没有我们舞蹈幅度这么大，很小。武丑行当做趟步时
都是又小又快。我们后来把它发展成一个趟步大跳，成为我们中国古典舞
富有传统民族风格的动作。从戏曲学来，经过我们的研究改造，用我们的
审美的观点，用我们的训练方法，把它变成中国古典舞。

　　满：这实实在在地体现了继承与发展的妙处。

曹：从大跃步的情况来看，我后来一直致力于培养出一个能够做出非常出色的大跃步的学生，但是很遗憾。因为它所需要的能力太全面了，没有全面的能力根本做不来，它既需要弹跳的力量又需要腰部的力量，要找到这样具有全面能力的学生很难，所以我一直很遗憾到现在也没看到哪一位学生能够做出漂亮的大跃步。

满：是不是对大跃步动作本身的分解训练还没到位的原因？

曹：对于大跃步教材的分解很难，腾空停住很容易，但是下一步难就难在闪身的同时腿要掰开了，然后你才能下去。在空中动作不是盘住下去就结束了，它盘住了以后要掰开，要挺胯，所以这个动作很难。当年关明军弹跳力很好，但是腰的能力不够。这个动作不能单看弹跳力，而是需要全身的能力，所以跟武术的训练有很大关系。

满：腰部的中段力量是很关键的。

曹：这个芭蕾解决不了，而我们有解决的一些方法，但是就看你怎么去练，怎么去解决。毯子功就能够解决很大一部分腰的力量，我们所吸收的武术动作也能解决一部分。我们中国古典舞教员都有责任为提高教材训练水平而去做一些实验，或者是做一些工作，目的是要把我们教材的每一个动作的水平体现出来。

当时我们的参观课有很多外宾，国外的歌舞团来到学校就是要看参观课。我们当时在陶然亭的礼堂，就有一套很完整的参观课——芭蕾舞、古典舞、民间舞都有。参观课的内容确定客观上就巩固了我们古典舞的教材。比如说过去有几个组合很好，李正一老师编的《陕北风光》《岩口滴水》，男班的《赤卫队组合》《竹哨组合》，这些组合都作为我们古典舞的精华展现给外国朋友们。在这个过程中也有提高的问题，比如说开始编《竹哨组合》时，领舞的动作就是一个飞脚起来接扑步下去。那么能不能把它的技术水平提高一点呢？后来我在编的时候就把飞脚加上空转两圈以后再下去，这实际上就把水平提高了，而这个连接动作，变成了"桃李杯"的比赛动作。

再比如拉腿蹦子，这个动作很可能是借鉴了芭蕾，因为芭蕾里面就有这样的动作。我们把它拿过来了又不能让它显出是芭蕾的动作风格，我要把它变成古典舞的东西，怎么办呢？我就从发力上想办法。芭蕾舞的起范儿是蹲、跳，我就用蹦。

满：通过速度的变化来改变它的质感。

曹：它不单是速度，还包括整个动作的高度、幅度，因为你有空中的时间了你的幅度就可以放大了。这样的话谁也不会说这是芭蕾。原来我们的芭蕾舞老师张旭老师看了我们参观课以后问我，为什么你们古典舞的拉腿蹦子要比我们芭蕾舞的高？因为动作的起范儿不一样，力量的使用不一样。所以我们把芭蕾的东西拿来了以后，动作发力不一样，造成了在动作的性质上产生区别而成为具有我们古典舞审美风格的技术动作，而不是芭蕾的了。

满：中国古典舞演员的能力特点是中段力量好，这样在空中的控制和幅度就能体现得出来。芭蕾舞演员不可能做得出闪转腾挪的效果。

曹：是的。我们不管是学习戏曲、武术、芭蕾，我们拿来了东西，一定要经过仔细的分析，用我们的方法来改造，这样的话就能够把这个东西变成我们自己的。

满：这是很成功的经验啊。

曹：在 20 世纪 60 年代，我们古典舞教材能够很快地丰富起来和我们学了这么多的东西有关，但是我们学习武术的动作在现在看来变了，已经不是我们原来学习到的样子了，风格弱化。比如当时学"燕子穿林"的时候是手穿上去了以后，仰胸"贴天花板"之后再横着转，再从耳边穿手下去，下去了以后还有拧。什么叫"穿林"，就是燕子在林子里边穿梭。

满：曹老师示范的燕子穿林，"贴天花板"之后是不是上边盘完这是一个对拧。

曹：你这个感觉是对的，穿上去之后胸腰"贴天花板"，左手下穿手，右手从耳边切下去，穿下去以后接下面的走。那么后来变成横拧踏步全蹲，后边没了，而且这个动作，很多扶把做了。

满：您看的是中专的课还是大学的课？

曹：中专的课。他们把动作一个个地分解了，没有把它作为一个燕子穿林来训练，而是做成一个连接动作了。这样就把我们辛辛苦苦学来的东西毁掉了。我们学习要扎下去学，把它真正地学到手，然后你才能够去变，你学得还马马虎虎的怎么能就去变呢？

教员的进修课非常重要。中国古典舞基本功教材体系的组建和完善，离不开教员进修课。学校要继承、借鉴和发展教材，都必须先在教员进修课上实践，经过教员进修课的反复练习和教研组老师们的认真讨论，确定哪些教材可以进入古典舞教材大纲，哪些需要舍弃，进入教材大纲的动作还要细化到放在哪个年级，不是随便哪一个人决定的，而是整个教研组集体讨论决定的。

张强老师的武术训练，唐满城老师的身韵组合，李正一老师的元素训练，都是先在教员进修课上进行的。现在的教员没有进修课，那教员怎么提高？你在学校里边学了这么多东西，然后你只能一点一点退，你不可能学了这么多东西教了十年还是这么多。你也不可能再提高，因为你没有再学。你要继续往下学，必须要学得扎实。你学得不扎实的话，做什么东西都没味道，你即使教学，也教不出来好学生，教到最后结果是一代比一代差。我们现在需要的是一代比一代强。这是对于教员本身的一个根本性要求，特别是附中的老师，应当把教员进修课作为教员的必修课坚持下去。

满：同意！曹老师，您当年在教学上最大的特点是什么？是不是在教弹跳方面特别的突出？

1988 年，北京舞蹈学院附中古典舞教研室内教师们进行教研活动

曹：那就再结合这个谈一谈教员的问题。我为什么提出教员进修的问题，因为教员保持进修，保持练功，在这种情况下才能够保证自己给学生做出来的示范动作是正确的。现在个别教员，一进教室往那一坐，只说学生这不行那不行。教师必须要给学生做出示范，而且必须是绝对准确的示范。学生看到了才能够学，他没看到怎么学，比如教学生打飞脚，你自己都不做让学生怎么学，你只告诉他们在空中骗盖腿这可不行。我年轻的时候，教给学生动作的时候就会带着他们一起做，比如说教他们打飞脚，我带头，后边排好了，我第一个打，打完了后边一个接一个打，在学生打的时候，我给他们纠正，给他们托托把，然后每个人打完了，我再接着打，学生在后边再跟着。这样的话学生有一个直观教学，直观教学本身对学生的影响是非常大的。我们现在的老师好像没听说过这么教学的。

另外，我教男班的时候注重抓重点，比如说这个年级要准备教新的内容，哪些是比较难的先抓这个。教的时候我还是这种方法，我做，学生先看，我做完了以后，这个就是准确的，学生再按照我的示范去做。因为你光说不做，学生不懂。

满：模仿是最好的学习。

曹：所以教员的示范性教学很重要。另外就是要根据学生的情况，哪些东西差就补哪个，用的方法也可以各式各样，不一定非要是把杆上的训练，我也可以有另外的训练。比如说，当时我教西藏班的时候很困难。我对他们管得比较严，想让他们集中精力学习。他们条件并不好，尤其是弹跳，除了课堂上的训练以外，我让他们每天上课从文化课教室搬个桌子上来。我每天提前结束我的课，让音乐老师先走，然后我就让他们开始双腿跳上去再下来，每天最少十个。最开始他们十个都跳不了，还有人上不去。那我就给他们做示范，我蹲在那儿，两腿一蹬地就上去了，然后跳下来，学生就在后边跟着来。文化课桌很高，对他们来讲跳上去是很难的。后来我虽然感觉有点太过分了，但是就这样坚持练下去，腿的能力一下就提高了。总之，教员要有针对性，要针对他们某个方面的不足去教。另外，我在组织课的时候应当说比较实在。他们都说我的课干货多。我想我就这么点时间，你再加进去很多花哨的东西对学生来讲没必要，我们可以在毕业的时候再花哨。在中年级你就给他很花哨的训练，那就全耽误了，所以练功要实在，这样的话比较出功。除此之外，我对他们的训练就是严格要求，不能打一点马虎眼。我说二十个，你就二十个，我说三十个一组、两组，你就三十个一组、两组。你不能给我少，少了我接着罚，有点像体操运动员的训练了。

1982 年，曹友谅与西藏班学生一起过藏历年

满：通过量变达到质变。

曹：集中练习。这样的训练对他们能力的增长有好处，能力有了，其他的就好解决了。总体来说，我教课基本上掌握就这么几点，没有什么绝招也没什么新鲜的，就是俩字："实在。"

满：其实作为我们舞蹈来讲，在形体表现艺术方面，包括戏曲、武术，你不练到一定的火候什么东西都出不来，说什么都没用，你必须得练。

曹：是的。在武术里边我们还学了一些舞姿的部分，比如"老鹰漩涡""回头望月"等。另外古典舞教材训练里的"串翻身"我印象很深刻。1959 年的毕业生，也就是熊家泰老师他们那一批学生。有一次我记得我们在陶然亭七教室自己练功，他们没教室了就跑到我们这来练。我当时就看他们练的是比较单一的串翻身，然后也没有什么新的花招，而后来串翻身就加进了绞腿蹦子，我们叫吸腿空中转。这就提高了串翻身的水平，技术性加强了，也就把我们教学、教材又丰富、提高了一点。到 20 世纪 60 年代中期，古典舞基本功教学体系应当说差不多完善了，就是从把杆训练一直到中间训练，它的转、翻、跳，包括小跳、中跳、大跳等，这些技巧成套了，它基本上可以解决培养一个中国古典舞演员所需要的能力训练。在身韵方面，20 世纪 60 年代的时候身韵还比较简单，那时候叫身段，除了几个单一手位之外就是晃手、云手、穿手、盖手、风火轮、穿掌这些单一动作，现在的学生比我们原来小的时候学的要丰富多了。

满：我们还有了一套教材编排的方式方法。

曹：对。小的短句在那个时候也出来了。

满：短句教学、组合教学都形成了吗？

曹：是的，特别是中年级一些小的技术性组合基本上都有了。从中年级到高年级这段时间组合就比较多了，那么毕业课就可以发挥了，否则

1982 年，曹友谅执教的古典舞男班基训课

的话毕业课很单调。我教过几个毕业班，1976 年就是五七艺校的毕业班。西藏班、渡口班、攀枝花班、东方班的毕业课都是我教的。1964 年，大家都在向内蒙古乌兰牧骑学习，要一专多能，学他们怎么为牧民服务、为人民服务。我们学校也派了一个小队去，共九个人，三个人一组，我当时也在组里。下牧区为他们演出，形式上就是在蒙古包前面演给蒙古老乡看。

满：等于脱离了专业教学又去当演员了？

曹："为工农兵服务"当时是一个文艺发展方向。我们作为一个专业学校必须要做出响应，为此我们当时什么都学，比如说我学了打扬琴、相声，然后还和蒋华轩一起演活报剧。我们大概去了半年，这段时间我没有参加学校的教学，而且我当时的资历也不够，郜大琨老师、唐满城老师、陈铭琦老师、熊家泰老师、朱清渊老师，还有徐大之老师、朱宏垒老师，比我资历深的起码有七个老师，所以轮不到我这种小辈。这些就是我经历的主要情况。

前面讲的那部分，有一点内容我想要补充一下。武术是发展中国古典舞的一个重要基础。那么作为武术来说，它与舞蹈有密切的关系。这个要追溯到唐朝的"武舞"，古代它叫"武舞"。武术有几个特点非常适合古典舞的吸收：第一，它具有现代人的精神气质。它的风格比较粗犷、刚健、动作洒脱，这是中国古典舞训练很需要的东西。第二，它有浓郁的民族风格和特色。武术本来就是中国的，所以它民族特色很强。首先就是它的身法，武术的身法和戏曲有共通点，它们都是以腰为轴。以腰为轴是贯穿在所有动作和技巧中间，但是它比戏曲更鲜明、幅度更大。因为戏曲有一个程式化的东西，规范的地方你不能动，你不能打破，比如说武生的山膀很小，花脸可以大一点。武术没这个概念，武术做什么东西都是撒开的，所以武术更适合古典舞吸收，吸收起来更方便一些。其次就是步法，各种步法的运用不受任何限制。中国古典舞后来在课堂里边也有步法，在舞台上也有，就是"跑"（行步），不走圆场了，开始跑了，这就是从武术中吸收的。另外武术它的"拧身步"，就是拧着身走这个步子，还有摆扣步、交叉步。

满：交叉步原来是武术里的？

曹：是的，比如说我们在大刀花后接交叉步再连接翻身，这些都是从武术中吸收的。

满：还有什么步法？您今天能不能捋一下。

曹：武术中还有一个步法就是三步走，这是和剑配合在一起的一个步法。此外，武术的民族技巧的特点就是难度大、身法强，一般在做民族技术动作的时候都是用身法来连接，比如窜、蹦、跳、越、闪、转、腾、挪，这里面丰富极了。说实在，我们吸收的还不够。武术能力训练也很有用，这个能力训练包括速度训练、爆发力训练、腿部力量训练，腰部力量训练，等等。总之，从武术里面吸收古典舞可供教学的东西是相当丰富的。戏曲舞蹈主要是风格强、韵律丰富，它的曲圆、刚柔、动静、强弱、起伏、放收、开合、含腆、轻重、大小、高低、急缓等，戏曲里面都体现得非常明确，它的动作节奏对比也非常强烈。戏曲舞蹈里面也包含着丰富的服饰舞蹈和道具舞蹈。丰富的戏曲舞蹈和传统武术为我们中国古典舞教材的建立，提供了非常丰富的基础和营养。

之后就是"文革"了。"文革"以后提出"京舞体"三结合。"京舞体"三结合最后就把中国古典舞弄没了，把我们古典舞变成腿功了。在这个过程里面请了一个体操的教练专门训练肌肉能力，比如腰背肌、腹肌、旁腰。

满：从体育中拿了一套素质训练过来，包括跟头也是用体操开范儿了，是吗？

曹：对。当时在教学思想上是混乱的。其实武术里面的力量训练就已经足够了。如果要学生拿出时间来单干这个，相当于之前的一套东西全扔掉了。

五七艺大期间办了一个 1973 年到 1976 年三年制的班，这个班在教材的使用上跟"文革"之前没有什么更多的区别，而在什么地方有些区别呢，就是提出了一个"革命化"问题。"革命化"怎么体现，我在训练课堂里没法体现，最后在做毕业课的时候就编了《知识青年上山下乡》组合，我记得很清楚的一个动作，就是一出场就是背着背包的动作，其他的印象不深了。另外就是《保卫黄河》，因为"炸碉堡"都是属于革命性的东西。

满：当代题材？
曹：是，真正的古典舞的身法都没了。

满："文革"结束后最突出的话题应该就是"36 次会"。
曹："36 次会"主要是务虚。在这个讨论以后给我印象最深的就是提出古典舞的"两张皮"怎么合成"一张皮"的问题。什么是"两张皮"呢，就是身段一张皮，身法一张皮。基本功训练就是要把两张皮合成一张皮，成为一个统一的一门课。当时在这个问题上费了好多劲，但是最后没成功，因为不可能。比如我打个飞脚，我在打飞脚的过程中间能云手吗？

我云不了手，也不能用腰，因为飞脚的要求就是立腰。打趟步怎么用身法，也没办法用身法。这一系列的训练里面不可能强化身法，所以才出现了身韵课。这个身韵课实际上也是在教员中间先实验的。我记得当时我们是在陶然亭的三教室学唐老师编的一套组合，然后我们又学李正一老师教的一些东西。我不知道这里面他们到底是怎么讨论的，李正一老师主要是提炼了一些身法元素，唐满城老师主要是编了组合，但是我觉得不管是元素也好组合也好，都为我们古典舞教材体系的建立立下了大功。我觉得中国古典舞这才完善了，而后面一些器械道具方面的训练就是对这个教材的补充。

下面我想谈一谈张强老师的剑。首先强调，张强老师的剑也是为了丰富、完善我们古典舞教学体系。我不清楚你们采访张强老师他谈了一些什么内容，但是他在跟我们谈的时候主要就是谈到了他编的这套剑法训练的一些想法，我今天把他在编创这套剑的一些训练的想法大概地谈一谈。

张强老师认为，剑在中国古代文化中占很重要的位置，比如公孙大娘舞剑，对之后的影响是非常大的，包括对书法家的影响，书法家看了公孙大娘舞剑以后，他的书法也变了，也跟着一块舞起来了。张强老师认为，现存的剑的内容分两种，一种是戏曲里的剑，另一种就是武术里的剑。戏曲里面的剑柔的部分比较多，尤其是青衣、花旦，比如说虞姬在辞别霸王的时候，霸王别姬有一段双剑，那个很美。张强老师认为有一个问题，不管是戏曲的剑还是武术的剑，它们都应当有一个单一的训练过程。戏曲的剑没有训练只有具体人物情节下的规定套路，它是直接教剑该怎么做。

满：戏曲中是没有关于剑法训练的。

曹：对，没有。

满：武术里面有。

曹：有，但是需要提炼，就是张强老师提炼出来的这套东西。张强老师说在舞蹈里面没有充分利用剑的舞蹈，当然后来出现了比如说"醉剑"

的作品，他说戏曲用剑也是很有限的，他就想把剑还原到舞蹈中间来，这就是张强老师要编这套剑训练的初衷。张强老师是以古典舞身段为依据、为基础，用古典舞的身段来反映这套剑，他说从表演到整个的运动方法应当和古典舞统一起来。

因为剑本身就是进攻和防守的兵器，他要编这套训练的时候就是要把这个进攻和防守去掉，而以表演为主。把剑的这些训练拿来融于古典舞的里面，使之成为古典舞的东西，这就是张强老师编这套剑的训练的基本想法，他在这个基本想法的指导下编出了一套剑的训练。这套剑的特殊训练要求主要围绕着身体三个部分，第一个手腕，腕子的训练，针对用剑的腕子的训练；第二个腰部的训练，主要是身法；第三个脚的训练，就是脚的位置和步法。

剑的训练里面一共分为了这几种：第一，持剑部分，就是怎么拿剑；第二，剑法训练，剑法训练当时提炼了12个字——劈、斩、点、挂、撩、刺、提、截、崩、云、搅、抹；第三，剑花训练，剑花训练就是大小剑花、云剑花、皮球剑花等；第四，穗剑的训练，长穗剑的训练也是基本的前、后、左、右；第五，剑的舞姿与步法，比如跟斜探海、吸腿结合，在剑法、剑花的过程中间有一些基本舞姿的结合；第六，组合训练，即要剑与舞姿、步型、步法、跳跃、旋转、翻身进行组合。这是张强老师的想法，但是这部分没来得及做下来。

满：我们当年在三年级的时候，张强老师在课堂上做了一点长穗剑，然后就没再往下发展了。

曹：这一部分东西留给你们了，这是你们的任务。他的步型主要包括弓步、扑步、马步、踏步、大踏步、虚步等。步法主要指的行步，就是移动步伐，还有就是外开步、摆扣步、拧步、三步行、四步行、上步、撤步等。

满：您能不能再把武术行步的规格着重讲一下？

曹：摆扣步就和我们现在的一样。拧步就是配合上身横拧的一个步法。有些动作是跟我们古典舞里面的、戏曲里面的动作还是比较相像。戏曲里面有走下身留上身、走上身留下身这类动作。比如燕子穿林，实际上也是拿剑做的，剑穿下来，剑走。武术中我们现在看不见徒手的动作，这个动作都是剑里面出来的，幅度很大。在剑里面张强老师之所以这么编创，目的就是希望能够在古典舞的舞台上看到有以剑为主的作品。

满：当时有过具体设想吗？

曹：这是很困难的。一个人能够又掌握剑，又要掌握古典舞的整个身法及其技术技巧，然后利用这些内容编出一个剑的作品是很困难的。这就是我说古典舞系任务很重的原因。这就讲到了节目的创作问题。我觉得我们有些节目确实很好，但是有一种思想不好，就是觉得好像是这些东西老旧，都扔掉了。我更希望的是我们古典舞老师来创作，因为我们的老师没有受编舞思想的束缚。现在培养编导的课，据我所了解，就是现代舞的编舞思想，手法上基本上是现代舞，而你用现代舞就编不出来古典舞。

当初朱清渊老师编过一个剑舞《闻鸡起舞》以及双人《弓舞》，都是很好的节目，而且在20世纪60年代这个双人《弓舞》很吃香，它是用《小刀会》的音乐编出来的。当时最早是我跟潘小菊两个人跳的，后来舞剧小组撤销，潘小菊去了中国歌剧舞剧院，就改成我和王佩英跳了。我认为朱清渊老师没有学过编舞，但是他能编出《闻鸡起舞》，能编出双人《弓舞》这样的节目，就是因为是学古典舞的关系。

满：当时我们上课的时候我也特别诧异，我觉得朱清渊老师编组合的能力太强了，一个学期基本上要给我们推十多个组合，而且都是表演性很强的组合。

曹：我就觉得作为古典舞老师、教员，最好能动员他们自己编节目。

满：我们现在正在做，而且做出了一定的效果。创作的确成了我们古典舞发展的一个短板。

曹： 不要靠其他专业的编导。现在有些作品编出来以后，虽然说是古典舞，但是让你根本看不懂。《春江花月夜》，我知道它表现的是少女欣赏美丽的风景，一种思春的感觉，你能看得懂，现在编的作品我什么也看不懂。所以，我觉得我们老师应该直接参与节目编创，这样做非常好，非常重要。另外，我也建议把原来好的古典舞的剧目保存下来，不一定要演出，但是可以作为训练。这些古典舞的节目，首先继承了古典舞的优良传统，而且可以从这些节目里面反映出手、眼、身、法、步、精气神，以及整个的形、神、劲、律。

满： 曹老师，在您印象里面，您认为能够代表古典舞审美风格的、高水平的剧目，有哪几个？

曹： 我印象深刻的就是双人《弓舞》《东郭先生》，虽然这些剧目有人物造型，但是《东郭先生》最开始猎人出来的那一段枪的舞蹈，把中国戏校老师给震撼了。中国戏校的老师就跟我说，你把你那套教教我，就是一出场《东郭先生》里猎人的那一段枪的动作。因为这是舞蹈，戏曲里面没有这些跳的东西，编舞家将"枪"跟"舞"结合到一块了。

满： 现在找这个视频资料很难。

曹： 现在是很难，现代人也接受不了了，但是我觉得我们不能光让人来接受。《东郭先生》不一定整个剧目都有训练价值，我们可把有训练价值的舞段拿出来训练学生。这里面有器械、有跳跃、有旋转，虽然不长但是它的训练价值是有的。另外，《醉剑》《醉鼓》《春江花月夜》，这些我都觉得是很好的剧目，应该保存。我们不能让编出来的作品让人家看不懂，有一段时间我们学院的创作就走到了让人看不懂的地步。当然，所有这些也是我的一些个人看法，错误的尽管批判。

满： 没有，我非常认同您的观点。

1982 年，曹友谅工作照

曹：总之，对于我们来讲有一个主要的原则，就是不能脱离民族，我们发展、吸收、借鉴、继承都不能脱离民族。凡事只有在学深、学透的基础上才能够有发展，才能够去发展，才有资格发展，包括我们借鉴西方的东西时，也必须先把它学透了才能够去借鉴，我们必须全都了解清楚了再去发展。还有一点需注意，目前这套教学体系基本上已经形成了，不要破坏它。发展也需在这个基础上去发展，千万不要离开这个基础，离开这个基础就坏了。前段时间有一位芭蕾舞老师告诉我，有个美国专家是"中国舞通"。这个人对我们舞蹈学校了解得非常清楚，很早以前就来看我们的中国古典舞、芭蕾、民间舞等课程。大概前几年，这个美国专家又回来看了一下课，他觉得中国古典舞变得有点不认识了，走味了。我不希望听到这样的话，因为只有我们民族的东西，才能够是世界的东西，否则我们的民族舞蹈在世界上站不住脚。世界之所以对我们中国舞是承认的（比如说《春江花月夜》，在世界比赛拿金奖），是因为外国人非常承认我们这套东西。如果说今天再去参加比赛，我们拿出去的东西让人家觉得这不是中国的东西，那就坏了。我们学中国古典舞，我们教中国古典舞，就要把它坚持下去，千万不要半途而废。我想这是我的一个期望。

满：这一点请您放心，我们会坚持下去的。中国古典舞到今年发展了 60 年，一个甲子了，可以说一代又一代的人把自己所有的精力和青春全都奉献出去了。值得一提的是，我们不但创作出了包括剧目在内的教学体系，而且还建立、传承着中国古典舞的精神与理想信念。很多年轻的老师、学生都是很自觉地去研究、去实践。对古典舞的热爱已经变成了流淌在血液中的基因。我们不可回避的是，古典舞确实存在很多现实问题。在改革开放的环境下，西方文化的冲击挑战着我们审美把握的能力。

曹：我觉得就整个古典舞学科来说，古典舞学科带头人非常重要，他的眼光要很锐利。哪些东西离开了古典舞的体系他要把它揪回来，不能让它发展，发展以后对这个体系有破坏作用。这个学科领导人是很重要的。比如，在 20 世纪 80 年代末 90 年代初的时候，我当时还是附中古典舞学科的副主任，因为没有主任，我就是主管。我当时就觉得附中古典舞教室里面有些东西歪了，出现了很多滚、跪、爬的动作，这是我们教材中没有的（除了地面的软开度训练）。当时，演员就是打个飞脚也要在地下滚一下然后站起来，或者跳下来以后要跪在地下，好像就是为了稳定。在"桃李杯"比赛里面，出现一些我觉得不应该出现的东西，你要检测他的稳定性，你就不能让他跪，你也不能让他一个动作下来在地下爬。我发现有这些东西以后，我就跟吕艺生院长提出来，在附中的古典舞课堂里面搞一次净化课堂，净化不是我们古典舞教材里的东西，比如滚、跪、爬。这些东西会妨碍其他动作的训练。吕艺生院长当时很赞成，很支持，但是因为其他的客观原因，没有实施，所以现在的课堂里面出现什么东西我就不知道了。我希望你们能够坚持我们这一套训练体系，千万别把它破坏了。

满：我们这套体系再发展、再完善，也绝对不能离开民族的审美本体，不能在这个发展阶段中迷失方向、迷失自我。

曹：有些东西不是民族的东西，但是直接拿到课堂里来了。有一次我看到学生们做完亮相以后下场的样子，我心都凉了。虽然组合是古典舞，但是学生带着现代舞的劲下场，就不是古典舞了。你哪怕就用圆场走下去，古老一点，或者组合结束以后直接下场也可以啊。我希望你们能够有一个长足的发展，也更希望能够在今后看到你们创新的古典舞。

满：我认为目前最要紧的是要先坚守住传统，创新的条件成熟了自然就会看到的。

曹：创新确实很难。创业难守业更难。

满：关键在于一个人是否有对传统审美的敏锐洞察，有自觉的学习意识，有有所为和有所不为的把握能力。

曹：有些东西我们可以从老一辈人身上得到启发。比如唐老师的这套身法、身韵，完全在于他有着深厚的戏曲基础。他正是因为自己掌握了很多戏曲的东西，然后把它变成舞蹈的，他才能够有今天。这也是给我们的启发，如果我们要想改变一些东西，那必须要有一个扎实的基础。

满：对，还要不断地向传统、向你们这些老师学习，所以我们这不是来拜访您嘛！最后，我们还想听听跟张强老师学习武术最令您难忘的是什么？

曹：第一，张强老师为人非常平和。对我们这些学生（虽然我们是舞蹈学校的老师，但是我们在他面前是学生）也是很尊重的。这是他谦和的品格。第二，他工作非常认真，教我们的时候都是一招一式地教，非常耐心，所以我很尊重张强老师。我虽然不能每年过去看他，但是过年我都要通过他的儿子张斌问候一下张强老师。他儿子是我们的学生，现在在上海。我会给张斌发短信，一方面是祝他节日快乐，另一方面是特意嘱咐他，一定代我向他的爸爸妈妈拜年。中国有句古话——一日为师终身为父，我非常敬重张强老师，我也希望张强老师能够身体健康、能够长寿。

满：我们有那么多老师，我们都会永远记住他们，当然也包括曹老师您。今天曹老师所谈到的内容丰富、话题涉及广泛，朴实无华，在生动的故事中让我们清晰地看到了一名中国古典舞老师的使命感与责任感的实践历程；您的叙说就是对创建初期的中国古典舞，上下求索的生动写照；您所提的建议与关切的意见非常珍贵，一定会带给我们古典舞的传承者们极大的帮助和启示。

曹：这只是我的一些体会、经历，希望能够对你们有帮助。我也非常感谢中国古典舞系，特别是中国古典舞系做了这样一个课题，让我有机会回忆起多年前的经历，所以非常感谢古典舞系。

沈元敏

在中国古典舞的
发展历程中成长

沈元敏

（1943—　　）中国著名舞蹈教育家，当代中国古典舞学科的重要传承者之一，硕士研究生导师，文化部特邀全国"桃李杯"舞蹈比赛第一、三、四、五、六届评委等。

沈元敏为北京舞蹈学院本科生开设了"中国古典舞教学法（中专）"课程，为古典舞教学建立了理性的研究视角和缜密的思维方式。培养的学生多次在全国舞蹈比赛和"桃李杯"比赛中荣获奖项。退休后，沈元敏被北京舞蹈学院返聘为附中与大学的教学督导，实现了从执行教学到指导教学的角色转换。

她发表了《北京舞蹈学院古典舞基训教学（中专）简介》《舞蹈的素质训练》《中国古典舞基训教材的分析与分类》等多篇论文。出版了《中国古典舞基本功训练教学法（中专女班）》《北京舞蹈学院教学系列片——沈元敏中专四年制教学示例课》《沈元敏中专六年制教学示例课》。其中，《中国古典舞基本功训练教学法（中专女班）》对古典舞训练任务做了新的阐述，通过重新分类建立了新的训练系统，此教材被全国各大院校的教师奉为"教学宝典"，唐满城先生更是称之为中国舞蹈界的第二本"大绿本"。主编了《中国艺术教育大系（中专卷）——"中国古典舞"舞蹈分卷·男女班 1—6 年级全套教材》。荣获文化部组委会颁发的"优秀园丁奖"，以及"北京市优秀教师""教书育人先进工作者"称号。2008 年被北京舞蹈学院授予"舞蹈教育终身成就奖"。

口 述 人：沈元敏
采 访 人：庞丹
整 理 人：范楷、苏仲霓、贾甜
采访地点：北京舞蹈学院
采访时间：2014 年 12 月 9 日

庞丹（以下简称"庞"）： 今天，我们有幸请到了沈元敏老师。我们希望沈老师这位古典舞的"同龄人"、中国古典舞创建发展 60 年的亲历者能介绍一下她对中国古典舞教学的所思、所做，请她为中国古典舞学科的未来发展建设提供一些建议。接下来，请沈老师先介绍一下从艺经历。

沈元敏（以下简称"沈"）： 我 12 岁时（1956 年）考进北京舞蹈学校，至今已经 58 年，我和舞蹈学院算是"同龄人"。当时正逢学校校址从白家庄搬到陶然亭的西校舍，我们班是第一个进入西校舍学习的班级（之前的班都在白家庄，条件比较艰苦）。我们是很幸运的，一进校就是新校舍、新的环境，当时的教学条件和师资都非常好。我们班因为专业条件比较好，所以在学校里面是比较受重视的。我们的任课老师也都很好。在《中国古典舞教学体系创建发展史》一书中把我们 56 级的学生誉为北京舞蹈学校的春天。在校时我们需要学习四门专业课，分别是中国古典舞基训、芭蕾舞、中国民间舞和外国代表性民间舞。当时没有分科，训练内容和现在不同，没有单设武功课（也称毯子功）训练。每周有九节古典舞基训，九节芭蕾舞基训，武功课是放在基训课。两节课连在一起的时候会留出 20 分钟，武功课老师会帮着一起练习。当时的武功课教材也没有现在这么丰富，所以它并没有占用太多的课时。我们女孩基本上没有腾空的技术技巧，我们做得最多的就是前软翻、后软翻、前滚翻、后滚翻、侧手翻，难度最大的就是抢背和乌龙脚柱。古典舞的课堂训练很集中，它的教材中也有把杆，但是它的把杆不是从擦地开始的，它一开始就是蹲，包括正步蹲、踏步蹲、弓箭步蹲等，等于也是从小到大活动了，然后还有扣蹦、跨掖蹲等，接着是腰组合、弹腿、控制、踢腿等训练内容。

庞： 当时只有四门课，和现在区别还是很大的，是出于一种什么样的考虑设置了这样的课程结构呢？

沈： 当时我们作为学生还不是很懂这些，后来等到毕业以后留到教研室里面，听到老师讲了当年的情况。当时是 1954 年 2 月到 7 月，文化部正在办一个教师培训班，学员有李正一、唐满城、孙光言老师等。这些老前辈都是培训班的学员。我印象当中，我们上学时期，男班的基训课到了中、高班的时候还请来了戏曲界的高连甲老师。他的基训课和现在的基训课还是有很大的不同。高连甲老师是武生，他的形体动作是很丰富的，他提炼了一些动作放到了课堂里面。我认为当时的古典舞的戏曲味较浓，芭蕾课则是很纯粹地训练脚下的部分。我们低年级女班是由孙光言老师和许淑芳老师教。中年级的重点是技术技巧和能力的练习。李正一老师一直在高班教学。高班老师一定要有综合运用的能力，需要把中班学生培养成具有接近演员的素质能力。以前由于班少，从低到高各个年级的教学内容和师资都分得比较清楚，各个年级一环扣一环，每个教学阶段的老师的优点很突出。班级交接时也较少出现问题，方便教师总结经验、不断改进。我们这个班正好在分科之前学习了一年，所以学习的东西较多一些。

庞：分科以后又是怎样的情况呢？

沈：1957 年进行了分科，分科依据是自报志愿，我便选择了古典舞学科。在李正一、郜大琨、朱清渊三位老师撰写的《中国古典舞教学体系创建发展史》中写道：在分科以后，我们独立了，我们不能再依靠芭蕾训练，以后中国古典舞将独立承担着培养中国舞剧人才的任务。在后来的课堂训练中，就是正步扶把正前擦地、正后擦地，旁擦地是在横丁字步位，等于是芭蕾的框架模式还是在课堂里面，但是内容改变了。后来，教材一直在不断地改变，总是不满足现状。1958 年，各科在课堂训练和剧目创作上都进入了创收阶段。学生实习的机会变得非常多，参演了学校很多舞剧剧目。当时芭蕾舞系除了排演《天鹅湖》之外，还排演了《海侠》。《海侠》有一幕是在船上，有很多非洲、阿拉伯的商人做生意。我们作为民科的学生，都去参演了"群商"，不管男女都头戴大帽子，满脸抹黑，戴个大胡子，穿上大袍子，表演了在船上的场景。我们虽然没有跳舞，但是至少上台了。

此外，我们民科也有不少节目。1958 年，学校创作排演了舞剧《鱼美人》。《鱼美人》是苏联专家古雪夫根据舞蹈学校的特点创作的，不同年

1979 年，民族舞剧《鱼美人》剧照

龄、不同层次的学员都参与其中，对于学校来说是个很好的推动。当时陈
爱莲演鱼美人；低年级演群鱼；中年级个子大点的演水草；"珊瑚"的能
力需要强一点，由四年级出演；男孩就演小人参……《鱼美人》在表演以
及剧目难度上也推动了学生的进步。我们那个时候的生活很充实，除了专
业课，还有很多的文化课，比如语文、数学、俄语、美术、政治、历史、
物理、植物学、动物学等。我们当时虽然是中专编制，但学校领导对于我
们文化知识的培养很重视。我们当时的学习也很纯粹、很自觉、很踏实，
大家经常会因为一个问题展开争辩。

1957—1959 年这三年，我参加过很多中小型舞剧的演出，比如《黄
继光》《人定胜天》等。《人定胜天》表现了农村发大水，人们依靠自己的
力量治水的过程。现在中国古典舞身韵中的传统组合《驯龙》便是从作品
《人定胜天》中提炼、加工出来的，音乐也是原版，现在一听就觉得特别
亲切。当时的剧目演出要求年轻老师和学生一同上台（有时是男班老师和
女班学生搭配跳双人舞），所以对于教师在专业上的持续提高要求是很严
格的，教师要上进修课。如果现在还能保持这个传统是很好的。

庞：您中专的学习时间是几年？

沈：我们班是七年，正常的中专学习是六年。当时，由于我们班人

1958年，《黄继光》剧照   1958年，民族舞剧《人定胜天》剧照

才较多，适合当舞剧演员的人比较多，舞蹈学校当时成立了自己的实验剧团，由优秀的青年老师做示范带动学生，所以学校便有意留下我们。陈爱莲他们班毕业时，便留下了10人，称为"舞剧小组"，以他们为主要班底，待到我们班毕业便升级为舞剧团。由于1962年正值国家三年困难时期的缓冲期，我们班便继续深造了一年，1963年毕业。

庞：当时的教材资源是有限的。在您学习的七年当中，基本功教材是怎样安排并施行的呢？

沈：1960年，我们的第一本教材《中国古典舞教学法》（俗称"大绿本"）出现了。当时我们上五年级，这一届的学生就按照"大绿本"的思路培养。在1957—1958年，由于教材不够科学和系统化，学校便请来芭蕾舞教师、中国舞教师以及苏联专家一起探讨、补充并丰富教材的内容。例如"转"，从开范儿到形成，再到舞姿转的发展；舞姿跳我们只有大射雁跳，原先没有小射雁跳、中射雁跳，我们就把这条线补齐了。从那个时候开始，古典舞的教材发展开始借助芭蕾的思维模式（即由易到难、由浅入深），填补了我们在教材上不够科学和系统化的不足。填补完之后，在实践上确实有所改善。我们在课堂上也开始吸收五位擦地，解决外开等问题。

后来，古典舞的发展又出现了民族化、科学化、革命化等问题，当时的文化部对这个问题十分重视，古典舞向传统学习的氛围十分强烈。当时给我感受最深的是，在每年的寒暑假教师都要去各地采风学习，以期充实教材。上海戏剧学院的方传芸老师，他是戏曲界传字辈的老先生。他带来的不是纯戏曲的东西，他是经过自己的感悟以后再进行教学。他编了很多不同性格的组合，例如一个"红缨枪站岗"的组合，虽然原型就是戏曲把子功，但是他把它化成了一个组合。这之后我们跟随张强老师学习了融有舞蹈的武术。那个时候我们就在思考能不能不借助芭蕾的把杆，找我们自己的途径。当时我们一上课就是压腿、踢腿、悠腿以及练习穿掌弓步蹲等，这些就是张强老师的教材，"扑步"等动作再后来就逐渐纳入了我们基训课的教材，后来经过在学生中试验后不太现实就搁置了，学生们还是按照"大绿本"学习。

当时的学科带头人叶宁老师、李正一老师总是千方百计地为我们年轻老师创造学习的机会。李老师对通臂拳很感兴趣，因为它的幅度比较大，

1961 年，北京舞蹈学校邀请戏曲专家方传芸为中国古典舞教研组教师授课

因此我们还曾去福建观看过全国武术表演，也去过北京武术队和体操队观摩过运动员的训练方法，甚至去什刹海的少儿体操队去观摩学习，希望能够从中广泛吸收一些有用的东西。自从 1963 年毕业留校，我们每年都在修改教学大纲和教材，由于我们的教材是从戏曲当中提炼出来，又用了芭蕾的框架，还是觉得缺失一些东西，希望教材能够更加科学化、系统化。

今天回忆起来，中国古典舞历时 60 年走到今天，真的有了长足的发展和飞跃，这个飞跃是一点一滴积累而来的，来之不易，尽管我们中国古典舞人还是不满足于现状。一个体系成立 60 年还是太短，所以我们今天的后辈还是应该继承老一辈艺术家们这份充满正能量的精神继续前行。当时教研室的主任是郜大琨老师和孙光言老师，他们对年轻教师的要求非常严格，要求青年教师为人师表，不断地充实自己。回顾当年，我由衷地感激他们让我学到了非常多的知识。当时就算人手再紧，学校也要派遣教师出去学习。当年去四川学习川剧，一待就是三个月，回来后大家相互交流传授；王萍老师用进修课的时间给我们上徒手、长穗剑、短穗剑的课程……这些经历都使我们受益匪浅。1970 年到 1978 年，我被调到中央芭蕾舞团做了八年的芭蕾舞演员。1978 年 5 月，我和朱宏礨回来后，学校没有立刻给我们分班，而是在教工食堂让王萍老师亲自给我们二人教授长穗剑和短穗剑。我觉得古典舞每一届留校的毕业生，都是在这样的氛围中成长的，我们能走到今天整个团体给了我们很多，包括严谨的工作作风和敬业精神。

庞：我觉得正是因为老一辈的专家对于古典舞的执着钻研和不断积累，古典舞才达到了现在这样的高度。我知道您在从事教学工作以后，一直侧重在基本功训练方面，几十年来培养了很多优秀的古典舞人才。在这个过程中，尤其是中专教学方面您不断地探索和尝试，其中舞剧班、铁路班都是您亲自教授的。您当时设立实验班的教学想法是什么，包括具体的做法是什么，您能跟我们说说吗？

沈：说到这儿，我真是特别感谢李正一老师。李老师接手我们班的时

1981 年，教师进修课

候，打破了她的常规。因为我们是舞蹈学院的"春天"，是好苗子，三年级她就开始接手了我们，带了我们班五年。当时陈爱莲、王佩英毕业后留到了舞剧小组，然后她们就做了助教。李老师她很有想法，一接手我们班她就将小个分一个班，让王佩英教，大个分一个班给陈爱莲教，这是因为陈爱莲擅长抒情部分，王佩英老师擅长刚武的、灵巧的，她想把她们的优点、长处传授给我们。我们班分了一学期后再合成一个班上课。李正一老师激发了我的创造性的思维，在我当老师以后，我也不断地在教学中去创新，不断地尝试新的教学方法。

1984 年 9 月招了一个班叫"铁路班"，是给中国铁路歌舞团定向代培的一个班。当时李老师感觉到武功课太技术化，技术高度却不高，作为舞蹈演员使用空翻又过于生硬，所以便尝试性地将武功课与基训课尽量做到不重复，克服盲目性，提高武功课的艺术性、舞蹈化。我是这个班的基训老师，贾凤琴老师是这个班的武功老师，我们相互观摩对方的课程，以便在教学中做到一致、不重复。后来我们又请来了国家体委科研所的郭可愚老师，他是 20 世纪 50 年代的体操冠军，退役之后留在科研所研究艺术体操。他特别欣赏舞蹈。他觉得舞蹈很美，很有艺术性，认为体操不应该是纯技术性的，也应该有美的特点。郭老师与李老师一拍即合。他特别愿意来帮助我们，我们也从郭老师身上学到了一些剖析动作的方法，他的课使训练过程既缩短了又美化了，在舞台上也十分好看。这是我们的第一次尝试。

庞：这个"铁路班"主要是针对基训课和武功课的尝试对吗？

沈：实际上是针对武功课舞蹈化的尝试。例如空翻之前的高趋步，原来的要求更接近于戏曲，比较生硬，还勾着脚，上舞台不好看。我们就在思考如何使这个动作既不影响它的发力又能够让它外在的形象好看一点，所以那一年做了一年的试验，我们后来也写了一些文章，把这些过程介绍给了大家。

庞：我印象里这次实验对于当时的影响还挺大的。我小时候的武功课就是单纯地练，后来武功课也配上了音乐和一些连接动作。

沈：那是之后的情况了。一开始武功课没有音乐，后来在和其他学校

21世纪初，沈元敏指导中国古典舞专业学生的基本功

进行交流学习时有了更多的创新和发展，至于发展得合不合适，就是另外的问题了，至少它不满足于现在的东西了。

庞：促使武功课向舞蹈化发展从您这儿是一个起步对吧？

沈：是。到了 1986 年，在韩瑾和李馨她们班我们又做了一个尝试。这次尝试主要的出发点是怎样将武功和基训做成联合教学，不要把它们当成两门课。由于科研所的成立，在招生方面十分重视孩子的骨骼预测。比如说这个小孩是 11 岁，但是他的骨龄已经显示他 12 岁了，那么我们就尽量不要招他进来，因为他的骨骼发育已经超过了他的年龄，可塑性较小。此外还有营养配餐，科研所结合体育运动员的培养经验，在可行的情况下，为学生制定了营养配餐，做好之后用推车推到教室，学生都在教室吃饭（只有这一个班，进行了一年左右）。在文化课方面，因为专业课占据了很多时间，所以文化课便相对减少，尝试结合我们的需要有侧重点地来进行教学。这些是教学上的实践和创新。这两个班我都是主教，通过这两个班的实施过程中我也学习到了很多东西，在接触其他艺术门类的过程中对我自己的古典舞基训教学有很大的促进。

庞：后来还有一个舞剧班？

沈：对，"舞剧班"应该是在中专实验班中得到普遍认可的一个班级，是四年制，从 1991 年到 1995 年。李正一老师认为"桃李杯"比赛应该推动教学的发展，因为原来"桃李杯"的少年组是 16 岁以下，只有一个组编。李老师认为中专的中年级是很关键的一个阶段，应在少年组之下再建立一个小少年组，就是四年级。因为四年级参加比赛，所以规定了一些这个年级的教学任务允许之下的内容。在这个阶段之上又设立大少年组、青年组，这样，就推动了各个中专教学各阶段教学质量的提高。这个想法得到了国内主要几家艺术院校的支持，特别是沈阳音乐舞蹈学院校长与老师的支持。我们作为舞蹈学科带头人，所以就以我和张勇为主开始了前期调研工作（黄嘉敏、邵未秋和朱清渊老师有时也参与其中）。我们从总结三十年的成绩和不足入手，对毕业生、年轻教师和舞蹈演员——沈培艺、丁洁、李恒达等进行了访谈，询问他们在成长过程中受益的方面和觉得不足的方面。我们之前的统一思想以及我们三十年走过的这些路，哪些是我们要坚定走下去的，哪些确实是不足的，其他院校的优点在哪里……这都是探讨的核心，也是"舞剧班"成功的基础。在准备过程中，李正一老师身上十分可贵的敬业精神也深深地感染了我。给我印象最深刻的是李老师对于任何优秀的东西都会吸收过来，所以哪个学校有好选手出现，李老师都是谦虚的态度，要我们去向人家学习。上海的吴佳琪表演了一个节目叫《旦角》，李正一老师说，上海很崇尚芭蕾训练，所以学生能够跳《旦角》这样的剧目，非常不错。她让我们去采访学习并同大家分享了经验和排练心得，所以我认为李老师很善于吸收各家之长，为的是促使我们做得更好。

庞：这需要有胸怀啊。

沈：对，老一辈艺术家们的胸怀都十分宽广，这对我们的影响是非常深的。后来，我们用了一年的时间来总结舞蹈学校教学上的不足和应保持的优点，在对男女演员的培养方面应注意的点等问题。我们的不足在技术上，比如幅度的解决、技术能力的解决、技术技巧质量的解决等。经过一年的统一思想、提高认识、总结之后，我们开始剖析古典舞的动势技法。

庞：这是核心的部分了。

沈：是的。我们要走我们自己的路，不要盲目地跟随别人。我们毕竟是中国古典舞的发祥地，古典舞从中专到大学应该通过怎样的训练，才能展现具有民族特色的舞蹈，我们怎样能够直截了当地去解决问题，我们应该从最高技术技巧的要求出发，所以我们就将男班、女班最高技术技巧整理出来，再去梳理。李老师总是启发我们站在另外一个角度去思考问题，或者鼓励我们打破现有的思路。后来，我们每次开完会都要进行分析，比如对原来女班的教材进行重新归类、分析。舞剧班就是用重新归类的思维方法去进行的教学，虽然还是原来的教材，但着眼点已经不同了。例如，女班按照人体的结构分为四大部分——头、上肢、躯干、下肢。古典舞的"头"都有哪些位置直接牵扯到躯干的拧、倾、圆、曲。我们需要去思考头在什么位置才准确。我们原来没有这么细致、没有这么严格。上肢则是从手、手腕、肘、臂到整个上肢的动作也把它进行了分类。总之，这些工作就是剖析教材，把教材拆开来看它到底是什么元素构成的。这些细致的工作，也为未来教学打下了良好的基础。再比如下肢的技法，下肢有变身类、环动类、摆动类等技法，这是从技术方法来讲。古典舞的技法很多是从芭蕾而来，比如说环动，芭蕾是直体环动，可是我们古典舞不只这些，我们的幅度更大。女孩的"老鹰展翅"动作到"躺身骗腿"，这是腿部从端腿到"月亮门"，身体还要从"含"经过"旁提"到"敞"再到反面，它的幅度，它动用身体的关节和韧带难度非常大。再比如"探海翻身"，是动力腿从旁后侧在你的身后做一个大的环动，像孔雀开屏一样，再到"掀身探海"顶胯、翻身过去。包括掀身探海是什么规范，怎么开范儿更容易让学生掌握，因为它的躯干的构成元素就不是单一的，它要有"拧""旁提""敞胸"等，它必须体现古典舞"走上留下"的动势。我们做了这些工作。男班也是，我们分析男班必须抓住"骗盖腿"。因为男

21世纪初，沈元敏给中国古典舞的学生们做示范

班"蹦子""飞脚""摆莲"等很多大的空中技巧都离不开基础的"骗盖腿"。这是核心的技法和能力。经过分析以后，李老师就倡议说，咱们招一个班吧，用这样的思路来实践一下是否可行，于是就为中国歌剧舞剧院培养了一个四年制的班。招生的原则并不是严格按照舞蹈演员的标准，而是舞剧演员的标准，看重自身形象和表演意识。

庞：标准不再像以前了。

沈：对。我们这个班招生招得也十分不错，条件、外形都非常好，训练到三年级就能获一等奖了。当时吕艺生老师代表学院将舞剧班作为"85教学改革规划"的重点实验班。由于没有单独的经费，所以当时的附中校长曹景荣老师就给我们一个宽泛的条件，他说只要不跟我要一分钱，我给你们两个固定的教室，24小时都由你们班来专用。舞剧班由李老师选择任课教师，这个班应该说是相当独立的，课表和四年制课时都由我们自己来制定。由于是四年制，在文化课上就要重新考虑课程的安排，因为是为歌剧舞剧院代培演员，所以以辅助舞蹈知识为主，并不是六年制中专文化课的培养模式，与现在为适应高考需要而制定的文化课内容不同。在专业课上，武功课只上两年，民间舞课开始是请贾美娜老师来教的，因为舞剧演员也需要学习民间舞，但是民间舞老师在授课时我们要求有选择地教授，要有能弥补我们古典舞节奏上不能容纳的一些东西来学，比如说东北秧歌脚底的"哏劲"，胶州秧歌是脚底下"碾、拧"的脚劲，朝鲜舞的气息和呼吸上的细腻劲等都是我们要学的。朝鲜舞我们请了韩贤杰老师。朝鲜舞女班是请张淑芳老师来教，她在韩国读研三年。当时舞剧班的培养，院里和附中都给了很大的支持，舞剧班教学都请的不同特点的老师去教，虽然课时给得不多，很有限，但是这些老师都是根据这个班的特殊要求提炼一些内容教授。

庞：舞剧班的教学很有针对性。

沈：非常有针对性地教。这个班毕业的时候，实际上没有读完四年，

20世纪90年代初，沈元敏为附中"舞剧班"授课

等于是四年级的第一学期，就准备毕业考试了。中国歌剧舞剧院对这个班非常满意，毕业剧目还曾去民族文化宫和香港连演了三场晚会，反响都很好。这个班的成功就是因为之前有一个非常充足的准备。我们当时考虑的不只是基训课一门课程，就是想通过这样一个班试着以演员的培养模式去给孩子们更多层面的知识。我们还学过武季梅、高春林创造的定位法舞谱，因为当时文化部正在推崇。李正一老师派我和黄嘉敏老师去学习。学习过之后对教学也非常有助益，它是从分析法入手对动作进行剖析。虽然后来没有传播下去，但这也是不断进步的一个过程。这个班抓实习抓得很紧，因为是团带班，所以每一个学期都要向团里面的领导和演员汇报，男女生都有各自的汇报剧目。这个班的学生还是非常幸运的，在教改班这个特殊的身份下有特殊的权利。那个时候正好也赶上文化部提倡的高雅艺术占领歌舞厅，我们就带领学生在歌舞厅表演了很多小节目，学生得到了特别大的锻炼。舞剧班之所以成功，就是我们准备工作做得好，并且在整个的实验过程当中始终在坚持努力。

庞：我觉得舞剧班不管是对于附中也好还是对于您也好，都是非常重要的一个阶段。

沈：对。对于我们来说，过程真的是非常苦。当时压力很大，我们要

2014 年，沈元敏在"中国古典舞学科 60 年建设与发展恳谈会"上发言

用四年的时间培养六年的学生，所以我就逼迫自己将所有的教材都精炼，并且还要让学生得到全面的能力培养，后来我就只能采取直截了当的教学方法。在教学的科学性和系统性上，我觉得这个班的教学使我得到了很大的进步。

庞：这为您今后的教学奠定了一个非常好的基础。您对一些教材进行了分类、研究后，我看您的教学觉得非常规范，学生的动作非常的清楚到位，包括您后来出的教材。那么，您对现在对中专的教学有什么好的建议？

沈：现在从中专到大学的教学，总体趋势是向前发展的，但是在前进过程中的不同阶段，会面对各种各样不同的问题。从现在来讲，我认为中专的教学应该回归本质，我们中国古典舞应该坚守我们自己本民族的审美意识和我们教材本身的规律。其实我并不保守，但是我觉得审美不应该被改变，这是我们中国几千年文化的积淀。社会在前进，我们在发展，但我

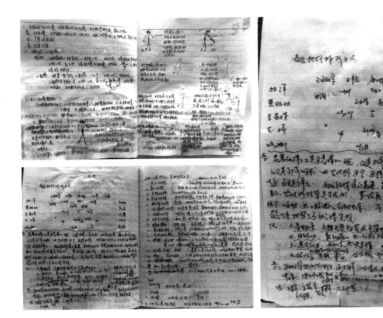

沈元敏笔记手稿

们的历史审美不能丢掉，尤其是附中，不能在课堂动作上去盲目发展。我们在培养的模式上应该要站得更高，看得更远。从教学上来看，现在的教师都十分年轻，教学经验并不如老教师，所以应该把老、中、青结合起来，共同面对一些问题。看不到这些问题，就不可能坚守。

庞：记得您当时看我们本科课程时认为已经是有身无韵了。

沈：对，是这样的，我觉得中专也是这样的，有一个外在的架子，却缺少了一些本质的东西。我觉得通过教师进修、研究讨论把该找的东西找回来，再在这个基础上我们再去探索那个核心，尤其是附中，附中是基础阶段，若没有基础，也培养不出好学生，所以今后中专一定要抓基础。这次中专的晚会的成功，并不是我们的节目质量好到让人震撼，而是师生的精神面貌动人心魄。看完这场晚会后，我很有信心，有一批如此热爱自己专业的年轻教师，不愁做不成事。从个人角度来说，我会尽可能地发挥光和热。对大学呢，我思考的问题是，大学也是绞尽脑汁在想怎样将课程设置得更好一些，使得学生得到的东西更多一点。但是我总是觉得大学怎样才能摆脱"中专戴帽"的状态。我想原因之一是现在大学生全面的素养不够，作为一个大学生应该自主学习，不应该再靠老师手把手盯着了，这才是大学生。我们作为艺术类大学，如何通过我们的培养模式使得学生拥有更多的创造性思维，而不是被动地接受。如果有可能的话，我们在教学理念和教学模式上应减少注入式的东西，让学生学会自学。

庞：换个说法就是老师的教学方法和教学方式要更新一点。

沈：是的。首先是学习理念。我认为老师是解惑的，怎样做到解惑，就是让学生有疑问提出来。

庞：我们目前还是灌输式的教学方法。

沈：对。比如研究生教育，学生应当不是为了去大学当老师才去读研究生的。研究生的学习应该是使得自己可以站在一个更高的层面上去理解和把握。现在中小学就要普及艺术素质教育，包括舞蹈、音乐、美术、绘画各个方面，全民族的艺术素养都有待提高。

庞：应该是高水平的普及教育。

沈：对，工作没有高低贵贱之分。我觉得我们在大学生的培养当中也是这样的，演员要怎样培养，开创性的学生要怎样培养，还有一些按部就班的学生该怎么引导……多样化的、针对性的教学才能让学生毕业后各尽其才。无论是在中专、大学还是研究生阶段，不同阶段要做不同阶段的事情。

庞：作为中国古典舞创建过程的亲历者、古典舞的前辈和专家，您今天的这番话给了我们很大的启发，而且让我们了解了很多以前不知道的历史，望您今后继续为古典舞的发展贡献力量，就像您说的老、中、青三代结合才能做到"传、帮、带"。我觉得我们年轻教师还是缺少很多东西，我们向老专家、老前辈们学习的还是不够，我们还是缺少磨炼。

沈：最后我想说，我们整个社会多了一点浮躁、少了一点踏实。现在从整个中国古典舞的建设来讲，我们应该把浮躁的东西放下，不要只看表面，不要只想看到结果，我们应该扎扎实实地去做，好的成果自然会出现。

庞：中国古典舞也是 60 年了，今天我们也应该好好总结一下经验教训，思考下一步怎么发展、怎么前进。特别感谢沈元敏老师为我们上了特别棒的"一堂课"！

张宗英

以感恩之心传承
中国古典舞魂

张宗英

（1939—　）出生于湖北武汉。湖北省艺术学校一级演员，湖北艺术职业学院教授、学术委员会副主任，中国舞蹈家协会会员，湖北省舞蹈家协会理事，武汉歌舞剧院主要演员，歌舞团副团长，武汉军区歌舞团团职教员等。

张宗英师从中国戏曲学院著名京剧教育家茹富兰先生，又得到著名京剧表演艺术家高盛麟、李少春二位老师的亲自教导，戏曲功底深厚扎实。曾多次赴北京舞蹈学校和中国戏曲学校进修和学习，受邀为中国古典舞系的青年教员上"身段"课，为中国古典舞创编了男性"身韵"刚武教材、身法"元素"组合及表演性组合等若干教材。他在李正一老师的亲自指导下，进一步提炼整理出了刚武训练教材——"步法与横拧"组合，该组合特别强调亮相之前的快拧，快拧风驰电掣，腰部灵活闪动，给人以英俊洒脱之感。多年来应邀赴北京舞蹈学院、中国人民解放军艺术学院（现国防大学军事文化学院）、广东省舞蹈学校、云南艺术学院等学校讲学与授课，受到广泛好评和赞扬。张宗英是中国古典舞教育事业忠实的守望者，对中国古典舞教学锲而不舍，他的成就也引导着后辈，尊重传统，向传统学习；不拘泥于成法，敢于创新。

代表作品《闻鸡起舞》《剑舞》《弓舞》《珍宝岛》《莲湘》，舞剧《狼牙山》《湘江北去》。发表《论人体躯干在民族舞蹈中的作用及其表情功能》《论古典舞大圈套小图》《论归于腰》等文章。其传略被编入《中国舞蹈家辞典》《当代文艺名人辞典》《中国文艺家传集》。

口 述 人：张宗英

采 访 人：满运喜、庞丹

整 理 人：沙蕾、朗静、贾甜

采访地点：北京舞蹈学院

采访时间：2014 年 3 月

满运喜（以下简称"满"）： 张老师，您好！感谢您做客北京舞蹈学院。我们都知道您最初是学戏曲的，那么您是如何与中国古典舞结缘的？

张宗英（以下简称"张"）： 没错，我是一个戏曲演员出身转行的舞蹈演员，我最早是在中南戏校学习，师从茹富兰先生。我小的时候因为家里贫困，没有饭吃，所以考取了戏校。茹先生觉得我很勤奋，把我从孙盛文老师的花脸组调到武生组，后来学了《探庄》《夜奔》《武文华》《巴骆和》，还有《白水滩》等剧目，又跟高盛麟先生学了《挑滑车》。那都是20世纪50年代的事了。茹富兰、高盛麟这两位戏曲老师对我的帮助使我终生难忘，受益匪浅。还有一位对我帮助很大的老师——李正一老师。当初，从身段进入身韵课程这个过程很艰难，我费了不少心思，同时李老师也精心地培育我。1998年我创建了"刚武"教材，下面我会谈谈李老师怎么样教我提炼元素以及教我如何编排组合。再一个，2012年我碰到了您，以您为首的团队，对我在古典舞上的定位——传统古典舞组合，这个我是相当有感触的。因为我从事舞蹈事业五六十年，只是教组合、编组合，但是能够得到学术层面的定位和认可，我很感谢您。这是我的真心话。这个定位使我的刚武教材——传统古典舞组合，在我们男性的身韵课程上有了一定位置。

北京舞蹈学院是我们全国研究中国古典舞教材的一个高等学府，也是一个研究机构，也是一个创编的好的机构，给全国培养了大批的优秀舞蹈人才，所以我到这来也是一个很好的学习机会。我对这些老先生、您或者是我的恩师们，我是很感激的。那么今后，我还是要继续努力学习，不断地充实自己，进一步为身韵发展、教材创编贡献自己应有的一点力量。下面我想简单地谈一下我是如何与舞蹈学院的老先生们结缘的。

20世纪60年代，我们学校的三大巨头，一位是李正一老师，另一位是许淑英老师，还有一位张旭老师。那时候郜大琨老师带我去见他们，因为之前郜大琨老师是我们单位的，所以他向李老师介绍了我，说"这是武汉来的，叫小胖，他是负责教学的"。小胖是我的小名。李老师一听我负责教学，她说，"来，小胖，你最近是怎么教课的，我们正在研究教学的问题，你做个组合给我看看"。张旭先生和许淑英先生也在旁边看着，然后我做了一个《工农兵联合起来向前进》组合，是我编的，这里面又有跳，又有身法，还有技巧。旁边的三位老师一看，愣住了。李老师说："你就这么编组合啊？"我说："是啊，要有工农兵形象，要有气质嘛，我们要表现战斗精神。"

满：您当时是在什么地方见的这三位老师？

张：在陶然亭舞蹈学校。当时做完了之后我说："李老师、张老师、许老师，你们教教我。"我是演员出身，那时候基本功好，动作、技巧说来就来。

满：40 年前，您 30 多岁的时候？

张：对，我一直练功练到 57 岁、58 岁，现在我还在练，只是强度没以前大了。李老师当时跟我说："不能这么编组合，你将所有动作都堆进去了，又是跳，又是身法，又是技巧，你这不是排节目嘛。"许淑英老师也说："对，不能那么弄。"后来李老师看我有一点点别扭，她就话锋一转："你看，小胖的身上好，动作好看，我们舞蹈学校就应该学习他身上的身法。"这是我第一次见到李正一老师。还有一次是 1978 年左右，郜大琨老师让我过来教身法。那时，还有孙光言老师、王佩英老师、熊家泰老师等，我做了一个汇报，大家都了解了我的身法。后来，舞蹈学校的老师见到我就说："小胖，你过来教教我们。"因为马力学老师也说，舞蹈学校的老师没有不知道你张宗英的。我就是我们三位大家提起的身上比较好的张小胖，这就是我跟李正一老师有缘的一个接触过程，缘分！从此以后，我就跟舞蹈学校和舞蹈学院的各位老师结下了不解之缘，我也学习了很多东西，舞蹈学校从各个方面培养了现在的我。进入 20 世纪 80 年代（就是你们毕业之后），李老师把我请过来教身法，她说："你男性的身段特别好，茹派的身段和高先生的身段特别好，所以应该把他们的东西传下来。"当时的学生有王伟、盛培琪、高成明、徐志刚、张勇等。那时，我不知道怎么教，我说："按您的方法，我目前不行，我只能教我的身段。"于是，我教了一个茹派的"边裙子"，再一个就是"走边"，一共是教了两个，耗时 20 天左右吧。我会在访谈的最后详细说说身法规律的口诀等问题。

满：那时候教的是原版的戏曲身段，没有任何的变化？

张：没有变化。

满：那就算京剧的看家功夫。

张：是的，因为我们原来是少年班，高盛麟老师的儿子高小麟，白玉昆老师的儿子白云龙都在我们京剧少年班。当时我们也编了几个组合，但是没有章法，就是把戏由身段糅到音乐里面去。那时候学校刚开始为组建学院编写教材。孙光言、熊家泰、王佩英老师他们都说这个组合身法漂亮。后来，由李老师率领我们舞蹈学院的老先生们，包括许淑英、唐满城和郜大琨老师等，到武汉军区看了我一堂课。

满：20 世纪 80 年代您在武汉军区？

张：对，我在武汉军区文工团当教员。在学校学了东西以后，我需要在那边进行一个实践。刚开始的时候是吴晓邦先生去了，看了之后他说"你这个戏曲舞蹈课编排得很好"，表扬了我一番。后来李老师又去了，因为武汉军区的课的名声传到北京，李老师就跟郜大琨说，"你叫小胖给我准备准备，我要看看课"，所以我就准备了一段时间。

满：您还记得当时课堂的展示内容吗？是基训内容还是身段？

张：有基训，有身段。我展示了几个戏曲组合，但是没章法。武汉军区那边演员正值二十来岁，跳、转、翻都很好。看完了以后，李老师非常欣赏："听说你的课很好，今天看了以后，比传说的还要好！"下课后在武昌饭店，李老师给我提了一个问题："你为什么要跑圆场，人家都在练芭蕾？"因为在 20 世纪 80 年代，大部分演员都在练芭蕾。

　　我跟李老师说"学习中国舞蹈不跑圆场怎么行"，但是我的思想上并没有提到民族艺术的高度，只是当时很粗浅的认识。我真正进入从身段到身韵这样一个创编过程是在 1998 年。1998 年，李正一老师、马力学老师、沈宁春老师、彭阿兰老师、张愉冰老师在湛江办了一个海南大学舞蹈系，我就跟随李老师去学习了。刚开始编组合的时候，我说："李老师，我可以跟您学习怎样编创吗？"李老师说："你先编吧，但是一条，你要把茹老师最精华的东西先提炼出来。"我知道李老师很喜欢茹先生和高先生流派的东西。当时是 1998 年 10 月 18 日那一天，我们去吃饭，她就在车上说："你首先从这里开始入手，哪怕四个八拍，八个八拍都可以，茹老师什么好？"我说："茹老师的云手好！"她说："那你就按照茹老师的云手来提炼。"这是一个方向。我又说："他的横拧好。"

　　满：是长靠武生？

　　张：靠把武生，箭衣武生里边也有。李老师说："你做的动作我记得非常清楚，你有一次拧、两次拧、三次拧，有大拧、小拧，有快拧、慢拧，再加上你的步法，你先做一做这个事儿。"

　　满：这是开始按照元素提炼的方法进入了。

　　张：从那时起我知道了"元素"的概念，元素体现了戏曲最精华的、少数的东西，不是像你做的一大堆东西，它就一个特点，就是动律不能改。李老师说："通过动律，舞姿可以改变，动律可以深化出各种不同的舞姿出来，但是核心就在那里。"有时候吃饭的时候她也说，我也爱听。那时候气氛非常好，学了很多东西。

　　满：脑子开了窍啦。

　　张：是的。那个时候我编了这些动作，也慢慢地进入状态了。那时候"一个云手五个圈"，不像 2005 年教邵未秋、李馨、黄琳老师那么完整。李正一老师说："从一个圈做起，两个圈、三个圈。"这个建议给我提示了

2014 年，张宗英在本次采访中示范动作要领

不少东西，她说："你这样做的话，可以由浅入深来完成你的'一个云手五个圈'。"

戏曲茹老师的"一个云手五个圈"，是由大圈套小圈，有慢的、有快的。比如第一个圈是领神走形，以腰为轴，一动带百动，这就是一个圈了，然后劈掌往外延伸开始行进就走了两个圈了。一松一长，圈出来，撞，回，小圈。

满：五个圈，前面三个圈后来加一个步法上步，一个亮相刚好是五个圈。

张：我们不能那么教，你需要一个圈一提，两个圈一提，最后才能慢慢地做，你一次性地教完学生学不了。

满：您当时提炼动作按着茹老师的五个圈，是保留它环环相扣的特点。在"破其形"上您特别满意的动作是什么？

张：是做完小圈以后的一个长亮相。

满：就是山膀亮相。

张：后来发展、伸展也行。不过，你说的我明白，就是"得其劲、变其形"。

满：对，这也是当年唐老师跟我们反复讲的"破其形，扬其神"。

张：那个时候，"五个圈"还没有完全编出来，但是我在考虑这些问题。后来我又编了一个手位组合。

满：那个组合很长。

张：将近 5 分钟。我改了一遍又一遍，一共改了四遍。这个组合最早是由国莉莉示范的。后来我让李老师看了这个组合，她说："你编吧，我给你找个音乐，这个音乐估计你能够合得上。你听听这是什么音乐？"我听了，但不知道是什么音乐。她说："小胖，这是探戈的音乐，因为这个节奏都有点。"她对我太了解了，因为我一见到她我就高兴，我就想做给她看，让她指点我。第一稿李老师说不行，还要把动作变一下。这个组合有四五分钟，那是她第一次看。第二次还是在珠海，我觉得国莉莉劲头有一点点了，我说："李老师让我再做吧，做完之后您再帮我改改。"她说："别啊，你自己弄。"她有意进一步地激发我的创编能力。后来第二稿也没通过，第三稿也没通过。李老师说就这样吧，我说："不，李老师，我小胖有一个倔脾气，我非编得让您满意不可。"她就说："有的动作要两边都做，就是盖派拧倾的东西，这种掏手的动作，你两边都要做，就有训练价值。"最后我编出来了。李老师看到我编得挺费劲，她说："小胖，我给你改一个地方怎么样，就是大刀花跳起来翻身这个位置我给你安排地方，你别着急，让我想一想。"那个时候李老师对我真是手把手地教："你柔一点点，圈十字步大一点点，再三倒手。"后来，这个组合相当不错，我说："这是您的功劳。"李老师却谦虚地说："哪里是我的功劳啊！"

满：您前面叙述的内容集中在如何提炼上？核心在于如何"破"的

问题？

张： 茹老师他在吸收武术的时候说过这样一句话："要太极的劲，不要太极的形。"那么对于舞蹈，除了提炼元素以外，应该变形。

满： 元素，就是它的劲和规律方法。那个劲道不能变。

张： 对，核心。身体上的旋律、形态可以变，但是核心部分不能变，它的动律也就是它的灵魂，这是茹老师的处理方法。另外，他还告诉我，节奏，高低上下，虚实大小，他都给我说得清清楚楚。

满： 您刚才说的节奏是指音乐上的节奏还是指身体上的节奏？

张： 身体上的节奏。

满： 那身体上的节奏您能不能再具体地讲一下。

张： 这就涉及了另一个问题，古典舞一般规律的理论，它的口诀我们一会儿找个宽敞的地方做个示范。那我先接着说国莉莉的组合，我知道李老师想提携我，她说："我要在全国办班了，我把你这个组合推广出去行不行？"我说："当然可以啊，非常感谢您！"这个组合的成功使我明白了很多道理。从那时候起，我就开始琢磨提炼元素的方式方法。《云手五个圈》《横拧》，还有李老师给我改的这个《手位》组合，是我最得意的三个组合。

满： 就是给 2008 级学生教的教学组合吧？

张： 对，就是你给总结的刚武型，实际上我的刚武创编是从那时候开始的。跟李老师接触、学习的这几十年的确给我的感触很深，如果没有李老师，没有北京舞蹈学校这样一个平台我也不会到现在这个水平。我跟李老师学习期间她跟王佩英老师也说我："不错，有进步了。"后来李老师走了，马力学老师也有事，我学习了将近两年时间就回来了。

满：这一段经历很重要。

张：非常重要，再也没有这种时间和机会了。

满：其实刚才咱们谈的主要是您从李老师那里学习到的，如何从传统艺术当中提炼和继承的问题与方法，主要是方法。

张：对，李老师曾对我说："你会的东西不少，但是你的方法不行。做学术、做教材，你要有方法。你刚开始提炼步法，先不要用手，先要有步法，再加手，单手完了以后两只手，加上风火轮、步法，一步一步到位。"

满：李老师是按照教学规律启发您的。

张：是的。因为我跟随李老师这几十年，舞院这些事情我想得太多了，尤其是她说的话我想得特别多。《步法与横拧》组合，应该一步一步往上推。李老师也挺喜欢这个组合，她说这个组合编得不错。它有三段，

2014 年，张宗英在"中国古典舞学科 60 年建设与发展恳谈会"上发言

第一段是延伸的，第二段也有吸收一些，后面的动作是《长坂坡》里的。实际上我觉得最开始的时候，从身段转变为身韵就是从这个组合里面开窍的，我学习到了舞蹈是要"得其劲、变其形"。他们都说这个编得好合乎规律，这还是当年在湛江、珠海给我打下的好基础。

2005 年的时候，李正一老师要我到学院来，第一个是教翻身。她在珠海说过这个问题，古典舞里面的传统技巧要分解。因为翻身不能跟打飞脚一样，骗腿、盖腿、拎膀子一起上去。一起上去聪明的小孩能学会，那差的小孩呢，能学会吗？所以后来我就将翻身动作进行了一些分解，提腰、胸腰、侧旁腰，然后一步一步完成这个翻身技巧。2005 年来到学院之后，李老师让我教给邵未秋、李馨、黄玲、彭阿兰等人在珠海整理的几个组合（阿兰老师也是很支持我的，各方面都帮助我）。那个时候我教了这两个组合，《云手五个圈》组合是 2005 年完成的，我给李老师汇报过，她说你终于把"一个云手五个圈"抛出来了。我说不是我不抛，我得找一个方法。

再后来就是创编"刚武"教材的过程和完成刚武教材的雏形了。2010 年，我有了一个比较好的条件了。来了舞蹈学院以后，您领导的团队在各方面为我提供了好的条件。因为您也了解我的组合没有音乐，然后以您为首的古典舞系的老师，尤其是覃超老师，他当时就即兴演奏了几个曲子，给我的刚武教材配上了音乐。那么从理论上，我回想了一下，我没这个水平，是您和您的团队用"传统古典舞组合"给我的组合进行了定位，让它在这个舞蹈领域里，有了用武之地了。我自己是一个地方教员，走到这一步是真不容易。我这一生已经走过了百分之八十，还有百分之二十，所以一下使我豁然开朗了。这样一个定位，我得到认可了，得到北京舞蹈学院中国古典舞系的承认！我的"刚武"组合教材，经历了从 1960 年到 2010 年这 50 年的时间，太不容易了，所以我是很感谢学院的领导，以及系领导对我的关心和帮助。这是真心话。我这个人大家也了解，文化水平不高，就是身体表现力不错，因为得到茹富兰老师和高盛麟老师的真传。另一个要汇报的话题就是古典舞身韵教材"刚武"类型的创编历程。

满： 我觉得您给我们做了一个很鲜活的例证，一个编创教材的实践。从传统动作中提炼出来一个适合训练的组合，这个过程既是传承，又是创新，有一个双向的逻辑关系。古典舞的教材创建挺难得的，不能脱离传统鲜明的形式特征，没有依据地瞎做，还要具备自己的鲜明个性，跟其他艺术不能趋同。我觉得您刚才的那一番话其实向后人传授了一个非常宝贵的经验：第一，要学习；第二，要有感受；第三，要有领悟；第四，要有方法。

张： 这就是我说要感谢学院领导对我各方面的关心的原因。

满： 您给我们做了一个非常好的示范。您这么真诚地、执着地投入这项事业。我们真的应该感谢您以及很多非舞蹈学院的老师持之以恒地对传统文化进行挖掘、研究。中国古典舞的发展离不开你们的支持和奉献。

张： 谢谢您的肯定。我想用茹老师的话来形容，茹老师说："小胖，我这不是在教你，而是在捏人。"因为这些是程式化的东西，所以他说："我要捏人，我要捏得你像我。"我说："我胖您瘦，我怎么能像您呢。"他一笑："小胖，你不错，你家庭挺苦，主要是自己能吃苦。"现在我也70多岁了，我也想做出来一些东西，好坏供学院一个参考吧。

满： 那咱们现在进入下一个问题。您师从茹派和盖派，这两个派系对您的影响是非常深的，您能进一步谈一谈这两个流派吗？

张： 没问题，我浅谈一下这两个流派的一些区别。茹富兰先生和高盛麟先生实际上都是杨小楼老先生的亲戚，而且都是嫡传弟子。杨派武生有茹富兰老师、高盛麟先生、李万春老师、王金璐老师、杨盛春老师等。他们都是后来延续下来的。武生当中三大流派，要提"刚武"的话，也就是以三大流派为准，第一个是杨派，杨小楼先生；第二个是尚派，尚和玉老先生；第三个是盖派，盖叫天老先生。盖老常住在江南，就是杭州和上海。这几位老先生各自有他们的特点。以身段艺术来说，杨派的杨老板、

2014 年，张宗英老师在本次采访中示范动作要领

茹先生和高先生，他们的一招一式，正面的大将人物是一板一眼的，一举手，一投足，头在什么位置，一招一式清清楚楚。他们讲究一动身先行，稳稳当当的，特别稳、准、沉、威武、缓慢，具有大将风度。

满： 速度上有变化了，稳、准、威武、沉，其实在速度上是缓慢的。

张： 对。因为靠把武生身上扎上靠旗，拿的兵器不一样，这个派别稳重一些，它的稳准、气度大一点，气势跟盖老不一样。

满： 盖老是短打武生。

张： 是的。尚老板也是靠把武生。他和茹先生和高先生都在北京。

满： 也是长靠武生。

张： 唯有盖老不同。从情感上来讲，我肯定喜欢茹老师和高先生，但是我仔细研究了一下，从舞蹈性上来讲，古典舞将来的发展要关注盖老。盖老他的嗓子不好，那么在唱、念、做、打、舞中，他偏重于舞。

满：短打武生也适合他更多的表现。

张：对，他的技巧性也很强。我听他们说，盖老为什么叫"叫天"呢，因为他要盖住谭老爷子（谭小培艺名叫"小叫天"）。盖老的飞脚过人，所以将来有机会，古典舞男性技巧的挖掘和发展可以以此为借鉴。盖派组合我最近编了一两个，都是初步的，也是刚武性格的，是比较流畅的。我师父茹富兰先生借鉴太极八卦，盖老先生是借助武术的拳术，因为内家拳、外家拳快得多。

满：他在速度上的特点鲜明。

张：以前有一个报道，李万春的夫人在上海上演《三本铁公鸡》。那时他们是纯比武，都是真刀真枪的，然后他们步子特别快，你要是接不住你就出问题。郭玉琨老师、贺玉钦老师这些上海的一些大武生，特别注重舞，我倒觉得应该在我们舞蹈界也提倡这个。最近两年我在想，光用茹老师教我的内容和那些刚武的身段还不够，我们舞蹈不能用语言所以要特别注重身体表现力。我们古典舞的短句也好，组合也好，还有流畅性等方面是借鉴武术较多。盖老先生从动作和气度上面，自成一派（当然他也是从李春来老先生这传下来的）。比如盖老有一个"跨虎"的动作是从徐悲鸿的画中提炼出来的；再比如，"老鹰展翅"是从老鹰俯冲抓小动物的动作中提炼出来的，这个太经典了。

满：您刚才谈到了，盖老先生在表演当中很注重把内心的一种想象外化到神态上。

张：这就是为什么我觉得他老人家的东西流畅。杨派、盖派亮相动作是不一样的。盖老他拧倾的东西特别多，他的动律是"侧与左，反与右，屈伸拧放"这样的一个身段。茹老师的身段相对比较秀气、中规中矩。

满：您着重说说这个口诀？

张：侧与左。比如说这动作，它这个反是反于右边，是拧麻花的，然后又转过来了，它屈过来之后，放，顺转逆反，就转过来了，好多都是这样，所以我就觉得这个更接近于我们舞蹈。提炼完了以后，咱们的下一辈人在发展上，我只能说提供一点材料思路了。

满：其实您刚才谈的盖派的动作特点，您刚才的示范，让我想起唐老师当年教我们的《驯龙》组合。这个组合提炼得相当好，相当典型，比如说大开大合这个动作，顺转之后马上走。

张：唐老师已经提炼了这个动作。我觉得还要从把子功里面提炼步法和身法。他们称为戏曲舞蹈，我称为传统舞蹈，因为我认为有古典舞的成分在里面。

满：戏曲也是从古代舞蹈中借鉴的。

张：我就是这个意思，因为戏曲舞蹈是根据剧情的需要，不是一个完整的古典舞。

满：戏曲舞蹈的贡献在于它做了一个汇集，但是它首先还是要服从唱、念、做、打的特定，毕竟戏曲是一个综合表演。

张：我倒是觉得我们可以借鉴、吸收太极八卦武术里面的动作，包括真刀真枪、身法和步法等都可以考虑。我这个建议不一定成熟。

满：您能举一个典型的例子吗？比如说剑、棍或者刀。

张：比如大刀花加步法。现在我就觉得抒情的部分太多，勇猛的、武的、快速的、灵巧的部分少。这部分我们需要大量从武生流派和武术里面挖掘出来。

满：快速的动作，包括步法，目前我们男性教材还是薄弱。

张：比如步法，趋步也好，骑马也好，或者跳步也好，都应该提炼。其实我们古典舞和传统艺术的步法比芭蕾要丰富。

满：步法缺乏的关键在于典型性动作提炼得还不够。

张：慢慢做这个事情吧。

满：目前圆场、花梆步、蹉步、趋步等步法教材，都是保留了戏曲包括武术的行步等这些步法，我们需要继续努力从这些东西当中提炼出来一个我们古典舞的典型性的步法。

张：是的，要继续。我最后还有一个建议，供您参考。因为咱们大学有身韵课，是不是应该就是一招一式地做动作。一开始我们不能用盖老的东西，因为它有变化。我觉得盖老好像是唐朝的狂草，与怀素和尚跟柳公权的一笔一画正楷书法不一样。这书法和舞蹈艺术我觉得是同一个感觉，舞蹈里面有书法的韵味。盖老有一个特点，他是从万象里面提炼动作，比如动物、云彩、杨柳细风等，又比如"藤缠树"我们戏曲界就叫拧麻花。

满：盖老的师父是谁呢？

张：是李春来老先生。

满：是南派？

张：是南派，最后也在南边落地。

满：盖老应该是青出于蓝而胜于蓝了。

张：对。他独创了一派，丰富了李老先生的艺术。

满：您觉得盖老为什么能做到这一步呢？

张：他热爱生活。

满：痴迷？

张：肯定是痴迷，一方面是因为痴迷，另一方面是因为他的性格。你想他为什么叫盖叫天呢，他的真名叫张英杰。

满：是的，张英杰。我看过他的《粉末春秋》，特别受益。

张：你想想他那个脾气，狮子楼翻下来腿断了，硬是撑到落大幕。

满：性格硬朗。

张：对，硬朗。他要独创一派，他不服北边的一些大武生，再加上他的嗓子不是很好，所以他偏重于"舞"。

满：扬长避短。

张：对，他树立了盖派艺术。现在我挺喜欢盖老这个艺术流派的，将来如果需要我贡献力量，我必须回报我们舞蹈学院的领导和各位老师，我分文不取。我人虽然老了，但越活越明白了。我已经走过了人生旅途的百分之八十，我觉得还是情感最重要。我们都是地球的过来客，总要给后人哪怕留一点点的东西，让人觉得这老头不错，这样的话我就没有白来世上一趟。我的想法就是这样。最后我用几句话来作结语："守成法，尊重传统，向传统学习；不拘泥于成法，既要发展又不背乎成法；敢于创新，艺无止境，让后人来继续发展中国的传统文化艺术，发扬光大，传承下去更加辉煌。"最后，我要感谢老舞蹈学校和舞蹈学院的老师、各级领导对我的关怀帮助和培养。今后有什么任务，只要交给我，我一如既往地来学习和汇报。如果我有说得不对的话，望领导和各位老师们指正。

满：谢谢张老师，张老师特别谦虚。我们现在处在一个挺重要的时间节点，就是 2014 年正好是舞蹈学院建校 60 周年，一个甲子啦！

张：对，1954 年建立的。

满：也可以说是中国古典舞创建 60 年。我们这次进行专家口述史采访，就是为了认真梳理中国古典舞发展的 60 年中国古典舞的发生发展会集了方方面面的人才，包括像您这样，出身于戏曲又从事于舞蹈表演、热心钻研中国古典舞的传承和提炼的前辈，我觉得这实在是中国古典舞的一大幸事！其实，我们要做的事情，就是认真梳理、总结经验、承上启下，把内容和经验方法活生生地保留下来，供后来人去研究和发展。正如您刚才说的不拘泥于成法，但是不违背成法再发展。最后，您对中国古典舞学科未来发展有什么意见和建议？

张：祝我们中国古典舞事业更加辉煌，在不断的传承当中成为代表中国气派和中国精神的舞种屹立于世界。

最后我来回答刚才满老师所提到的关于传承口诀的问题。刚武身段教材规律性的理论及身段口诀是老祖宗留下来的一笔丰厚的文化财富，不是我个人的。杨派的身段艺术刚才我已经说了一点点，它有口诀。按我们来说，每一个短句里面都有不同的口诀。

咱们先说第一个"领神走形，形未走神先行"。开始的时候，神就在里面了，然后起形，腰里面就开始画圈了，所以动作的关键就是"拿神别拿劲"。没有领神，那个腰劲就起不来了，领神走形，形未走神先行，然后拿神别拿劲。下面接着是"俯冲圆场"，例如京剧《夜奔》，因为人物在晚上行走，所以要看着地。形断劲不断而神不止，这个小的短句精髓都在里面了。"拿神别拿劲，俯冲圆场，形断劲不断"这个口诀基本上就指挥了所有的身段。茹先生和高先生因为他俩都是杨派的，所以他们也奉行着"领神走形，形未到神先行，拿神别拿劲，形断劲不断而神不止"这个要领。有时候，李正一老师看见我示范的这个动作，就让我再做一次，她喜欢看我做。她问我那个劲头是不是要拿神。我说要"拿神别拿劲"。

我记得 20 世纪 80 年代我给李老师汇报的时候，她说："小胖，你给我们表演一下。"我就表演了一个茹派的《起霸》，就是京剧《回荆州》赵云的起霸。她说，"你这个好"，潘志涛老师也说，"这个流派的一招一式非常有气势"。这个身段是在画圈，这一松一紧是身段的神灵。

所以这个动作就是要撑住了。"撑"就是它的骨架。

满：最后那个点，就是咱们经常谈的线和点。

张：是的，这也有一个口诀，"手起如线提"。小生和武生台步不一

2014 年，张宗英老师在本次采访中示范动作要领

样，武生台步大点儿，比如我们昨天看的"许仙"。"许仙"是文小生，步子就小一点，武生台步就要大一点，人物性格全出来了。昨天您问我要不要程式化的东西，我觉得将来要研究一下，古典舞剧是不是需要有程式化的东西。

满：肯定需要。

张：比如山膀。您再看我这个山膀，像不像个老头。

满：老生。

张：下一个是花脸，山膀架得高一点。然后武生在当中是这样。

满：小生呢？

张：小生的胳膊扣一点。

满：扣一点、圆一点。

张：对，我是学武生的，程式化就体现在这些区别上。比如"提襟"的位置，小生紧一点点，武生撑开在身体两旁，花脸架得更高一点。再比如这套动作，李老师说茹老师这个好，形断以后它怎么起劲都可以。我喜欢李老师总结我，我把她看作我师父。她总结说："茹先生这个身段，它的'起'可以有多种变换，它没形了，它怎么起都可以。形断劲不断而神不止，高就高在这里。"这个例子是这样。

还有一个口诀是"远抬近落放一点"，也叫"踝骨奔膝盖，远抬近落放一点"，趟着走。我现在回忆起师父这样做，应该是想将来培养我做靠把武生。因为我没小麟那么飘、速度快，这个稳当一些。这么走到这儿它得亮出来，反正他每个动作都不浪费。

"欲动身先行，要太极的劲不要太极的形。""欲动身先行"这都是茹老先生的口诀。欲动身体，身先行，要身先走，足后跟，这都是老先生的一套动作。你按他这个规范做，感觉自然就出来了。我刚才说的《起霸》就是太极的劲，他太极的东西特别多，因为他是杨派的。盖派吸收了武术短打，强调动作的速度。茹先生他求稳，非常稳当，他不像我们这么厚实，他像庞丹老师一样瘦、秀气。我是跟李逵一样的感觉。这套动作的劲头就有点像太极。高老师的"拧靠旗"腿部动作不是骑马蹲裆，是弓箭步。茹先生他是武生，这个太像太极了，咱们要太极的劲不要太极的形，太极完了之后又回到我们的戏曲形态。我所做的是糅合了两位老先生的动作。他还有一个动作就是行肩跟臂的云手，半拉云手之后翻身起来亮相，

2014年，张宗英示范动作要领

他这种云手横起竖落回来又是太极。另外，我们小时候走圆场走得特别多，而且圆场都是"趟"着走。

"大圈套小圈"就是我向你们汇报过的"一个云手五个圈"。所有的动作都要用这个圈来带动它运行，特别地漂亮。茹先生曾经就说过我，"小胖，你别老耍胳膊肘"。有一阵我演《大溪皇庄》里的花脸回来，老先生说，"你变了，你不是咱们茹派的感觉了。走身段，咱们一定要带圈走"。

满： 张老师，咱们再来说说盖老的动作发展。

张： 盖老的动作发展是很重要的，他强调"侧与左，反与右"。他的姿势是拧倾的，他的转也是这样的，特别讲究舒展，他用的这个踢就是武术里面的，他自创踢上去以后晃手加一个穿掌到亮相。他的动作吸收了很多武术的东西。盖老的"老鹰展翅"屈完了之后就是伸，拧了之后就是放，就是这 6 个字——"侧与左，反与右"。"屈伸拧放"他有很多这样的动作，自创一派。盖老主要是根据物和象来进行创作提炼，物就是动物，象就是气象，观天气、云彩它怎么走，还有些动作会从佛教罗汉中提炼。盖老身上的拧倾，我们戏曲界叫它"拧麻花"。他的身段比较流畅，不怎么亮相。假如你演元帅、演现代剧应该学一点点茹派的功架身段，但是宋玉庆演京剧《奇袭白虎团》的排长，倒是应该学一点点盖老的东西，流畅一点，然后再让群体的动作更流畅一些，不能总是亮相。我觉着盖老的身段，他拧倾的动作特别多，包括正的反的。另外，他的步伐也快。

盖老来武汉演出的时候，我专门跟他学了几天，之后我又通过他的录像学习，发现他吸收了不少武术里面的东西。比如他的《武松打店》，里面就有不少中国的拳术招式。我认为太极八卦多糅合一些，就会更好一些。我们现在从戏曲里面提炼了不少东西。

高先生说："你得铺垫，你不会铺垫就不会亮相，一定要铺垫好。"盖派的身法元素跟杨派的身法元素是不太一样的。我有时候就会思考，老先生们都可以观察一些动物和天气气象再发展，我们后人为什么不可以呢？

刚才我还说了一个身段，"退单不退双"，但是盖老他不一样，他可以退，所以这个不存在对和不对的问题，而是你喜欢不喜欢的问题，梅、程、尚、荀四大名旦都各自有人喜欢，都不存在对与不对的问题。

我分析了"一个云手五个圈"，它主要是大圈套小圈，它里面有冲有靠，也有拧。它有小拧，但是以圈为主，就是我们平时练功用的。它运行的时候不可能总是那么平均地走，它里面特别强调腰劲，以及它的劲道和技法。看你有没有能力做我所做的示范。学生们做肯定和我做的不一样，他们绝对达不到我这种力度，他肯定是柔的。动作要求是柔里带刚，注重气势和力度的分配。一定是这样一个训练过程。我练这个云手也是练了很多年，现在才算好一点点。我刚开始做的时候，第一个是小圈，身体要先冲撞出去，云手交叉，这是第一个圈；腰带着走，身体再往 2 点、8 点画圆，这是第二个圈；空胸收腹又转回来，拧回来，然后再起第三个圈，走第四个圈撞出去一回，第四个圈腰往 4 点拉，再往回走，这是小圈。"一个云手五个圈"在做的过程中一定是以腰来带动，而不是以胯来带动。它的五个圈不是绝对平均的，比如第二个圈之后，它这里拧过来有一个小圈。

满：加了一个回范儿。

张：对，这是第三个圈，到第四个圈又是大圈。这就是"大圈套小圈"。当时李老师说："你把你师父两个特点提炼一下，一个是'云手五个圈'，一个是'横拧'。"老先生的这个"横拧"是特别好的。带云手的动作我再做一个示范，因为我现在都没有看见过"云手接踏步翻身"这个连接动作。

满：云手接踏步翻身？

张：对，它肯定带步法接翻身。

满：云手加双晃手吗？

张：不是的，它是同时的。它是大枪和大的双刀做连接的动作。

满： 我真没见过，没注意过这个动作。

张： 还有三个扫堂停住接飞脚的动作。

满： 就是干往上拔。

张： 对，我们接着说横拧。翻身完了以后也是横拧，要求横起竖落。我师父做这套动作就特别地松弛，动作完了以后别使拙劲，随和一点点。

满： 是的，不是完全不使劲，但还不能使拙劲。其实我知道这个动作落下来有两种方式，有一种是拙劲的，另一种就是松弛的，为什么要这样一下呢？

张： 茹老师这个派别，以柔为主，做身段比较随和。

满： 咱们戏曲有这种处理吗？

张： 有的。

满： 哪个流派这么做？

张： 尚派，尚老先生。他的《滑车》是大枪。

满： 这个"颤"不是通行于所有戏曲的。

张： 是的，就这个派别，杨派也有这个"颤"。

满： 那戏曲每个流派很多东西是不一样的。

张： 是的。

满： 其实我们一直在思考这个事。

张： 我再回答你关于"横拧"的问题。因为背插靠旗，所以横拧跟翻板似的。比如刀马旦就会去学习武生的动作，这是很特别的。刚武主要还是武生的东西。高先生老在上海演出，最后回北京，在中国戏曲学院负责教学，他有几个动作特别地拧。

满：戏曲有这样的动作太像藏族里的形态了。

张：他是拧着的。盖老用武术多。但是"拧"又不能拿肩拧。下面我再说说"以腰为轴、一动带百动，牵一发而带动全身"。茹先生的身段很复杂，学他的东西不好学。

满：张老师，您觉得横拧最重要的动作要领是什么？

张：腰劲，它发力是在腰上。

满：这还是按照原来的武术原理：力始于足下，发力在腰，才能形成横拧。

张：是的。横拧还分软拧和硬拧。

满：您能给我们示范一个软拧吗？

张：像这样软拧、小拧、大拧、快拧。"拧"这个动作就体现了男性的一种阳刚之美。刚才我说的这些内容我在兰州的时候都给朱清渊老师介绍过。

满：您辛苦了。

张：不辛苦，我能想起来的今天基本都汇报了。我跟李老师汇报的时候也讲过，我做的有些动作都是复合的、强化的。比如连拧带长，连拧带提。

满：谢谢您。

张：不客气，我的水平也就这样了。

满：您已经属于大师级别了。

张：不敢当，不敢当。

满：再次感谢张老师，最后祝您身体健康！